das neue buch
Herausgegeben von Jürgen Manthey

Viktor Šklovskij
Ejzenštejn

Deutsch von Manfred Dahlke

das neue buch
rowohlt

Deutsche Erstausgabe
Aus dem Russischen übersetzt nach der 1973 im
Verlag «Iskusstvo», Moskau
erschienenen Originalausgabe
Veröffentlicht im Rowohlt Taschenbuch Verlag GmbH,
Reinbek bei Hamburg, Oktober 1977
ЭЙЗЕНШТЕЙН

Umschlagentwurf Christian Chruxin und Antje Petersen
(Filmplakate: Progress Filmvertrieb, 1950 / Deutsches
Institut für Filmkunde; Hans Hillmann / Neue Filmkunst
Walter Kirchner; Löpelmann / Hamburg-Film
Die Abbildungen der Umschlagrückseite von links nach rechts:
Szenenbild aus ‹Eine Dummheit macht auch der Gescheiteste›
nach Ostrovskij im Proletkult-Theater Moskau, 1923,
Regie und Bühnenbild Ejzenštejn.
‹Der Jongleur›, Zeichnung von Ejzenštejn, 1944.
Ejzenštejn bei Aufnahmen zu ‹Ivan der Schreckliche›, 1944,
mit Pudovkin als Darsteller).
Gesamtherstellung Clausen & Bosse, Leck/Schleswig
Printed in Germany
2400-ISBN 3 499 25055 1

Inhalt

Die Geburt des Helden der Erzählung

Ende des vorigen Jahrhunderts.

Vergessen wir einmal den Lärm, verlangsamen wir das Vorbeihuschen des Verkehrs, erinnern wir uns, wie Pferde aussehen –, wenn es viele sind.

Wenn es Abend ist, verdunkeln wir die Fenster: ein Winkel unten oder ein schwacher Streifen zwischen den Vorhängen kann ruhig hervorleuchten.

Der Himmel hat noch keine rötliche Tönung, Sterne gibt es zu allen Zeiten.

Die Gaslaternen geben fliederfarbenes Licht.

In den Straßen zum Zentrum surren – zusammenrückend – die Kohlen der Bogenlampen zwischen den Zähnen: das Licht in ihrem Umkreis ist bläulichgelb.

Die Petroleumlaternen in den nahegelegenen Randbezirken beschließen heiter ihr Dasein – wie sehr seltene Perlen.

Der Morgen naht, und gegen Morgen gleicht das Licht der Petroleumlaternen den auseinandergeflossenen Flecken von Pferdurin mitten im Schnee.

Aus den Schornsteinen der Häuser steigt eilig Rauch.

Chaplin ist noch keine elf Jahre alt. Edinson hat bereits den Kinetographen patentieren lassen. Der Ton war noch nicht herangereift.

Das Leben fließt langsam dahin: das Panoptikum auf dem Nevskij-Prospekt zeigt schon drei Jahre lang ein und dieselbe Figur – die ihr Leben aushauchende Kleopatra.

Solche Langsamkeit bezeugte noch Blok zu Beginn unseres – des jetzigen Jahrhunderts.

Die Menge der Dinge und Ereignisse war damals eine andere als heute. In den Schulen zeigt man verschwommene Bilder; sie werden in Petersburg, Moskau und Riga von gelben, im Kupfer der Schrauben und Lack des Holzes elegant glänzenden Laternen auf die Leinwand geworfen.

Ich erinnere mich an die handgemalten Bilderchen zu Gogols ‹Vij›: eine Kerze brennt, mal liest der Junge Ausschnitte aus der Erzählung laut schreiend, mal leise murmelnd vor; auf der weißen Leinwand verwandeln sich die verschwommenen farbigen Flecken mit ihren verwaschenen Konturen zu Gruppen.

Dem Hörensagen nach gab es bereits das Kino, doch konnte es sich noch nicht von der Zeichnung losreißen. Noch dauerte die Epoche

Méliès' an (1897–1902).

Die Epochen wurden kürzer. Auf dem Boulevard des Capucines gab Lumière am Abend des 28. Dezember 1895 in einem Keller gegen Bezahlung einen Kinoabend.

Es wurde gezeigt, wie aus den Toren der Fabrik Lumières Arbeiter kommen.

Man könnte scherzhaft sagen, daß die Ära des entgeltlichen Kinos begann, indem es die Menschen wie Staub in seine Apparate einsog und neue, mit dem Messer der Filmleinwand ausgeschnittene Kegel des Lebens schuf.

Das Leben erhielt ein neues Spiegelbild und einen neuen Schnitt.

Das Kino zwang die Fotografie, sich zu bewegen; diese gab es schon lange; die Bilder, die Daguerre geschaffen hat, gleichen den kleinen vergoldeten Klischees unserer Zeit, nur betrachten wir nicht diese Klischees – wir betrachten den Abzug.

Doch einstweilen gab es noch überall dicke Alben mit Fotografien, und in den Wohnungen lebten an den Wänden in hölzernen, leisten-verzierten, plüschenen, seidenen Rahmen und in Passepartouts Daguerreotypien und Fotografien. In den Rahmen die Vorfahren der Wohnungsbesitzer, Nachbarn, Kinder. Sie faßten einander bei der Hand, standen an einem Tisch oder stützten sich auf Sessellehnen, bemüht, ungezwungen auszusehen. Doch spezielle Eisenklammern hielten sie am Kragen fest. Die Bewegung des Films und der Lauf der Automobile waren nah.

Die Zeit war noch stumm. Verstorbene fuhr man unter Baldachinen oder wenigstens in einem mit Zierleisten geschmückten Wagen auf den Friedhof.

Vor dem Trauerwagen schritt ein Mann in langem Gehrock und mit einem Zylinder einher – er schritt und verstreute grüne Tannenzweige. Der Verstorbene mochte jener Kranke gewesen sein, vor dessen Haus man Stroh auf das Straßenpflaster streute, damit die Räder nicht so laut dröhnten.

Es gab noch Stille. Es war eine ganz andere Zeit.

Ich überspringe nun zwei Jahre: als kleiner Junge erfuhr ich aus einer Illustrierten, daß man in Paris auf der Weltausstellung (im Jahre 1900) eine lebende Fotografie gezeigt habe: der Film habe Feuer gefangen, es brach ein großer Brand aus. Später erfuhr ich Einzelheiten aus den ‹Abenteuern des Gentleman-Diebes Arsène Lupin›.

Die Legende berichtete, daß Arsène Lupin Menschen aus dem Feuer rettete, daß er fast alle rettete und alle bestahl. Der Diebstahl fand tatsächlich statt.

Bücher über Detektive wurden an den Straßenecken verkauft; sie hingen hinter dem Zeitungsverkäufer an der Wand; und neben ihm stand ein Mann mit roter Mütze, den man den Nachrichtenübermittler nannte.

Es war ganz still; die Telefone klingelten noch nicht. Im Dunkel und still entstand jene Kunst, die durch den Helden unserer Zeit, Sergej Michajlovič Ejzenštejn, zu hohem Ansehen gebracht wurde.

Sergej Michajlovič wurde im Jahre 1898, am 10. Januar, in Riga geboren.

Feierlich taufte man ihn am 2. (nach dem neuen Kalender am 15.) Februar in der Domkirche. Ins Taufbecken tauchte ihn, das Gesicht des Knaben mit der großen Hand so umfassend, daß Nase und Ohren zugehalten wurden, der erfahrene Priester Pliss, der spätere Oberpriester, der beim Abschlußexamen der Realschule Sergej Ejzenštejn am liebsten ertränkt hätte, aus Ärger über seine ‹Vielwisserei›.

Der Priester und der Diakon trugen neue Meßgewänder, weil die Zeremonie für wohlhabende Leute abgehalten wurde.

In das silberne Taufbecken gossen sie warmes Wasser, die Taufpatin, eine Kauffrau der ersten Gilde, Iraida Matveevna Koneckaja, stand daneben im Seidenkleid und hielt in ihren Händen elegante Tücher. Ihre Tochter, Julija Ivanovna, die Frau des städtischen Ingenieurs Michail Osipovič Ejzenštejn, stand bewegt da, im eleganten Kleid. Sie war schön und schlank – wie alle damals in ein Korsett gespannt. Der Vater, Michail Osipovič, fehlte bei der Taufe, denn einem alten Brauch zufolge durfte der Vater dem Taufakt nicht beiwohnen.

Der Himmel über Riga färbte sich blau.

In den sauberen Straßen lag Schnee, der so blendete, daß man hätte sagen können, sie seien schneeblau.

Auf der Daugava lag Eis, am Ufer des Flusses erhoben sich das Schloß mit seinen Steinkugeln in den alten Flanken und die lutherische Kirche mit ihrer unglaublich hohen Spitze.

Man fuhr den Säugling im Schlitten; ein Pferdegespann zog den Schlitten, man hatte den Pferden ein blaues Netz übergeworfen, damit sie nicht Schneeklumpen mit ihren Hufen hochschleuderten.

Ich bin nicht dabeigewesen, aber ich habe derartige feierliche Gespanne gesehen.

Da lag die alte Stadt Riga, eingeschlossen von neuen Häusern, der drittgrößte Hafen des Russischen Reiches. In den Holzlagern entlang den Flußufern bereitete man sich schon auf das Frühjahr vor. Man wartete ungeduldig auf tausend Dampfschiffe aus dem Ausland; sagen wir es genauer: man wartete auf mehr als tausend buntbeflaggte Schiffe. Ein Zehntel davon würden russische Dampfschiffe sein.

Es war also der 10. Januar 1898.

Das Jahrhundert geht zu Ende. Der Held des Buches agiert noch nicht. Doch erinnern wir uns, was auf der Welt geschah, was Sereža zu sehen, zu erfahren und zu tun bevorstand.

Zwei Jahre zuvor hatte der große Erfinder Edison in Amerika sein ‹projizierendes Kinetoskop› patentieren lassen.

In Paris interessierte sich der Marktplatz-Gaukler Méliès für die ‹lebende Fotografie› und beabsichtigte, sie in das Repertoire seines kleinen Varietés aufzunehmen. Das Kino war für ihn ein neues Kunststück für seinen kleinen Saal.

Für Edison war das Kino eine neue Attraktion, eine richtige kleine Sensation. Man mußte sie hüten, wie man Lackschuhe schont, um sie länger tragen zu können; daher brauchte man das Bild auch nicht auf eine Leinwand zu projizieren wie bei der Laterna magica. Man brauchte nur an den Kasten heranzutreten, Geld einzuwerfen, und der Apparat beginnt zu arbeiten – und der Mensch schaut zu. Dann kommt der nächste – wirft wieder Geld ein . . .

Eine große Erfindung wurde – als Sparbüchse geboren.

Das Leben verändert alles, die Zukunft steht mit ihren Tüchern am Taufbecken, und der Gaukler weiß nicht, daß er der erste Klassiker des Kinos sein wird. In London träumt der junge Chaplin davon, Varieté-Schauspieler zu werden, nur weiß er nicht, noch kann er auch nur im Traum daran denken, daß für ihn in der Zukunft Plätze und Städte warten, daß er so eine Art Clown sein wird, aber einer, dem alle Welt zusehen wird; und man wird lachen, und man wird betrübt sein über das Schicksal des kleinen Mannes, der kaum unglücklicher ist als seine Zuschauer.

Großvater, Vater, Mutter und Großmutter

Ivan Ivanovič Koneckij war aus Tichvin gebürtig.

Die Stadt Tichvin liegt an dem Flüßchen Tichvinka; dort gab es damals zwei Klöster, 1120 Häuser, davon 47 aus Stein, und alles war still, wenn nicht gerade Feiertag war. Von der Anlegestelle der Stadt Tichvin fuhren jedes Jahr 150 Schiffe ab, die Anschlußdampfer nicht mitgerechnet.

Mit dem Bau von Lastschiffen hatte man in Tichvin, wie es heißt, schon zur Zeit Peters des Ersten begonnen.

Die einmastigen Segelschiffe, die mit ihren handlichen, aber kostbaren Gütern auf dem Marienkanalsystem fuhren, hießen ‹Tichvinki›; langsam segelten sie auf der Wolga bis nach Astrachan.

Ivan Koneckij soll den Berichten nach zu Fuß nach Piter gekommen sein. Wahrscheinlicher ist, daß er auf einer starken Tichvinka eintraf, die in dieser Richtung segelte, und sich auf ihr verdingt hatte. Das heißt also: er kam nicht ohne Geld an. Er heiratete eine Kaufmannstochter aus reichem Hause und gründete ein nicht geringes Unternehmen – die ‹Neva-Frachtschiffahrtsgesellschaft›.

Die Maschine kam in Gebrauch.

Seine Schleppdampfer zogen durch das Marienkanalsystem schwere Lastkähne.

Auf der kurzen Neva fuhren die Lastkähne mit Kohle von der Gutuev-Insel zu den Kaimauern der Hüttenwerke und Fabriken am linken und rechten Nevaufer. Andere Lastkähne ließen sich die Schleusenstufen des Marienkanalsystems herabsenken.

Die Rauchfahne des Schleppdampfers glitt mit ihrem Schatten über Klöster und kleine Städte – bis nach Astrachan.

So sah die ganze Arbeit aus – flußauf, flußab, und manchmal zogen die Dampfer dieser Gesellschaft schwere Lastkähne nach Riga. Die Frachten wurden dann auf große Dampfschiffe umgeschlagen, die unter fremder Flagge nach fremden Häfen fuhren.

Die Schleppdampfer kehrten wieder um. Die Lastkähne blieben für gewöhnlich am unteren Teil des Flusses zurück, wurden auseinandergenommen und als Baumaterial verwendet.

Ivan Ivanovič starb, seine Frau übernahm das Unternehmen, und das Geschäft florierte unter ihrer Führung. Die Kauffrau ließ ihren Mann im Aleksandr-Nevskij-Kloster beisetzen und besuchte regelmäßig sein Grab; sie wohnte nicht weit entfernt auf dem Staro-Nevskij-Prospekt. Der Haupteingang führte vom Hof in das Haus, die Treppe war aus Marmor, aber schmal, oben an der Treppe ein Kamin. Es war eine gewöhnliche, etwas dunkle Wohnung, die Möbel ganz mit rosa Stoff bezogen, an den Fenstern hingen Vorhänge mit rosa Futter.

Die Tochter des Hauses wurde mit dem schönen Ingenieur Michail Osipovič Ejzenštejn verheiratet. Als Aussteuer gab man Geld, einen Flügel und die Möbel; sich selber kaufte man eine neue Einrichtung.

Diese Tochter, die Mutter Sergej Michajlovičs, Julija Ivanovna, war in ihrer Jugend ausgeglichen und still; später wurde sie gesprächiger.

Sergej Michajlovič begegnete seiner Mutter stets mit der schüchternen Anhänglichkeit des Sohnes.

Die Datscha des berühmten Sohnes bewohnte sie ganz, der Sohn wohnte auf dem Dachboden, den er sich mit viel Phantasie gemütlich und hübsch umgebaut hatte.

Der Hofrat Michail Osipovič Ejzenštejn war in Riga als städtischer Architekt angestellt: er baute in den breiten Straßen Häuser im Stile der Moderne – die Fenster nach außen gewölbt, auf neuartige Weise verziert, und neumodische Frauen, die ihre Hände mit goldenen Armbändern vorstreckten; über diese hohlen Verzierungen schrieb der Sohn mit Verachtung.

Die Häuser waren solide – sie stehen auch heute noch. Die Verzierungen schwitzten vom Regen und sind längst entfernt worden.

Der Architekt Ejzenštejn baute die Häuser sorgfältig; er drehte seinen Schnurrbart nach deutscher Art; er liebte die Operette; er trug nur schwarze Lackschuhe. In einem Extraschrank, wie ein Kaninchenstall, standen achtundvierzig Paar: vollkommen neue, spitzschnablige, stumpfnasige; neue mit und ohne Kratzer; besonders leichte für Bälle, neue fürs Reiten – alle schwarz und alle aus Lack.

Seine Frau hatte eine gute Aussteuer mit in die Ehe gebracht. Die Familie wurde vermögend. Man empfing in diesem Hause die bedeutendsten Männer der russischen Beamtenschaft Rigas.

Michail Osipovič beherrschte die europäischen Sprachen, war ein führender Architekt, ein pünktlicher Mensch. In seinem Hause herrschte Ordnung: ein Bote, den man zum Diener gemacht hatte, eine Köchin, ein Zimmermädchen, die ‹Bonne›.

Die Ordnung war vollkommen und lautlos.

In dem Riga jener Zeit wagten nur die Dampfer beim Navigieren zu lärmen.

Der Vater sitzt in seinem Arbeitszimmer; er unterschreibt Papiere; er überprüft Zeichnungen; stören darf man ihn nicht.

Er wird Wirklicher Staatsrat werden, in Berlin sterben und auf dem Russischen Friedhof begraben werden.

Michail Osipovič besaß keine schlechte Bibliothek, sie enthielt auch Bücher zur Geschichte. Der Architekt glaubte, daß das Leben für ihn selbst und für seine Kinder auf ewig so eingerichtet sei.

Es wird ein Sohn geboren; hierbei hatte er wieder Glück: es wurde tatsächlich ein Sohn.

Der Sohn wird die Realschule besuchen: im Gymnasium ist das Latein zu schwierig, und im Institut ist es unnütz. Er wird die Realschule beenden, nach Petersburg fahren, in das Institut für Zivilingenieure eintreten, das der Vater absolviert hat, bei der Großmutter wohnen: das ist billiger; er wird einen guten Abschluß machen und als Freiwilliger in den Militärdienst eintreten; er wird in den Staatsdienst gehen, ein Gehalt beziehen und außerdem private Bauaufträge haben.

Zu Hause wird er Papiere unterschreiben und Zeichnungen überprüfen.

Er wird heiraten und Kinder haben.

Sergej Michajlovič schrieb über sich selber so:

«Ich rauche nicht . . .

Papa hat niemals geraucht.

Ich habe mich immer an Papa orientiert.

Von klein auf wuchs ich zu dem Zweck heran, Ingenieur und Architekt zu werden.

Bis zu einem gewissen Alter richtete ich mich in allem nach Papa.»[1]*

Diese Unterordnung rief auch Protest hervor. Ejzenštejn beschrieb in dem Kapitel «Der Junge aus Riga» («Ein braves Kind») seine Kindheit als eine Zeit der Traurigkeit.

«Aber woher kam dieses Gefühl des Eingeengtseins?

Ich habe doch niemals in meiner Kindheit Armut, Entbehrungen und die Schrecken des Existenzkampfes gekannt» (Bd. I, S. 221).

... Einstweilen geht alles nach Papas Willen, nur ist seine Frau ein bißchen zu schön. Aber das vergeht, und er wird eine Frau aus reichem Hause hinterlassen; der Sohn wird das Erbe erhalten; seine Schleppdampfer werden auf seinen Lastkähnen Kohle auf der Neva hinter sich herziehen, vorbei am Winterpalais, vorbei an den granitenen Ufermauern bis hin zu den gepflasterten Böschungen der Fabrikbezirke.

Die Ladung ist nicht groß, aber beständig.

All dies ist unerschütterlich, wie Rußland; unerschütterlich ist Petersburg.

Die Dampfer Ivan Ivanovičs schleppen nicht allein Steinkohle, die als Ballast auf ausländischen Dampfschiffen eingetroffen ist.

Die Dampfer schleppen eine Revolution – Kohle für Maschinen.

Es wachsen die Randbezirke Petersburgs, und es wächst die Zahl der Menschen, die in die Fabriken gehen.

Wenn sie streiken, sind die Straßen dunkel von den Jacken der Arbeiter, weiß von den Tüchern der Arbeiterinnen.

Sergej wird Filmregisseur werden, auch wenn der Film einstweilen fast noch gar nicht existiert.

Sergej wird den Sturm auf das Winterpalais filmen, auch wenn das Palais einstweilen noch unerschütterlich dasteht.

Das stellt sich der Architekt Ejzenštejn nicht vor.

Einstweilen noch sind die Herren der Stadthäuser unerschütterlich wie die Unterschriften unter den Papieren.

Sie sind unerschütterlich wie die Unterschriften der allerhöchsten Vorgesetzten.

Michail Osipovič träumt nicht: er stellt es sich klar und planmäßig vor, wie ein Dampfer, der der Gesellschaft für Schleppdampfer Koneckij & Co. gehört, auf der Neva fährt.

Er schleppt Kohle von der Gutuev-Insel die Neva hinauf, vorbei an den Palais, vorbei an der Festung, vorbei an der Vylieschen-Klinik.

Links das Gefängnis ‹Kresty› und die Fabriken der Vyborger Seite, rechts der achtseitige rote Wasserturm, dahinter das Taurische Palais,

---

* Die hochgestellten Ziffern verweisen auf die Anmerkungen Seite 382

ein wenig weiter der Smolnyj, noch weiter das Aleksandr-Nevskij-Kloster und darin, hinter der Umzäunung, das Grab des kräftigen Kaufmanns und Zimmermanns Ivan Ivanovič Koneckij: des Begründers der Dampfschiffgesellschaft.

Petersburg – das ist eine ganz besondere Stadt: in seinem Zentrum stehen Häuser, von ausländischen Architekten gebaut, die hier ihre eigenen, in ihrer Heimat unvorstellbaren Träume verwirklicht haben.

Hier bauten Trezzini, de la Motte, Rastrelli, Rossi, Montferrand.

Hier baute der russische Baumeister Zacharov. Er schuf die Admiralität – eine Hymne an den Schiffbau: dieses Bauwerk hat nicht seinesgleichen auf der Welt. Die Fassade von einer halben Werst Länge, das schwere Tor in der Mitte, der Turm darüber, die Spitze, auf der Spitze das goldene Schiffchen, das nach Westen segelt.

Die Admiralität streckt ihre steinernen Hände nach der Neva aus.

Im Innern der Admiralität Werkstätten mit riesigen Fußböden zum Zeichnen der Schiffsdetails in naturgetreuem Maßstab. Hierfür kam Holz aus dem ganzen Land; verschiedene Holzarten: Eiche, Lärche, Eibe, Kiefer; gerades und von Natur krummes Holz.

Heute geht das Holz ins Ausland; Dampfschiffe mit bunten Flaggen holen es: sie bringen Manufaktur, Maschinen und Kohle als Ballast, sie nehmen Getreide, Flachs und Holz mit.

Das Reich wächst in die neue Welt der Industrie hinein. Und das ist gut: man wird neue Häuser in einem neuen Stil bauen.

An der Neva stehen das Winterpalais und die Häuser der Reichen.

Ihnen allen gehören die Werften am Tor der Stadt zum Meer und die Fabriken, die sich auf der Schlüsselburger Seite hinziehen. Es ist die Stadt einer alten Monarchie und einer neuen Industrie. Architektonisch ist sie bunt, die Straßen sind unterschiedlich geplant, unterschiedlich lärmen sie, bisweilen allzu laut. Es gibt in dieser Stadt viel arbeitendes Volk.

Die Großmutter lebt zu dieser Zeit in Piter, aber in einer anderen Gedankenwelt. Morgens ging sie in den Taurischen Garten, dort ist es kühl – Teiche, über den Teichen alte Eichenbäume. Aus der Kühle des Gartens kam die Großmutter Iraida nach Hause, trank ihren Tee mit Fastenzucker. Gefastet wurde oft. Sie ging nach Ligovka – gut, daß es nicht weit ist, sie nahm die Pferdebahn.

Eine kleine, altmodische gelb-rote Dampfmaschine zieht die Reihe der Pferdebahnwagen. Sie taucht in das Tor des Hauses Frederiks' ein; kommt auf dem kürzesten Weg auf den Staro-Nevskij und erfüllt den nicht breiten Prospekt mit Rauch. Die Pferdebahnwagen schleppen sich an der Kalašnikover Getreidebörse vorbei zu einem halbrunden Platz hin, den Häuser umgeben, die noch aus der Zeit der Kaiserin Anna Ioannovna stammen.

Die Fahrt kostet vier Kopeken, sie dauert nicht lange, und man braucht keine Droschke zu mieten. Du überquerst den Platz, gehst durch ein Tor, dann auf einer Holzbrücke über einen Flußgraben – siehst, wie die Ufer des Flüßchens mit armen, aber ordentlichen Gräbern zugewachsen sind, erholst dich auf einer kleinen Bank und trittst in die Kirche ein. Die Kirche ist geräumig. In der Vorhalle ist direkt in den steinernen Fußboden eine steinerne Platte eingelassen, darauf steht in einfachen und stolzen Worten: «Hier ruht Suvorov.»

Iraida Koneckaja kauft eine Kerze aus gelbem Wachs, stellt sie vor dem Silberrahmen für den heiligen Aleksandr Nevskij auf – das ist der hiesige, der Petersburger Heilige, hier hat er mit den Schweden gekämpft. Prachtvoll ist es in der gewaltigen Dreifaltigkeitskathedrale: 35 Sažen lang, 20 breit. Eine gewaltige Werft der Frömmigkeit. Die Ikonostase aus italienischem Marmor, die Ikonen Arbeiten van Dycks, hinter dem linken Kirchenchor die ‹Auferstehung› von Rubens. Der Reliquienschrein mit dem Baldachin – wie über dem Bett eines schwerreichen Kaufmanns – ist ganz aus Silber.

Iraida Koneckaja glaubt vielleicht, daß Aleksandr Nevskij der Beschützer ihrer Schleppdampfer sei: er war ja ein kluger Fürst, weit gereist und unterwegs gestorben, in einem Städtchen an der Wolga.

Die Großmutter geht eilig aus dem Gotteshaus. Schon ist sie auf dem Friedhof: Die Grabmäler sind mit Moos überwuchert.

Das Grab Ivan Ivanovičs ist gepflegt, sauber, die Platte glänzt, der Weg ringsherum ist mit gelbem Sand bestreut.

Sie weint ein bißchen, die Alte.

Sie geht zur Neva hinaus. Hier macht die Neva eine Biegung, fließt schnell.

Ein starkbrüstiger Schleppdampfer fährt dem Strom entgegen, er zieht Kohle zu den Fabriken.

Schön ist es an der Neva.

Der Enkel wird über die Ferien kommen, die Großmutter wird mit ihm zum Grab des Großvaters gehen; später wird der Enkel die Realschule beenden und bei der Großmutter wohnen, den Beruf eines Ingenieurs erlernen.

Die Großmutter starb in der Vorhalle des Gotteshauses, als sie gerade zur Ikone über dem Eingang betete. Der Tod trat als Folge einer Gehirnblutung ein.

Ein Morgen in Riga

In der Nacht stritt sich die Mama mit dem Papa. Sie streiten sich und sagen irgend etwas Unverständliches – also waren sie einander nicht ganz einig. Die Mama beklagt sich über irgend etwas, Papa wirft ihr irgend etwas vor. Sie streiten sich lange. Es ist wie bei einem Mittagessen, das sich in die Länge zieht, weil man es nicht rechtzeitig serviert.
Der Streit geht mit Unterbrechungen weiter – als ob dieses Mittagessen niemals enden wollte. Mama beendet den Streit mit einem Schrei. Ihr Schrei ist unanständig und ungewöhnlich.
Mama läuft ins Vorzimmer hinaus: sie trägt einen grauen Rock und eine sehr schöne Bluse – rot mit grünen Karos. Sie will sich ins Treppenhaus stürzen. Papa packt sie. Papa ist stark, er nimmt sie auf die Arme.
Sereža zog sich die Pantoffeln an und flüchtete zur Gouvernante Marija Eleksne; er legte sich neben sie, sie deckte sein Ohr mit dem Kopfkissen zu, der Junge wird bis zum Morgen schlafen.
Frühmorgens hörte er das Krachen von Brennholz, das auf den Boden geworfen wird.
Das Leben geht weiter.
Es ist Zeit, aufzustehen. Das Haus schläft scheinbar wie gewöhnlich. Der Hausknecht war die Hintertreppe hinaufgestiegen, in die Küche gegangen, gebeugt unter einem harten Bündel Brennholz, hatte sich ein wenig niedergehockt, den Strick gelockert, und das Brennholz war zu Boden gehagelt. Sereža hört selbst im Halbschlaf dieses Geräusch, das den gewohnten Gang der Dinge unterstreicht.
Es ist Zeit, in die Realschule zu gehen. Sereža geht leise zu sich ins Kinderzimmer. Die neue Uniform: die schwarzen Hosen, die schwarze Jacke mit den hellglänzenden Knöpfen, der Lackgürtel mit der gelben Schnalle, darauf die Buchstaben RRU, liegen säuberlich auf dem Stuhl, sie riechen noch nach Geschäft.
Die Gouvernante Marija schläft, die Köchin und das Zimmermädchen und der Bote schlafen auch noch und tun so, als hätten sie in der Nacht nichts gehört.
Das Speisezimmer ist braun tapeziert und mit großen braunen Geschirrschränken möbliert, deren Türen mit Eichenschnitzereien verziert sind. Die Schnitzereien stellen Früchte in Vasen und an den Beinen aufgehängtes Wild dar. Alles aus Eiche, alles wie für die Ewigkeit.
Die Geschirrschränke sind hoch, als wollten sie zu Häusern emporwachsen.
Auf Marmortischchen bewachen zwei vernickelte Samoware die Geschirrschränke.

In der Mitte des Zimmers steht ein großer, ovaler Tisch. Darauf vom Morgen an ein sauberes Tischtuch, mit scharf gebügelten Falten. Unter dem Tischtuch liegt ein Soldatentuch aus Wolle, damit die Teller nicht klappern. Einen Diener hatte Ejzenštejn nicht; ihm als hohem Beamten stand ein Bote zu, und er machte aus diesem, wie man damals sagte, einen Diener, ähnlich einem Offiziersburschen.

Von der Zimmerdecke hängt eine schwere Petroleumlampe an Ketten herab.

An Ketten hängt auch das Gegengewicht in Form eines riesigen mit Schrot gefüllten Eies.

Damit kann man die Lampe höher oder tiefer ziehen; sie brennt bereits mit elektrischem Licht. Elektrizität galt noch als etwas Neues, man konnte nur schwer umhin, sie nicht zu bestaunen.

An dem großen Tisch sitzt auf einem hohen Stuhl mit hoher geschnitzter Lehne und hartem Ledersitz der kleine Junge.

Vor ihm ein Glas Tee mit einem kleinen Silberlöffel, der Tee dampft; auf einem Extrateller liegt ein Brötchen, auf einem kleinen Teller ein Stückchen sehr guter Tafelbutter, auf einem anderen ein wenig Käse und auf einem etwas größeren Teller zwei dicke, heiße Wiener Würstchen mit gelblichem Kartoffelpüree.

All dies ist für ihn Gewohnheit, wie ein langes Leben, obgleich der Realist erst neun Jahre alt ist. Menschen sind vor ihm aufgestanden, haben alles vorbereitet, und sich selber aber wieder versteckt.

Da stehen die ewigen Schränke, auf dem Tisch das Frühstück, das gewohnte, wie Riga.

Das Porzellan auf dem Tisch gehört nicht zum Service.

Das Service steht auf den unteren Regalen des Geschirrschrankes: es stammt aus der Kuznecov-Fabrik – es ist Mamas Aussteuer, sie hat es aus der Stadt Sankt Petersburg mitgebracht. Es wird etwa viermal im Jahr herausgenommen und auf die Tische gestellt.

Auf den oberen Regalen steht gesondert das funkelnde Kristall – weißes und vereinzelt grünes mit weißem Fuß. Es ist viel Kristall da, auch einiges mit Silber.

In der Küche steht auf den Borden in makelloser Ordnung die Front rötlich-goldenen Kupfers. Am Vortag ist es mit gesäuertem Brot gereinigt worden, den Geruch kann man noch ein wenig im Speisezimmer spüren.

Es war eine schreckliche Nacht, Mama hatte sich von der Treppe in den Treppenschacht stürzen wollen, doch die Welt steht gewaltig und unbeweglich da, wie die Domkirche.

Die Uhr hat acht geschlagen. Der Ranzen ist vollgestopft mit Büchern, er steht im Vorzimmer. Es ist nicht weit zu gehen.

Gleich wird sich Sereža den Mantel mit den Kupferknöpfen und den hellgelben Kragenlitzen anziehen. Der Mantel ist lang: selbst in einem reichen Hause kauft man auf Zuwachs.

Er muß auf die kalte Straße hinaus. Die Straßenlaternen sind schon erloschen.

Sehr traurig ist das alles. Sereža beginnt, angenehmen Erinnerungen nachzuhängen, während er sich den Mantel anzieht, die Treppe hinuntergeht, auf der ein Teppich und ein Leinenläufer mit Kupferstäben gespannt sind. Erinnerungen nachhängen darf man auch auf der Straße; in der Schule muß man zuhören.

Serežas Erinnerungen

Er ist fast zehn Jahre alt und hat vieles gesehen. Zwei Jahre zuvor hatte man ihn nach Paris gebracht, weil in Riga und um Riga herum Revolution war: Die Arbeiter und die Bauern rebellierten – die Letten hofften auf die Hilfe Petersburgs und Moskaus. Man schoß. Man schoß in ganz Rußland.

Darüber flüsterte man im Hause, darüber schrieb aus Petersburg die Großmutter. Kurzum, für Papa und Mama war es interessanter, nach Paris zu reisen.

Schön war es in Paris. Dort ist es auf den Straßen warm, und Mama stritt dort nicht mit Papa: dazu war keine Zeit; sie gingen getrennt, jeder machte seine Besichtigungen und Einkäufe für sich allein.

In Paris sah der Junge im Jardin de Luxembourg Mädchen, die ein Reifenspiel spielten. Sie liefen mit Stäben umher. Die Stäbe hatten Griffe, wie die Degen, die in dem Buch über die drei Musketiere abgebildet waren. Die Mädchen fingen mit den Stäben leichte Reifen, *cerceaux*, und warfen sie dann wieder weit weg. Die Mädchen waren sehr sauber. An den Armen trugen sie braune Schutzärmel, da man in Paris, ebenso wie in Riga, die Sachen schont.

Papa zieht sich, wenn er schreibt, auch Schutzärmel über. Die Sachen muß man schonen. Einen Tisch darf man nicht zerkratzen, und auf einem polierten Tisch darf man nicht ohne Unterlage schreiben, sonst drückt der Bleistift auf das polierte Holz durch. So ist es in Riga, und dort ist Revolution. Man mußte wegreisen. Es war viel Militär in der Stadt. Jetzt ist das alles weit weg.

In Paris steht am Ufer des nicht sehr breiten Flusses, den man zärtlich blaue Seine nennt, ein eiserner Turm, gerade sechs Jahre alt. Ihn errichtete Eiffel für die Weltausstellung des Jahres 1900. Auf vier Beinen. Der

Körper des Turmes gleicht einer Eisenbahnbrücke, in seinem Innern ist ein Fahrstuhl. Wenn man hinauffährt, scheint es, als wachse Paris, die Häuser laufen auseinander. Die blaue Unterschrift der Seine unten. Unten – alte Kirchen, Paläste, kleine Häuser, Straßen – in den Straßen kleine Pferde. Gärten sind zu sehen. Und der Fahrstuhl fährt immer höher. Unwahrscheinlich interessant.

In Paris tragen die Soldaten rote Hosen; die Straßen sind im großen und ganzen bunt. Sehr viele Equipagen.

Doch das sommerliche Paris setzte den Rigaer, den Jungen Sereža, nicht durch seine Menschenmengen in Erstaunen. Ihn überraschten die riesigen Kopfkissen im Hotel und das Grab Napoleons, umgeben von den Gräbern der Marschälle. Dies war feierlich gemacht und erinnerte an das Tischgeschirr einer prunkvollen Tafel.

Die Mädchen mit den Kalikoschutzärmeln spielten ihr Reifenspiel im Garten der Tuilerien. Auf der anderen Seite dehnte sich endlos die Säulenreihe der Rue de Rivoli. Die kleine vergoldete Jungfrau von Orléans saß leicht und bescheiden in einer Lücke der Kolonnaden auf dem vergoldeten Pferd. Dies alles nichts Besonderes, aber akkurat und doch ungezwungen.

Man besichtigte die Kathedrale der Pariser Gottesmutter, bestaunte die farbigen Glasfenster, die Arme der Strebepfeiler, die fürsorglich die hohen Mauern mit ewiger Anstrengung unterstützten.

Man sagte dem Jungen, dies sei Notre-Dame.

Beim Besichtigen muß immer der Name genannt werden. Er kannte bereits die Chimären von Notre-Dame, aber er kam nicht mehr dazu, sie sich anzusehen. Papa hatte es eilig, ins Hotel zu kommen. Mädchen in weißen Kleidern und weißen Häubchen reichten den Kaffee.

Sereža wollte Eis, aber er hatte sich den Magen verdorben, und man gab ihm Glühwein. Seitdem mag er keinen Glühwein. Er mochte auch nicht seine Kindheit. Er mochte keine großen Räume, keine weißen Westen, keine Kettchen auf den Westen. Er mochte nicht die prunkvollen Mittagessen und die weiße, um den Hals gebundene Serviette. Er erinnerte sich an das Wachsfigurenmuseum in Paris. Dort ist es still, aber eine Fülle von Ereignissen. Demosthenes ging mit seiner Laterne umher und suchte ohne Erfolg nach einem Menschen.

Alles ist interessant, aber allzu leise.

Alles erläuterte ein müder Mann – der Guide.

Löwen zerfleischten Christen im Kolosseum. Napoleon empfing die Könige in seinem Palast, funkelnd in seiner Uniform und mit seinen Sternen.

Sereža war in Paris auch im Kino.

Der Film war jung, die Streifen waren kurz, abgehackt. Man lobte die Filme von Georges Méliès. Einer, ganz handbemalt, war bunt, phantastisch. Er zeigte ein Unterwasser-Königreich, in dem Menschen lebten. In einem anderen flogen Menschen zum Mond. Man konnte sehen, daß sie hinzugezeichnet worden waren. Es war eine Bilderfolge aus den ‹Streichen des Teufels›.

Der Teufel hatte es sehr eilig. Er fürchtete, das Publikum könnte sich langweilen. Es war ein sehr nervöser Teufel, er sprach so, wie Menschen sprechen, wenn sie einen Streit in Gegenwart Fremder beenden wollen. Bei dem geschäftigen Teufel drehte sich das Haus um das Dach im Kreise, zog sich zusammen, weitete sich. Dann fuhr der Teufel in einer Kutsche in den rauchigen Himmel davon. Die Kutsche wurde von einem Pferdeskelett gezogen, die Rippen des Pferdes sahen wie Papas steife Kragen aus, breit und glänzend. So beendete der Teufel in dieser Vorstellung seine Streiche.

Paris ist voller interessanter Dinge. Große Geschäfte, der Louvre. Viele Bücher, viele Zeichnungen. Bücherstände an den Kaimauern der Seine. Ganz durchsehen kann man sie nicht, weil Papa und Mama es eilig haben. Sie ziehen ihn an den Ärmeln in verschiedene Richtungen. Papa kauft sich einige Paare schwarze Lackschuhe. Mama macht sehr viele Einkäufe, Papa sagt, das sei zu teuer, sie antwortet, daß sie ihr eigenes Geld habe, Papa zuckt fröhlich mit den Schultern, die Großmutter hatte ihr tatsächlich welches geschickt.

Mama kramt in ihren neuen Koffern herum und zeigt Sereža ihre Einkäufe.

Sie fuhren nach Riga zurück. Hier war es leiser, düsterer geworden; Papa bekam eine etwas größere Wohnung. Die Dinge verloren sich in den Zimmern.

Zu jener Zeit kam Sereža auch in die Realschule – das ist gar nicht so übel, aber man muß eben jeden Tag hingehen.

Riga hatte sein eigenes Kino, zwei sogar. Sergej ging mit der Gouvernante hin. Es gab spannende Filme mit Detektiven in mehreren Folgen. Die Gouvernante mochte Abenteuerfilme. Sereža Landschaftsfilme.

Die Träumereien waren zu Ende. Sereža war an den polierten Türen der Realschule mit ihren glänzenden Kupfergriffen angelangt.

Tannenbaum und Bücher

In Riga hatten die Ejzenštejns eine durchaus schöne Wohnung. Die Fußböden wurden oft gebohnert, und an der Tür glänzte das Sperrkettchen. Wenn es läutete, öffnete man die Tür eine Handbreit, sah nach, wer gekommen war, und nahm dann die Kette beiseite.

So machte man es überall in diesen Häusern.

Zu Weihnachten stand im Vorzimmer das Zimmermädchen mit weißer Schürze und einem weißen Häubchen auf dem Haar; es traten die gewohnten Gäste ein.

Zuvor hatte man lange den Tannenbaum geschmückt, geflüstert und die Wünsche des Jungen in Erfahrung gebracht – so war es Tradition.

Er wußte schon viel. Er stöberte den Bücherschrank des Vaters durch und fand Bücher, die sein Vater offensichtlich selber noch nie gelesen hatte, zum Beispiel ein Buch über die Pariser Kommune und Alben mit Karikaturen – das war noch aufregender als die riesige Bibel mit den Illustrationen Dorés.

Sergej ist nun schon zwölf Jahre alt. Er geht in langen schwarzen Hosen und einer Jacke in die Realschule.

Aber zu Hause trägt er einen weißen Anzug mit kurzen Hosen und ist gekämmt; der Tannenbaum – das bedeutet Ferien.

Der Baum stößt gegen die Zimmerdecke. Von oben stürzen Ströme goldener Fäden herunter – durchkreuzt von Ketten aus Goldpapier. Die langen roten Zapfen sind mit runden goldenen Nüssen vertauscht. Am Tannenbaum hängen Engel, oben ein Stern.

Der Tannenbaum und der gelockte Junge in den kurzen Hosen und die Mama in dem prunkvollen Kleid, Mama, die mit der Seide ihres Kleides und der Seide ihres Unterrockes raschelt, und der Papa mit seinem Orden um den Hals spielen Gemütlichkeit und Stille – in wechselnden Großaufnahmen, wie der erwachsene Ejzenštejn gesagt hätte.

Unter den Geschenken zwei Bücher.

Dem Jungen schenkte man bunte Blätter von der Weltausstellung von 1900: Feuerwerke, Bälle; auf anderen Blättern Damen mit federgeschmückten Hüten, Herren mit Zylindern und Melonen, Hündchen, Jungen, Mädchen – all das konnte man ausschneiden und auf Blätter aufkleben, wobei man diese Art von Atelier durch eine Art von Massenszene im Film bevölkerte. Das fiel Sergej Michajlovič später wieder ein.

Der Junge merkte schon damals, daß man die Menschen nicht auf den Seiten unterbringen kann, die ihnen im voraus bestimmt sind, sie sind nicht so beleuchtet, sie wollen sich nicht miteinander unterhalten.

Ihr Leben kriecht gleichsam auseinander.

Die Klassenkameraden in der Realschule waren Letten, Deutsche, Russen, eine Freundschaft zwischen den Jungen kam nur schwer in Gang. Alles in der Stadt war in Verwirrung geraten und ließ sich ganz und gar nicht klären.

So vergehen Jahre.

Die deutschen Gutsbesitzer mochten die Russen nicht, fürchteten die

Letten, die Letten haßten die deutschen Gutsbesitzer und die Russen, Menschen, die sie dabei störten, sich ein Leben nach eigenen Wünschen einzurichten.

Sergej Ejzenštejn hatte in der Schule keine Freunde.

Die russischen Märchen erzählte ihm die lettische Gouvernante, aber sie brachte die russischen mit den lettischen durcheinander.

Dem Boten und der Köchin erklärte sie, daß man dem Jungen nicht alles zu erzählen brauchte. Papa war auf Mama eifersüchtig, sie war schön, jung, reich, alle machten ihr den Hof. Man sagte sogar, daß Papa sich mit einem dieser Männer duelliert habe.

Bei verschiedenen Anlässen schrie Papa oft: «Ich erschieße ihn!»

Mama nahm solche Greuel nicht besonders ernst, aber sie weinte.

So gehörte es sich eben.

Man löschte die Lichter am Tannenbaum.

Die Gäste gingen.

Der Junge zündete die Lichtstummel auf den unteren Zweigen an, legte in dem gelben Halbdunkel das Buchgeschenk auf das Parkett und begann, die ‹Geschichte der Französischen Revolution› von Mignet zu lesen.

Das Buch duftete nach Tannenbaum und Neuem.

Überhaupt las Sergej Michajlovič, damals noch Serëža, wie wir alle in dem Alter, alles durcheinander, zufällig; früh schon hatte er Zola, Victor Hugo und Dickens gelesen und bemerkt, daß er selber David Copperfield gleiche, den Dickens so gut beschrieben hat. Nur hatte David Copperfield eine zärtliche, zaghafte Mutter, die zärtliche Kinderfrau Peggotty und den gestrengen, schwarzbärtigen, schönen Stiefvater – einen boshaften Dickkopf, der das Leben der Mutter mit seinen bösen weißen Zähnen zerfleischte.

Bei Dickens ist ein manchmal schreckliches, aber auch behagliches Leben beschrieben, mit dem Teekessel, der im Kamin kocht, und dem Heimchen.

Das Heimchen und den singenden Teekessel gab es bei den Ejzenštejns nicht.

Die Mutter und der Vater liebten den Jungen, aber sie waren mit ihren Streitereien beschäftigt und sahen nicht, daß ihr einziger Sohn in einer Einöde lebte. Diese Einöde bevölkerte er selbst mit Büchern, Zeichnungen und Erinnerungen an den Zirkus und das Kino, das er noch wenig kannte.

Alltage und Feiertage

In ‹Alice im Wunderland› müssen die parodistisch-verschiedenartig gezeichneten Helden an einem traditionellen Teetisch sitzen. Wenn der Tee ausgetrunken und der Keks gegessen ist, wechseln sie den Platz und setzen sich etwas weiter. Der Tisch ist unendlich. Die Seiten des Tisches laufen in weiter Ferne zusammen, wie Eisenbahnschienen. Sieht man genau hin, wird das Geschirr immer kleiner, aber es ist ein und dasselbe Geschirr, ein und dasselbe Besteck.

Alice fragte, was ist, wenn der Tisch aufhört?

Man antwortete ihr: «Man darf keine unschicklichen Fragen stellen.»

Dort war es immer vier Uhr, und immer trank man Tee: die Abenteuer spielten sich an einem anderen Ort ab, doch sie wiederholten sich auch.

Abwechslung gab es nicht im Hause der Ejzenštejns, obgleich Michail Osipovič Ejzenštejn nicht mehr Hofrat, sondern schon Staatsrat geworden war; er baute ein Haus nach dem anderen.

In Riga ist in der Frič-Gal-Straße (früher Albertstraße) ein Häuserblock ‹Ejzenštejnscher› Häuser erhalten geblieben. Die anscheinend verschiedenartigen, aber dennoch gleichen Häuser stehen Wand an Wand aneinandergerückt, wie Bücher, die Buchrücken zur Straße.

Das sollte nie ein Ende nehmen, und man durfte keine unschicklichen Fragen stellen.

Die Zeit ist vollgestopft. Morgens Tee, Würstchen. Realschule, Unterricht, Nachhausekommen. Mittagessen. Dem Jungen hat man eine große Serviette um den Hals gebunden. Bis zur Ausfahrt der Mama Musikunterricht. Das Klavier hob seinen schwarzen Deckel, und die Lehrerin zählte: «Eins und zwei und drei und vier und fünf und sechs.» Und das Pendel des Metronoms trat aus der steilen Pyramide des Gehäuses heraus und zählte: eins und zwei und drei und vier, und die Tasten gingen auf und ab. Schwarz und auch weiß waren sie, und das war endlos und spiegelte sich, das Untere zuoberst, in dem schwarzen Deckel des Klaviers wider, und genau vor einem waren die Saiten, und die Hämmerchen schlugen dagegen, zitterten und glänzten. Dann machte Sereža Hausaufgaben, und nach dem Abendessen ging er schlafen.

Nachts die Stimmen von Papa und Mama, die Stimmen stritten sich, und man durfte nicht fragen, was das sei.

Morgens der Tee, nach dem Tee der Mantel mit den kalten Knöpfen, die Treppe, die Straße und die großen Platten des Trottoirs – sie wiederholten sich.

Im Sommer ging man nicht zur Realschule. Doch es gab Unterricht, es gab Schwimmen – ebenfalls nach strengem Ritual, und es gab Unterricht im Reiten: Sereža ritt auf dem Pferd Zajčik, das man stundenweise mietete. Das Pferd war groß – sein breiter Rücken ermüdete die Beine des Jungen. Einmal scheute Zajčik und ging durch. Er war aus dem üblichen Trabrhythmus gefallen, doch alles endete gut – das Pferd stemmte sich gegen den Badesteg und beruhigte sich.

Und damit hatte das Reiten ein Ende; alles Übrige wurde fortgesetzt, in ständigem Wechsel. Dann wieder Herbst, nach dem Herbstmantel zog man den Wintermantel an, in der Mitte des Winters wurden die Tannenbäume errichtet, und danach war Mamas Geburtstag. Man stellte Tische auf – die man von irgendwoher geholt hatte und die zusammenklappbar waren. Mit ihnen kamen die Offizianten. Die Tische hießen daher auch Offiziantentische. Sie waren leicht, stabil, man stellte sie in Hufeisenform auf. Das Gästezimmer war mit dem hellen Speisezimmer verbunden, die Tische gingen durch beide Räume. In der Mitte nahm Papa Platz.

Sereža setzte man anfangs nirgendwohin, man führte ihn nur herein, zeigte ihn.

Am nächsten Tag aß man morgens den Rest Wurst, und was sonst noch vom Abendessen übriggeblieben war, gab es zu Mittag.

Die Jahre gingen dahin, man begann, Sereža bei den Empfängen dem Vater gegenüber zu setzen; neben Mama nahm Seine Hohe Exzellenz General Vjazemskij Platz, seitlich vom großen Tisch stand ein Tisch mit den Vorspeisen. Da ging man zuerst hin: es gab Lachs, Kaviar in einem Kristallschälchen, das Kristallschälchen in einem silbernen Schälchen, all das mit Eis umlegt auf einem silbernen Tablett, und im Kaviar stak ein Silberlöffel.

Der Kaviar war der General der Vorspeisen.

Solange all das vorbereitet wurde, war es aufregend und interessant. Man stellte die Tische auf, bedeckte sie mit grauem Tuch, auf das Tuch legte man lange weiße Tischtücher. Aus dem riesigen Geschirrschrank trugen das Zimmermädchen, die Köchin und der Bote Berge von Geschirr herbei und stellten alles in Reihen auf. Das Geschirr schien unerschöpflich. Zerschlagen durfte man es natürlich nicht, sonst wäre das Service unvollständig.

Früher – das war zu der Zeit, als Papa noch Hofrat war – saß man an einem runden Tisch, den man in seiner ganzen Länge auszog. Auch darauf kam zuerst ein Tuch, und dann erst das Tischtuch, aber das war damals nicht so feierlich. Man trug die Gerichte herein, man aß, sprach, scherzte, alle kannten einander.

Jetzt kam der Gouverneur – eine wichtige und schöne Person.

Jetzt aßen in dem Hause des bedeutenden Beamten bedeutende Menschen von Rang an einer langen Tafel zu Mittag.

Das Essen zog sich lange hin. Die Gänge lösten einander ab, man reichte

Fisch, Wild, Kalbfleisch, vorher gab es eine Suppe, Piroggen. Dann setzten sich die Gäste zum Kartenspiel – für lange Zeit. Man brachte Lombertische, entsiegelte dicke Kartenstapel, verteilte Kreidestifte, die mit elegantem Sternchenpapier umklebt waren. Die Kerzen auf den Tischen wurden angezündet: gleich beginnt das Spiel; doch vorher nahm Herr Afrosimov, Architekt und Gehilfe des Vaters, an einem Tisch Platz, stellte Sereža neben sich, und es begannen Wunderdinge. Das Tuch war dunkelblau. Herr Afrosimov begann mit einem fein angespitzten Stück Kreide Tiere zu zeichnen: Hunde, Hirsche, Katzen und einen dicken, gespreizten Frosch. Zuschauer versammelten sich. Herr Afrosimov zeichnete vortrefflich. Er verbesserte sich niemals. Der weiße, scharf gezeichnete Umriß wölbte sich, trennte sich von dem Tuch und schien sich zu bewegen. Der Kreidestift lief um den unsichtbaren Umriß des Gegenstandes herum, schuf ihn. Die Figuren traten in seltsame Beziehungen zueinander: sie stritten, freuten sich, liefen auseinander. Eine Linie – das merkte sich Sereža fürs ganze Leben – ist Bewegung, ein Prozeß, sie bedeutet nicht Verweilen, sondern Verlauf. Eine Zeichnung ist nicht einfach nur eine Zeichnung, sie stellt einen Sinn dar, der nicht für sich selbst geboren ist. Sie scheint sich im voraus mit dem realen Lauf der künftigen, noch nicht geborenen Multiplikationen zu beleben.

In der Realschule verdarb sich Sereža seine Einsen, als er die Gipsabgüsse und Dantes Maske oder Laokoons Haupt mit feinem Strich zeichnete. Er zeichnete schlecht in der Zeichenstunde und gut außerhalb der Klasse, in den Unterrichtspausen. Er verdarb seine Hefte mit Karikaturen, Tiere an endlosen Tischen: sie saßen da, unterhielten sich, aßen und hatten gegenüber den Menschen den Vorzug, nicht gegenseitig ihr Benehmen zu korrigieren. Dann zum Beispiel Zeichnungen, auf denen der Tagesablauf des bourgeoisen Hauses dargestellt ist: Papa und Mama erwachen in getrennten Schlafzimmern, duschen, machen Gymnastik, frühstücken. Papa geht ins Amt, Mama kauft im Geschäft irgendwelchen Stoff ein. Dem Papa erstattet man Berichte. Bittsteller kommen zu ihm. Dann trifft er sich mit der Mama, fährt nach Hause, sie essen zu Mittag, treiben Sport, fahren zu einer Bilderausstellung, danach ins Theater und sind dann sehr müde. In einer Serie anderer Zeichnungen das Leben des Jungen: Am frühen Morgen legt er in kurzen Hosen zu Hause Rechenschaft vor dem Papa ab. Gang in die Realschule. Schleppende Unterrichtsstunden. Er spielt irgendeinen Streich. Meldung beim Direktor. Entsetzte Lehrer. Der Junge erhält einen Tadel. Müde, mit schwerem Ranzen, geht er nach Hause.

Aber das war später; jetzt zeichnet Afrosimov, immer neu, auf dem blauen Tuch schafft er Wunder. Der Tisch wird abgeräumt, Kristall tritt an die Stelle des Porzellans. Teetrinken. Afrosimov nimmt eine kleine

Bürste – eine harte, dicke, auf deren Rücken irgendeine Karte dargestellt ist und staubt die ganze Herrlichkeit vom Tisch ab. Die Erwachsenen setzen sich zum Spielen. Das Kind führt man hinaus, das Spiel
beginnt, Gespräche, Streitigkeiten fast bis zum Morgen. Morgens gab
es Tee. Sereža zog den Mantel mit den gelben Knöpfen an und ging
ohne Eile auf die Straße hinaus.
Es fiel dichter weißer Schnee. Die Bürgersteige glichen Tischen vor
einem Fest, nur fehlten die Zeichnungen Afrosimovs. Der blaue Win-
terhimmel gleichfalls ohne Konturen, nur die hohe lutherische Kirche
drang spitzfingrig in den Himmel ein. Ihr Schatten fiel genau auf die
Realschule. Sehr selten – etwa zweimal im Winter – gab es strengen
Frost. Dann ging man nicht in die Schule.
Weihnachten und Ostern reiste Sereža nach Sankt Petersburg zur
Großmutter. Die Großmutter führte Sereža nach Smolnyj: zum Klo-
ster. Hier, an diesem Ufer, in Peski, wuchs einst ein Wald, hier war die
Schlacht mit den Schweden, hier gewann man Harz, und diesen Ort
nannte man Smolnyj.*
Dann kam Peter hierher.
Sein Denkmal steht stromabwärts, man nennt es den Ehernen Reiter,
sein Gesicht ist nach Westen gewandt, fast zur Universität.
So lebte Sereža Ejzenštejn in Piter zwischen Geschichte und Zukunft.
Die Geschichte – das waren Aleksandr Nevskij, Peter, Rastrelli, und die
Zukunft – das sind die Oktoberrevolution, Lenin und der Smolnyj.
Noch war der Smolnyj ein Mädcheninstitut, und die Zöglinge hinter
den Fenstergittern trugen braune Kleider und weiße Pelerinen. Im
Smolnyj wurden nach alten Traditionen Mädchen erzogen, die ein
neues Geschlecht ohne Vorurteile werden sollten.
Die Smolna-Zöglinge waren bekannt für ihre gute französische Aus-
sprache und ihre Vorurteile.

Von vergleichenden Lebensbeschreibungen

Der Name David Copperfield war Sereža schon früh vertraut.
Sein Name taucht in den biographischen Aufzeichnungen Sergej Mi-
chajlovičs auf.
Er könnte auch in Chaplins Biographie vorkommen.
Dickens' Vater soll aus einer kleinbürgerlichen Familie stammen, er

* Smola bedeutet Harz; der Smolnyj-Palast spielte in der Oktoberrevolution
eine Rolle als Organisationszentrale. (Anm. d. Ü.)

war begabt und improvisierte gern; er verarmte, war mehrmals wegen leichtsinnig unterschriebener Wechsel im Schuldgefängnis. Den Sohn schleppte er mit in die Tavernen. Der junge Charles Dickens trat selber auf, sang, hatte Erfolg: den Erfolg eines Kuriosums. Als der Vater vollends verarmt war, kam Charles in eine Fabrik, genauer gesagt, in eine Manufaktur, wo man Schuhwichse herstellte: er mußte die Etiketten aufkleben. Er war verkauft, wie ein Sklave. Das gleiche machte auch David Copperfield durch. Oliver Twist machte das alles durch, als er im Waisenhaus lebte.

Die Kinder bei Dickens sind oft unglücklich.

Das Leben Charlies – das ist jener Chase, das ist jener Charlie Chaplin – ähnelt demjenigen David Copperfields, nur beginnt es mit der Verarmung.

Vater und Mutter sind Varieté-Schauspieler; sie leben jetzt getrennt; der Vater dem Trunk verfallen, die Mutter begabt – begabt im Varieté und im Leben. Sie ist eine vortreffliche Klatschbase, fast eine Erzählerin, interessiert am Leben der Straße – und sie kommentiert es vortrefflich.

Chaplins Mutter, eine geborene Lilly Harley, war eine Phantastin. Die Großmutter, so beteuerte sie, war eine Zigeunerin mit dem Familiennamen Smith.

Seine Mutter verlor die Stimme, als sie bei einem Auftritt Falsett sang. Chaplins erster Auftritt bestand darin, das Lied der Mutter, ‹Jacky Jones›, zu singen, und weil er begriff, daß der Stimmbruch auf der hohen Note der Melodie zu dem Lied paßte, machte er das Stimmversagen der Sängerin nach und hatte großen Erfolg.

Seine Mutter kam ins Arbeitshaus. Seinen Bruder und ihn selber brachte man ins Waisenhaus.

In den riesigen, kahlen Räumen des Waisenhauses sangen die Kinder sentimentale Lieder, in denen man Gott dankte. An Gott wandten sie sich wie drittrangige Bittsteller, die schon überall abgewiesen worden sind.

Gutes gab es im Leben der Brüder Charlie und Sidney Chaplin kaum. Als der Vater die Unterstützung der Familie ganz einstellte, kamen sie alle ins Arbeitshaus. Man nannte es das ‹Kittchen›. Aus dem Kittchen brachte man die Jungen in das Hanwellheim für Waisen und Arme, da gab es Schlafräume, Klassenzimmer und eine Turnhalle.

In der Turnhalle bestrafte man die Kinder.

Wurde jemand wegen irgendeiner Sache beschuldigt, mußte er es zugeben. Das Gericht des Waisenhauses kannte keine Verteidigung; sich rechtfertigen hieß sich streiten; gestand jemand eine Schuld nicht ein, bestrafte man ihn doppelt.

In der Turnhalle stand ein spezielles Gestell mit Schlingen aus Lederriemen, in die man die Hände der Kinder steckte. Nach sechs Rutenschlägen wurden die Kinder ins Lazarett getragen. Der Stock war noch schlimmer. Der Aufseher Hindrum, ein Marineoffizier im Ruhestand, ein Mann von ungeheurem Gewicht, nahm sachkundig Augenmaß, wie er am geschicktesten den Hieb versetzen konnte; er verfügte über die Kraft eines Schwergewichtsboxers. Die Kinder legte man mit zusammengebundenen Füßen auf einen Tisch; Hindrum schlug mit dem dicken Stock zu. Während der Züchtigung fiel oft eines der Kinder, die in Reih und Glied dastanden, in Ohnmacht.

Was hielt die Kinder in dem Waisenhaus?

Der Umstand, daß sie sich in der Freiheit oft nur von verfaulten Früchten vom Markt ernähren mußten.

Tee und Brot mit Speck waren die Glückseligkeit.

Die Mutter wurde wahnsinnig und versicherte, daß dies nicht so gekommen wäre, wenn man ihr Tee mit Zucker gegeben hätte.

Natürlich wird man nicht deshalb wahnsinnig, weil man keinen Tee mit Zucker bekommen hat, aber dieser quälende und unerfüllte Wunsch war wohl das letzte Trauma.

All das ereignete sich ungefähr hundert Jahre nach Oliver Twist, der in seiner Not um eine zweite Portion Hafergrütze gebeten hatte.

Die Brüder waren gut, sie unterstützten die Mutter, und als Charlie Chaplin reich geworden war, rief er seine Mutter nach Amerika. Sie war erst halbverrückt und kam in einer Luxuskajüte wohlbehalten an.

Beim Zoll fragte ein äußerst höflicher Beamter die Alte:

«Sind Sie die Mutter von Charlie Chaplin?»

Er sagte nicht einmal «von dem berühmten» Charlie Chaplin: der Name allein war schon mehr als berühmt. Als der Sohn Chaplin als junger Mann durch Amerika reiste, versammelten sich an den kleinen Bahnstationen so viele Menschen, wie in der betreffenden Stadt lebten.

Lilly Chaplin antwortete dem Beamten:

«Ja, und Sie sind Jesus Christus?»

Der Beamte war verwirrt: der amerikanische Gott läßt keine fremden Verrückten ins Land.

Es gibt dort schon genügend eigene Verrückte.

Schließlich wurde doch noch alles geklärt.

Charlie Chaplins Mutter wurde nach Amerika hineingelassen und in das allerbeste, allerreichste Irrenhaus aufgenommen, das man nur finden konnte.

Das Dienstpersonal war liebenswürdig, wie gutbezahlte Engel.

Waren die Kinder oft bei ihr? Ich glaube nicht. Aus Chaplins eigenen Berichten geht nicht hervor, ob er selber einmal seine Mutter besuchte.

Er schickte einen trainierten Diener.

Möglich, daß dieser sich auch besser mit ihr unterhalten konnte.

Denn Chaplin hätte sie ganz einfach gekleidet besuchen müssen, und nicht als armer Sonderling in breiten Hosen und viel zu großen Schuhen, mit einer aus der Mode gekommenen Melone und einem Spazierstöckchen, das man wahrscheinlich gar nicht mehr trug.

Man sagt, daß Ratten in ihrem Gehirn ein Zentrum für Genußempfinden haben; vielleicht haben die Menschen ein Zentrum für das Empfinden von Mitleid.

Charlie Chaplin war das Zentrum des Mitleids von Amerika.

In der Komödie war er nicht fröhlich – er war ein trauriger, einfallsreicher Unglücksrabe, unfähig, sich zu arrangieren.

Im Grunde verstand Amerika Chaplin nicht, wenn es ihn auch sehr liebte.

Er ist dort mit unglaublicher Schnelligkeit groß geworden. Vor ihm gab es Filmstreifen mit Verfolgungsjagden. Er verlieh nicht nur den Verfolgungsjagden einen Sinn, sondern auch den Schicksalen.

Vor ihm gab es Filmschwänke, deren Witz in Ohrfeigen oder darin bestand, daß einer dem anderen Sahnetorten ins Gesicht schmiß.

Im Lande des Erfolgs verkörperte Chaplin den Mißerfolg – und den Menschen. Alles, was mit ihm geschah, war ungerecht, weil auf der Leinwand ein Mensch litt.

Er gab der Welt ihr menschliches Verhältnis zum Leiden zurück. Er war rührend und komisch.

Manchmal siegte er, aber nur vorübergehend, meistens erdrückten ihn die Not, die Menschen und die Maschinen.

Die Liebe ging an ihm vorüber, die Freunde vergaßen ihn.

Er hatte einen Kriegsfilm mit dem Titel ‹Gewehr über!› gedreht.

Er stellte einen frierenden Soldaten dar, dessen Beine so eiskalt waren, daß er aus Versehen nicht das eigene Bein, sondern ein fremdes reibt.

Ich beziehe diese kurzen fragmentarischen Eindrücke über Chaplin in das Buch über Ejzenštejn ein, aber nicht weil Charlie Chaplin und Sergej Ejzenštejn später in der Luxusvilla des amerikanischen Schauspielers zusammentrafen oder weil Ejzenštejn und Grigorij Aleksandrov zusammen mit Chaplin Lawntennis spielten oder segelten.

Chaplin sah sich immer wieder fasziniert den ‹Panzerkreuzer Potemkin› an, und er bewunderte die Unvergänglichkeit dieses Streifens.

Wie gut, daß viele Künstler sich selbst nicht verstehen, wie gut, daß die Zuschauer und die Leser vieles besser verstehen als die Kunstschaffenden.

In ‹Goldrausch› verwendet Chaplin eine Kombination von Komischem: ein Bär geht hinter dem Helden auf einem steilen Gebirgspfad her – er geht und geht, und Chaplin sieht ihn nicht. Da kommt eine Weggabelung, der Bär geht nach links, Chaplin nach rechts.

Der Bär wird uminterpretiert: er geht seiner eigenen Beschäftigung nach.

In diesem Fall ist er kein Tier – er hat einfach keine Zeit.

Doch bis dahin ist es noch weit.

Noch ist Chaplin auf der Suche, aber er begreift bereits, daß eine solche zweifellos wirkungsvolle Attraktion, ein solcher Kunstgriff, allen Zuschauern verständlich ist. Er begreift, wie man ein und dieselbe Attraktion entwickeln muß, um ihre Wirkung beständig zu verstärken. In der ‹Stillen Straße› kämpft der kleine Chaplin mit einem Giganten, der mit einem Schlag einen Laternenpfahl umknicken kann; das ist nicht nur der Kampf Davids mit Goliath, das sind sich steigernde, miteinander verbundene Attraktionen.

Chaplins Dramaturgie entfaltet sich, er gibt dem alten Dreieck Pierrot, Harlekin, Colombine einen neuen Sinn. Auf erfinderischste Art und Weise vermenschlicht er die alten Masken.

Er begreift den Kampf der Menschheit mit dem Faschismus in seinem Film ‹Der große Diktator›.

Aber das Buch des großen Schauspielers, seine Biographie, die einer seiner Frauen gewidmet ist – das ist eine Beschreibung seiner Karriere und nicht die seines Schaffens.

Es erhöhen sich die Honorare, es wechseln die Frauen, es wechseln die Bekanntschaften. Das Buch ist klug, aber das, was in früheren Aufsätzen Chaplins vorhanden war – die Selbstempfindung des Künstlers –, scheint zeitweise zu verschwinden. Das Buch ist eher das Tagebuch eines erfolgreichen Filmunternehmers als die Biographie eines Schauspielers.

Der alte Grieche Plutarch, der die Römer rühmte, schrieb parallele Biographien über die Helden Roms und Griechenlands. Er hatte ein Gefühl für die Nähe dieser Kulturen und vielleicht auch für die Verschiedenheit ihrer sozialen Strukturen, die nicht nur von den nationalen Merkmalen abhängen, sondern auch von den Verhältnissen eines Landes. Wenn Plutarch die Helden Theseus und Romulus, Perikles und Fabius Maximus oder Caius Martius dem Alkibiades gegenüberstellt, so schafft er eine originelle Form des Sujetvergleichs. Vielleicht hat sie später auf die parallelen Handlungsstränge in Roman und Drama eingewirkt.

Ich rede nicht zufällig von Plutarch. Wie dieser Schicksale einander gegenüberstellt, um die Menschen und ihre Zeit zu begreifen, so vergleichen auch wir Biographien, die die Geschichte selber zusammenrückt, um die Künstler und ihre Wege zu begreifen. In diesem Buch begegnen sich später Ejzenštejn und Chaplin flüchtig in Hollywood. Aber ihr Schicksal lief bis dahin parallel.

Ich versuche, dies genau zu verfolgen.

Neben dem Haupthelden werden hier auch Majakovskij, Blok und Mejerchold auftreten – durch ihre Biographien werden wir die Biographie Ejzenštejns und die Arbeit der Zeit verstehen, die diese Menschen geformt hat, die sich gegenseitig beeinflußten.

Wenn ich genauer von Sergej Michajlovič erzähle, versuche ich, an seinen großen Zeitgenossen Charlie Chaplin zu erinnern.

Mag sein, daß ich Unvergleichbares miteinander vergleiche.

Wie wohlhabend war Ejzenštejns Kindheit, wie sorgfältig war man um seine Bildung bemüht, und wie stark mußte er umlernen.

Chaplin lernt, als er schon berühmt ist, und studiert heißhungrig alles kunterbunt durcheinander: Medizin, Philosophie, Geschichte, ohne zu ergründen, wie sich sein Bewußtsein verändert.

Wie viele Liebesgeschichten hat Chaplin!

Wie ergebnislos und tragisch sind die Liebesgeschichten Ejzenštejns.

Wie ruhig erscheint das hohe Alter Chaplins mit seinen zehn Kindern und dem reichen Besitz an der Grenze einiger Schweizer Kantone.

Wie kurz ist das Leben Sergej Michajlovičs.

Wieviel hat Chaplin in seiner Schauspielkunst erreicht, wie konzentriert ist seine Analyse des Sujets, die Analyse des Wesentlichen, was gezeigt wird. Wie gleichgültig stieß ihn Amerika wegen seiner Sympathie für den Kampf der Sowjetunion gegen Hitler von sich.

Die Helden Chaplins erhalten im Verlauf der Handlung einen neuen Sinn, die freskenhaften Helden der Filme Ejzenštejns dagegen bleiben unbeweglich.

Ejzenštejn schuf zwar die Theorie des übergangslosen Spiels, hat diese aber selbst überwunden.

Diese beiden Menschen sind in allem unähnlich.

Sergej Ejzenštejn hat das Neue ausgedrückt und geschaffen.

Chaplin hat das Alte eingefangen und ihm einen neuen Sinn gegeben, er ist ein Nachfolger der Narren aus der Zeit Aristophanes', der Sklaven Menanders, der Diener Molières – und natürlich der italienischen Improvisationen und Reprisen englischer Clowns.

Er ist auf dem Marktplatz groß geworden, in lebendiger Verbundenheit mit der alten Kunst.

Sergej Ejzenštejn ist der Dialektiker, der Theoretiker, der Schöpfer einer neuen Poetik.

Er hat die Revolution, die seinen Vater aller Würden und seine Mutter des Vermögens beraubte, wie ein Geschenk aufgenommen.

Die Revolution gab ihm die Inspiration.

Er hißte die rote Fahne der Freude, wo Chaplin nur mit Mühe begriff.

Das neue Verständnis wurde zu Chaplins Tragödie.

Die Tragödie Ejzenštejns ist optimistisch.

Jetzt wenden wir uns erneut den persönlichen Dingen des Regisseurs zu.

Erst Trennung, dann Scheidung

Am Morgen kamen die Eltern nicht sofort zum Frühstück; zuerst kam Mama und erklärte im Flüsterton, Papa sei ein Dieb, und dann beschuldigte sie ihn noch viel schlimmerer Dinge. Als Mama hinausging, kam Papa und sprach über die Mama, ohne sich im mindesten zu genieren, gewisse Bezeichnungen zu verwenden. Er zählte halblaut Namen von Männern auf, mit denen Mama ihre Mußestunden teilte.
Darüber flüsterte man in der Küche.
Es kam zur aufsehenerregenden Trennung zwischen Papa und Mama, worüber zuerst in der Küche die Köchin mit dem Boten und dem Zimmermädchen flüsterte – sie mußten vor Gericht erscheinen und bezeugen, daß sie die Tatsache des Ehebruchs selbst gesehen hatten, begangen von der Herrin an dem Herrn, so forderte es der Heilige Synod.
Alles geschah gesetzmäßig, und in die Dienstliste des Wirklichen Staatsrats, des schwierigen schönen Mannes Michail Osipovič Ejzenštejn, wurde in die Rubrik 14 folgende Veränderung eingetragen: auf Anordnung des Heiligen Synod vom 26. April 1912 wurde unter der Nummer 5905 die Ehe aufgehoben und dem Zivilingenieur Michail Ejzenštejn das Recht zugesprochen, eine zweite gesetzliche Ehe einzugehen. Die Schuld wurde der Ehefrau zugeschrieben; wahrscheinlich war sie schuldig; wahrscheinlich war auch der Zivilingenieur Michail Osipovič Ejzenštejn schuldig; nicht schuldig war Sergej. Mit Papa und mit Mama hatte Sergej Michajlovič Ejzenštejn vierzehn Jahre lang zusammen gelebt. Wahrscheinlich mehr als die Hälfte dieser Jahre hörte er Flüstern, Schreie, Vorwürfe in der Nacht, erlebte er das Schweigen am Tage und verhältnismäßig kurze Gespräche bei Tisch. Dreizehn Jahre lang war er allein. Er war ein stiller Junge. Er verglich sich mit David Copperfield – Copperfield hatte überhaupt keinen Vater: der war vor der Geburt des Sohnes gestorben und hatte in seinem Testament, unvorsichtig und jung wie er war, das Anrecht seines Sohnes auf das Haus nicht erwähnt, und so sah sich der Junge auf die Straße gejagt. Bei Sergej war alles bei weitem günstiger. Der Vater war ein gewöhnlicher Tyrann – so hat es Sergej Michajlovič selber notiert. Ein Tyrann, der allen Rubriken der Familientyrannei entsprach. Ein Tyrann, der sogar romantisch war.
Sergej verglich seinen Vater auch mit dem Père Goriot und überhaupt mit allen Tyrannen in der Literatur. Doch er war kein Buchtyrann, sondern der Vertreter eines Tyrannen mit Dienstliste. Dieser Tyrann besaß den Stanislav-Orden und sogar den Anna-Orden Zweiter Klasse. Bald, zu Beginn des Krieges, legte er die Schulterklappen eines Generals

an – er war bereits Wirklicher Staatsrat. Er ging in die Operette, zechte nicht, kam im Dienst voran, war irgendwo Kurator irgendeiner wohltätigen Gesellschaft – dafür zeichnete man einen auch aus, dafür belohnte man einen, wenn auch nicht mit einem Rang, so doch zumindest mit amtlicher Anerkennung. Er liebte seinen Sohn und fragte gern, ob dem Sohn die Gebäude seines Vaters gefielen.

Ejzenštejn beschrieb eines dieser Gebäude.

Die Statuen streckten ihre Hände vor. In den Händen hielten sie goldene Ringe. So war das Haus mit einer goldenen Kette umsäumt. Selbst die Jungfrauen waren aus Dachblech – so notierte es Sergej Michajlovič. Ich glaube, daß er hier etwas verwechselt. Wahrscheinlich waren sie aus Zink gegossen. Das Ende des vorigen Jahrhunderts war das Zeitalter des Zinkgusses. Aus Dachblech eine Jungfrau, selbst eine nicht sehr schöne, zu machen, war nicht möglich – das Stanzen war viel zu kompliziert. Sergej Michajlovič sah diese Jungfrauen, als die Häuser in Trümmern lagen. Später riß er das Denkmal Aleksandrs III. in Moskau herunter, als ob er das wiederholte, was mit den Skulpturen seines Vaters geschehen war. Er hatte eine Attrappe des Denkmals aus Papiermaché gebaut, beleuchtete nachts, vor meinen Augen, den Zaren mit dem kalten Feuer der Scheinwerfer und zog das Denkmal von seinem bronzenen Thron.

Sergej Michajlovič sagte einmal, daß er sein Leben in seinen Filmen durchlebt habe. Die Bilder überprüften das Leben.

In der Geschichte Ivans des Schrecklichen zeigte er die Unterdrückung des Jungen. Die Bojaren unterjochen die Waise, setzen sich vor dem jungen Zaren ohne Erlaubnis auf die Stühle, legen die Füße auf das Bett seiner Mutter.

So etwas gab es nicht bei Sereža.

Aber der Junge war sehr einsam in dem leeren Haus. Mama hatte ihre ganze Aussteuer nach Piter, in die Taurische Straße, Haus 9, Wohnung 22, mitgenommen. Sie hatte ihre Aussteuer mitgenommen; der Junge schrieb ihr Briefe, in denen er beteuerte, daß es ihm sehr gut gehe: er gehe zu Schulfesten und nehme an Maskeraden teil.

Riga war auch damals schon eine Industriestadt, mit großen Fabriken, deren Produktion das ganze Land kannte; eine Eisenbahnwaggonfabrik, eine Gummifabrik, Linoleum. Und gleichzeitig hatte es im Zentrum Läden mit guten Gebrauchsartikeln. Das fiel besonders in der Altstadt mit den engen Gäßchen ins Auge.

Sein ganzes Leben lang erinnerte sich Sergej Michajlovič an das Firmenschild des Rigaer Geschäftes ‹August Lyra›.

Sergej Michajlovič liebte diesen Ort: hier gab es Bleistifte aller Art, Tusche aller Farben, Papier aller Sorten.

Aber auch Ansichtskarten aller Art – verschiedenartige, glänzende, nette, rührende, bürgerliche Fotokunst. Karten mit trauten Aufschriften, um an die Wand gehängt zu werden. Häusliche Monumentalität, liebenswerte Scherze, ein Schleifchen mit einem Knoten in der Mitte. Auf der einen Seite ist eine sehr typische Dame abgebildet, auf der anderen Seite ein nicht minder typischer junger Mann. Beide sind allen ähnlich. Sie sind nett, wie Waffeln.

Und mitten auf dem Knoten lächelte – dem Publikum zugewandt – das Gesichtchen eines Kleinkindes. All das zusammen hieß dann «Der Knoten, der verbindet».

All das ist sehr rührend, doch dieser Knoten befindet sich am Hals des Jungen, weil nicht alles, was sich verbinden läßt, verbindet.

Sergej Michajlovič hatte eine bittersüße Kindheit.

Es gab damals Brezeln – aus Zucker, aber mit Pfeffer und Vanille; er konnte sich seit seiner frühen Kindheit an dieser Süßigkeit überessen.

Der Architekt Ejzenštejn war ein schwieriger, aber gebildeter Mensch und wahrscheinlich ein liebenswerter Vater, doch schuf er im Haus eine Atmosphäre, daß man hätte flüchten mögen. Ein Haus, in dem die Herzen so mit der Tür zugeschlagen wurden, wie man Nüsse knackt.

Wahrscheinlich hatte der Vater recht in dem Streit mit der Mutter, aber mit der Mutter ließ es sich leichter leben.

Diese Waise, die Vater und Mutter und Großmutter hatte, eine seltsame Spielart David Copperfields, träumte seit der frühen Kindheit davon, wegzulaufen.

Auch in stillen Häusern gibt es die Unwahrheit des Lebens. Manchmal waren in die schweren Geschirrschränke zusammen mit dem Service auch Skelette eingeschlossen, abgenagt vom häuslichen Kummer.

Deshalb konnte Sergej Michajlovič auch so leicht das ganze Service des alten Lebens, seine ganze Ordnung, beiseite schieben.

Als man die Last des Hauses von ihm nahm, wurde aus dem Jungen, der gut zeichnen konnte und sich gut zu benehmen wußte, der es verstand, Bücher zu lesen und zu finden, und der nachts von Buchhandlungen träumte, plötzlich ein Mann, der, befreit aus dem Sarkophag, in dem er aufgewachsen war, zum Höhenflug prädestiniert war.

Traurig ist das Buch, traurig sind die biographischen Notizen Sergej Ejzenštejns.

Er weinte nicht in seinen Briefen, Weinen hatte keinen Sinn. Die Tränen wurden zusammen mit dem Diwan und dem Flügel hinausgetragen. Das Haus war leer geworden. Mama lebte in Petersburg, nicht weit vom Taurischen Garten entfernt. Ganz für sich. Jede Weihnacht und jedes Ostern setzte sich der Junge allein in den Zug und fuhr in die Ferien zur Mama. Die Tyrannei des Vaters ließ es zu. Er nahm Bücher mit. Zuerst den ‹Vij›, dann die Beilage zu der Zeitschrift *Natur und Menschen* von Alexandre Dumas. Er fuhr an dem alten Pskov vorbei, vorbei an jenen

Orten, an denen er sich später als Militärtechniker aufhalten sollte.
Er reiste zur Mama.

Mama stellte die gleichen Bedingungen wie der Vater: sie wollte, daß man ihre Wohnung lobte, die weichen Möbel mit den Stickereien und die schweren Vorhänge an den Fenstern.

Der Junge ging ins Kino. Er redete mit der Großmutter.

Die Großmutter sprach über die Religion und die Heiligkeit der Ehe, als wüßte sie nicht, ob ihre Tochter geschieden war oder nicht.

Mama hatte Geld auf der Bank, nicht viel ‹flüssiges Geld›; den eigentlichen großen Besitz hatte die Großmutter, doch Mama ‹spielte›.

Sergej beobachtete mit der Neugier eines Gastes in Piter, wie die Mama die Zeitung erhält, diese aufschlägt und nachsieht, wie hoch die Aktien Lianozov, die Putilov- und andere Aktien stehen, an deren Namen ich mich nicht mehr erinnere. Diese Aktien hatte Mama in Wirklichkeit gar nicht – sie spielte Handelsbüro. Es war eine reine Fiktion, die durch die Überprüfung an der Realität Spannung erregte. Erfolge, Mißerfolge waren in Petit in einer Zeile gedruckt. Man mußte erraten, wann sich ein Erfolg einstellen würde, rechtzeitig verkaufen, erfolglosere Aktien kaufen, einen Kursanstieg abwarten und dann wieder verkaufen.

Sereža trat auf die stille Straße hinaus, ging in den Taurischen Garten. Über den zugefrorenen Teichen froren die Eichen; auf der anderen Seite des großen Teiches stand hinten das Taurische Palais, etwas seitlich davon – der Smolnyj.

Seitlich und hinten stand das Schicksal.

Der Junge ging ins Kino. Es existierte schon, dann aber auch wieder nicht. Man sprach nicht darüber, obgleich Ansichtskarten von Filmschauspielern und Filmschauspielerinnen verkauft wurden.

An den Straßenecken standen Zeitungsverkäufer. Hinter den Zeitungsverkäufern an den Mauern Zeitungen und die bunten Umschläge der Bücher über Nat Pinkerton und Nick Carter und viele andere; die Abenteuer all dieser Detektive waren sehr einförmig. Dieselben Abenteuer wurden auch in den Kinos gezeigt – in vielen Serien, in Wiederholungen, in gekürzten Fassungen, ohne Eile. Und die fröhlichen Narrenpossen exzentrischer kurzer Komödien, in denen es Verfolgungsjagden und Raufereien gab und in denen man seinen Feinden Sahnetorten ins Gesicht warf.

Der Junge ging ins Kino.

Was konnte es vermitteln?

Die damalige Filmkunst zeigte übersprudelnde Gefühle und Schreckensschreie. Sergej Michajlovič dachte lange Zeit über die Filmgeschichte nach und hat sie sogar aufgeschrieben.

Hier die Erzählung des Films. Sergej Michajlovič notiert sie und verknüpft seine Erinnerungen mit der Handarbeit der Mama, mit den

Diwanen, mit der Großmutter, mit dem Schlafzimmer der Groß-
mutter, das ganz mit langen blauen Draperien ausgestattet war. Er
schreibt:
«Eine beunruhigende Saite von Grausamkeit war schon früher in mir
zum Erklingen gekommen.
Wie seltsam – durch einen lebendigen Eindruck, aber einen lebendigen
Eindruck von der Leinwand her.
Es war einer der Streifen, die ich sehr früh gesehen hatte, wahrschein-
lich eine Pathé-Produktion.
Im Hause eines Schmiedes sind Soldaten einquartiert.
Es ist die Zeit der napoleonischen Kriege.
Die junge Frau des Schmiedes betrügt ihren Mann mit einem jungen
‹Empire›-Sergeanten.
Der Mann erfährt davon.
Er ertappt den Sergeanten.
Der Sergeant wird gefesselt.
Auf den Heuboden geworfen.
Der Schmied reißt ihm die Uniform auf.
Entblößt die Schulter.
Und . . . brennt ihm mit glühendem Eisen ein Mal in die Schulter ein.
Als wäre es heute gewesen, erinnere ich mich: die nackte Schulter, der
riesige Eisenstab in den muskulösen Händen des Schmiedes mit dem
schwarzen Backenbart und der helle Rauch (oder Dampf), der von der
Brandwunde aufsteigt.
Der Sergeant sinkt besinnungslos nieder.
Der Schmied holt Gendarmen.
Vor ihnen liegt ein ohnmächtiger Mann mit entblößter Schulter.
Auf der Schulter . . . das Brandmal eines Zuchthäuslers.
Der Sergeant wird als entflohener Häftling festgenommen.
Man schafft ihn zurück nach Toulon.
Das Finale war heroisch-sentimental.
Die Schmiede brennt.
Der ehemalige Sergeant rettet die Frau des Schmiedes.
Unter den Brandwunden verschwindet das ‹schändliche› Brandmal.
Wann brennt die Schmiede? Viele Jahre später? Wen rettete der Ser-
geant: den Schmied selbst oder nur dessen Frau? Wer begnadigt den
Zuchthäusler?
Ich erinnere mich an nichts.
Aber die Brandmarkungsszene ist mir bis heute unauslöschlich im
Gedächtnis geblieben.
In der Kindheit quälte sie mich mit Alpträumen.
Sie tauchte nachts vor mir auf.
Einmal sah ich mich selber als Sergeanten, einmal als Schmied.

Ich griff mir an die eigene Schulter.

Manchmal schien es meine eigene zu sein, manchmal eine fremde.

Und es war nicht mehr zu unterscheiden, wer denn wen brandmarkt . . .

Vergessen wir aber auch nicht, daß ich meine Kindheit in Riga auf dem Höhepunkt der Ereignisse des Jahres 1905 verlebte.

Und da gibt es schrecklichere und grausamere Eindrücke ringsum, soviel man will – das Wüten der Reaktion und die Repressalien der Meller-Zakomelskijs und Konsorten.

Vergessen wir dies um so weniger, als in meinen Filmen die Grausamkeit unverbrüchlich mit dem Thema der sozialen Ungerechtigkeit und der Auflehnung gegen sie verflochten ist . . .» (Bd. I, S. 249–250).

Die Kindheit als Sohn eines bedeutenden Beamten und einer reichen Frau brandmarkte ihn mit heißem Eisen, brandmarkte sein Herz mit Kränkung und der Erinnerung an die Grausamkeit, erdrückte es mit Tellern und Möbeln. Und er haßte seine Kindheit, diese vollkommen glückliche Kindheit. Er wanderte nicht, wie David Copperfield, auf den Straßen umher, verkaufte nicht die letzte Jacke, die er auf den Schultern trug. Er klebte nicht in Fabriken Etiketten auf Büchsen. Er war kein glücklicher Mensch. Und doch war er gebrandmarkt vom Glück.

Das Brandmal wurde entfernt, verbrannt vom Oktober.

Briefe an die Mama

Sergej Michajlovič war ein ‹braver Junge›. Kein Bübchen, kein Bengel, einfach ein Junge. Gehorsam und wohlerzogen – ein typischer Junge aus Riga.

Aber ein unglücklicher Junge.

Er schrieb seiner Mutter: «Mamachen! Warum bedauerst Du mich, daß ich allein bin, im Gegenteil, ich empfange Gäste . . . und gehe samstags ins Kino.» Nach einigen Tagen schreibt er, daß er im Kino den Film ‹Das verlorengegangene Kätzchen der Alten› gesehen habe. Er schreibt, er hätte weinen können, wenn nicht danach eine Komödie gelaufen wäre. Und er habe sich wieder beruhigt. Er habe sich angesehen, wie die Menschen einander große Sahnetorten ins Gesicht warfen.

Mama schickte ihm Postkarten mit Abbildungen von ‹Chantecler›, der gerade zu dieser Zeit in Petersburg gegeben wurde. Eine interessante Aufführung. Alle Schauspieler waren wie Hähne und Hühner geschminkt und gekleidet. Der Junge schrieb, daß es ihm sehr gefalle.

Ihm schien alles in Mamas Briefen zu gefallen. Er unterschrieb mit
«Kotik» (Katerchen), manchmal mit «Dein Kotik». Er schreibt, daß
Papa ihm zu Weihnachten ein schwarzes Porzellanschweinchen ge-
schenkt habe: eine Spardose in Form eines Schweinchens mit einem
Schlitz auf dem Rücken, in den man das Geld einwerfen mußte.

Der ‹brave Junge› sägte aus einer Furnierplatte Karikaturen aus, kleine
Regale, Tiere. Er fragte, wie Mamas Masseuse heißt: Mama fürchtete,
dick zu werden, und ließ sich massieren.

Nach einem Jahr fuhr Kotik zu Weihnachten zur Mama. In Riga hatte
er von seinem Vater eine Sparbüchse, einen Neger aus Watte und zwei
Schwäne aus Zelluloid geschenkt bekommen.

Er war beim Garnisonskommandanten Bertels, der in der Zitadelle (so
hieß die alte Kaserne in Riga) wohnte. Mit Bertels' Sohn Aleša war
Sereža befreundet.

Der brave Junge schrieb auch von seinen Zensuren. Er hatte einen
Hund namens Toy, der zu Weihnachten vom Vater ein Halsband
bekommen hatte. Am Abend fuhr der Junge auf einen Maskenball beim
General Verchovskij, in einem Frack, der aus Papas seidenem Morgenrock genäht war, und mit Zylinder.

Der Junge im seidenen Frack schrieb: «Ich küsse Dich kräftig. So
kräftig, daß es bestimmt ein kleines Loch geben wird. Dein Dich innig
liebender Kotik.»

Für Sergej wurde es leichter, seit Papa und Mama nicht mehr zusammen
lebten. Nur war da diese Einsamkeit. Und die üblichen Fragen des
Vaters: «Wie gefallen dir meine Bauten?»

Dann machte er einen Kratzfuß und sagte, daß sie ihm sehr gefielen.
Doch später, als er schon ein erwachsener Mann war, sprach der Sohn
und Künstler voll Haß über die alten Bauten im Stil der Moderne. Er
schrieb:

«Objekt der Nachahmung in dieser dekadenten Epoche war nicht
irgendeine andere Epoche, sondern . . . die Natur! Doch was für eine
verzerrte Nachahmung ist das! Nicht das Prinzip, nicht die Zweckmäßigkeit der Natur und der Naturerscheinungen ahmt hier die Architektur nach, sondern Äußerlichkeiten der Pflanzenwelt und des menschlichen Körpers, vorzugsweise des weiblichen. Man krümmte Eisen zu
Lianen. Die Stukkatur kräuselt sich in Linien. Und die Fenster wollen
auf dem Wasser auseinanderlaufende Kreise unregelmäßig wiederholen. Die Fassaden ahmen den Flügelschlag von Libellen nach. Griffe der
Türen, Gabeln und Messer, die elektrische Klingel und die Füße der
Lampen winden sich wie schlängelnde weibliche Körper, in deren
Haaren geheimnisvoll elektrische Lämpchen mit kleiner Glut brennen»
(Bd. II, S. 478).

Der Stil der Moderne eroberte bald den Markt. Bei uns in Petersburg schnitzte man in dem Vorort Ochta im Stil der Moderne Möbel aus Erle für das einfache, anspruchslose Bürgertum, das schnell an die gewundenen Linien des neuen ausländischen Stils glaubte.

Der Hofrat Ejzenštejn war ein Verehrer dieses Stils. Vielleicht war er als Praktiker kein schlechter Architekt, die Räume ordnete er gut an. Doch er war weniger Architekt als vielmehr Ausschmücker. Es war wichtig für ihn, daß seine Arbeit allen gefiel. ‹Alle› – das sind der Gouverneur, der Garnisonskommandant, die Direktion der Eisenbahn und die übrigen Kunden.

Der Sohn sprach später über den Vater mit einer, möchte ich sagen, frischen Feindseligkeit. Er sagte, sein Vater sei ein Tyrann. War es Tyrannei? Eher Unaufmerksamkeit und Grausamkeit. Er bog den Sohn weich – wie man die Linien des Ornamentes, die Verzierungen im Stil der Moderne biegt. Er bog ihn. Er stellte für ihn Lehrerinnen ein. All das tat er unaufmerksam, nachlässig. Der Sohn unterwarf sich dem Vater und schrieb der Mutter: «Ich habe ein Ornament aus Gänsen gezeichnet und schicke mich an, eines aus Schlangen zu machen.»

Das war für Mamas Stickerei.

Am allermeisten gefiel ihm der Zirkus. Bemüht, den guten Ton der Kreise von Riga nachzuahmen, zu denen auch sein Vater gehören wollte, war er überzeugt, daß ihm im Zirkus dressierte Pferde gefallen würden, die Ciniselli aus Petersburg mitgebracht hatte, oder der befrackte Dresseur mit der Peitsche, deren Griff aus Elfenbein gemacht war. Dem Jungen gefielen die rothaarigen Clowns.

In einer seiner ersten Theateraufführungen, in ‹*Eine Dummheit macht auch der Gescheiteste*›, brachte Ejzenštejn sieben Clowns gleichzeitig auf die Bühne: alle waren rothaarig.

Ich erinnere mich an den noch jungen Sergej Michajlovič: goldhaarig, von der zarten Gesichtsfarbe der Rothaarigen, mit dünnen Brauen und sehr schönen Händen. So sah er wahrscheinlich auch in seiner Kindheit aus – ein hochstirniger, zarter, stiller, leicht zu verletzender Junge.

Er lernte viel; er lernte Englisch, Französisch, Deutsch und sogar Fotografieren. Und alles mit Erfolg.

Als er älter wurde, nahm seine Eleganz exzentrische Formen an. Ejzenštejn trug sehr breite Hosen; die nach hinten gekämmten goldenen Haare unterstrichen seine hohe Stirn. Dick wurde er nicht. Seine Gestalt glich der eines japanischen Kämpfers, dem man seine starken Muskeln nicht ansieht, mit sehr breitem Brustkasten und weichen Bewegungen.

Der Mama berichtete der Junge so über den Zirkus: «Stell Dir vor, ich war im Zirkus und habe 14 Löwen auf einmal gesehen, wie die brüllten, fast hätten sie den Dompteur aufgefressen! Gestern war ich am Tage im Theater, den ‹*Dämon*› sehen ... doch der Dämon selbst hat mir nicht gefallen, und Tamaras Bräutigam sah Deinem Coiffeur ähnlich. Mich hat in der vorletzten Szene das Gespräch zwischen Tamara und dem Dämon sehr gelangweilt.» Und etwas weiter fährt er fort: «Ich schreibe schon englische Diktate und lerne ein neues Gedicht auf englisch. Vielen Dank für die Postkarten . . .» usw.

Er schrieb die konventionellen Briefe eines guten, unbekümmerten Jungen.

1912 wurde die Ehe geschieden.

Das Neue nähert sich

Es stellte sich heraus, daß Papas Bekannte – Mamas Bekannte waren; ins Haus kamen jetzt nur wenige – selbst zu Papas Namenstag und zu Ostern.

Im Sommer fuhr man aufs Land. Dort passierte nur wenig; einmal allerdings kam ein Bekannter, der junge Maksim Štrauch; er war in Moskau am Künstlertheater, wo man vor Beginn der Aufführung nicht läutete, sondern klopfte.

Man spielte gerade das Theaterstück ‹Der blaue Vogel›.

Dieses Stück spielt man auch heute noch, aber es knistert jetzt schon.

Die Bühnenbilder, die der inzwischen verstorbene Theater- und spätere Filmkünstler V. Egorov geschaffen hatte, waren damals so bekannt, daß man sich die Begeisterung für sie und für die Schauspieler, die die Rollen des Brotes, des Zuckers, des Katers und des Hundes spielten, kaum noch vorstellen kann.

Die Kinder in diesem Stück von Maeterlinck suchen den blauen Vogel, den Vogel des Glücks, aber sie finden nur den Vogel der Erinnerungen. Die Schauspieler stellten alltägliche Dinge mit überraschenden Einfällen dar. Das Mädchen und der Junge, die das Glück suchten, hatten einen treuen Freund, den Hund, und einen falschen – den Verräter Kater.

Štrauch war der Sohn eines Arztes; sein Vater war schon lange tot und die Mutter gerade verstorben. Ganz plötzlich war Štrauch allein, ohne Heimchen und Teekessel, ohne die Gemütlichkeit eines Zuhauses.

Sergej Ejzenštejn war mit ihm besonders gut befreundet.

Die Jungen führten für sich selber den ‹Blauen Vogel› auf.

Ejzenštejn spielte die Rolle des Feuers.

Wasser und Milch wurden von den Schwestern Štrauchs dargestellt. Maksim Štrauch spielte die Rolle des Hundes – und hatte großen Erfolg.

Den ersten Theatererfolg, der sich dann tausendmal von neuem einstellen sollte.

Alle Nachbarn auf dem Lande wurden als Zuschauer eingeladen unter der einen Bedingung: sie durften nicht während der Aufführung weggehen . . .

Der Vater lebte sein eigenes Leben, ging zum Dienst und in die Operette. Der Junge begeisterte sich für das Theater.

Damals gab es die Zeitschrift *Ogonek*, herausgegeben von Propper. Diese kleine Zeitschrift kostete fünf Kopeken. Sie wurde auf nicht besonders gutem Papier gedruckt und war angefüllt mit einem langweiligen Sammelsurium von Fotografien und belanglosen Erzählungen.

Sie lebte, wie die ganze Presse damals, von Inseraten.

Zum Beispiel aus Lodsch: «Für einen Rubel hundert Sachen» oder «Das beste Geschenk für einen selbst».

Es gab Inserate für Arzneimittel, Mittel gegen Geschlechtskrankheiten, gegen Impotenz, Inserate über Bücher, die einen unbesiegbar machen, weil man seinen Hauswirt hypnotisieren kann, indem man den Blick auf dessen Nasenwurzel konzentriert. Für derartige Bücher begeisterte sich seinerzeit sogar Pudovkin. Unter den Inseraten befand sich eine Anzeige, die einem die kostenlose Zusendung eines Buchs über den Kampf gegen die Trunksucht versprach. Die kleine Broschüre erzählte davon, wie ein Mensch trank, wie er seine Familie ins Unglück stürzte, zum Mörder und Bettler wurde. Es war wohl die Nacherzählung eines alten Melodramas von Ducange, ‹Dreißig Jahre oder Das Leben eines Spielers›. Nach der Lektüre dieser Broschüre, die gewandt geschrieben war und viele Abenteuer enthielt, kam man auf den Gedanken, daß das Trinken in Wirklichkeit nun auch wieder nicht so interessant und gefährlich sei. Am Ende wurde einem vorgeschlagen, sich eine Pille gegen Trunksucht zu kaufen: drei Pillen – und man trinkt nie mehr.

Sergej Michajlovič hat nie etwas getrunken, aber die Broschüre weckte sein Interesse. Er kehrte das Sujet um: bei der Aufführung spielte Štrauch den Trinker, und Serëža stellte sowohl die Frau als auch die ermordeten Kinder und den Vater dar.

Das war das erste Szenarium Sergej Ejzenštejns und seine erste Inszenierung. Er ging dabei vom Puppentheater und vom Volksbilderbogen aus.

Die Inserate mit ihrer verständlichen Semantik, ihrer Genauigkeit des Bedeutungsinhalts, ihrem geradlinigen Handlungsverlauf beeinflußten Sergej Michajlovič ebenso wie einen anderen Bekannten von mir, den jetzt schon nicht mehr ganz jungen Sergej Jutkevič, der auch heute noch die graphische Manier der damaligen Inserate in seinen Multiplikationsfilmen verwendet.

Doch «wenden wir uns wieder unserem Helden zu», wie man in alten Romanen zu sagen pflegte.

Die Kinder führten Gogols ‹Kalesche› auf.

Die Wahl dieses Stücks erklärt sich wahrscheinlich daraus, daß sie kurz zuvor in einer Scheune eine Kalesche entdeckt hatten. Die ‹Kalesche› ist eine glänzende Erzählung von Gogol. Tolstoj und Čechov begeisterten sich für sie.

Das Schauspiel wurde von Ejzenštejn inszeniert, er selbst spielte die Rolle des Generals, der zu Besuch kommt.

Štrauch spielte Čertokuckij, den jungen Gutsbesitzer, der sich, nachdem er zuviel getrunken hatte, vor dem General mit seiner Kalesche brüstete, sich dann vor den eintreffenden Gästen in eben dieser Kalesche versteckte und entdeckt wurde, als die Gäste die Kalesche aus der Scheune ans Tageslicht herausrollten.

Štrauch spielte die Rolle mit großem Erfolg.

Die Kinder spielten Indianer auf den nicht sehr hohen Dünen von Riga, malten sich ihre Körper mit Aquarellfarben an und schmückten sich mit Federn.

Im Winter war es langweilig. Eine große, leere Wohnung: an ihr Echo war der Junge schon gewöhnt: auf einem Dreirad durch einen leeren Saal zu fahren, war mit der Zeit nicht mehr lustig.

Seine Freude darüber, daß man das Klavier weggebracht hatte und er nicht mehr Tonleitern spielen mußte, war längst verflogen.

Der Vater ging zum Dienst.

Er fragte den Sohn nach seinen Zensuren, unterschrieb samstags die Aufgabenhefte. Auch für ihn war es langweilig. Und wieder seine Frage: «Serëža, gefallen dir meine Häuser?» Und hörte sich die Antwort bis zu Ende an: «Sehr, Papa.»

Die Häuser waren alle da: sie standen in einer Reihe in einer Straße.

Die Abende in dem leeren Haus waren lang. Serëža durchstöberte alle Schränke, las und sah alles durch; wie fast alle Jungen begann er mit ‹Eugen Onegin›; die Bücher las er zu früh, aber anders als wir alle – am meisten interessierte er sich für Zeichnungen, und er verstand es, unter dem Plunder die guten herauszufinden.

Frühzeitig sah er sich die Gravüren Daumiers an, die zufällig in den Besitz des Ingenieurs gelangt waren, verschmähte die Gravüren Dorés, fand Bücher mit Zeichnungen Toulouse-Lautrecs und unzählige Bücher über Architektur.

Er sollte Architekt werden.

Die Bücher bekräftigten in ihm den Entschluß des Vaters.

Serëža sah in einem Buch von gewaltigem Format, wie Truppen mit unzähligen Tauen die Aleksandr-Säule auf dem Schloßplatz hochzogen; das sah aus wie der Kampf der Liliputaner mit Gulliver.

Die Säule, die mitten auf dem Platz stand, war herrlich wie der Sieg.

In der großen Wohnung war es dunkel, der elektrische Strom wurde mit einem Zähler berechnet, und in dem reichen Hause fürchtete man die Zahlen, die mit leisem Schlag zunahmen.

In der dunklen Wohnung blätterte der Junge die ‹Geschichte der Architektur› durch.

Er lernte gut – er bekam Einsen und Zweien; an Sonnabenden ging er ins Kino, sah sich Filmserien mit Verbrechen und Verfolgungsjagden an, erschrak und freute sich über die Geheimnisse des ‹Grauen Schattens›.

Die Filme liefen in langen Serien, die Untertitel flimmerten in russischer, deutscher und lettischer Sprache.

Der Saal atmete geräuschvoll und rauschte vor gerührtem Geflüster.

Sereža saß auf einem Ehrenplatz: fast alle Karten in dem Kino waren ‹Ehrenkarten›.

Sereža saß da und aß Konfekt der Marke ‹Noki-Poki›, und an langweiligen Sonntagmorgen klebte er aus den von der Mama geschickten Zeichnungen zum Ausschneiden ein Theater.

Ins Kino ging man oft. Einmal sah Sereža in der Wochenschau jenes Haus in der Albertstraße, in dem er wohnte: das Haus, das Papa gebaut hatte.

Zu dieser Vorführung hatte der Vater Sereža mitgenommen, sie saßen nebeneinander.

Sie sahen sich gemeinsam den Film an, und sie sahen Verschiedenes.

Solange du lebst, nimmst du deutlich wahr, wie sich die Welt um dich herum verändert; die wesentlichste Veränderung zu Beginn dieses Jahrhunderts war die Veränderung der Geschwindigkeit, die Veränderung der Bilder und die Veränderung im Sehen, Denken und Fühlen – was einen Generationswechsel bedeutet.

Beginnen wir damit, daß nach der Revolution des Jahres 1905 die Auflagenhöhen der Bücher außergewöhnlich anstiegen. Die Menschen hatten noch nicht gelernt, eine Revolution zu Ende zu führen, aber sie interessierten sich für die Welt, deren Unordnung das Bewußtsein beunruhigte.

Es veränderte sich nicht allein Rußland – es veränderte sich die Welt. Es entstanden neue Verfahren, etwas mitzuteilen oder in Erfahrung zu bringen.

So gab es im fernen Amerika viele Menschen, die erst vor kurzer Zeit eingewandert waren und kein Englisch konnten; sie gingen ins Kino; im Kino konnte man zusehen, ohne die Sprache zu können.

Komische Filme, einfache Melodramen waren allen verständlich.

Der Strom des Kleingeldes floß durch die zahllosen Kassen auch der kleinsten Filmtheater.

Der junge Chaplin wurde zu einem der berühmtesten Menschen in der Welt.

Die Welt erblickte sich selbst, ferne Städte; Landschaftsfilme sah man zwar nicht gern, aber man sah sie sich dennoch an, und der junge Ejzenštejn liebte sie sehr.

Die Welt erweiterte sich, bereitete sich auf neue Erschütterungen vor; als ob Trennwände herausgerissen worden wären und die Ausmaße der Räume sich verändert hätten.

Die Kino-Dramen mit ihren armseligen Sujets und den sich wiederholenden Verfolgungsjagden zeigten ein neues Tempo der Handlung, ein neues Verfahren, die Geschehnisse miteinander zu verknüpfen. Das Kino wurde auch bei uns populär. Lev Tolstoj ging sogar in eine psychiatrische Heilanstalt, in der es ein Filmvorführungsgerät gab, nur um eine Filmvorführung zu sehen; er sah sehr aufmerksam zu, und das neue Verfahren, Teile eines dramatischen Werkes miteinander zu vereinen, trat zur Überraschung der künftigen Kenner plötzlich in dem Drama ‹Der lebende Leichnam› zutage, das Tolstoj damals gerade schrieb.

Unerkannt, ungenannt drang das Neue in das Leben ein.

Es drang wie etwas Verneinendes ein, wie eine Kuriosität, wie ein zufälliger Versprecher.

Auf den Straßen tauchten Automobile auf; Chauffeure saßen hinter den starren Lenkrädern in Pelzmänteln – man konnte meinen, sie frören wegen der Schnelligkeit der Fortbewegung; die Autos fuhren mit einer Geschwindigkeit von 40 Kilometern in der Stunde.

Flugzeuge begannen zu fliegen, man nannte sie noch Aeroplane.

Sergej Ejzenštejn fuhr sie sich ansehen.

Telefone begannen zu klingeln – hölzerne Apparate hingen damals in den Vorzimmern. Um jemanden anzurufen, drehte man an einer Kurbel.

Die Menschenmenge auf den Straßen nahm immer mehr zu.

In den Dörfern konnte man städtische Anzüge sehen.

In Riga fing man an, laut Lettisch zu sprechen.

Die Straßenbahnen verdrängten Pferdebahnen. Neben Ziegelsteinen begann man, mit Beton zu bauen. Man sprach sogar von Stahlbetondecken.

Die Fußböden begann man mit Linoleum auszulegen; eine große Linoleumfabrik wurde gerade in Riga in Betrieb genommen.

Was wichtig und was nicht wichtig war – niemand wußte es.

Es stand der heiße Sommer des Jahres 1914 bevor. Es erschienen die Zeitungen mit beunruhigenden Meldungen, doch an Aufregungen hatte man sich schon gewöhnt.

Es tauchten neue Schriftstellernamen auf, es erschienen Broschüren mit

beschnittenen Rändern, niemand wußte, wo sie gedruckt wurden.
Es war Sommer, das Getreide war schon gereift.
In Sarajewo schoß irgendein Gymnasiast auf den Erben des österreichischen Thrones, einen bereits sehr alten Mann, und tötete ihn.
Die Zeitungen begannen mit abendlichen Beilagen zu erscheinen, doch noch immer druckte man Feuilletons über französische Probleme. Es kamen buntbeflaggte Dampfschiffe an. Auf den Straßen klingelten die Glöckchen, die die Passanten in die kleinen Filmtheater lockten.
Die Hitze dauerte an.
Gerüchte über die Mobilmachung kamen auf. An den Einberufungsorten begannen sich die Menschen zu sammeln.

Staraja Russa – Altes Rußland

Staraja Russa, eine Kreisstadt im Gouvernement Novgorod, liegt an der Einmündung der Flüßchen Parusja und Pererytica in die Polist. Die Polist ist ein Nebenfluß der Lovat. Die Lovat fließt in den Ilmensee.
Russa ist eine sehr alte Stadt, gegründet noch zu Zeiten Arakčeevs, ein alter Kurort mit Quellen, Schlammbädern, einem Park, Springbrunnen, sieben Gebäuden mit Wannenbädern, Hotels und einer Klosterschule «F. M. Dostoevskij». Man ließ sich hier gegen verschiedene Krankheiten behandeln, gegen Skrofeln, Rippenfellentzündungen, Lebererkrankungen und Frauenleiden.
Im Sommer des Jahres 1914 war Julija Ivanovna hier zur Kur.
In dieser Stadt gibt es viele Kirchen – alte umgebaute, die von freien Malern und Klostermalern neu bemalt wurden. 1910 sah ich eine solche Wandmalerei in Novgorod, ich glaube, in der Kirche des Fedor Stratilat. Die Wandmalereien waren kräftig – damit die Farbe besser hielt, waren in die alten, auf der feuchten Stukkatur mit ewigen Mineralfarben gemalten Fresken Kerben eingeritzt.
Und dann malten sie nach dem Gedächtnis, wie nach einer Urkunde, sie malten auch Heiligengesichter, und in ihrer Seeleneinfalt malten sie in die Zwischenräume feine Ornamente aus Pfeifen und Trommeln, wie in Kaufmannssälen.
Als einmal Nikolaj I. – der nicht sehr viel von Kunst verstand, aber viel gesehen hatte – sich eine solche Wandmalerei in Novgorod ansah, geruhte er zu fragen:
«Bei wem haben Eure Meister gelernt?»
«Bei der Muttergottes», antwortete der Abt.

«Nun, das sieht man», beliebte der Kaiser zu antworten.

Staraja Russa ist eine Kreisstadt mit einer großen, steinernen Verkaufshalle, einer Manege, Glockengeläut und Kirchenprozessionen.

Der junge Ejzenštejn kannte sie und erinnert sich in seinen Filmen an sie.

Hier machte Mama den Jüngling mit der gestrengen Dame A. G. Dostoevskaja bekannt – der Witwe des großen Schriftstellers, der bedeutenden Herausgeberin, Wohltäterin und Besitzerin vieler Datschen in Soči.

Die Damen waren sich im Wannenbad begegnet.

Früher einmal hellblond, jetzt ergraut, war die Dostoevskaja ruhig und gütig. Es schien, als könnte ihr nichts mehr geschehen – und doch geschah etwas: der Krieg begann.

In der Säulenhalle des Kursaales fielen sich Menschen erschrocken in die Arme, die sich gar nicht kannten.

In einem Sessel weinte, die schwarze Brille von den blinden Augen nehmend, ein kahlköpfiger Oberst, mit einem leichten, karierten Plaid bedeckt.

Der Bahnhof war zum Bersten voll.

Mama kannte die Schiffahrtswege gut und erwog, über den Ilmensee den Volchov hinab bis nach Tichvin und von dort weiter mit dem Zug zu fahren.

Der kleine Dampfer, der das Wasser mit seinen roten Radschaufeln abtastete, fuhr das enge Flüßchen Polist entlang. Die rötlichbraunen Felder werden eilig abgemäht, der Fluß ist schmal, hinter einer Biegung ist er nicht mehr zu sehen. Der dickbäuchige Dampfer scheint zwischen dem Ufergras hindurchzukriechen: so, sagt man, kriechen Nattern über ein Erbsenfeld.

Man fuhr, ohne anzuhalten. Man fuhr durch alte, großväterliche Orte. Man fuhr durch eine unbekannte Vergangenheit, die hier noch nicht umgestaltet, nicht übermalt war, der Zukunft entgegen. Die weißen Kirchen drängten sich aneinander, als ob sie besprechen wollten, was nun weiter werden solle. Sie standen in weißen Chorhemden im Sonnenuntergang. Der Ilmensee ist ein alter See, ein slawischer See – was war nicht alles an seinen flachen Ufern gewachsen!

Der See ist schattig und sieht aus wie Marmor. Ein kleiner weißer Glockenturm am anderen Ufer, den der Kapitän als Leuchtturm nutzt.

Zweiundfünfzig Kilometer auf der Lovat – das ist nicht gerade nah. Der alte Ilmensee ist ausgedehnt. Ein großer, in Flüsse eingravierter See.

Die Ufer der Mündung des Volchov werden höher. Die Nacht bricht herein, eine Mondnacht. Der Dampfer, überfüllt mit erschreckten, zu ihrem Hab und Gut eilenden Menschen, macht nirgendwo halt.

Matte Lichter wurden angezündet – grüne und rote an den Seiten, gelbe auf dem Mast.

Die an alles gewöhnte Dampfmaschine hämmerte, wie ein Tagelöhner, der Brennholz sägt, verbeugte sich die Balancierstange der Maschine. Langsam fuhr man am mondüberfluteten Novgorod vorbei, die Leute betrachteten die alten Pfeiler.

Im Drehbuch zum ‹Aleksandr Nevskij› wird an diese Brücke erinnert. Auf ihr verwundete das Mädchen Černavka den Helden Buslaj mit einem Tragejoch und brachte ihn gezähmt zur Mutter.

Mama schläft in der Kajüte. Es ist schwül, doch was soll man machen, man muß leiden – es ist Krieg.

Ein wenig Zeit wird verstreichen. Der Jüngling wird sich dieses Novgorod ansehen, wird die Gotteshäuser mit seinen jungen Augen erblicken, wird sehen, wie tief sie in der Erde stehen, und er wird auf dem Filmaufnahmegelände auf dem Berg Potylicha, über dem kleinen Fluß Setun, schlanke Kirchen mit goldenen Kuppeln errichten.

Wie weit liegen die Novgoroder Kirchen auseinander. Zwischen ihnen Wiesen, Felder, einst umgaben sie die Stadt: jetzt sieht es aus, als seien sie fortgegangen und gingen verloren zwischen den Wiesen spazieren.

Da das kleine, einkuppelige Kirchlein des Spas Neredic. Man sagt, dieses Wort bedeute, daß es aus der Reihe tanze.

Zehntes Jahrhundert.

Und der Dampfer fährt, er fährt und fährt, und die Menschen schlafen und wissen nicht, daß alte Lotsen ihn über Stromschnellen lotsen, zuerst über die von Gostinopolsk mit den hohen Ufern, dann über andere – langgedehnte, langanhaltende, ruhig strömende.

Schön gebaut sind die Gotteshäuser im alten Rußland. Die Menschen bauen schön, wenn sie nicht in Eile sind. Das wird später der Jüngling Sergej Michajlovič sehen, er wird es, kaum älter, auch in Mexiko sehen.

Jetzt fährt er nicht sehr weit: nach Piter, dann nach Riga.

Der Krieg und Riga

Krieg! Patriotische Demonstrationen werden veranstaltet, die Menschen gehen mit dreifarbigen Fahnen und Porträts von Nikolaj II. durch die Straßen.

Auch Sereža ging zu den Demonstrationen und zeichnete sie, nur trugen nicht Menschen, sondern Tiere die Banner.

Briefe charakterisieren nicht nur den Schreiber, sondern auch denjenigen, an den sie gerichtet sind. Die Briefe Sereža Ejzenštejns sind im

verkleinerten Maßstab geschrieben, sind gespielt. Der heranwachsende Junge spielt den Kleinen und übertreibt seinen Mangel an Einsicht.
Er schreibt: «Am Sonnabend hatten wir grandiose Demonstrationen, ich ging mit, ich ging etwa 1½–2 Stunden durch die Stadt ... Die Demonstranten schrien ‹Hurra› und zwangen die Entgegenkommenden, den Hut zu ziehen ... Mit einem Wort, es war sehr schön.» Und zu dem Brief ein Postskript: «Nur brauche ich unbedingt, ich möchte sehr, sehr, sehr gerne einen Dostoevskij.» Damals war er sechzehn.
Der Junge bittet darum, daß man ihm einen Hund schenke. Der Hund, dem Papa ein Halsband gekauft hatte, war gestorben. Mama versprach, ihm einen neuen Hund zu schicken – John. Doch Papa sagte, daß man den Hund nach dem Krieg schicken solle. Während des Krieges gebe es nur Schwierigkeiten mit der Verpflegung.
Das war zu Beginn des Krieges, im September.
Der Junge war einverstanden damit; er schrieb:
«Also erwarte ich John nach Kriegsende.» Er war geduldig.
Namen von Bekannten tauchen unter den Gefallenen auf. Sereža geht durch die Hospitäler. Er ist schon in der sechsten Klasse. Seine Handschrift ändert sich, wird größer, kräftiger, eigenwilliger. Er bittet, man möge ihm Shakespeare auf englisch schicken. Er sah den ‹Hamlet› und wurde nach der Aufführung krank. Dickens hatte er bereits auf englisch gelesen: er bittet auch darum, daß man ihm zu Ostern keine Schokoladeneier schicke, weil Papa ihm verbiete, sie zu essen.
Sergej wartet voller Ungeduld auf das Studentenleben: der Krieg kann nicht ewig dauern, alle sagen, daß er bald beendet ist. Sergej bereitet sich auf die Aufnahmeprüfungen vor.
Die Front nähert sich Riga. Die Menschen blicken immer düsterer drein. Militärzüge mit Kriegsverwundeten kommen immer häufiger; es läuft das Gerücht um, daß es an der Front keine Munition mehr gebe – überhaupt keine.
Es verging das Jahr 1915. Sergej Ejzenštejn ist siebzehn Jahre alt. Er hat die Realschule beendet und tröstet die Mama in Briefen, daß der Krieg nicht mehr lange dauern könne und er nicht in den Krieg zu ziehen brauche.
Er hat die Schule sehr gut absolviert. Die Urkunden wurden nach Petrograd geschickt. Der Vater selbst fuhr mit ihm zu den Aufnahmeprüfungen.
Sie fuhren in einem Waggon erster Klasse mit vielen Offizieren. Die Gespräche waren vorsichtig, verschreckt.
Alle lesen Zeitung.
Die Bäume hatten sich gelb gefärbt. Die Fenster des Waggons waren heruntergelassen. Hinter dem Zug liefen die Kinder her und riefen: «Zeitungen! Zeitungen!»

Im Waggon sagte man, man müßte die Zeitungen wieder hinauswerfen – in den Zeitungen standen schlechte Nachrichten; aber man brauchte die Zeitungen für Zigaretten oder um daraus Tüten für Beeren zu drehen. Der Zug fuhr langsam; die Militärzüge störten.

Die Militärzüge standen da mit den weitgeöffneten Türen ihrer Teplv-ški*. Aus diesen schauten Soldaten heraus. Sie fragten nicht nach Zeitungen.

Vor Petersburg begannen Tannenwälder, öde, aber grün, dann überfüllte Bahnsteige, vorwiegend Frauen – die Männer waren im Krieg.

Die Waggons erster Klasse waren mit rotem Samt ausgeschlagen und sehr bequem.

Papa erklärte dem Sohn, daß man während des Krieges arbeiten müsse. Unterwegs erklärte Papa den Mitreisenden im Abteil, daß das Institut für Zivilingenieure wichtig sei – Zivilingenieure bauten Häuser.

Sie seien tüchtige Architekten. Häuser seien notwendig, wegen der Wohnungen für die Einwohner. Man müsse es verstehen, die Wohnungen so zu planen, daß es mehrere Wohnungen mit einem Haupteingang gibt. Die Wohnungen dürfe man nicht allzu groß bauen – Drei-, Vierzimmerwohnungen, neuerdings mit Wasserheizung. Die Fassade müsse man schlicht und elegant halten. Das Bossenwerk sei der Schmuck des Haupteingangs, ein feines Ornament und keinerlei überflüssigen Zierat, zum Beispiel Statuen.

In Petersburg – die Urkunden waren abgegeben – stiegen sie bei Bekannten ab. Am nächsten Tag ging es wieder ins Institut. Sie fuhren an riesigen Schlachthäusern vorbei; an den Toren herrlich gewachsene Stiere, man mochte nicht glauben, daß sie hier geschlachtet und zu Fleisch verarbeitet werden.

Sie fuhren über den langweiligen Obvodnyj-Kanal, kamen an rentablen Häusern vorbei – fünfgeschossige, sechsgeschossige, alle grau. Überall Soldaten; überall Unterricht im Bauen; die Soldaten trugen Mäntel aus Baumwolle – nicht aus Wolle.

Sie fuhren über eine herrliche Brücke mit Ketten, mit kleinen Pavillons aus Stein.

«Die Fontanka. Die Černyšev-Brücke», sagte Papa.

Sie fuhren auf einen halbrunden Platz, bogen nach rechts ab.

Da lag eine Straße von wunderbarer Schönheit – eine lange Reihe von Häusern mit wunderbaren Proportionen, die sich in der gegenüberliegenden Reihe widerzuspiegeln schien, und all das verengte sich in der Perspektive auf ein wunderschönes Gebäude.

«Rossi!» teilte Papa mit.

---

* Eine Tepluška ist ein beheizbarer für die Beförderung von Personen eingerichteter Güterwaggon. (Anm. d. Ü.)

«Wunderschön!» sagte Sergej.

«Veraltete Klassik!» korrigierte Michail Osipovič.

Sie fuhren auf den Katharinenplatz. Ein rötlicher Herbstgarten, Pferde auf dem Theater, die Öffentliche Bibliothek zur Linken, dann der Nevskij-Prospekt – breit, schön. Kirchen, die den Rahmen riesiger Bilder glichen, und mit Soldaten vollgestopfte Straßenbahnen.

«Das ist nicht in Ordnung», sagte der Wirkliche Staatsrat. «Das ist verboten! Sie bezahlen nicht! – Du wirst dein Examen in einem Institut ablegen, das aus dem Institut für Militäringenieure hervorgegangen ist. Hast du die ‹Pique-Dame› gesehen?»

«Ja.»

«German war Militäringenieur», sagte der Vater. «Militäringenieure hatten das Recht, Schnurrbärte zu tragen, wie die Offiziere. Er hätte niemals eine solche Ungeheuerlichkeit zugelassen, daß untere Ränge Straßenbahn fahren, ohne zu bezahlen.»

«German ist wahnsinnig geworden», antwortete Sergej. Das war sein erster Widerspruch gegenüber dem Vater.

Der Vater antwortete:

«Das ist in der Oper.»

«In demselben Institut», fuhr Sergej fort, «studierte auch Dostoevskij, er schrieb seine Proklamationen, kam zur Zwangsarbeit, diente dann als Soldat und schrieb danach seine Romane.»

«Schreib nie Proklamationen.»

Ich war nicht dabei in jener Droschke und gebe das Gespräch nur annähernd wieder. Aber Sergej Michajlovič erzählte einmal von dem Eindruck, den die Straße Rossis auf ihn machte, und von dem Streit in der Droschke.

Studenten mit Schulterstücken

Auf den Schulterstücken der Studenten des Instituts für Zivilingenieure ist das verschnörkelte Monogramm «Nikolaj I.». Es ist ein altes Institut, noch zu Zeiten Puškins gegründet, das allmählich immer ziviler geworden war.

Wir bessern gewöhnlich die Biographien großer Menschen auf und fügen in ihre Zeugnisse lauter Einsen ein.

Aber auch wenn Lev Nikolaevič Tolstoj im Examen an der Kazaner Universität in Arabisch eine Eins erhielt, auch wenn er mit seinen mathematischen Fähigkeiten selbst Lobačevskij in Erstaunen versetzte, insgesamt bekam er noch nicht einmal eine Drei.

Er interessierte sich für eigene Sachen und löste sich von der Universität, die aber dennoch Spuren in seiner Entwicklung hinterließ.

Sehen wir uns trotzdem die Zensuren Sergej Michajlovičs an.

In der Realschule hatte er Einsen, und im Zeichnen eine Drei. In der Ergänzungsklasse der Rigaer Realschule hatte er Zweien in Arithmetik, Algebra, Trigonometrie, Physik und wieder eine Drei im Zeichnen.

Die Aufnahmeprüfung für das Institut bestand er ausgezeichnet. Als Zensuren im Institut selbst hatte er im ersten Kursus für Mathematik zunächst eine Dreieinhalb, das ist eine Drei plus, und dann eine Zwei. In Physik zunächst eine Zwei, dann eine Dreieinhalb, in Chemie eine Drei, in deskriptiver Geometrie eine Drei, im Zeichnen eine Dreieinhalb und Drei, in architektonischen Aufgaben, genau gesagt, in Geschichte der Architektur, hatte er eine Eins.

Im zweiten Kursus in Mathematik eine Eins, in Physik und in Chemie eine Zwei, in Geodäsie eine Drei, in deskriptiver Geometrie eine Zwei und eine Eins. Im allgemeinen steigerte er sich stark, doch ein hervorragender Student wurde er nicht.

Wofür begeisterte er sich in dieser unruhigen, hoffnungslosen Kriegszeit, in der über jedem Studenten des ersten Kurses auch noch die Drohung einer Einberufung zur Armee hing?

Er las sehr viel: einige Bücher waren die zu jener Zeit übliche Lektüre für einen Jüngling, der zwischen den Revolutionen ins Leben eintritt, in einer Zeit, in der sogar in Bekanntmachungen halbamtlichen Charakters der *Novoe vremja* unverschämte pornographische Beilagen auftauchten oder, wie man heute höflich sagt, ‹Fragen des Sexus›.

Sergej Michajlovič war sehr jung in der Stadt, die sich damals Petrograd nannte.

Es lohnt sich, zu präzisieren: in der Umgangssprache nannte man Petersburg Piter, in der Literatur Petersburg, offiziell Sankt Petersburg. Um den fremdländischen Einfluß aus dem Namen der Hauptstadt zu tilgen, benannte man sie zu Beginn des Krieges in Petrograd um. Diesen Namen trug die Stadt bekanntlich nicht lange. Die Revolution gab der Stadt den Namen Petersburg zurück, dann wurde sie das revolutionäre Petrograd.

In Petersburg erkrankte Sergej Michajlovič an den Masern – einer Kinderkrankheit. Es waren die zweiten Masern in seinem Leben. Bei Masern verhängte man damals die Fenster mit roten Vorhängen, und da diejenigen des großmütterlichen Zimmers rot gefüttert waren, war das die richtige Beleuchtung.

Die Masern vergingen, wie Masern eben vergehen – leicht.

Der achtzehnjährige Ejzenštejn, von den Masern bereits wiederhergestellt, interessierte sich für verschiedene Bücher, unter anderem auch für solche, die damals viele heimlich lasen. Er las ebenso die ‹*Halbjungfern*› von Bourget wie ‹*Die Halbwelt*› von Dumas-fils – so nannte

Ejzenštejn ironisch den Sohn Alexandre Dumas'. Diese Bücher las er auf französisch, sie lagen bei ihm in gelblichen Buchhüllen.

Das Zimmer war morgens hellrosa, wegen des Futters der Vorhänge und der Stores. Diese Farbe dämpfte die Dunkelheit des Petersburger Hofes.

Im Zimmer, auf den kleinen Diwanen und den weichen Puffs, lagen Kissen mit ‹Richelieu›-Stickereien. Das sind in Leinenstoff geschnittene Muster, die umstochen und mit feinen Stegen aus Garn verbunden werden.

Das waren Arbeiten aus kleinen Löchern, mit selbstgemachter Spitze. Auch Anna Karenina hatte sich mit ‹Richelieu› beschäftigt, als sie noch niemand außer ihrem Sohn Sergej liebte.

Unter den kleinen Kissen waren die Bücher versteckt: ‹*Der Martergarten*› von Octave Mirbeau und ‹*Venus im Pelz*› von Sacher-Masoch (das zweite sogar mit Illustrationen).

Solche Bücher lasen in Piter damals viele.

Ernsthafter ließ sich der junge Student von der Architektur begeistern, er träumte davon, sich das teure Buch von G. Lukomskij, ‹*Die Geschichte der antiken Theater*›, zu kaufen, und kaufte es schließlich – für vierzig Rubel, die er sich dafür geliehen hatte.

Er ging über den Litejnyj-Prospekt, sah zu den Buchhändlern hinein, konnte sich aber nicht entschließen, das Semenovsche Geschäft zu betreten und herumzustöbern.

An dieses Geschäft erinnere ich mich gut. Rötliches Holz, grüne Seidenvorhänge an den Fenstern, Schaufenster mit Büchern. Illustrierte Kataloge; in einem Katalog war angegeben, daß die ‹*Reise von Petersburg nach Moskau*› 700 Rubel kostet.

Als Student ging ich oft in dieses gar nicht abschreckende Geschäft, dessen Besitzer sich letzten Endes selber ruiniert hat. Ich fragte ihn:

«Warum ist das so teuer? Dieses Buch kostet doch ungefähr 300–400 Rubel.»

Der Besitzer antwortete mir:

«Damit es keiner kauft. Ich brauche es für den Katalog.»

Der achtzehnjährige Student konnte sich nicht dazu entschließen, dieses Geschäft zu betreten, wo man sich über seine kenntnisreiche Begeisterung für Bücher und den schüchternen Schrecken über ihren Preis gefreut hätte.

Nachts träumte Sergej Michajlovič von weiten Räumen und Büchern, er träumte von dem Bogen de la Mottes über den Kanal, der nach Neu-Holland führte, und von dem Bogen Rossis, der in einer Kurve zum Schloßplatz führte.

Er träumte von den Häusern Petersburgs, den Bogen des Gostinyj Dvor und den Bogen des Hauses mit den einfachen Wohnungen des

Barons Frederiks; im Traum fuhr er unter den Bogen hindurch, und hinter ihnen sah er deutlich die Umrisse der Bücherläden, wo man Daumier und Piranesi in wunderbaren Blättern und vollständigen Sammlungen verkaufte. Die kleine Dampfmaschine des Traumes fuhr weiter und kam nach Paris.

Auch dort Bücherläden. Die Dampfmaschine rauchte durch die ganze Welt, und überall Bücher. Plätze, Räume. Mitten auf den weiten Plätzen die Mauern von Gebäuden, die gerade gebaut wurden.

Sergej Michajlovič sah – dies nicht mehr im Traum – Theater und Theaterliebhaber. Er ging zu Evreinov, mit dem er bekannt war.

Nikolaj Evreinov, ein ältlicher, schöner Mann, zeigte ihm vier Mappen, vollgestopft mit Ausschnitten von Rezensionen über ihn – den Regisseur.

Nikolaj Evreinov liebte den Ruhm. Sergej Ejzenštejn das Theater.

Die Revolution

Sergej Michajlovič kannte alle Theater, alle Buchläden, und er konnte jedes beliebige Gebäude aus dem Gedächtnis zeichnen. Er kannte die Stadt noch vor dem Umbruch. Doch die Stadt veränderte sich.

Petrograd begann zu hungern.

Die Leute fuhren aufs Land, tauschten ihre Habe. Das Haus der Koneckijs kannte noch keine Armut und Not. Das Land nahm gierig Laken, alte Röcke, Hosen, dann wollte es Nägel.

Woher sollte man Nägel bekommen? Die Front rückte näher, die Gerüchte wurden beunruhigender; sogar im Staatsrat sprachen die Deputierten, solide Menschen mit Bärten, offen davon, daß unsere Generäle die deutschen Maschinengewehre mit russischem Blut überschwemmen wollten.

Unsere Maschinengewehre hatten keine Munition.

Die Kanonen waren längst verstummt.

Und im Aleksandra-Theater wurde eine Premiere vorbereitet. Schon länger als fünf Jahre wurde Lermontovs ‹Maskerade› in der Inszenierung Mejercholds vorbereitet.

Man wartete auf sie, wunderte sich über die ungeheuren Ausgaben, über die Mengen an Leinwand, die für die verrückten Einfälle der Bühnenbildner verbraucht wurden.

Während der Vorbereitung zu dieser Aufführung starb der ausgezeichnete Schauspieler Dalmatov, der den Unbekannten hatte spielen sollen.

Man ersetzte ihn durch einen anderen, ebenfalls sehr guten Schauspieler. Den Arbenin sollte jetzt Jurev spielen. Die Nina spielte Roščina-Insarova, eine ausgesprochen schöne Frau. Time spielte die arglistige Baronin Štral.

Ejzenštejn wartete auf die Premiere.

Sergej Michajlovič liebte am Theater vor allem die Szenerie, die Bühnenbilder beschäftigten den Architekten mehr als die Schauspieler. Er liebte eine statische *Mise en scène*, die konzentriert, aber gut aufeinander abgestimmt sein mußte.

Die Sprache des Theaters schien ihm unbeweglich, auch wenn er die Monologe in ihrem fast statischen Zusammenhang liebte.

Schon ging der Februar zu Ende, der letzte Februar alten Stils, der letzte Februar des kaiserlichen Rußland. Es war ein Schaltjahr, es war der 25. Dem Russischen Reich blieben noch genau drei Tage zu leben. Ich war damals Kraftfahrer bei der Armee. Ein Jahr zuvor war ich zur Panzerdivision übergewechselt. Davor war ich an der Front. Ich lag bei Peremyšl. Ich hatte in den Karpaten einen Kraftwagen zu Bruch gefahren.

Mitte Februar wurden unsere Fahrzeuge abgerüstet; man entfernte die Maschinengewehre, nahm die Vergaser heraus. Wir dachten nicht daran, daß es eine Revolution geben würde. Wir wußten, daß große Unruhen bevorstanden. Die Soldaten dachten daran, gegen die Polizei zu kämpfen, zu rebellieren. Wir wußten, daß erst vor kurzem Arbeiter der Putilov-Fabrik in einem Demonstrationszug bis auf den Nevskij-Prospekt gekommen waren und daß man sie dann davongejagt hatte. Wir wußten, daß wir an die Front kommen und daß die Menschen an der Front nicht lange leben würden. Wir wußten auch, daß unsere Waffen an der Front schwiegen.

Die Soldaten waren verzweifelt. Unsere Kommandos hatten keinerlei Verbindung zu den Fabriken.

Es bereitete sich ein Soldatenaufstand vor, drohend und ohnmächtig.

Die Polizisten standen zu zweit an den Kreuzungen. Es war kalt. Außer den runden schwarzen Mützen aus falschem Karakul trugen die Polizisten noch Kapuzen, die sie vorsorglich nach innen schlugen, damit sie ihnen niemand von hinten runterziehen konnte.

Durch die Straßen ritten Kosaken Streife, ziemlich gelassen, sich bedeutungsvoll zulachend.

Am 26. tötete ein Kosak auf dem Platz des Dekabristenaufstandes einen Offizier.

An den Kreuzungen standen Maschinengewehre, an den Maschinengewehren – Soldaten, und um die Soldaten herum – Frauen, alte und junge, Männer, alle nicht mehr jung, und Kinder. Die Militärs waren unentschlossen und redeten mit dem Volk.

Die kleinen Maschinengewehre, die hier nicht in einem Schützengraben standen, nicht in einem Maschinengewehrnest, sondern direkt auf dem Straßenpflaster, sahen wie kleine, zusammengekauerte Tiere aus. Die alten Uhren, aufgezogen von der Regierung, gingen noch.

Die Aufführung war angekündigt. Man spielte die ‹Maskerade› mit Jurev in der Rolle des Arbenin. Man dachte, die Aufführung würde abgesagt. Aber, wie wir heute wissen, hat der Minister des Frederiks-Hofes, dem die kaiserlichen Theater unterstanden, zu spielen befohlen.

Das 25jährige Jubiläum Jurevs stand bevor; eine Absetzung der Aufführung hätte in der Stadt einen unerwünschten Eindruck gemacht, die Menschen würden denken: es scheint in der Stadt tatsächlich etwas vor sich zu gehen.

Zeitungen gab es an diesem Tage nicht. Der junge Ejzenštejn ging von der Taurischen Straße zum Nevskij-Prospekt, um sich die Aufführung anzusehen. Er hatte sich schon lange vorher eine Eintrittskarte gekauft, und eine sehr teure dazu – ein Platz gleich hinter den Sesseln.

In der Stadt fiel hin und wieder ein Schuß. Polizisten – man nannte sie im Volke Pharaos – waren nicht zu sehen. Die Straßen waren nicht geräumt. Viele Löcher, viele schon etwas zusammengeschmolzene Schneehaufen. Kein Nebel. Der Himmel war hoch, frühlingshaft.

Ejzenštejn ging durch stille Straßen, dann kam er auf den Litejnyj-Prospekt. Dort standen Straßenbahnwagen, leer und ohne jede Ordnung, genau auf den Schienen. Arbeiter hatten am Tage die Straßenbahnfahrer zum Aussteigen gezwungen, ihnen die Regulierungskurbeln abgenommen und sie weggeworfen.

Ihres Atems beraubt, fuhren die Straßenbahnen nirgendwohin.

Ungeachtet der späten Stunde waren Leute auf der Straße.

In den Torwegen warteten sie und berieten sich, als ob irgend etwas geschehen würde – als ob zum Beispiel eine große Prozession vorbeiziehen würde – ein Trauerzug vielleicht?

Sergej Michajlovič hörte, daß geschossen wurde. Aber er war in Eile. Er ging in die Semenovskaja, überquerte eine Brücke. Die Fontanka war fleckig von dem stellenweise weggetauten Schnee.

Der Student erreichte den leeren Nevskij-Prospekt, das Aleksandra-Theater. Hier war es still und feierlich. Die Säulen ragten empor. Unter der Lenkung Apollos selbst eilte die Quadriga der bronzenen Pferde dahin. Die Theaterauffahrt war nicht erleuchtet.

Das Theater war voll.

Dieses Theater mit seinen hellblauen Dekorationen, der weißen Modellierung, der bescheidenen und doch sehr schönen Goldverzierung, war feierlich gestimmt.

Statt des Vorhanges ein riesiges Portal, breiter als die übliche Bühnenöffnung.

An den Seiten große Bronzetüren.

Das war der Eingang für den allerhöchsten Hof. Zwei Treppen mit Geländern führten ins Parkett hinab. Der Saal war hell erleuchtet, und bei Beginn der Aufführung ging das Licht nicht aus. Das war eine neue Sprache in der Theaterkunst.

Der Saal wurde zu einem Bestandteil der Aufführung.

In der kaiserlichen Loge saß, träge plaudernd, eine Gruppe Großfürsten.

Innerhalb der Bühne waren kleine, mit leichten Vorhängen verhangene Zimmer – die Interieurs. Die Schauspieler begannen zu sprechen. Das Stück spielte sich einmal im weiten Raum der großen Bühne ab, ein andermal wechselte es auf das Proszenium über, näherte sich gleichsam den Zuschauern.

Die Bühnenbilder waren von unvorstellbarer Erhabenheit, Pracht und Höhe. Es überwogen Gold und ein leuchtendes Rot, typisch für den Bühnenbildner Golovin, den Ejzenštejn damals sehr mochte.

Der Student war von dem Schauspiel hingerissen. Es gab nur drei Pausen, doch war das ganze Werk in lauter einzelne Szenen zerlegt; die Monologe waren zerlegt, umgestellt. Die Bühnenbilder waren wunderbar, wie Petersburg. Großartig die Maskerade: direkt aus dem Zuschauerraum erhoben sich Masken. Der Vorhang im Hintergrund der Bühne war vor Beginn der Maskerade mit Schellen besetzt. Bevor er hochging, schauten Teilnehmer der Maskerade, die schon vor ihrem Auftritt ausgelassen waren, durch einen Spalt in den Saal.

Jurev spielte an diesem Tag hervorragend. Roščina-Insarova sang die Romanze gut, die eigens für diese Aufführung von Glazunov komponiert worden war.

Auch der Ball fand unter den Klängen herrlicher Musik statt.

Ein Orchester spielte.

In der Stadt wurde geschossen, doch im Theater war es kaum zu hören.

Jurev war nur mit Mühe zur Aufführung durchgekommen.

Zuerst hatte ihn eine Patrouille auf der Troickij-Brücke aufgehalten. Dann hielt man ihn auf einer Brücke in der Gegend der Mojka an. Doch er traf rechtzeitig ein: allzunah und teuer war dem Theater die Aufführung.

Die Kostüme überraschten alle.

Jurev, in einen herrlichen weißen Morgenrock mit breiten leuchtend roten Streifen gekleidet, sprach mit Nina.

Der Morgenrock wurde fast zum Mittelpunkt der ganzen Bühne.

Als die Aufführung zu Ende war, kam Jurev, immer noch im Kostüm des Arbenin, abgeschminkt und sehr schön, auf die Bühne heraus. Seine Kaiserliche Majestät, der Herr und Kaiser, ließ ihm ein goldenes Zigarrenetui mit dem kaiserlichen Adler und der Krone, geschmückt mit

Brillanten, überreichen.

All das begleitet von einer allergnädigsten Urkunde.

Das Geschenk übergab irgendein Großfürst.

Ich war bei dieser Aufführung nicht dabei.

Wir rüsteten zu dieser Zeit im Hof einer Garage in der Kovenskij-Gasse, neben der französischen Kirche, unsere Kraftwagen aus.

Man hatte Ersatzteile gebracht.

Wir bauten die Vergaser ein. Munition hatten wir wenig – dafür aber gute Schützen.

Sergej Ejzenštejn trat auf die Straße hinaus. Eine kalte Vorfrühlingsluft.

Zwischen den wenigen kahlen Bäumen des Katharinengartens war der bronzene Rücken des kaiserlichen Mantels zu sehen. Weiter unten, unterhalb der Schleppe der Kaiserin, sitzen die Liebhaber, Ratgeber, Heerführer und Dichter Katharinas.

Sergej Michajlovič trat auf den Nevskij-Prospekt hinaus.

Vom Turm der Admiralität leuchtete schräg ein Scheinwerfer, der die Mauern der Häuser erhellte, aber nicht bis zum Bahnhofsplatz reichte.

Irgendwo in der Dunkelheit fielen Schüsse, drückten sich Passanten an Mauern.

Sergej Michajlovič ging nach Hause. Um das Taurische Palais herum gingen Menschen, liefen Soldaten zu zweit, zu dritt mit der Waffe auf und ab, ohne Offiziere; das Wolhynische Regiment hatte sich erhoben.

Am Morgen zeigte es sich, daß die Revolution die Stadt erobert hatte.

Noch war Lenin nicht angekommen, doch das Kšesinskij-Palais an der Ecke des Kamenno-Ostrovskij-Prospekts und der Podjačeskaja-Straße – ein kleines Palais mit einer Laube aus Stein an der Mauerecke – war vom Komitee der Bolschewiken besetzt worden. Matilda Kšesinskaja selbst ging – während die Aufführung der ‹Maskerade› noch lief – in Jurevs Wohnung: sie waren Nachbarn.

Die Ballerina weinte, sie hatte eine Fotografie mitgenommen, ein Porträt mit der Unterschrift: «Matilda von Niki».

Am Morgen füllten Truppen die Straßen.

Von den Dächern her wurde das Feuer eröffnet. Die Polizisten gaben sich alle Mühe, man hatte ihnen jeweils siebzig Rubel als Tagegeld versprochen; doch die Pharaos hatten keine Kriegserfahrung.

Eine Straße darf man nicht von den Dächern aus beschießen: das Trottoir vor dem Haus, auf dessen Dachboden ein Maschinengewehr aufgestellt ist, ist ungefährdet. Die Menschen auf den Straßen waren schon kampferfahren.

Die Stadt war vom Dröhnen der Kraftwagen erfüllt. Die Soldaten fuhren auf den Lastwagen, lagen auf den Kotflügeln der Fahrzeuge.

Die Stadt war fröhlich.

Niemand kannte den morgigen Tag, niemand wußte, was er da in sein Leben einschreiben, welche Seite er aufblättern wird.

Alles war einfach und menschlich klar. Man glaubte, daß sich die Revolution in Deutschland wiederholen, nach Frankreich übergreifen würde; man rechnete nicht damit, daß der Ärmelkanal England vor der Revolution bewahren würde.

Einige Tage lang glaubten die Menschen an das einfache Gute.

Im Taurischen Palais versammelte sich der Rat der Soldaten- und Arbeiterdeputierten.

Alles ging ganz leicht vonstatten.

Am 27. Februar endete die Maskerade der zaristischen Regierung. Kaiser Nikolaj II. legte die Krone nieder.

Von den Vorderfronten der Gebäude schlug man die doppelköpfigen Adler ab.

In das Taurische Palais kamen alte Männer – die Palastgrenadiere, sie waren gelassen und beinahe fröhlich.

Ich glaube nicht, daß – den Begräbnissen nach zu urteilen – während der Februarrevolution mehr als tausend Menschen getötet wurden.

Man bestattete die Toten auf dem Marsfeld. Doch wurden dort bei weitem nicht alle beerdigt. Die Verwandten hatten ihre Toten auf die verschiedenen Krankenhäuser verteilt, um sie nach kirchlichem Brauch, genauer gesagt, in gewohnter Weise zu begraben.

Das Gewohnte ging nicht sogleich zu Ende. Das konnte man dem künftigen Schmerz ansehen.

Jetzt herrschte Freude. Man freute sich darüber, daß das Unausweichliche geschehen war.

Neue Wege hatten sich geöffnet. Die alten Wege waren zweifelhaft.

Die Menschen erwarteten auch ihre persönliche Befreiung.

Die Biographie eines Menschen besteht nicht aus ineinander übergehenden Momenten.

Die Biographie verneint sich selbst. Der Jüngling will aus der Lebensweise seines Vaters ausbrechen, und sei es nur, um in einem Zigeunerlager zu leben.

Die Freiheit kam auch in die Wohnung in der Taurischen Straße.

Ejzenštejn und Štrauch wollten als kleine Jungen zu den Indianern flüchten.

Puškin, der berühmte Dichter seines Landes, Familienvater, Gutsbesitzer, schrieb Verse über die Flucht.

Dieses Gedicht beginnt mit den Worten:

«Es wird Zeit, mein Freund, es wird Zeit! Um Ruhe fleht das Herz.»

Verfaßt wurde es im Jahre 1834.

Puškin hielt sich selbst für einen erschöpften Sklaven.

Seine Freunde erzogen ihre Kinder zu Gefangenen.

Der Leichnam des Dichters wurde dem Ruhm geraubt und unter kleinem Geleit aufs Land verbannt.

Der Weg zur Ruhe ist unruhig.

Lev Tolstoj wollte als Jüngling bei den Bergkosaken bleiben und wollte, obgleich er nach Jasnaja Poljana zurückkehrte, sein ganzes Leben lang seine Vergangenheit hinter sich lassen, die Zimmer, in denen er so viel geschrieben hatte. Er fühlte sich belastet durch die trügerisch dauerhafte gute Ordnung des Lebens, er erlebte das Grauen vor dem Alltäglichen.

Dies ist das Schicksal nicht nur der größten Menschen – es war das Schicksal von vielen.

Sergej Ejzenštejn schrieb in seiner Autobiographie:

«Wenn nicht die Revolution gewesen wäre, so hätte ich niemals die vom Vater auf den Sohn übertragenen Traditionen, Ingenieur werden zu müssen, ‹gebrochen›.

Anlagen, Wünsche waren vorhanden, aber nur der revolutionäre Wirbelsturm gab mir das Grundlegende – die Freiheit der Selbstbestimmung» (Bd. I, S. 73).

Er kam oft auf dieses Thema zurück: «Nun, mit siebzehn Jahren, sah ich mich selbst als jungen Menschen aus intelligenter Familie, als Studenten des Instituts für Zivilingenieure, völlig versorgt, vom Schicksal nicht unglücklich gemacht, nicht beleidigt. Ich kann nicht, wie irgendein Arbeiter und Kolchosbauer, sagen, daß allein die Oktoberrevolution mir alle Möglichkeiten im Leben gegeben hätte.

Was aber gab mir die Revolution, und wodurch bin ich auf ewig tief verbunden mit dem Oktober?

Die Revolution gab mir, was für mich im Leben das Wertvollste ist – das heißt, sie machte mich zum Künstler» (Bd. I, S. 72).

Vor der Revolution war er ein achtzehnjähriger junger Mann, als Eingesperrter aufgewachsen. Er hatte ganz in Büchern gelebt, wie ein Lesezeichen.

Jetzt begann er alles noch einmal von vorn.

Sir Gay

Eine Zeitschrift setzte Arkadij Averčenko ein Denkmal. Diese mäßig dicke Zeitschrift hieß *Argus*. Ihr Redakteur war Vasilij Reginin.

Eines Tages erschien die Zeitschrift mit einem farbigen Porträt von Averčenko auf dem Titelblatt.

Averčenko trug auf diesem Porträt einen Strohhut. In jeder Nummer lag ein Lesezeichen aus gelbem Karton mit einem runden Loch, das dem Rand eines Canotier glich. Man brauchte die Zeitschrift nur zusammenzurollen, durch den Karton zu stecken, und man erhielt eine zylindrische Skulptur mit Hut.

Es war ein relativ kurzlebiges Denkmal.

Mehrere Wochen lang stand es an allen Ecken und Kreuzungen bei den Zeitungsverkäufern.

Arkadij Averčenko war dick, gelassen, geistreich.

Langsam entwickelte er sich, verwandelte sich entweder in Lejkin oder in Potapenko.

Nach dem Oktober ging er in die Emigration.

Die Karikatur, die Ejzenštejn Averčenko in die Zeitschrift brachte, ist interessant – nach dem zu urteilen, was wir heute in den Archiven haben. Immerhin hatte Sergej Michajlovič in der Realschule wie auch im Institut im Zeichnen eine Drei.

Averčenko sah sich die Zeichnung an und gab sie mit erhabener Geste zurück: «So kann jeder zeichnen.»

Der Student ging in die Vladimirskaja-Straße, in die Redaktion des *Petersburger Blattes*. Diese Zeitung war in Piter dafür berühmt, daß sie extra aus Finnland Papier bezog, aus dem man gut Zigaretten drehen konnte – billiges graues Papier, das keinen unangenehmen Rauch entwickelte.

Aus dieser Zeitung drehten sich Kommis und Kutscher ihre ‹Hundebeinchen›. Redakteur und Besitzer des *Blattes* war Chudekov – Autor eines prächtigen Ballett-Bandes.

Er nahm die Karikatur an.

Ejzenštejn signierte mit Sir Gay, was Herr Fröhlich und Sergej bedeutete.

Es sei daran erinnert, daß der junge Babel mit Bab El signierte.

Die neue Karikatur Ejzenštejns zeigte Ludwig XVI., der neiderfüllt ein Porträt Nikolajs II. betrachtet und über den Zaren sagt: «Mit heiler Haut davongekommen.»

Das war zu der Zeit, als man beschlossen hatte, die russische Revolution ohne Blutvergießen durchzuführen.

Chudekov gefiel die Zeichnung: er gab für die Karikatur zehn Rubel.

Ejzenštejn ging zu Propper. Propper gab den *Ogonek* heraus – eine Zeitschrift mit blauem Titelblatt, vollgestopft mit kleinen Erzählungen, Fotografien und Klatschgeschichten selbst auf dem Titelblatt.

Bei Propper war ein gewisser Životovskij als Zeichner angestellt, ein ungewöhnlich schlechter Handwerker, der überhaupt nicht zeichnen konnte, aber entfernt die Kunst schätzte. Hier erhielt Ejzenštejn 25 Rubel und freute sich: er brauchte Geld für Bücher.

Es fingen gute Tage an. Die Straßen waren voller Leben. Alle Menschen hatten sich verändert. An Säulen gelehnt Redner, einige im heftigen Streit. Ich erinnere mich an einen alten Bauern, der quer über der Brust ein rotes Band mit der Aufschrift «Redefreiheit!» trug. Das sei für den Schutz der Persönlichkeit notwendig – der Alte sprach wie ein Bolschewik.

Alle stritten miteinander: das Marsfeld war mit Menschenmassen übersät. Ejzenštejn machte mehrere Skizzen.

Es ging nicht darum, daß der junge Künstler einige Dutzend Rubel verdiente und seine Arbeiten gedruckt wurden. Das Interessanteste an alldem war, daß der morgige Tag ins Unbestimmte führte. Piter war abgeschnitten von Riga, von Papa.

Mama war erschrocken. Im Institut für Zivilingenieure befand sich der Stab der Miliz. Ejzenštejn wurde Milizionär; eine neue Ordnung mußte geschaffen werden.

Die Macht des schwierigen Vaters, die höfliche häusliche Tyrannei war zu Ende, man konnte alles von vorn anfangen.

Sergej Michajlovič streifte durch die Buchhandlungen. Wie viele Male hatte er vorher die ‹Kerker› von Piranesi in den Händen gehalten. Heute konnte er sich drei Einzelzeichnungen und mehrere Einzelbände kaufen.

Er nahm die Bücher mit in die Taurische Straße, hielt sie fest unter den Arm geklemmt. Wie seltsam, sie sind gar nicht schwer, ihre Kanten schneiden nicht – eigene Lasten wiegen nicht schwer.

Die Zeichnungen sind zusammengerollt.

Zärtlich hält der Student sie in der Hand.

Der Architekturstudent sah sich die Stadt mit neuen Augen an.

Plätze, die Zimmern gleichen, und Plätze, die groß wie Felder sind.

Der Schloßplatz gleicht nur sich selbst.

Ejzenštejn ging nicht mehr von Redaktion zu Redaktion.

Im Frühling wurde er zum Militär eingezogen und der Schule für Fähnrice der Pioniertruppen zugewiesen. Hier lernte er die einfache Kunst, davonzulaufen – aus den Kasernen, die sich zwischen den Straßen Kiročnaja und Furštadskaja in den Räumen einer deutschen Schule befanden, in die Stadt, zu sich nach Hause, zu den Büchern, durch die Straßen; er aß Borschtsch und Buchweizenbrei mit Schweineschwarten und kleine Stücke gekochten Fleisches, aufgereiht auf einen langen Holzspan – man nannte diese Fleischstückchen damals ‹Staatsspatzen›.

Alles veränderte sich rasch.

Aus einem Fenster im zweiten Stock eines Eckhauses am Nevskij schoß man mit einem Maschinengewehr in die Menge. Auf dem Straßenpflaster lagen Verwundete, Tote; Gegenstände wie bunter Abfall.

Bald darauf entfachte Kornilov den Aufstand.

Die Fabriken bewaffneten sich: fast die ganze Stadt war gegen den General.

Wer für ihn war, versteckte sich.

Sergej Ejzenštejn stand mit seiner Abteilung in einer feuchten Nacht bei Krasnoe Selo an der Moskauer Chaussee. Die Herbstnächte sind lang.

Man wartete auf die Angriffe der Kosaken und der ‹Wilden Division›. Es gab wirklich eine Division mit diesem exotischen Namen, obgleich es im Kaukasus seit tausend Jahren keine Wilden mehr gab.

Am Morgen ging Sergej in das Häuschen des Streckenwärters, um sich ein wenig aufzuwärmen. Der Wärter schlief nicht, er saß am Tisch. Auf dem Tisch leuchtete durchs verräucherte Glas eine Petroleumlampe mit plattem Docht. Der Alte meldete: Die Kosaken und die Bergbewohner seien nicht in die Stadt eingedrungen, sie hätten sich mit den Abteilungen der Roten Armee verbündet.

Ejzenštejn nahm ein Buch aus der Tasche, setzte sich hin und las.

Es war ein Architekturbuch, kleinformatig, Sergej Michajlovič hatte es lange gesucht.

Die Fähigkeit, zu sehen und nicht nur zu erkennen

Es gibt Wörter, die wie die Stufen zur Metro abgenutzt sind, ohne die man aber nur schwer vorankommt.

Es gibt den Ausdruck: Lebensweg.

Sergej Michajlovič Ejzenštejn ist gerade zwanzig Jahre alt geworden. Er kannte das Theater, die Bücher, das Haus der Mutter, das Haus des Vaters in Riga. Mit halbem Auge hatte er den Aufstand der Revolutionäre Lettlands und seine schreckliche blutige Niederschlagung gesehen. Wir wissen längst, daß unser Auge, wenn es auf einen weit entfernten Punkt gerichtet ist und ihn aufmerksam betrachtet, die Peripherie fast aus dem Blick verliert. Der Sinn der Erscheinung ist erst viel später enträtselt worden, erst in den sechziger Jahren.

Genau gesagt: so beginne ich, für mich selber im nachhinein den Begriff der ‹Montage› zu definieren.

Wir sehen selektiv.

Der Blick Sergej Michajlovičs war in Petrograd auf die Kunst fixiert. Tag und Nacht dachte er an die Kunst, an Bücher über Architektur, insbesondere über die Architektur des Theaters. Wir haben keine Notizen darüber, wie er die Revolution aufnahm. Aber aus den späteren

Notizen erkennen wir, daß sich in jenen Lebenstagen Sergej Michajlovičs Blickrichtung verändert hat.

Er hat gleichsam alles verloren!

Er war reich und wurde arm, war abgeschnitten von der Stadt, in der er geboren wurde, von den Menschen, die ihn in Petrograd umgeben hatten, denn sie waren die reichen Verwandten der reichen Mutter.

Er fand sich als ein neuer Robinson auf einer neuen Insel inmitten neuer Gebäude.

Auch der alte Robinson war ein Seemann, der aus dem väterlichen Haus davongelaufen war.

Sergej verließ das alte Haus in der Taurischen Straße und vertauschte die weichen Möbel mit den Pritschen eines Güterwaggons.

Es brannten in jenen Tagen Lagerfeuer am linken Ufer der Neva.

Brennholz gab es viel: aus dem Brennholz, mit dem man sonst das Winterpalais beheizte, bauten sich die Mitglieder der Provisorischen Regierung ihre letzten provisorischen Befestigungsanlagen.

Es brannte ein Lagerfeuer auf der Dvorcovaja Naberežnaja. Die Schatten der Stellungen wogten hin und her. Das Pflaster der Uferstraße glich auslaufenden Wellen.

Gestern sang auf dem rechten Ufer der Neva in einem Opernsaal hinter der Peter-und-Paul-Festung der große Šaljapin die für ihn neue Tenorarie des Dämon.

Die Arie der Entfremdung.

In den Tagen, als die Geschichte sich veränderte, am 26. Oktober, begegneten sich am linken Nevaufer zwei Dichter, die einander nahe und doch fern waren – Majakovskij und Blok.

Blok nahm den Oktober als eine neue Inspiration auf, wie eine Musik zur Geschichte.

Er kam froh daher und auch erschüttert, weil er fortging von seinen alten Freunden.

Er nahm als Kommissionssekretär an den Verhören der zaristischen Minister teil. Den Wert des Zarentums kannte er schon lange, und nun lernte er den Wert der Mitglieder der Provisorischen Regierung kennen.

Das Neue wurde alt. Die Zukunft wurde klar, im prosaischen Alltag und in Stufen der Verneinung.

Blok saß auf Anordnung des Hauskomitees am Haustor und «beschützte die Ruhe der Bourgeois», wie er selbst schreibt. Er beschützte sie vor der Revolution. Doch er war für diese Revolution. Ein Passant, der Blok bei seinem Wachdienst erblickte und sich wunderte, sagte im Vorübergehen: «Und jeden Abend zur festgesetzten Stunde, oder seh ich das nur im Traum!» Was er da deklamierte, waren Verse aus der ‹Unbekannten›. Blok verachtete die Nachbarn, deren Türen er beschützte. Seine Tagebuchnotizen beginnen im Januar 1918. Er schrieb damals seinen Artikel ‹Intelligenz und Revolution› und sprach davon, daß man die Musik der Revolution hören müsse. Er schreibt das Poem ‹Die Zwölf›, schreibt es selbstlos.

Die Freunde sagen sich von ihm los. Bei öffentlichen Auftritten schreit man ihm und Esenin «Verräter» entgegen. Er schreibt ein Poem und ein Buch über Catilina, den er als einen Revolutionär Roms ansieht und den er dem bürgerlich-demokratisch vernünftigen Cicero gegenüberstellt.

Er trennt sich mit all seinen Kräften von der Vergangenheit. Er sucht für sich selbst in der Geschichte ein Echo und sieht die langen, drohenden Jahre vor sich.

All das stellt seine Festigkeit auf die Probe.

Die Zeit war grausam und verworren.

Am 29. Januar notiert Blok: «Der Krieg ist beendet, der Friede ist noch nicht unterzeichnet.» So wird die Formel Trockijs fixiert, die der Revolution viel Kummer bereitet hat.

Die Deutschen zogen gegen das revolutionäre Rußland.

Blok schrieb das Gedicht ‹Die Skythen›, in dem er sich an Europa wandte. Rußland stehe zwischen Europa und dem Osten. Wenn Europa die Revolution nicht annehme, würden die Skythen auf ihre Rolle als Vermittler verzichten. Jene Skythen, die nach den Worten der ionischen Philosophen die Töpferscheibe, den zweigezackten Anker und den Pflug erfanden, die nomadisierten und sich ihre eigene Kultur schufen.

Man muß sich entscheiden, mit wem man sich verbünden, gegen wen man kämpfen wird. «Die Deutschen», so notierte Blok am 2. März, «haben offensichtlich darauf verzichtet, den Frieden zu unterzeichnen.»

Der Kreis der Freunde fiel auseinander. Der einsame Dichter führt Tagebuch.

Man bereitet die Feier zur Wiederkehr des Oktober vor. Am Tage geht der Dichter mit seiner Frau in einer Prozession zum Marsfeld, zu den Gräbern der Opfer der ersten Revolution. Abends gibt es die Rede Lunačarskijs, Majakovskijs Schauspiel ‹Mysterium buffo›. Am 9. Oktober 1919 kommen Nachrichten von einer Revolution in Deutschland.

Ejzenštejn ist jung. Er hat wenig Erfahrung, aber er schätzt alles Neue, das er sieht. Er erinnert sich:

«Ižora. Der Neva-Fluß. Das Jahr Siebzehn. Die Schule für Fähnriche der Pioniertruppen. Eine Pontonbrücke.

Als wäre es heute, erinnere ich mich an die Hitze, die frische Luft, das sandige Flußufer.

Ein Ameisenhaufen frisch einberufener junger Männer, die sich auf genau festgelegten Pfaden vorwärtsbewegen und mit eingeübten Bewegungen und abgestimmten Tätigkeiten die unaufhörlich wachsende Brücke bauen, die gierig den Fluß durchschneidet.

Irgendwo in diesem Ameisenhaufen bewege auch ich mich. Auf den Schultern quadratische Lederpolster. Darauf abgestützt die Kanten einer Lage Bretter. Und in dieser in Gang gesetzten Maschine aus vorbeihuschenden Figuren, heranfahrenden Pontons, von Ponton zu Ponton weitergereichten Balken, Geländern aus Tauen – ist es leicht und amüsant, wie eine Art Perpetuum mobile den Weg vom Ufer bis zu dem sich immer weiter entfernenden Ende der Brücke hin- und herzulaufen.

Nein, nicht am Muster klassischer Aufführungen, nicht bei Aufzeichnungen hervorragender Vorstellungen, nicht bei komplizierten Orchesterpartituren und nicht bei den komplizierten Evolutionen eines *Corps de ballet* empfand ich zum erstenmal Entzücken über den Reiz der Bewegung von Körpern, die mit unterschiedlicher Geschwindigkeit über die Graphik eines aufgegliederten Raumes hin und her laufen, über das Spiel sich überschneidender Bahnen, über die unaufhörlich sich ändernde dynamische Form der Kombination dieser Wege, die zu blitzschnellen verschnörkelten Ornamenten zusammenlaufen, um von neuem zu unverknüpfbaren Reihen auseinanderzulaufen» (Bd. I, S. 87–88).

Dieses verhältnismäßig lange Zitat, das sich auf die Erinnerungen an das Jahr 1917 bezieht, als Ejzenštejn Soldat der Fähnrichschule der Pioniertruppen war, habe ich angeführt, weil diese technische Arbeit des Künstlers auch wie ein emotionales Szenarium ist, in dem der Szenarist versucht, das körperliche Empfinden des einzelnen Menschen bei der gemeinsamen Arbeit wiederzugeben. Eben jenes Menschen, der später Filmstreifen drehen wird, die «den Raum verschlingen».

In der frühen Filmkunst kam dieser von Ejzenštejn geprägte Ausdruck vor.

Drei Wege standen dem jungen Ejzenštejn nach der Auflösung der Fähnrichschule offen.

Der erste Weg – er konnte zurück ans Institut für Zivilingenieure in den dritten Kurs. Alle Examina in Mathematik waren bestanden. Er würde nicht hungern, weil in dem alten Kaufmannshaus vieles an Silber, Laken, Tischtüchern und all dem vorhanden war, wofür Sackverkäufer Brot, Butter gaben. Die Verhältnisse ersetzten die Valuta. Man sagte auch so: «Die weiche Valuta.»

Der zweite Weg – er konnte zum Vater zurück, in das bourgeoise Lettland. Der Vater ruft.

Der dritte Weg – er konnte in die Rote Armee eintreten.

Die Front war überall. Das war nicht die Front der Zarenzeit, an der es zehn Werst von den Schützengräben entfernt still war wie hinter einem einsamen Zaun und nur selten ein kaum gefährliches feindliches Flugzeug über sie hindröhnte. Jetzt griff man Rußland von allen Seiten an. Die zerfetzten Fronten geraten in Bewegung. Die Deutschen rücken vor, werden zum Stehen gebracht, rücken erneut vor. Der Friede ist gebrochen. In den Nachbarstaaten sammeln sich die Reste der Offizierskorps. Neue Fronten entstehen. Petrograd verliert zeitweilig sein Umland.

Genau zu diesem Zeitpunkt, am 18. März 1918, tritt Ejzenštejn in die Reihen der Roten Armee ein, und im September fährt er mit einem Militärzug an die Nordostfront.

Es begann der langsame Reifungsprozeß des zwanzigjährigen jungen Mannes. Er schritt über die Berge der Zeit. Er wußte, daß das, was hinter ihm lag, falsch gewesen war; was vor ihm lag, kannte er nicht. Er schritt vorwärts. Er wurde Techniker des Militärbauwesens des Petrograder Rayons.

Als Techniker war er eingeschrieben wie ein Student des dritten Kurses.

Wege, Tagebücher. Zitate und Zweifel, aber auch persönliche Dinge Ejzenštejns

In der Umgebung von Moskau werden zum Herbst nicht immer alle Tomaten an den Sträuchern rot. Die letzten pflückt man grün. Damit sie ausreifen, legt man sie in Filzstiefel, dort reifen sie in aller Ruhe.

Auch Künstler haben ihre Perioden des Reifens.

Sie arbeiten, sammeln Material, machen Skizzen, aber bisweilen wissen sie selber nicht, was aus ihnen wird: Künstler? Schriftsteller? Regisseure?

Sergej Ejzenštejn reifte während der Zeit auf der Eisenbahn. Vom 20. September 1918 bis in den August 1920 lebte er in Tepluški oder auf den zufälligen Stationen der Bauorganisation.

Die Militärzüge krochen von einer Stadt zur anderen, machten halt auf entlegenen Strecken. Unterwegs stießen neue Menschen hinzu, andere stiegen aus.

Die Bauorganisation, der Ejzenštejn angehörte, war die «18. Militärbauabteilung» und Bestandteil der 6. Feldarmee. Der Militärzug war gleichzeitig auch ein schöpferisches Kollektiv, konzentriert auf mehrere Tepluški. Hier reisten Künstler, Ingenieure, Schauspieler und Regisseure umher. Die Pflichten waren nicht fest verteilt.

Es war das langsame Strömen von Säften in den Adern eines neuen Landes.

Der erste lange Aufenthalt war Vožega. Vožega lag im alten Gouvernement Vologda, die Bauernhäuser waren hier zweigeschossig, von alter Bauart. Im oberen Stockwerk gewaltige Heuböden, zu denen man über eine lange Auffahrt direkt mit den Fuhrwerken hinauffuhr. Das Vieh war unten.

Heute kann ich nicht mehr die genaue Reiseroute der Militärbauabteilung beschreiben: die Orte, an denen sich Sergej Michajlovič aufhielt, können ihren Namen nach sowohl an der Nordost-, als auch an der Nordwestfront liegen. Aber wichtiger waren die Tepluški Ejzenštejns. Noch in Vožega nahm Ejzenštejn an den Bühnenaufführungen des Klubs der Kommunisten als Regisseur, Bühnenbildner und Schauspieler teil. Das ergab sich, weil dieser Klub aus Laienkünstlern bestand.

In Vožega wurden die Skizzen für die Bühnenbilder zu Majakovskijs ‹Mysterium buffo› ausgearbeitet.

Das war einer der ersten Versuche.

Es ist eine schwierige Sache, monatelang in Militärzügen zu fahren. Es ist unbequem, sehr kalt oder sehr heiß. Das eiserne Öfchen bringt die Rohre nur für einen Augenblick zum Glühen. Schwierig ist es, Bretter für den kleinen Ofen in Stücke zu zerbrechen. Ich erinnere mich, daß wir so etwas mit Hilfe der Puffer an den Waggons machten – ein geeigneter Beilersatz. Heute braucht niemand mehr diese Kenntnisse – die Züge fahren mit automatischer Kuppelung.

Im Krieg gilt folgende Regel: sich zu nichts drängeln und nichts ausschlagen. Man soll das Schicksal nicht in seine eigenen Hände nehmen. Also schickte man Sergej Michajlovič zuerst nach Vožega. Vožega – das ist zugleich ein Fluß und der Name einer Siedlung. Der Fluß ist ein Quellfluß der Onega. Warum brachte man die Armee dorthin, und warum begann man, dort Befestigungen anzulegen? Weil es der jungen Roten Armee im Februar des Jahres 1918 gelungen war, dem deutschen Vormarsch bei Pskov und an der Narva Widerstand zu leisten. Und am 9. März desselben Jahres landeten im Rayon von Murmansk zuerst englische, dann französische und amerikanische Truppen. Und am 21. Juni erreichten die Interventionstruppen die Onega.

So kamen Menschen aus Petrograd an die Quellen der Onega.

Sie sahen hohe, hölzerne Bauernhäuser, zweigeschossige, gut gezimmerte. Sie sahen dörfliche Kleider, bunt und schön. Sergej Michajlovič vergleicht später diese Kleider mit einem Satz Buntstifte. Er liebte bunte Dinge, auf dem Tisch und im Leben.

Hier hatte Sergej Michajlovič eine wichtige Begegnung. Das Petrograd des Jahres 1918 war eine Hungerstadt. Der Hafen war blockiert, ringsum Bedrohung, man erwartete den Schlag von Westen. Aleksej Michajlovič Gorkij – ich kannte ihn damals gut – schwoll vom Skorbut das Zahnfleisch an. Er spülte den Mund mit einem Absud aus Eichenbaumrinde. Die Jüngeren hatten es leichter. Gorkij leitete das KUBU* – wo die Intelligenz etwas zu essen bekam: Schauspieler, Wissenschaftler, Künstler. Dort erhielt auch der fünfzehnjährige Pianist Dmitrij Šostakovič seine Ration. Ich erinnere mich sogar, daß er diese Ration auf einer Rückenlehne mitnahm, die von einem Wiener Stuhl abgebrochen war.

Anpassung à la Robinson.

Die heute bereits verstorbene Dichterin Elena Polonskaja schrieb damals:

«Aber wir leben und, Robinson Crusoe
Gleich, kämpfen um jede Stunde.
Und der treue Freitag – die lyrische Muse –
Verläßt uns nicht in der Verbannung.»

Wir waren auf einer Insel, die wuchs und schwamm und zu einem Festland wurde.

An den Ufern der Neva lebte die junge Tänzerin Marija Pavlovna Puškina – eine Ballerina des Musikdramas. Sie trat ziemlich häufig auf. Sie erkrankte an Skorbut. Man wollte sie in den Süden schicken. Doch einen Süden gab es für Petrograd damals nicht.

Marija Puškina kam zu Marija Fedorovna Andreevna, der Frau Gorkijs, die zu jener Zeit die Theaterabteilung leitete, an die das Rayonkomitee manchmal Trockenfisch und sogar Parfum schickte – es schickte, was es bekommen konnte. Marija Fedorovna wollte die Dystrophiekranke irgendwohin schicken.

Und so tauchte die Puškina in Vožega auf, «zwischen den Höfen», wie man im 17. Jahrhundert sagte. Zu dieser Zeit begegnete sie auch Sergej Michajlovič Ejzenštejn. Sie hatten einen, wie man sagt, «weißen Roman». In den Tagebüchern Ejzenštejns begegnet man fortwährend den Initialen MP: «Ich sprach darüber mit MP. MP ist einverstanden.» Und MP schloß sich dem Militärzug an.

Sergej Michajlovič schreibt seiner Mutter am 11. Juni 1919: «. . . ich ziehe es vor, der Einundzwanzigste in Rußland zu sein statt der Erste in Lettland.» Er beklagt sich nicht über die Tepluški, sondern berichtet, daß er sich damit beschäftige, Prinzipien für die Inszenierung mittelalterlicher Mysterienspiele zu erarbeiten – Schauspiele religiösen Inhalts. Er bittet, ihm Bücher zu senden, und schickt eine umfangreiche Liste. Er war nicht glücklich. MP war für ihn unnahbar.

In einem Brief aus der Stadt Cholm im Pskovschen Gouvernement, auch aus dem Jahre 1919, schreibt er an seine Mutter und wie für sich selbst:

* KUBU: Kommission für die Verbesserung der Lebensbedingungen der Wissenschaftler (Anm. d. Ü.)

«Du, meine Liebe, kannst Dich natürlich nicht mehr zu der Ansicht ‹durchringen›, die ich mir auf jede Art und Weise einzuprägen versuche (und bisweilen mit Erfolg!), und zwar: wenn das, was unmöglich ist, vergeht, dann muß man entweder etwas Richtiges dagegen tun und darf sich nicht grämen, oder man muß, wenn das unmöglich ist, den Wunsch oder die Liebe und die Sympathie für das, was vergeht, ‹mit der Wurzel› aus sich herausreißen. Und sich mit dem ganzen unausweichlichen Weg der ‹Erwägungen› und der ‹Unterdrückung des emotionalen Teiles› aussöhnen.»

Ejzenštejn zitiert einen Philosophen, der gesagt hat: «Die Philosophie wirkt wie Kokain, sie tötet die Qualen, aber sie nimmt auch die Freude.» Er sagt, daß er eine über dem Alltäglichen stehende Ausgeglichenheit erlangt habe – er habe eine Feder, Papier und «meine Bücher»; er sagt, daß er in sich die Liebe, die «hätte sein können», unterdrückt habe; er erinnert an die Eremitage.

Seine Reiseroute verlief seltsam.

Um nicht nachher über den abenteuerlichen Teil der Geschichte sprechen zu müssen, will ich kurz erzählen, welche seltsame Angewohnheit der Chef dieser ganzen Expedition, ein junger Militäringenieur, hatte: er stemmte sich morgens auf den Armlehnen des Sessels hoch, den er mit sich führte. Außerdem hatte er den weniger seltsamen Wunsch, sich in der Stadt Cholm niederzulassen. Später stellte sich heraus, daß sich in der Gegend von Cholm der Besitz seiner Frau befand. Die Stadt Cholm ist in der Tat ein Engpaß zwischen verschiedenen Anhöhen, daher konnte man nicht besonders erfahrene Menschen davon überzeugen, daß man dort eine Befestigungsanlage errichten müsse.

Unterwegs suchte der Expeditionschef in Polock nach Schätzen und ließ die Grabgewölbe in der alten katholischen Kirche aufreißen.

Die Wege sind weit, verworren – manchmal in Militärzügen, manchmal auf Lastkähnen. Man errichtete Befestigungsanlagen in Dvinsk und grub die Schützengräben auf, die von Kerenskijs Versuchen, die Deutschen anzugreifen, übriggeblieben waren.

Bei dieser Arbeit an der Front, beim Ausheben von zerbombten Schützengräben, in denen man Skelette in verschiedenen Stellungen fand, lernte Ejzenštejn die ganz gewöhnliche Tragik des Krieges kennen.

Fast zwei Jahre lang machte er sich auf dieser Wanderschaft Notizen über Bücher, über die Liebe, über Trennungen – so lange Marija Pavlovna nebenan war; zwischen ihren Tepluški war eine Schnur, über die sie einander Briefe schickten.

Er las die ganze Zeit, zeichnete, dachte über das Marionettentheater nach und schrieb selber etwas in der Art einer Geschichte Hamlets, nur war seine Hauptfigur Hamlets Mutter. Er schrieb, lernte bauen, sich mit Menschen unterhalten, lernte das Elend und die Spuren des Krieges sehen. Es ist bitter, Felder zu sehen, die man mit toten Gebeinen übersät weiß. Bitter ist es, die Geschichte des Krieges an den unbeerdigten Skeletten abzulesen.

Zu Beginn des Jahres 1919 siedelte Ejzenštejn von Vožega nach Dvinsk über. Dazu gibt es eine Notiz von ihm: «. . . In Dvinsk schlafe ich auf der Oberfläche eines Spiegels.

In der Wohnung, die mir in aller Eile nach der Einnahme von Dvinsk durch die Rote Armee zugewiesen wurde, stehen keine Betten mehr. (Die provisorischen Liegen sind noch nicht fertig.)

Doch dafür steht stolz in dem leeren Zimmer ein Spiegelschrank.

Der Schrank wird auf den Rücken gelegt.

Auf die Spiegeloberfläche seiner Türen, die die Welt widerspiegeln, wird ein Strohsack gelegt.

Auf dem Strohsack bin ich.

Mein Gott, wie gern würde ich daraus eine metaphorische Auslegung oder ein Bild machen!

Es wird nichts daraus» (Bd. I, S. 285–286).

Dieses Stückchen ‹Dvinsk› nimmt weniger als eine Seite ein, doch auf dieser Seite wird ein Buch von Groucho Marx erwähnt: das Buch heißt ‹Betten›. Erwähnt werden auch ‹Tristram Shandy› von Sterne und Maupassant mit einem Zitat.

Die Schlußfolgerung Maupassants: das Bett ist das Schicksal des Menschen. Hier kommt er zur Welt, liebt er und stirbt er. «‹Die Götter›, so heißt es in dieser Skizze [in der Skizze Maupassants], ‹werden in Krippen geboren und sterben an Kreuzen›» (Bd. I, S. 285).

Was Sergej Michajlovič anbetrifft, so schlief er auf einem Spiegel inmitten nichtverwirklichter Metaphern und genauer Zitate.

Die Wanderschaft ging weiter. Die Stadt Cholm im Pskovschen Gouvernement, Velikie Luki, Polock, Smolensk, Minsk und Vitebsk auf der Durchreise werden erwähnt.

Für eine Militärperson lebte Ejzenštejn nicht schlecht; er hatte seine Tepluška mit Pritsche und einem kleinen Eisenofen, der damals mit allen möglichen Holzstücken beheizt wurde, die man an den Eisenbahnstrecken sammelte. Sergej Michajlovič schlief in seinem Bett, ringsum Bücher – sehr viele Bücher.

Gewöhnlich stand damals an den Waggons: «40 Personen, 8 Pferde». Zusammen ging das allerdings nicht: entweder Menschen oder Pferde oder je zur Hälfte – dann waren es vier Pferde. In Ejzenštejns Tepluška war nur er allein mit seinen vielen Büchern: die Lieblingsbücher auf dem zweiten Bett.

Sergej Michajlovič führte ausführlich Tagebuch; er machte sich Notizen in Dvinsk, in Režic, Toropec und Cholm. Insgesamt sind drei Hefte erhalten geblieben: das erste Heft gefüllt mit Notizen vom 13. Mai bis zum 25. Juli 1919. Sergej Michajlovič schrieb, daß er ein Feind von Pausen sei; Pausen nehmen der Phantasie die Spannung. Natürlich, so notierte Ejzenštejn unterm 13. Mai, müsse man die einzelnen Szenen «luftig» miteinander und der allgemeinen Handlung verknüpfen. Doch wie dies zu machen sei – das wußte er nicht.

Er schrieb am Anfang, daß die Handlung eine halbe Stunde vor der Aufführung beginnen müsse; dies ist ein Mejercholdscher Gedanke – kein neuer Gedanke, sozusagen ein nachgedachter Gedanke.

In den Tagebuchnotizen ging es durcheinander; die Monographien Efros' wurden zitiert; es war davon die Rede, daß man im Bühnenbild gut das gesamte Innere eines Hauses zeigen könne.

Es war davon die Rede, daß die Bühnenbilder mehrgeschossig sein sollten, wie Türme.

Die Tagebücher sind außergewöhnlich reichhaltig und liefern Material für viele Arbeiten. Es ist die Rede vom Licht, von der Erhöhung eines Platzes durch Stufen; sehr frische Gedanken werden notiert: «Man darf nicht vergessen, daß es – offen heraus gesagt – für *jedes Theaterstück* nicht nur eine *eigene Bühne* geben muß, sondern, wie ich sagen möchte, sogar ein eigenes *Theater* (einen ganzen Zuschauersaal und sogar eine Fassade!), vom Prinzip der Inszenierung ganz zu schweigen. Jedes Stück muß sein eigenes ‹Theater› schaffen» (Notiz vom 18. Mai 1919).

Sergej Michajlovič schreibt so viel über die unterteilte Bühne, über das reine Theater, über die Improvisation, als ob er sich auf ein Examen vorbereite, und er schreibt, daß die Kunst nach dem «Nichtseienden» strebe, das heißt, sie schaffe etwas, was noch nicht da war.

Im zweiten Heft, das den Titel ‹*Bemerkungen über das Theater, auch einige Gedanken über die Kunst im allgemeinen*› trägt und während der Eisenbahnirrfahrt im Pskovschen Gouvernement geschrieben worden ist, schreibt Ejzenštejn: «Es ist gut, daß der Zuschauer aufgehört hat, dem Inhalt des Dargestellten zu folgen.» Dies wurde am 9. August 1919 notiert; aber es ähnelt einer Notiz über frühere Aussagen Mejercholds. Er glaubt an die «Unausbleiblichkeit» des Sozialismus und an einen «Sozialismus eigener Art im Theater» (Notiz vom 7. August 1919).

Er begreift sehr vieles, wenn er auch viel zitiert.

Am 12. August notiert Ejzenštejn: «Heute habe ich den hochinteressanten Artikel von B. P. Silversvan zu Ende gelesen!»

Dieser Professor las am Isaaksplatz im Institut für Kunstgeschichte. Er und Professor Gvozdev waren große Kenner der vielfältigen Theaterformen zur Zeit Shakespeares. Viele dieser vorläufigen Überlegungen Ejzenštejns waren bereits bei Silversvan zu finden, und viele Anregungen hatte er aus Mejercholds ‹*Don Juan*› und ‹*Maskerade*› bezogen.

Die Begeisterung über die Analyse der antiken Bühne und der Bühne zur Zeit Shakespeares war groß.

Die oft beschriebene Shakespearesche Bühne ist mehrgeschossig und hatte ein Proszenium, das in den Zuschauerraum hineinragte. All das wiederholte sich in vielfältiger Form im modernistischen Theater.

Die Theater der Shakespeare-Zeit waren entstanden, indem man entweder Arenen umfunktionierte, in denen früher Bären mit Hunden gehetzt wurden, oder unter Verwendung ehemaliger Gasthäuser und Säle großer Lehranstalten. Der Ursprung ist verschiedenartig, doch die Verwendung dieselbe. Die gewöhnlich durch Vorhänge abgeteilten Räume sollten das Schauspiel aufgliedern. Eine Einteilung in Akte gab es noch nicht, und die Unterteilung in Szenen erfolgte erst später. Es bestand eine Konvention – die Übereinkunft, daß der Übergang der Handlung auf eine andere Räumlichkeit oder auf einen einzelnen Bühnenausschnitt, den Auftritt neuer handelnder Personen oder eine zeitliche Pause bedeutete.

Im allgemeinen bestand diese Konvention darin, daß man, um die Handlung in den Lagern zweier sich feindlich gegenüberstehender Seiten parallel darstellen zu können, verschiedenfarbige Zelte auf ein und demselben Platz aufstellte. Die Zelte galten dann als Bühnenausschnitte, die kilometerweit voneinander getrennt waren.

In Märchen wird die Handlung gewöhnlich durch das Hereinbrechen der Nacht unterbrochen. Der Erzähler bemerkt im Verlauf der Erzählung: «Über Nacht kommt guter Rat» – das bedeutet, um mit den Signalen des Stummfilms zu sprechen, die Handlung wird ausgeblendet.

In Romanen sind die zeitlichen Zwischenräume durch den Beginn eines neuen Kapitels oder eines neuen Buches gekennzeichnet. In unseren Dramen haben wir lange den Vorhang benutzt, doch in der Handlung muß das Wesentliche hervorgehoben werden, damit es unsere Wahrnehmung anspricht. Wir empfangen die Signale nur von den Wendepunkten der Handlung.

Sergej Michajlovič kombinierte später Verfahren zur Hervorhebung von Details, teilweise nach Plänen bei Dickens und – im Film – bei Griffith, in dem glänzenden Aufsatz ‹Dickens, Griffith und wir›.

Auf die Fragen der Montage bereitete sich Sergej Michajlovič vor, indem er die Architektur des Theaters analysierte, sich an Mejerchold erinnerte, Shakespeare und die Forschungsarbeiten der zwanziger Jahre las und ein eigenes, von ihm nicht vollendetes Theaterstück schrieb.

Der Transport ging weiter. Es fuhr der Regisseur, es fuhren die Bücher, die auf dem Regal neben ihm lagen. Es fuhr der Agitationszug, es wechselten die Plakate, es wechselten die Fronten und Schützengräben.

Dann wurde der Waggon der M. P. Puškina vom Militärzug abgekuppelt und fuhr davon.

Das ‹Nichtseiende› wurde ersetzt durch die Analyse dessen, was ist.

Das Leben erhielt einen neuen Sinn, solange er mit den Freunden, Schauspielern und Künstlern – mit K. S. Eliseev, A. A. Arenskij – unterwegs war.

Er selbst sollte die Schönheit der Zukunft schaffen. Der Flug in die Zukunft ist für die Kunst wahrscheinlich ebenso schwierig wie das Ausschlüpfen des Schmetterlings aus seinem Kokon. Natürlich ist dies ein besseres Schicksal als das Schicksal jener Kokons, die man kocht und dann zu Seide abspult.

In der Stadt Cholm sah Sergej Michajlovič Kulakennester. Die Menschen, die nicht an die Front gehen wollten, kauften sich los; sie waren mit allem einverstanden, auf jeden Fall damit, die Obrigkeit gut zu füttern. Junge Leute – Deserteure – gab es auf dem Lande ziemlich viele, junge, satte. Sie tanzten zur Ziehharmonika auf grünen Wiesen und zerstampften sie zu schwarzer Erde.

Aus dieser Zeit stammt ein Alptraum Sergej Michajlovičs: Er ist auf den Geleisen, es ist eng, von hinten kommen Züge auf ihn zu, scheinbar von niemandem gesteuert. Und hinten brennt, wie immer, ein rotes Feuer. Der Zug weicht lautlos zurück, weil die Lokomotive irgendwo sehr weit weg ist. Der Zug weicht blind zurück. Die Eisenbahnschienen verknäulen sich in einem Durcheinander. Man muß rechtzeitig begreifen, unterscheiden; doch die Schienenstränge überschneiden sich beständig, als ob man an ein und derselben Stelle unzählige Skizzen gemacht hätte.

Unterwegs in eine neue Welt – Vitebsk

Der junge Konstrukteur von Schützengräben, der junge Theaterkünstler wollte nach Moskau fahren. Als er erfuhr, daß man Studenten von der Front zurückruft, wählt er nicht die Architektur, sondern eine neue Fachrichtung: er beschließt, die Systeme der Bilderschriftzeichen zu studieren, um Übersetzer für das Japanische zu werden, und macht sich sofort an die Arbeit: er studiert die Bilderschriftzeichen, den vollkommen neuen Klang der Wörter; er ergötzt sich daran, daß im japanischen Schrifttum neben dem chinesischen Schriftzeichensystem noch acht verschiedene Alphabete, vor allem Silbenalphabete, angewandt werden.

Diese Alphabete sind mit verschiedenen Lebenssphären und Anwendungsbereichen verknüpft, jedes ist ein Genre für sich.

Hierbei macht der junge Forscher und Künstler die Erfahrung, daß Zeichnung und Auswahl des Konstruktionstyps manchmal zur Grundlage einer Kunsterscheinung gehören.

Auf der Fahrt von der Front nach Moskau sah Ejzenštejn, der viel gelesen und viel im Theater gesehen hatte, noch etwas Neues. Der Militärzug machte nicht weit von der Stadt Vitebsk halt. Sie gingen zum Bahnhof, um kochendes Wasser zu holen. Sie gingen in die Stadt. Vor ihren Augen fingen plötzlich orangenfarbene Kreise an zu flimmern, rote Quadrate, grüne Trapeze und dann violettfarbene Ovale, schwarze Rechtecke und gelbe Quadrate. Was war passiert?

Vitebsk ist aus rotem Backstein gebaut, Kazimir Malevič, der damals die Vitebsker Malschule leitete, hatte die Stadt angemalt. Er hatte die Häuser geweißt, dabei rote Zwischenräume gelassen und auf den weißen Untergrund grüne Kreise und blaue Rechtecke aufgetragen. Die Stadt war voll von gelben Quadraten, violettfarbenen Ovalen.

Malevič war ein Suprematist; in Moskau hatte er, noch vor der Revolution, ein schwarzes Quadrat auf weißem Grund ausgestellt. Genauer gesagt, nicht ein Quadrat, sondern ein etwas angeschrägtes Viereck. Malevič sagte, daß dieses Seitenverhältnis und diese Winkel die alten Ikonen, die die Muttergottes darstellen, ablösten.

Zu derselben Zeit hatte Tatlin, der große, auch im Theater anerkannte Künstler, in Kompositionen alter Bilder die wesentlichen Wechselbeziehungen zwischen den Linien herausgearbeitet und sie zu abstrakter Malerei umgewandelt. Ich habe eine dieser Skizzen bei der verstorbenen Künstlerin Valentina Chadasevič gesehen. Das war der Entwurf einer Analyse.

In der Kunstgeschichte bekommen für einen Künstler manchmal Pläne, Briefe, Skizzen eine eigenständige Bedeutung.

Der alte Künstler Čistjakov, Lehrmeister großer russischer Künstler, ein Mensch, der die Revolution miterlebte und seine Arbeit fortsetzte, hat stets betont, daß seine Schüler lernen müßten, die lebendige Natur in Verbindung mit sich verändernden geometrischen Körpern zu betrachten: erst dann, wenn sie den ‹Hinter-Sinn› der Form begriffen hätten, das heißt das, worauf sie zurückgeführt werden kann, könnten sie auch die konkrete Form begreifen.

Malevič hatte am Moskauer Aufstand teilgenommen; er malte hervorragend. Aber er wollte das elementare Wesen des malerischen Empfindens ergründen. In der Folgezeit wandte er sich bekanntlich von der abstrakten Malerei der abstrakten Skulptur zu und schuf Kompositionen aus Kugeln und Kuben.

Kazimir Malevič nannte sie Architektone, und diese Architektone hatten letzten Endes, wie mir scheint, einen gewaltigen Einfluß auf die zeitgenössische Architektur.

Die Architektur hielt an den alten Formen fest und benutzte andere Methoden der Raumabdeckung und Raumverteilung in der Stadt. Die Architektur kleidete sich nach veralteten Vorschriften. Sie unterteilte die vielgeschossigen Gebäude durch Gesimse in mehrere Komplexe, wobei Säulen die einzelnen Stockwerke miteinander verbanden und als Dekoration die Konstruktion verdeckten. Die Arbeit Malevičs war seinem eigenen Dafürhalten nach notwendig. Dieser strenge, unduldsame Mann kam über die Abstraktion in der Malerei zur architektonischen Realität.

Zur gleichen Zeit arbeitete in Vitebsk Marc Chagall. Chagall malte auf seinen Bildern nicht nur Kerzen, deren Flammen in verschiedene Richtungen wiesen, nicht nur Menschen auf Dächern, sondern auch fliegende Menschen (junge und alte) und fliegende Pferde. Marc Chagall ist geblieben, er lebt noch und wird als großer Künstler in Paris gefeiert. Seine Bilder sind im wesentlichen eine Verbindung von Sinnkonstruktionen, die durch ihre künstlerische Einheit zu einer neuen Widersprüchlichkeit vereinigt sind; so malt er zum Beispiel Bilder – biblische Geschichten, in die er Häuser der alten jüdischen Siedlungen Weißrußlands mischt. Das sind gleichsam zwei Realitätsebenen.

Für Malevič war Chagall ein Akademist; er stellte Bestehendes einander gegenüber oder zumindest etwas, das eine gewisse Ähnlichkeit mit Bestehendem hatte; soweit ich mich entsinne, engte Malevič Chagalls Arbeit in Vitebsk dadurch ein, daß er ihm keine Schüler gab. Es war eben ein Richtungskampf.

Auch das, was Malevič in Vitebsk machte, war auf seine Art real, wenn auch phantastisch. Er wollte die rote vernachlässigte Stadt auf einen Schlag umgestalten. Man brauchte sie nicht umzubauen, man brauchte ihr nur durch die Malerei einen anderen Sinn zu geben. Ähnlich verdeckten Natan Altman und andere Künstler anläßlich der Feiern des ersten Jahrestages der Oktoberrevolution die Säulen des alten Petersburg mit ihren Konstruktionen, als ob die aleksandrinischen Säulen weggeräumt wären.

So kam Ejzenštejn auf seinem Weg nach Moskau durch ein Vitebsk, das einen neuen Sinn bekommen hatte.

Stadt im Dunkel

Straßenbahnen übernachten auf den Straßen – entweder schaltete man zu früh den Strom ab oder die Zeit reichte nicht mehr bis zu den Depots. Nicht weggeräumte Straßenbahnen sind traurig.

Der junge Aleksandr Arenskij, Sohn des Komponisten, führte als alter Moskauer Sergej Michajlovič herum: beide trugen einen Sack auf der Schulter.

Heute heißt er Rucksack; wir nannten ihn ‹Sidor›.

Das ist ein Sack ohne Verschluß mit einem langen Tragriemen. Noch heute könnte ich zeigen, wie man eine Schlinge in den Tragriemen macht: man legt ihn um das Handgelenk, faßt die Enden des Sackes zusammen, steckt sie durch die Schlaufe und teilt die Enden des Tragriemens so, daß sie sich über beide Schultern legen lassen.

In einem ‹Sidor› trug man Brot und Zucker, der immer in Brot- und Tabakkrümeln lag.

Jeder Soldat bekam ein Achtel Machorka, in kleinen, unscheinbaren, gräulichlänglichen Packungen. Tabak war auf dem damaligen Schwarzmarkt Valuta – Brot und Milch gab man gerne dafür her.

Die beiden jungen Rotarmisten mit ihren ‹Sidors› auf den Schultern benutzten die Hintertreppen – die Haupttreppen waren geschlossen, die Hintertreppen waren schmutzig, aber begehbar. Warum man alle Haupteingänge geschlossen hatte, weiß ich nicht, doch es war so üblich in Petersburg und Moskau. Auf den Haupttreppen hausten nur Gespenster.

Auch heute kommt es noch vor, daß ein neues Haus oder Geschäft gebaut wird und man sogleich die Haupttür verschließt. Als sei es irgendwie besser, wenn es ärmlicher aussieht.

Sie gingen, klingelten, mußten oft klopfen: nicht überall gab es eine Klingel.

Man öffnete nicht sofort. Dann kam ein Mieter. Er rief einem anderen zu:

«Ist das nicht für Sie?»

Arenskij nannte seinen Nachnamen, sagte, zu wem er wolle. Der kam aber nicht gleich. Dann fing Aleksandr Arenskij an:

«Ich wollte zu Ihnen. Ich bin der Sohn des Komponisten Arenskij», und er nannte seinen Vornamen.

«Bitte», sagte man aus der Dunkelheit.

«Aber ich habe noch einen Frontkameraden mitgebracht . . .»

«Wissen Sie, wir haben Angst», antwortete die Stimme aus der Dunkelheit. «Verzeihen Sie, aber in diesen Zeiten . . . wir kennen Ihren Kameraden nicht . . . nachher hat er Flecktyphus.»

Während des leisen Sprechens schloß man laut die Tür.

Die Freunde gingen über die Boulevards.

Es war Spätherbst.

Jeder kann selbst weitererzählen.

Ich will nicht beschreiben, wie nasse Blätter rascheln.

Auch ich bin viel herumgegangen auf der Suche nach einer Bleibe.

Boulevards, Vorgärten, niedrige Häuser, viele zweigeschossige Häuser, große Türen . . . Überall Dunkel. Treppen.

Wieder Klopfen . . .

«Ich bin der Sohn des Komponisten Arenskij.»

«Guten Tag, Saša. Kommen Sie herein.»

«Ich habe einen Frontkameraden dabei.»

«Ach nein, wir können leider nicht . . .» Die Türen schließen sich.

Und wieder Gassen, Straßen, Durchgangshöfe. Moskau ist groß.

Schließlich sagte Saša Arenskij:

«Weißt du, Sereža, ich war verheiratet; meine Frau hat mich wegen des Regisseurs Valentin Smyšljaev verlassen. Wir sind nicht zerstritten, es sind beides gute Menschen. Wir gehen zu ihnen, gehen rein und setzen uns gleich auf den Fußboden, bevor wir ein Gespräch anfangen. Wir können nicht bis zum Morgen herumlaufen.»

Sie kamen an.

Es war in der Nähe des Smolenskij Rynok, ganz in der Nähe des Arbat. Niedrige Häuser.

Boulevards, damals noch nicht abgeholzt.

Die Dächer der Straßenbahnen, die nachts in den ausgefahrenen Schienen stehenblieben, waren bunt von Blättern.

Sie klingelten.

Die Smyšljaevs nahmen Arenskij freundlich auf. Der müde Ejzenštejn setzte sich.

«Und wer ist das?» fragte Smyšljaev.

«Das ist mein Freund», erwiderte Arenskij, «der Theaterkünstler Sergej Ejzenštejn.»

«Vom Theater?» fragte Smyšljaev. «Tatsächlich ein Künstler?»

«Er hat bei uns Aufführungen inszeniert», sagte Arenskij. «Sehr talentiert.»

Man füllte den Primuskocher und kochte Tee. Die Gäste nahmen ihr Brot heraus, den Zucker mit Brotkrümeln.

Es stellte sich heraus, daß der Proletkult einen Theaterkünstler suchte. Der Proletkult war der linke Flügel der Theaterkunst, oder glaubte, es zu sein.

Man meinte, den rechten Flügel bildeten das Moskauer Künstlerische Theater, das Malyj-Theater und die Aleksandrinka. In der Aleksandrinka war jedoch immerhin die ‹Maskerade› aufgeführt worden.

Das Moskauer Künstlerische Theater lebte von Stanislavskij, doch Stanislavskij war nicht auf dem rechten Flügel, wenn auch auf dem Weg dahin.

Der Bühnenbildner geht an die Arbeit,
ohne die Zukunft zu kennen

In Moskau gibt es viele verschiedenartige Theater.

Da gibt es das berühmte Moskauer Künstlerische Theater mit einer Möwe auf dem Vorhang. Hier arbeitete Stanislavskij, der große, immer unzufriedene Regisseur. Für ihn waren die Proben das Wichtigste, das Theaterstück nur ein Vorwand für den Beginn der nächsten Probe. Er arbeitete alles um und dachte sich mehr aus als alle anderen, und zwar so oft, so durchgehend, daß dieser Strom von Neuheiten wie ein ruhiger See mit Wellen wirkte. Daneben arbeitete mit rosigem Gesicht der schon graubärtige Nemirovič-Dančenko – ein erfolgreicher Dramaturg, guter Regisseur und Organisator, die vortreffliche zweite Stimme im Welttheater, die die Genialität Stanislavskijs besänftigte. Hier gab es Kooperation und Auseinandersetzung. Er war der große zweite Regisseur.

Es entstand ein Gleichgewicht, das damals gefährlich war.

Es gab das Tairov-Theater, ein konventionelles Theater, mit der Tragödin Alisa Koonen, Tairov, dem Rivalen Mejercholds, und dem ausgezeichneten Bühnenbildner Jakulov.

Das Tairov-Theater war erfinderisch, doch drohte ihm die Gefahr, zur Klamotte und zur Epatage zu werden – zu einem Theater der Erschütterung des Zuschauers einzig mit der Absicht, ihn zum Lachen zu bringen.

In der Vozdviženka, der ehemaligen Villa Morozovs, war das Theater des Proletkult eröffnet worden. Man sagt, daß Morozov mit einem Architekten durch die ganze Welt gereist sei und, wenn er irgend etwas Außergewöhnliches erblickte, zu sagen pflegte: «Für mich genauso.» Er kaufte Ideen oder, genauer gesagt, bestellte Ideen wie Muster einer Ware. Das Bauwerk war zwar gelungen, aber nichts Besonderes: in dem Ornament waren portugiesische Motive aus geflochtenen und zu Knoten gebundenen Tauen. Das alles kam nach Moskau auf das Festland von den portugiesischen Karavellen, die die Welt umschifft, Indien erobert, mit den spanischen Schiffen rivalisiert und mit England Krieg geführt hatten. Hier also war das Theater des Proletkult. Ejzenštejn fand hier zuerst ein Zentrum der Zerstörung. Er wurde in die ‹Peretru› abkommandiert.

‹Peretru› – das ist die Erste Arbeiter-Wandertruppe. Die Wörter hatte man für die Abkürzung so gewählt, daß der Name die Aureole von etwas Zermahlendem, Aufreibendem erhält. Außerdem erinnerte das Wort Peretru an Peretrum, ein Insektenvernichtungspulver. Man wollte die Kunst so erschlagen, wie Raskolnikov die Wucherin erschlug:

ohne den Versuch zu machen, Nutzen aus der Beute zu ziehen – denn die Kunst brauchte niemand.

Mit solchen Gedanken ging der zweiundzwanzigjährige Regisseur über den A-Ring, über die verschneiten Straßenbahnschienen – von den Čistye Prudy zum Pokrovskij-Tor. Er machte sich durch Bewegung warm.

‹Die Kunst brauchen wir nicht›, dachte er, nach dem zu urteilen, was er geschrieben hat, ‹wir brauchen die Wissenschaft. Wir brauchen nicht das Wort *Schöpfung*. Man kann es durch das Wort *Arbeit* ersetzen. Man braucht ein Werk nicht zu schaffen – man muß es aus Stücken zusammensammeln, montieren, wie eine Maschine. *Montage* ist ein schönes Wort, es bedeutet Zusammensetzen›.

Ein Proletkultwort.

Der Proletkult wollte alles von Grund auf neu schaffen. Es gab Vorschläge, selbst die Sprache umzugestalten, und gleichzeitig das Alphabet und die Art und Weise, sich zu begrüßen.

Im Jahre 1917, noch im Vorgefühl des Oktober, hatte man in der Morozov-Villa vorgeschlagen, schnellstens eine neue Kunst zu schaffen. Man hatte bereits das Zentrale Initiativkomitee des Proletkult gegründet und führte Protokoll bei den Sitzungen, bei denen die Abschaffung vieler Kunstgattungen erörtert wurde, wobei man sich auf seine Erstrechte berief.

Ejzenštejn kam wohlbehalten in dieser Villa an. Die Straßenbahnen fuhren nicht, auch ein zerstreuter Passant konnte also nicht unter sie geraten.

Ejzenštejn zeigte seine Skizzen, und man nahm ihn in das Theater des Proletkult auf.

Ich kenne Ejzenštejns Gedanken, er hat sie später im *Lef* – der Zeitschrift der linken Front – dargelegt und noch viele Jahre hindurch etwas verlegen in seinen Aufsätzen auf sie Bezug genommen. Ejzenštejn wollte nicht in der Luft hängen. Er hoffte, sich auf die Volkskunst stützen zu können. Auf den Zirkus, auf die Posse, den Balagan*.

Die Volkskunst ist bei all ihrer Konventionalität, bei all ihrer Ornamentik traditionell. Traditionell und doch hat sie geschickt fremde Elemente, für sich abgewandelt, in sich aufgenommen.

Die nordrussische Elfenbeinschnitzerei übernahm Formen der Rokokokunst.

Alte Kleider, aus dritter Hand aufgekauft, Kleider mit chinesischen und französischen Mustern, erhielten einen neuen Sinn, wenn sie Eingang in die Volkskunst fanden.

Wie Dostoevskij schrieb, hatte das russische Volkstheater (er erwähnt

---

* Balagan: Jahrmarktsschwank (Anm. d. Ü.)

es flüchtig in seinen ‹Aufzeichnungen aus einem Totenhaus›) sein eigenes Repertoire, enthielt aber auch einige Relikte des französischen und italienischen Theaters. In K. Varlamovs Arbeiten haben sich vielleicht Nachklänge des großen volkstümlichen Balagan erhalten, mehr als in den Schauspielen Mejercholds.

Die revolutionäre Kunst hatte keine eigene Dramenkunst. Es gab die alte weltweite Dramenkunst und das übliche Repertoire. Es gab Versuche, ohne Dramenkunst auszukommen, und diese Versuche überraschten manchmal durch ihren jugendlichen Leichtsinn und die Unmöglichkeit ihrer Durchführung.

Es gab noch kein eigenes Publikum. Man glaubte, daß die Revolution eine Sintflut sei und alles ‹vor der Sintflut› Lüge war. Alles müsse neu begonnen werden. Diese Zerstörung hatte eher die Freude als die Vernunft zur Grundlage. Man glaubte, daß es gut sei, die Wörter durch irgendwelche Zeichen zu ersetzen, und daß auf jeden Fall Schluß gemacht werden müsse mit dem, was einmal Bildhaftigkeit hieß, mit dem Gebrauch von Wörtern in nicht eigentlicher Bedeutung also. Das hielt man für etwas Verdächtiges. Dabei standen die wortreich vorgetragenen Absichten hinter der Erregung zurück, die ihnen vorausging. Man darf die Menschen nicht ganz nach dem beurteilen, was sie selbst über sich sagen. Sie vermögen nicht zu formulieren, was sie tun wollen, was durch sie die Zeit tun will und was geschehen soll. Neben dem Wirken der Zeit steht die persönliche Formulierung, oft streitsüchtig und unaufrichtig, weil sie überraschen will . . . Mejerchold, der zusammen mit Konstantin Deržavin und Valerij Bebutov in den *Teatral'nye listki* schrieb, die der Theaterkultur gewidmet waren, forderte: «Man muß einen Ehebruch auf der Bühne durch Massenszenen ersetzen, die Theaterstücke mit auf den Kopf gestellter Fabel auf die Bühne bringen, den Heroismus des Zirkus und die Technik des Maschinismus für das Theater ausnutzen, Leim auf die Sitzplätze des Publikums gießen, ein und dieselben Eintrittskarten an verschiedene Personen verkaufen, Niespulver verstreuen, Brände und Morde im Parkett inszenieren, die Zwischenakte für Wettkämpfe nutzen – für einen Wettlauf rund um das Theater, für Reifenwerfen oder Diskuswerfen. Alles zum Ruhme der Geschwindigkeit und der Dynamik.»[2]

Selbst Mejerchold hatte den Verdacht, daß dies oberflächlich sei. Doch er wollte weg vom alten Theater, und sei es nirgendwohin, auf jeden Fall in die Aktion.

Der neue Zuschauer hatte eine andere Aufgabe: er wollte kennenlernen, was man ihm bisher nicht zeigte. Er war für Puškin und Schiller.

Ich bin fünf Jahre älter als Ejzenštejn, hatte also mehr von der Vergangenheit gesehen. In die Revolution trat ich als Vierundzwanzigjähriger mit einer größeren Zahl von Vorurteilen ein als Sergej Michajlovič.

Aber ich hatte die Möglichkeit zu sehen, wie sich der Leser, wie sich der Zuschauer veränderte.

Ich hatte die Gelegenheit, einmal mit Larisa Michajlovna Rejsner nach Kronštadt zu fahren – der Festung auf der Insel Kotlin. Im Matrosentheater spielte man Gogols ‹Revisor›. Die Aufführung war überaus schlicht, wenn auch nicht ohne Mejercholdschen Einfluß, nicht ohne Buntheit. Die Leute, die ins Theater gekommen waren, hatten vorher nur wenige Theateraufführungen gesehen. Sie interessierte das Schicksal Chlestakovs und der Beamten. Und da Chlestakov den allgemeinen Feind Bürgermeister betrog und jung war und einen Diener hatte, der hungrig war und sich dann so richtig satt aß, stellte das Matrosenpublikum Chlestakov allen übrigen handelnden Personen gegenüber. Alle waren gespannt, ob Chlestakov noch rechtzeitig abreisen könne oder ob man ihn noch erwischen würde. In den Pausen wurde breit die Frage erörtert, wie er entkommen wird und ob man, wenn er entkommt, nicht ein Telegramm aufgeben wird, um ihn doch noch zu erwischen, und dann freute man sich – den Telegrafen gab es zur Zeit Chlestakovs ja noch gar nicht.

Der Zuschauerraum der Revolution war Neuland. Der neue Zuschauer konnte noch in Erstaunen versetzt werden und sollte alles erkennen. Er wollte die Kunst Gogols kennenlernen, begreifen, erben. Er wußte wenig, aber er lehnte natürlich die Unwissenheit ab.

Wir wissen, daß Marx die griechischen Tragiker im Original gelesen hat. Wir wissen aus den Briefen der Krupskaja, daß Lenin aufmerksam Cicero im Original las. Man muß alles wissen, sich alles zunutze machen. Der Kommunismus – das ist kein anderer Planet, kein anderes Sonnensystem, sondern ein anderes Stadium des Lebens, ein Erbe, das die Arbeit der ganzen Menschheit in sich einschließt. Das Alte kann man nicht verlieren, weil es ohnehin in uns ist. Gerade um es umzugestalten, muß man es immer wieder von neuem lesen und sich bewußt machen.

Und der Zuschauer, der Leser wollte Gogol, Schiller, Shakespeare lesen, sehen: noch begeisterte man sich an Ansichtskarten, doch zur gleichen Zeit füllten sich die Lesesäle und Theater.

Diesen Bruch im Verständnis des Alten und Neuen zu erkennen und zu überwinden – das stand Ejzenštejn noch bevor.

Die Suche nach einer Dramaturgie und Erinnerungen an Mejerchold

Das Gestern – das gab es auch für Ejzenštejn.

Was hatte ihm Petersburg gegeben, das er hinter sich gelassen hatte? Die Revolution!

Und es gab ihm den Eindruck von der ‹Maskerade›; nicht ihren Pomp, sondern die Logik dieser Aufführung, die architektonische Logik des Schauspiels.

Golovin, der die prachtvollen Bühnenbilder in der Aleksandrinka für Mejerchold gemacht hatte, war von seiner Ausbildung her auch Architekt. Auch Gonzago, Piranesi – Künstler, für die sich Ejzenštejn begeisterte – waren Architekten.

Sergej Michajlovič sah an Mejercholds Aufführungen nicht nur das Schöne und Komplizierte. Er begriff die Kunst des Zerlegens, wie er bei dem Bau der Brücke die große lebendige Monumentalität der Arbeit begriffen hatte.

Sergej Michajlovič kannte die Arbeiten Professor A. A. Gvozdevs und anderer Professoren über das Shakespearesche Theater. Er kannte sich aus in der Kunst des Zerlegens von Theaterhandlungen, in dem Unterbrechen von Handlungen und ihrem Zusammenfügen.

Das mittelalterliche Theater, das Shakespearesche Theater, der ukrainische Vertep – das ukrainische Puppentheater also –, das alles sind Theaterformen mit unterbrochener Handlung. Hervorgehoben wurde das Wesentliche – das Wesentliche im Hinblick auf Unterhaltsamkeit, Pathos und Ernsthaftigkeit. Die Bühne war unterteilt, und wenn über das Proszenium zwei Menschen gingen und sich unterhielten, und sei es nur über das Wetter, und wenn dann auf der inneren Bühne von rechts oder links in einem kleinen abgegrenzten Raum eine Liebesszene stattfand, und wenn dann der Vorhang vorgezogen wurde, in einem anderen Bühnenausschnitt irgend etwas Neues vor sich ging, so wechselten die Orte der Bühne ebenso wie die Handlungen wechselten, so bedeutete die Unterbrechung und Abtrennung des Handlungsortes, daß eine gewisse Zeit verstrichen ist.

Was Sergej Michajlovič Ejzenštejn in der Folgezeit als die Theorie der Montage bezeichnete – das ist nicht das Verfahren des Übergangs von einer Großaufnahme zur anderen, das ist nicht die Bewegung einer Kamera und nicht die Herstellung eines literarischen, theatralischen, kinematographischen oder irgendeines anderen Systems der Rede mit Hilfe ihrer eigenen Semantik. Nicht die Wörter, sondern die Verbindungen der Wörter schufen die Form.

Das tat auch der Film. Nur Chaplin führte den einstweilen noch nicht unterbrochenen mimischen Monolog, doch Chaplin wurde von dem Moskauer Ejzenštejn nicht bemerkt.

Er studiert das ‹Morsealphabet› der Kunst. Seine Arbeit als Theaterkünstler ist die Arbeit des Zerlegens.

Die unterteilte Bühne, die Treppen, die Vorhänge interessierten Mejerchold nicht deshalb, weil es schön oder interessant war. Für ihn war es die eigentümliche Grammatik einer neuen Dramaturgie. Doch die Dramaturgie selbst war da – das heißt, sie sollte da sein.

Ejzenštejn, der Plakate schuf, der Theaterstücke schuf, die offenbar gar nicht für eine Aufführung gedacht waren, begann alles auf einmal – so machen es oft junge Menschen: Sergej Michajlovič lernte. Und gleichzeitig war er ein Mensch, der niemals etwas verlor und sein Archiv ungewöhnlich sorgfältig führte, es erweiterte und sich immer wieder neue, unglaublich schwierige Aufgaben stellte. Jetzt suchte er nach einer Methode, das Alte mit neuem Sinn zu füllen. Gerade deshalb wurde er Schüler des GVYRM* und Autor der Schauspiele ‹Der Mexikaner› und ‹Der Gescheiteste›.

GVYRM

Es gab nur wenige Gebäude in Moskau, die man heizen konnte. Man konnte sie schon von der Straße her unterscheiden. Die Mauern von beheizten Räumen schimmerten nicht silbern vom Reif. Dunkle Flekken gab es nur wenige.

Es gab keine Kohle.

Kohle durch Brennholz zu ersetzen, war eine verschwenderische Angelegenheit.

Das Brennholz erfordert zusätzliche Waggons und nimmt viel Raum ein.

Das Bolšoj-Theater zu beheizen war damals eine Aufgabe, die die ganze Union betraf.

Vsevolod Mejerchold hatte zu der Zeit, als Ejzenštejn nach Moskau kam, weder ein eigenes Theater noch eine Wohnung.

Man wies ihm einen Raum in dem ehemaligen Gymnasium auf dem Novinskij Boulevard zu. Eine steile Holztreppe führte hinauf. Studio und Wohnraum waren miteinander verbunden.

* GVYRM: Staatliche Höhere Regiewerkstätten, unter Leitung von Mejerchold (Anm. d. Ü.)

Mejercholds Studio trug den murmelnden Namen GVYRM: Staatliche Höhere Regiewerkstätten. Dieser Name mit dem Buchstaben ‹y› war eigentlich schwer auszusprechen. Majakovskij hatte vor der Revolution gesagt, es gibt noch schöne Buchstaben: er, že, ša, šča. Die Dichtkunst kämpfte mit dem Süßklang. Die Menschen wollten die Wörter umgestalten, Abkürzungen waren eine Methode der Wortschöpfung. Es war ein Spiel mit Klängen.

LEF suggerierte das Wört ‹Löwe›.

Genauso wurde die alte Dramaturgie auf neue Weise gespielt.

Dieser ganze ‹geologische Umsturz› erfüllte einstweilen noch den schlecht beheizten Raum mit schwarzen Gymnasiastenbänken alten Stils. Auf den Schulbänken saßen die Schüler. Auf einer der sehr junge Sergej Michajlovič Ejzenštejn und der noch jüngere Sergej Iosifovič Jutkevič. Den Unterricht gaben Mejerchold und Ivan Aksenov, ein Mensch von ungewöhnlicher Gelehrsamkeit. Er begeisterte sich nicht für Shakespeare, aber für die Elisabethaner. Er entdeckte in ihren Theaterstücken völlig neue Züge. I. A. Aksenov hatte schon vor langer Zeit, im Jahre 1917, sein Buch ‹Picasso und seine Umgebung› veröffentlicht. Ein umfangreiches, sehr kenntnisreiches Buch, ironisch – gegenüber der Umgebung, gegenüber den Nachahmern. Er verstand Picasso in seiner Bewegung nach vorn. Aksenov war ebenfalls jung, doch bärtig und kahlköpfig, und dies verlieh ihm ein gewisses akademisches Aussehen. Mit Ejzenštejn schloß er unerwartet Freundschaft. Sergej Michajlovič schrieb über seinen Lehrer:

«Man mochte ihn relativ wenig.

Er war eigenartig, ungewöhnlich und ungemütlich» (Bd. V, S. 404).

Das ganze Studio war eigenartig, ungemütlich und ungewöhnlich. Inkižinov und die junge, elegante, schöne Zinaida Rajch im Lederkostüm gaben hier Unterricht in Rhythmus und Akrobatik. Im Turnsaal des alten Gymnasiums gab es noch, aus früheren Zeiten, Gymnastikstangen an den Wänden. Hier lernte Sergej Michajlovič die Kunst des Balletts.

Mit achtundvierzig Jahren konnte er noch ungewöhnlich leicht das Bein in die Höhe heben, und er beherrschte noch die Grundelemente der Ballettkunst.

Was war wichtig in dieser ungemütlichen interessant-seltsamen Welt? Der konsequente Verzicht auf das Gestern. Wenn Mejerchold im ‹Don Juan› und in der ‹Maskerade›, die noch vor der Revolution aufgeführt wurde, das Portal übersteigerte, das Bühnenbild noch schwerer und widersprüchlicher gestaltete als im alten Theater – wobei er gleichzeitig die Bühne durch das Portal vom Zuschauerraum abtrennte und das Proszenium weiter nach vorne schob – wenn der vorrevolutionäre Mejerchold mit Golovin arbeitete, sich dabei an dem Prunk des Bühnenbildes und seiner Farbenpracht begeisterte und sich elf Jahre lang mit der Inszenierung abmühte, so machte der nachrevolutionäre Mejerchold, dem man anbot, Ibsens ‹Nora› mit den Schauspielern des Nelidov-Theaters aufzuführen – eine Aufführung war unumgänglich, um den Schauspielern zu essen zu geben –, so machte er, weil er wußte, daß die Nelidov-Schauspieler ihre Rollen gut im Gedächtnis hatten, die Aufführung in drei Tagen: er nahm die alten Bühnenbilder, kehrte sie mit der Rückseite nach vorne, und zwar so, daß der Zuschauer nicht die Bemalung der Bühnenbilder, sondern nur die Konstruktion der Bühnenbilder sehen konnte. Ejzenštejn zitierte die Worte eines gewissen Theaterliebhabers über diese Aufführung, daß alle Mitwirkenden «es verdienten, erschossen zu werden». Die Aufführung war im Grunde genommen Umstellung und Umkehrung.

Der neue Mejerchold verzichtete in seinem Theater vollkommen auf den traditionellen Vorhang, die traditionelle Drapierung, lehnte den Hintergrund ab und zeigte die Bühne oft bis in die Tiefe der rückwärtigen Backsteinwand des Gebäudes. Das war ein umgestülptes oder bis auf den Grund ausgeschöpftes Theater.

Hier entstanden neue Konventionen und neue Bühnenbilder, und neue Regisseure gingen zu der neuen Lehre über, eine Plattform zu schaffen, um auf neue Art und Weise die Menschen anzuregen.

Man darf dabei nicht vergessen, inwieweit das realistische Theater konventionell ist.

Wir schaffen mit herrlicher Perspektive Hintergründe, doch wenn der Schauspieler in die Tiefe hineingeht, enthüllt sich die Konvention der theatralischen Theaterperspektive.

Konventionell sind der Fußboden, der Himmel und das ganze Rund der Bühne. Das wußten die alten Schauspieler sehr gut. Diese Konvention, diese Übereinkunft über ein System von Bedingtheiten, war alt und außerhalb der Aufmerksamkeit der Zuschauer.

Der Zuschauer sah all dies nur am Rande.

Es zeigte sich, daß es in diesem Studio weder Programm noch Professur gab. Auch wenn viele eine Theaterausbildung hatten, konnte niemand systematisch Vorlesungen halten. Deshalb ging Mejerchold sehr bald dazu über, von Aufführungen zu erzählen, von alten Versuchen, von Mißerfolgen und Erfolgen.

Ich habe Vsevolod Emilevič Mejerchold nur wenig gekannt, auch wenn es mir manchmal gelang, mit ihm zu diskutieren; bei seinen Proben war ich allerdings oft. Es ist schade, daß weder die Proben Stanislavskijs noch diejenigen Mejercholds je gefilmt worden sind.

Man hätte vieles filmen müssen, damit die Regisseure sich daran gewöhnen, aus dem Betrachten solcher Filmstreifen, ihrem Erstaunen, zu lernen.

Mejerchold konnte alles auf der Bühne vorspielen – Männer, Frauen, gleich welche Rolle. Er konnte für einen Schauspieler jedes beliebige Stadium der Geschichte des vorrevolutionären Theaters vorspielen. Er blätterte die Geschichte vor den Augen seiner Schüler auf; er trat ihnen nicht mit Feindseligkeit, aber mit Eifersucht gegenüber, mit der Eifersucht von Theatergenerationen, die einander ablösen; er trat als ein Mensch vor sie, der sich nicht ausgelebt hat und dank der Revolution von neuem anfängt. Mejerchold wollte alles selber machen. Er sagte seinen Schülern halb im Scherz, daß er sie hasse.

Er war eifersüchtig auf sie, weil er das Theater auf neue Weise liebte.

Überließ er jemandem eine Aufführung, nahm er sie ihm oft wieder ab, wenn er sah, daß sie nicht nach seiner Vorstellung gemacht wurde, oder umgekehrt, wenn er sah, daß sie zwar nicht so, wie er wollte, aber durchaus interessant gemacht war. Die Arbeit eines Schülers machte er sich manchmal wie eine zufällige Mutation zunutze; genauso bearbeitet man, will man eine neue Art züchten, die Samen mit Giften und Strahlen, um in ihnen durch das Wachrütteln der alten Gene neue Möglichkeiten zu finden.

Mejerchold war ein Mensch, den die anderen liebten, ohne zu fragen, ob er selber sie liebte.

Sie waren auch auf ihn eifersüchtig.

Doch es fiel ihm schwer, einen Text wiederzugeben – die Bewegung unterdrückte das Wort.

Als Majakovskij – der dem Regisseur nahestand und teuer war – auftauchte, konnte er ‹Das Schwitzbad› nicht so aufführen, daß der Text des Dichters in der neuen Theaterstruktur im Saal ankam.

Er war auch auf Dramaturg und Schauspieler eifersüchtig. Er erinnerte sich, wie Varlamov im ‹Don Juan› den Sganarell spielte. In den Proben tat Varlamov, als höre er nichts und als könnte er sich nicht bewegen: träge und voll Verachtung saß er auf zwei Stühlen und brachte sogar den Familien- und Vatersnamen des Regisseurs durcheinander. Doch als der Vorhang von zwei Negerknaben geöffnet wurde und diese Negerknaben auf der Bühne blieben (sie sollten die Schleifen an den Schuhen der Helden zurechtrücken, sie waren gleichsam Hyperdetails der Molièreschen Dramenkunst), zeigte es sich, daß Varlamov alles verstanden hatte.

In welcher Aufführung dieser Schauspieler auch auftrat, mit wem er auch reden mochte, er wurde zur Hauptperson auf der Bühne.

Die herrlichen Bühnenbilder Golovins und das schwere Portal waren nur Hintergrund für diesen großen Schauspieler. Wenn er auf die Bühne trat, erhoben sich die Zuschauer unwillkürlich, um ihn in seiner ganzen Größe sehen zu können, und wenn er von der Bühne ging, begleiteten ihn ihre Blicke bis in die Kulissen. Nach der Aufführung schrieben die Zeitungen lang und breit über Varlamov und erwähnten erst dann die Bühnenbilder und den Regisseur.

Dieser Schauspieler verkörperte den ganzen Sinn der Aufführung, lenkte ihn aber gleichzeitig in die Richtung, in die Molière sie haben wollte. Er war der Diener, der seinen Herrn verachtet, ein Mann der künftigen bürgerlichen Revolution. Er hätte seinen Herrn Juan zur Guillotine führen können.

Mejerchold mochte Schauspieler nicht, aber er brachte welche hervor. Babanova, Ilinskij, Garin und Zinaida Rajch waren in ihn verliebt, studierten und quälten sich damals bei ihm.

Das realistische Theater, das Malyj-Theater, lebt heute nicht ohne Mejercholds Einfluß, weil es von seinen Schauspielern belebt wurde.

Ich entferne mich relativ weit von meinem Thema, um zu zeigen, wieviel Ejzenštejn Mejerchold verdankt. Sergej Michajlovič sagte immer, daß er von der Revolution geschaffen worden sei. Wenn wir es so sagen, dann nicht allein über ihn, sondern über unsere Generation. Wir alle sind von der Revolution geschaffen worden. Sie atmete durch uns und lehrte uns atmen.

Ohne sie wären viele von uns Dekadente geblieben.

Vielleicht hat Ejzenštejn in dem ganzen herrlichen Mejercholdschen Talent, in seiner ganzen Widersprüchlichkeit zunächst am wenigsten den Schauspieler gesehen.

So kam es, es war kein Programm. Doch davon später.

Vsevolod Mejerchold selbst liebte mit eifersüchtiger Gekränktheit seinen unerreichbaren Lehrer Stanislavskij und hoffte, irgendwann einmal mit ihm zusammenzuarbeiten.

Stanislavskij erinnerte sich stets an Mejerchold, ohne ihn je mit irgend jemandem zu vergleichen.

Das neue Leben ist unerschöpflich, besonders wenn es das Leben eines so großen, sich wandelnden und eigenartigen, in sich zurückgezogenen, doch seine Zeit zum Ausdruck bringenden Menschen wie Sergej Ejzenštejn ist.

Wie endete Ejzenštejns Arbeit in Mejercholds Studio?

Einmal, so notierte Sergej Michajlovič, als er eine selbständige Aufführung in Mejercholds Studio übertragen bekommen hatte, riß Zinaida Nikolaevna Rajch einen schmalen Streifen von einem Plakat ab und schrieb darauf: «Sereža! Als Vsevolod Emilevič sich als selbständigen Künstler fühlte, verließ er Stanislavskij.»[3]

Ejzenštejn nahm diese Notiz entgegen, wie man in der alten Türkei eine Seidenschnur vom Sultan annahm.

Ejzenštejn, den die vielen neuen Erfahrungen geändert hatten, legte den Fetzen Papier zusammen und ging fort, bewahrte sich seine Ergebenheit gegenüber Mejerchold und wählte seinen eigenen Weg.

Über Mejerchold schrieb er besser als irgend jemand sonst, voll Unparteilichkeit und bitterer Ergebenheit.

So war er zum erstenmal gleichsam von der Wurzel abgeschlagen und ging wegen einer anderen Arbeit an einen anderen Ort. Er ging als gereifter Künstler.

Früh und liebevoll nannte man ihn in den Filmfabriken den ‹Alten› im Sinne von alter Kamerad. Auf seine Art schön, mit wunderschönen Händen, der Stirn eines Denkers, der ruhigen Grazie eines Exzentrikers, der früh schon den Weltruhm gekostet hat und viele Male durchgerieben wurde – wie im ‹Peretru› –, kannte er das bittere Glück der künstlerischen Neugestaltung.

Das Proletkult-Theater

Die Leute vom Proletkult standen zur Revolution, als hätte sie noch nicht gesiegt. Und die Losung «Sagen wir uns los von der alten Welt, klopfen wir ihren Staub von unseren Füßen!» dehnten sie auch auf die Kunst aus.

Aber die alte Vergangenheit – das ist nicht nur der Staub, das ist auch der Grund, auf dem wir stehen und der uns hervorgebracht hat. Wir sagen uns nicht los von der Vergangenheit, sondern wir verneinen sie.

Der Mensch, der die Angriffe Kornilovs erwartete und im Schützengraben in der vordersten Linie Schopenhauer las, war kein Jünger Schopenhauers – es war der junge Ejzenštejn, ein Mensch, der die alte Kultur kannte und gierig die Zukunft studierte.

Als Ejzenštejn in das neue Leben eintrat, hatte er zwar seine Füße abgewischt, aber den Staub hatte er nicht abgeklopft. Die Vergangenheit überwand er schnell, aber er machte sich auch sofort auf den Weg, eine neue Kunst zu schaffen, und nicht, die Kunst als ganzes wegzufegen.

Genauso durchschreiten die heutigen Physiker die Physik Newtons, doch negieren sie nicht die alte Physik, halten sie nicht für einen Fehler, sondern ihre Gesetze für Sonderfälle eines noch nicht bis zur Vollendung geschaffenen Bildes vom Weltall.

Die Geschichte Ejzenštejns ist nicht nur seine private Geschichte. Er hat jene Phasen der Bewußtseinsveränderung durchlaufen, die seine Generation durchlief. Die Revolution hatte ihn gelehrt, ein neues Verhältnis zur alten Kunst zu gewinnen, doch hatte sie ihm nicht abgewöhnt, die alte Kunst zu lieben.

Ich weiß, daß so große Künstler wie Tatlin leidenschaftlich die alte Kunst, die Ikonenmalerei und Aleksandr Ivanov geliebt haben.

Die totale Negation war damals Mode – doch Ejzenštejn erlag ihr nicht. Daher beginnen viele seiner Aufsätze mit einer unerwarteten Wiederherstellung alter Traditionen, die jedoch, neu verstanden und umgestülpt, eine neue Qualität erhielten.

Beginnen wir mit einer konsequenten Durchsicht der einzelnen Entwicklungsstufen des Regisseurs Ejzenštejn.

In der Zeitschrift *Lef* wurde 1923 sein Aufsatz ‹Die Montage der Attraktionen› veröffentlicht. Ejzenštejn hatte ihn nach der Aufführung eines Theaterstückes geschrieben, das er und Sergej Tretjakov verfaßt hatten, eine Art Parodie auf Ostrovskijs Theaterstück ‹Eine Dummheit macht auch der Gescheiteste›.

Sergej Michajlovič vertritt zunächst völlig die Position des Proletkult. Der Aufsatz begann so:

«In wenigen Worten. Das Theaterprogramm des Proletkult besteht nicht in der ‹Verwertung der Werte der Vergangenheit› oder im ‹Erfinden neuer Formen›, sondern in der Abschaffung der Institution des Theaters als solchem. Es wird zu einem Ort werden, wo die Hebung des Niveaus der *Qualifizierung und Ausstattung der Massen für ihr Alltagsleben* demonstriert wird. Die Organisation der Werkstätten und die Ausarbeitung eines wissenschaftlichen Systems zur Hebung dieser Qualifikation ist die unmittelbare Aufgabe der wissenschaftlichen Abteilung des Proletkult für den Theaterbereich.»*

Das heißt, daß es das Theater als Institution nicht geben sollte. Es würde ersetzt durch Vorführstationen. Schauspieler würde es auch nicht geben. Das Theater als Schauspiel ebenfalls nicht, ebensowenig wie die Vorstellung: das, was hier vorgeschlagen wird, ist keine Entdeckung neuer Formen, sondern die Liquidierung und Abschaffung der Institution des Theaters.

Der Proletkult als Organisation kommunistischer Schriftsteller, die ihrer Herkunft nach Arbeiter waren, trat unmittelbar vor der Oktoberrevolution in Erscheinung.

Er hatte sein eigenes Führungszentrum.

Lenin wollte in einem Brief an M. N. Pokrovskij den Status genau bestimmen, auf dessen Grundlage der Proletkult existierte. Seine Notiz stammt vom August 1920:

«1. Wie ist die *juristische* Stellung des Proletkult?
2. *Wie* sieht sein leitendes Zentrum aus, und 3. *von wem* ist es ernannt?

---

* Dt. Übersetzung zit. nach Sergej M. Eisenstein: ‹Schriften 1/Streik›, München 1974. S. 216 (Anm. d. Ü.)

4. Welche Geldmittel gibt ihm das Volkskommissariat für Bildungswesen?

5. Was es sonst an *Wichtigem* über Stellung, Rolle und Arbeitsergebnisse des Proletkult gibt.»*

Lenin verfaßte im Oktober desselben Jahres einen Resolutionsentwurf über die proletarische Kultur.

« 1. Nicht ausgefallene Ideen, sondern Marxismus.

2. Nicht den *Einfall* einer neuen Proletkultur, sondern eine *Entwicklung* der besten Vorbilder, Traditionen, Resultate der *bestehenden* Kultur *unter dem Gesichtspunkt* der Weltanschauung des Marxismus und der Lebensbedingungen und des Kampfes des Proletariats in der Epoche seiner Diktatur . . .»[4]

Lenin war fast empört über die Theoretiker des Proletkult. Zu einem Artikel von V. Pletnev, der am 27. September 1922 in der *Pravda* unter dem Titel ‹An der ideologischen Front› abgedruckt wurde, machte er eine Menge beißender Randbemerkungen, und in einem Brief an Bucharin vom 27. September desselben Jahres schrieb er über Pletnev: «Der Verfasser muß keine ‹proletarische› Wissenschaft studieren, er muß einfach studieren.»**

Doch der Proletkult existierte weiter. Die Menschen dachten, daß man in der Kunst etwas «mit grober Gewalt oder mit Druck, mit Schlagfertigkeit oder mit Energie» zustande bringen könne.

Es hieß, daß man die Menschen nicht ihrer Geschichte berauben könne. Lenin schrieb:

«4. Der Marxismus hat seine weltgeschichtliche Bedeutung als Ideologie des revolutionären Proletariats dadurch erlangt, daß er die wertvollsten Errungenschaften des bürgerlichen Zeitalters keineswegs ablehnte, sondern sich umgekehrt alles, was in der mehr als zweitausendjährigen Entwicklung des menschlichen Denkens und der menschlichen Kultur wertvoll war, aneignete und es verarbeitete. Nur die weitere Arbeit auf dieser Grundlage und in dieser Richtung, inspiriert durch die praktische Erfahrung der Diktatur des Proletariats, dieses seines letzten Kampfes gegen jegliche Ausbeutung, kann als Aufbau einer wirklich proletarischen Kultur anerkannt werden.»*** Das ist der alte große Streit.

* Dt. Übersetzung zit. nach W. I. Lenin: ‹Briefe›, Bd. VI, Berlin 1969. S. 271 (Anm. d. Ü.)
** Dt. Übersetzung zit. nach W. I. Lenin: ‹Briefe› Bd. IX, Berlin 1974. S. 297 (Anm. d. Ü.)
*** Dt. Übersetzung zit. nach W. I. Lenin: ‹Werke›, Bd. 31, Berlin 1972. S. 308 (Anm. d. Ü.)

‹Der Mexikaner›

Es gab kein Repertoire. 1921 bearbeitete Ejzenštejn, als Mitglied des Theaterkollegiums der Zentralen Arena des Proletkult bereits bestätigt, als Regisseur das Theaterstück ‹Zar Hunger› von Leonid Andreev. Noch davor hatte er zusammen mit Smyšljaev die Inszenierung des ‹Mexikaners› in Angriff genommen.

Da kriecht eine Raupe; sie lebt, bewegt sich vorwärts mit den Muskeln ihrer Gelenke, und dann stirbt sie, von einem langen Fadengespinst umwickelt. Im Kokon lebt sie nun, und lebt auch wieder nicht, und danach ersteht sie als Schmetterling wieder auf.

Der Künstler hat es schwerer: dieser Schmetterling muß sich die Zeichnung seiner Flügel selber schaffen und seinen Flug selber bestimmen.

Sergej Michajlovič hatte seinen Militärdienst in der Roten Armee freiwillig gewählt und eben dadurch mit der alten Welt, in der er gut versorgt war, gebrochen.

Doch er lebte noch im Kokon der Bücher.

Die Kunst bestimmte sich für ihn immer noch durch die Kunst; sie bewegte sich gleichsam auf freier See. Sergej Michajlovič beschäftigte sich hauptsächlich mit der Architektur, und vor allem mit der Architektur des Theaters. Er glaubte, daß gerade die Gestaltung der Bühne und deren Veränderung zu einer neuen Dramaturgie führen müßte.

Nebenbei nahm Sergej Michajlovič an Inszenierungen teil, doch dachte er hauptsächlich an die Bühne und an das Bühnenbild.

Manchmal wirkte Ejzenštejn an Theaterstücken als Bühnenbildner mit. Im Moskauer Ersten Arbeitertheater beschäftigte er sich 1920 mit dem ‹Mexikaner› nach Jack London. Damals wurde der in jener Zeit revolutionäre Jack London häufig inszeniert. Das Stück ‹Der Mexikaner› hatten Ejzenštejn und Smyšljaev in Zusammenarbeit mit Boris Arvatov geschrieben, einem der Theoretiker des LEF. Die Handlung dieses Stückes ist folgende: Eine mexikanische revolutionäre Gruppe braucht Geld für ihre revolutionäre Arbeit. Im Stab der Gruppe arbeitet ein junger Mexikaner; er putzt Zimmer und beschafft gleichzeitig Geld für Marken. Aber man braucht Geld für den Kauf von Waffen. So arbeitet der Jüngling in einem Boxverein als Trainingspartner: ein Mensch zum Prügeln. Doch er kann boxen, seine Muskeln sind trainiert. Da kommt ein berühmter Boxer. Man muß ihn gegen irgend jemanden antreten lassen. Man schlägt dem jungen Mann vor, gegen den Champion anzutreten. Man spricht sich mit der Verwaltung ab, setzt fest, in welcher Runde der junge Mann sich geschlagen geben soll und wieviel man ihm dafür zahlt. Doch er schlägt dem Champion einen ehrlichen Kampf vor, er weiß, daß der andere erfahrener ist als er. Der Kampf findet statt, der junge Mann bekommt einen großen Batzen und hat so etwas wie eine Vision – Gewehre, die man gegen die Amerikaner richten wird.

Smyšljaev wollte den Kampf durch die Reaktionen der Boxkampfanhänger darstellen.

Ejzenštejn, der die Aufführung künstlerisch ausstattete, wurde im Verlauf der Arbeit zum Mitregisseur Smyšljaevs. Er schlug vor, den Ring auf die Bühne zu bringen. Der Kampf sollte echt sein. Er sollte zu einer realen Handlung werden.

Das illusorisch darstellende Bühnenbild sollte nach Ejzenštejns Idee durch den Ring ersetzt werden, der in der Mitte des Saales aufgestellt würde.

Dem stand jedoch der Feuerschutz im Wege. Der Ring mußte auf die Vorbühne gerückt werden.

Sergej Michajlovič veränderte aber auch noch das Beleuchtungssystem. Es gab keine Theaterrampe und keinen Lichtstrahl, der wie ein Zeigefinger den theatralischen Moment unterstreichen sollte. Ejzenštejn trennte durch Ströme von Licht die Bühne vom Saal, er machte aus dem Licht eine Art beweglichen Vorhang.

Der ‹Mexikaner› war Ejzenštejns erste Moskauer Arbeit als Regisseur. Er war mit ihr nicht zufrieden. Er glaubte, daß Smyšljaev seine Absicht nicht verstanden habe; er hatte selbständig gearbeitet.

Was aber war dabei herausgekommen?

Etwas höchst Interessantes, Talentiertes und äußerst Widersprüchliches: vor allem aber der Zirkus.

Sergej Michajlovič schuf etwas, was der Shakespeareschen Bühne ähnlich war, und zugleich zeigte er einen richtigen, nicht nur dargestellten Boxkampf; der Kampf selber war in jedem Fall echt, auch wenn sein Ausgang letztlich vorhersehbar, prophezeibar war: hier gab es wirkliche Schläge.

Der ‹Gescheiteste› und die Freundschaft mit Sergej Tretjakov

Von allen Arbeiten Sergej Michajlovičs ist der ‹Gescheiteste› die unerwartetste, ja paradoxeste Arbeit, auch wenn sie gemeinsam mit einem der einsichtsvollsten Schriftsteller, mit Sergej Tretjakov, verfaßt wurde. Die Aufführung ‹Eine Dummheit macht auch der Gescheiteste› war eine Karikatur des gleichnamigen Theaterstücks von Ostrovskij.

Sergej Michajlovič redete über diese Aufführung mit jugendlicher Ernsthaftigkeit, als er im Namen der Gruppe auftrat, mit der er dann schnell und fast schmerzlos brach.

Die Sache wurde direkt und entschieden behandelt. Sergej Tretjakov war ein Mann der Mejercholdschen Schule; ein erfahrener Dramenschriftsteller mit einem asketischen Verhältnis zum Thema.

Das Thema wurde dann oft Anlaß für glänzende Illuminationen.

Ejzenštejn mochte Sergej Tretjakov sehr. Er war groß, kahlköpfig, sprach leise, hatte ein Gesicht von elfenbeinerner Farbe, einen hohen, schmalen Schädel – ein Mensch jener Zeit, ein Mensch der Extreme.

Sergej Michajlovič hielt Sergej Trejakov für geradlinig wie eine Reißschiene. Mich nannte er «Kurvenlineal» – ein gebogenes Lineal, mit dem man verschiedene Kurvenlinien zeichnen kann. Sergej Tretjakov half Ejzenštejn bei der Arbeit am ‹Gescheitesten›.

Die Inszenierung war eine Parodie. Ich zögere, anders als im Zitat über sie zu reden. So sieht sie in Ejzenštejns Aufzeichnungen aus:

«Die Schule der Montage ist der Film und vor allem das Varieté und der Zirkus, denn eine (vom formalen Standpunkt) gute Aufführung zu machen heißt eigentlich, ein gutes Varieté bzw. Zirkusprogramm aufzubauen, ausgehend von den Situationen, die man dem Stück zugrunde legt.

Als Beispiel das Verzeichnis eines Teils der Nummern aus dem Epilog des ‹Gescheitesten›.

1. Einleitungsmonolog des Helden. 2. Ein Stück Kriminalfilm (Erklärung zu P. 1 – Diebstahl des Tagebuchs). 3. Musikalisch-exzentrisches Entree: Die Braut und die drei abgewiesenen Bräutigame (im Stück eine Person) in der Rolle von Brautführern; eine Szene der Wehmut durch die Couplets ‹Eure Finger duften nach Weihrauch› und ‹Mag das Grab . . .› (mit der Idee, daß die Braut wie auf einem Xylophon auf sechs Schellenbändern, den Knöpfen der Offiziere, spielt).

4., 5., 6. Drei parallele Clowns-Entrees mit jeweils zwei Sätzen (das Motiv der Bezahlung für die Organisation der Hochzeit). 7. Entree des Stars (des Tantchens) und drei Offiziere (das Motiv des Hinhaltens des abgewiesenen Bräutigams) mit einem Wortspiel (durch die Erwähnung des Pferdes) zu einer Nummer einer dreifachen Volte auf ein ungesatteltes Pferd (wegen der Unmöglichkeit, es in den Saal zu führen – ein traditionelles Pferd ‹aus drei Mann›). 8. Im Chor gesungene Agit-Couplets: ‹Der Pope hat einen Hund›, währenddessen bildet der Pope als ‹Kautschuknummer› die Form eines Hundes (das Motiv des Beginns der kirchlichen Trauung). 9. Unterbrechung der Handlung (die Stimme eines Zeitungsverkäufers) bewirkt den Abgang des Helden). 10. Das Erscheinen des Bösewichts in der Maske – ein Stück eines komischen Kinofilms (ein Resumee der 5 Akte des Stücks in verschiedenen Ver-

wandlungen – das Motiv der Veröffentlichung des Tagebuchs). 11
Fortsetzung der (unterbrochenen) Handlung in anderer Gruppierung
(gleichzeitige kirchliche Trauung mit den drei Abgewiesenen). 12. An-
tireligiöse Couplets ‹Allah verdy› (ein Wortspielmotiv, die Notwendig-
keit der Heranziehung eines Mullas angesichts der großen Zahl von
Bräutigamen bei nur einer Braut) – ein Chor und eine neue, nur in dieser
Nummer besetzte Figur – ein Solist im Kostüm eines Mullas. 13.
Gemeinsamer Tanz. Spiel mit dem Plakat ‹Religion ist Opium für das
Volk›. 14. Eine Farcen-Szene: die Frau und die drei Männer werden in
einen Kasten gesteckt und auf dem Deckel Tontöpfe zerschlagen. 15.
Sitten und Bräuche parodierendes Trio mit dem Hochzeitslied ‹Wer
aber bei uns jung ist›. 16. Jähe Unterbrechung, Rückkehr des Helden.
17. Flug des Helden an einer Longe bis unter die Kuppel (Motiv des
Selbstmords aus Verzweiflung). 18. Unterbrechung – Rückkehr des
Bösewichts – der Selbstmord wird aufgehalten. 19. Degenkampf (Motiv
der Feindschaft). 20. Agit-Entree des Helden und des Bösewichts zum
Thema NEP. 21. Akt an einem abschüssigen Drahtseil: Passage von der
Manege über die Köpfe der Zuschauer weg auf einen Balkon (Motiv der
‹Abreise nach Rußland›). 22. Clowneske Parodierung dieser Nummer
(durch den Helden) und Absprung vom Seil. 23. Fahrt eines Clowns
vom Balkon aus an dem Drahtseil entlang, wobei er sich nur mit den
Zähnen festhält. 24. Finales Entree der zwei Clowns, die sich gegenseitig mit Wasser begießen (traditionell), abschließend mit der Erklärung
‹Ende›. 25. Eine Salve unter den Sitzen der Zuschauer als Schlußak-
kord.»*

Alle Handlungen des ‹Gescheitesten› waren real. Die junge Schauspielerin Janukova bestieg eine Perche – eine grandiose Stange, die der
Schauspieler Antonov mit Mühe im Gleichgewicht hielt. Das war ein
akrobatisches Kunststück, mit realer Gefahr verbunden. Grigorij
Aleksandrov ging wirklich über ein abschüssiges Drahtseil ohne jegli-
ches Double, ohne Netz, und hätte auf die Zuschauer stürzen können.
Der Theaterbalkon und die tiefergelegene Bühne waren durch das
Drahtseil miteinander verbunden, und einmal wäre Aleksandrov fast
abgestürzt. Wenn nicht einer der Zuschauer ihm von oben einen Stock
hingehalten hätte, der ihm beim letzten Schritt half, dann wären die
Filme Aleksandrovs nie gedreht worden. Die Kunststücke waren so
gefährlich, daß der junge Regisseur manchmal aus dem Saal lief und sich
im Keller versteckte.

Die Attraktionen waren echt, und ihre Echtheit unterstrich die theatra-
lische Parodie. Die Bedeutungsstruktur des ‹Gescheitesten› von

* Dt. Übersetzung zit. nach Sergej M. Eisenstein: ‹Schriften 1/Streik›, a. a. O.,
S. 220–221 (Anm. d. Ü.)

Ostrovskij verschwand unter dieser ungeheuren Überfrachtung mit Kunstgriffen ebenso wie die Motivierung der Handlungen und der Zeit.

Die Entblößung des Theatralischen war stärker als in irgendeiner Aufführung Vachtangovs oder Mejercholds.

Es war eine Aufführung darüber, wie man eine Aufführung inszeniert – ein Werwolf. Wenn man den Kopf dieser Aufführung abgeschlagen hätte, so wäre unter ihrer Haut das umgewendete Fell des Theaters zum Vorschein gekommen (so sprach man im Mittelalter über Werwölfe), obgleich ihre Haut die des Zirkus war. Man parodierte Ostrovskij, man parodierte das Theater im allgemeinen, und das Erlebnistheater im besonderen; man parodierte selbst die Idee einer szenischen Verknüpfung der Einzelteile.

Die szenische Handlung blieb als Voraussetzung erhalten, wurde aber in einzelne Stücke zerlegt, die man als Attraktionen bezeichnen kann. Die Schauspieler der *Commedia dell'arte* hatten Hefte mit den Reden und Auftritten der Helden; die Improvisation war auf der Abwandlung von Bekanntem begründet. Ejzenštejn hatte dieses Prinzip ausgebaut. Sein ‹Gescheitester› war eine glänzend junge Aufführung.

In dieser Aufführung hatte man eine kleine vorher gefilmte Szene eingefügt: ‹Glumovs Tagebuch›.

Diese kleine Szene ist das kinematographische Debüt eines Mannes, der noch gar nicht an den Film dachte. Diese 120 Meter waren eine der Attraktionen der Aufführung, die jedoch in eine andere künstlerische Dimension überging.

Maß der Regisseur selber dem damals eine besondere Bedeutung bei? Wohl kaum. Die erste Berührung mit dem Film aber hatte stattgefunden.

Dabei fand auch noch eine andere wichtige Begegnung statt – die mit Vertov. Ohne Ejzenštejn zu kennen, ohne zu ahnen, daß das Schicksal sie bald in einem heftigen Streit zusammenführen, sie aber nicht entzweien würde, nahm Vertov Ejzenštejns kleine Szene in eine der Lieferungen seiner *Kinopravda* unter dem Titel ‹Frühlingslächeln des Proletkult› auf.

In dem Film wurde ein Glumov gezeigt, der sich vor seinen Verfolgern in Sicherheit bringt: er kroch durch das Fenster seiner Villa, seine Verfolger hinter ihm her. Er rettete sich in sein Automobil, ein anderer Schauspieler sprang von oben drauf. All das wiederholte die Konvention der Verfolgungsjagden amerikanischer Filme. Ähnliches zeigte bei uns Lev Kulešov in den ‹Abenteuern des Mister West›, und solche Sprünge aus der Höhe sah man noch vor kurzem bei dem Regisseur Rjazanov, in der Komödie ‹Die Husarenballade›, nur sprang man vom Baum nicht auf ein Auto, sondern auf das Dach einer Kutsche.

Die Gründe für den Erfolg des ‹Gescheitesten›

Alle Aufführungen Mejercholds waren Experimente.
Der ‹Gescheiteste› von Ejzenštejn war für den alten Regisseur eine außergewöhnliche Sache.
Die Vorstellung war so angelegt, daß die einzelnen Attraktionen die Emotionen des Zuschauers beeinflussen sollten.
Das parodistische Sujet – die Umkehrung – war nur ein Vorwand für neue Attraktionen.
Es handelt sich um die Montage von *Unerwartetem*.
Die Montage soll hierbei nicht Bedeutungskonstruktion schaffen, die dazu zwingt, die Einzelteile eines Werkes wie ihre Gesamtheit immer wieder mit neuem Sinn zu füllen, nein, die Montage vereinigt hier das Unvereinbare, sie unterstreicht die Eigentümlichkeit des Wechsels der Attraktionen.
Folgendes sagte Mejerchold am 17. Januar 1939 in seinen Kursen für Regisseure dramatischer Theater:
«Worauf war das frühe Wirken des bedeutenden Regisseurs Sergej Ejzenštejn begründet? Ein Theaterstück nahm er als Grundlage für seine Regiearbeit, derart, daß bei der Aufführung von Ostrovskijs Stück beispielsweise von diesem überhaupt nichts übrigblieb. Mein ‹Wald› schien ein absolut naives Werk im Vergleich zu dem, was er machte. Doch ich meine, daß er das vollenden mußte. Ihn quälte ein anderes Problem, er mußte es tun, doch es ist ärgerlich, daß wir alle Experimente öffentlich durchführen. Es wäre gut, wenn es solch ein verborgenes Laboratorium gäbe, wo wir Regisseure mit begleitenden Vorlesungen wie im Planetarium arbeiten könnten: man zeigt Sterne, ein Mensch tritt vor und erzählt ... Man sollte unbedingt über einen solchen Platz des Wagemuts nachdenken.»[5]
Was aber war das Theaterstück ‹Der Gescheiteste› für eine Sache, daß es fast den Neid Mejercholds hervorrief? Es war die Absage an die Logik des Sujets, die Absage an die statische Wiedergabe eines gegebenen, vom Thema her diktierten Ereignisses. Es war die Verneinung der Dinge außerhalb der allgemeinen Komposition, doch mit der genauen Einstellung «auf einen bestimmten thematischen Endeffekt – die Montage der Attraktionen».
Ausführlich wurde es erörtert, jedoch kaum versucht, das Theater und den Zirkus durch Volksfeste ohne Schauspieler zu ersetzen.
Die Architektur sollte durch Plakate umgeformt werden.
Natan Altman schuf auf dem Schloßplatz Konstruktionen, die die Aleksandr-Säule gleichsam niederrissen, sie mit schrägem Schlag abschlugen, wie ein Kosakensäbel eine Rute fällt. Um die zerstörte Säule

zog eine Demonstration, als ob man die Erstürmung des Winterpalais wiederholen würde. Die Theoretiker, unter ihnen auch Aleksej Gan, behaupteten, daß dies genau das sei, was die Kunst ersetze.

Man wollte eine neue Musik ohne Dirigenten. Der ‹Persimfans› entstand, ein symphonisches Orchester, das seinen gemeinsamen Klang selber finden sollte. Gewöhnlich übertrug man die Leitung den Ersten Geigern.

Die dem Drama und der Komödie zugrundeliegenden Konstruktionen wurden abgelehnt.

Der große Regisseur Mejerchold machte sich später an den ‹Revisor› von Gogol; er zerschnitt das Stück in mehrere Teile, versah sie mit Zwischentiteln wie in Filmdramen und veränderte die Zahl der handelnden Personen und ihre Wechselbeziehungen untereinander.

Der Stummfilm mit seinem Prinzip der Bloßlegung des Wechsels und der Eigenständigkeit der Einzelteile, des Vorrangs der Bewegungen gegenüber dem erstickten Wort, fand Eingang in das Theater.

Die Stücke kehrten wieder zu den Urmanuskripten zurück: sie wurden mit neuem Sinn erfüllt, die Bedeutungen der Rollen veränderten sich, aus Monologen wurden Dialoge, neue Gestalten wurden eingeführt. Auf der Bühne erschien ein Offizier, der Chlestakov im Spiel noch übertraf; der schlaue Gauner Osip war jünger geworden: er hatte das Alter Chlestakovs, diesen gleichsam doubelnd. Die Frau des Bürgermeisters war bei der amüsanten Darstellung ihrer zahlreichen Liebesintrigen ebenfalls jünger geworden.

Es veränderte sich die Bedeutung der Helden.

Bei der Besprechung hatte Mejerchold vorgeschlagen, Chlestakov glatzköpfig darzustellen.

Den Bürgermeister ließ man bei der Probe obendrein noch an einer Herzkrankheit leiden. Die Herzattacken verwandelten den einleitenden Monolog des Bürgermeisters in einen Dialog des Kranken mit dem lästigen Arzt; die Zeit wurde von dieser Umarbeitung verschlungen, gleichzeitig ging die Gogolsche Charakteristik des Helden in Flammen auf.

Das Interesse wandte sich dem Unvollendeten zu, die Probe verdrängte die Vorstellung. Die Gestalt der Versuche, die Reihe der Veränderungen beim Schaffen eines Werkes gingen in den endgültigen Text mit ein. Der Schaffensprozeß war auf den Kopf gestellt.

Scherz und Parodie eroberten die Bühne in den berühmten Aufführungen N. M. Foreggers.

Der Künstler legte die Konstruktion der Bühne bloß, die Konventionen der Theaterperspektive wurden ausgenutzt, und man schuf interessante, aber an dem Text vorbeigehende Aufführungen.

Das große Theater war in hohem Grade ein rhythmisches Theater mit einer Zäsur in der Handlung und einer klaren, exakten Untergliederung der ganzen Aufführung, einer rhythmischen Wiederholung von Szenen und einer traditionellen Neuinterpretierung der Handlung vor der Lösung des Konfliktes.

Die Handlung und Gespanntheit des Textes verfestigt seine Bedeutung, und seine Energie erlaubt den Helden nicht, die Handlungsmomente mit neuem Sinn zu füllen; sie sind eingehüllt in die Beschwörungsformeln der Klatschereien und die Zusammenhanglosigkeit des betrunken-angespannten Monologs Chlestakovs, der das Gerüst der Handlung bestimmt.

Das große Theater ist verbal. Verbal sind Aischylos, Shakespeare, Molière, Ostrovskij, Čechov.

Dann drang in das Theater die Pause ein – und sie wurde zum Konkurrenten des Textes.

Die mitgedachte Handlung, der hinter dem Text verborgene Sinn war vor der Revolution eine Uminterpretierung des Textes. Das Drama wurde zum Rätsel, und der Zuschauer im Theater – zu Ödipus.

Als das neue Theater mit seinem neuen Text kam, mit den Versuchen Vladimir Majakovskijs, stellte es sich heraus, daß das Theater keine Verse lesen kann, die Handlung sich dem Wort nicht ergibt, sich unter seinem Druck nicht bewegt, nicht von der Idee bedingt wird.

Dem Wort fehlt nur die Intonation. Die Dramenkunst Majakovskijs wurde auf der Bühne erst 25–30 Jahre später verstanden.

Einstweilen noch war das neue, in seiner Art große Theater ein ‹Theater an sich›. Es spielten die Rampe, die Verbrämungen der Kulissen, die Auftritte und die Abtritte der Schauspieler, die Kostüme und die unerwartete Interpretation eines schon bekannten Textes, nicht aber der Text selbst.

Der ‹Gescheiteste› als Ergebnis des Versuchs, die noch nicht entstandene neue Dramaturgie zu ersetzen

Es gab die brennende Neugierde, alles Alte zu meistern. Für den neuen Zuschauer war die alte Kunst unbekannt. Doch man wollte auf neue Art und Weise miteinander reden und singen.

Als Vrangel vom rechten Ufer des Dnepr aus Cherson angriff, waren auf unserer Seite nur wenige Truppen. Nach der Mobilisierung der Gewerkschaft war ich damals Stellvertreter des Kommandeurs einer Sprengkompanie.

Das Kommando war bunt gemischt; alte Mäntel, noch aus der Zarenzeit, erbeutete Stiefel – und Lieder hatten wir überhaupt keine. Weder die ‹Tačanka-Rostovčanka› noch die sibirischen Lieder, noch ‹Und eine Birke steht›. Wir sangen eine Kombination aus zwei alten Werken: den ‹Varäger› nach der Melodie ‹Herr, rette Dein Volk und segne Deine Habe›. Es klang recht harmonisch, aus zwei alten Dingen hatten wir ein neues gemacht.

Manchmal gaben wir also einer alten Sache einfach einen neuen Sinn. Aus dem Lied über den Burenkrieg, ‹Transvaal›, wurde ein Lied über unseren Bürgerkrieg.

Diese Neuinterpretation bestätigte die Hegemonie des Wortes.

Die Revolution war sowohl Negation des Alten wie auch Befreiung davon; eine Schlußfolgerung aus der Menschheitsgeschichte: in ihr gab es einen Schiller, einen Shakespeare, einen Puškin, einen Tolstoj. Doch das wurde nicht sofort verstanden. Vor allem wurde es nicht von den Theoretikern verstanden: viele von ihnen verneinten damals die Kunst im ganzen, die Dichtung, die Trope. Sie wollten die schwer zugängliche Konstruktion der Kunst durch die Konstruktionen des Zentralen Instituts für Arbeit, durch die Zweckmäßigkeit der Bewegung ersetzen.

Doch singen und spielen mußte man jetzt. Es gab Theatersäle, und es waren Theaterkanons vorhanden, die noch nie aufgeführt, noch nicht einmal entdeckt waren.

Der Künstler wollte am Wendepunkt der Epoche oft das Alte umtaufen, indem er ein Werk einfach in das Taufbecken der Parodie eintauchte.

Das alte Theater, das nicht die Kraft hatte, mit der Tradition zu brechen, erlebte eine Epoche der Selbstverneinung, der Absage an das alte Leben und das Gefühl seiner Zerrissenheit.

Nach dem ‹Gescheitesten› inszeniert Ejzenštejn die Agit-Aufführung ‹Hörst du, Moskau?› nach einem Stück von Tretjakov. Es sind ausdrucksvolle Fotografien erhalten geblieben. Erfolg hatte die Aufführung allerdings keinen, auch wenn sie interessant gelöst und in ihrem Rhythmus, in ihrer *Mise en scène* sorgfältig ausgearbeitet war. Der Titel des Stücks ist bemerkenswert: er spricht von der Veränderung des Zuschauers, von der neuen Bestimmung der Kunst für den neuen Zuschauer.

Der ‹Gescheiteste› hatte nur bei Künstlern und Theatermenschen Erfolg. Moskau hörte erst auf den Autor des ‹Streiks›.

Sergej Tretjakov blieb lange Zeit nicht nur Ejzenštejns Gefährte, sondern auch sein Mitarbeiter. Die Zwischentitel zum ‹Panzerkreuzer Potemkin› stammen von diesen beiden Sergej Michajlovičs, und hier hatten sie eine besonders wichtige Bedeutung – sie verallgemeinerten die Filmszenen.

Und es war nicht nur eine Information, sondern auch ein Wort, das in die Bilderfolge und in die Montage mit einbezogen wurde.

Nach ‹Hörst du, Moskau?› inszenierte Ejzenštejn in einer Fabrikhalle eine ungewöhnliche Aufführung – ‹Gasmasken›.

Die ersten Aufführungen der ‹Gasmasken› fanden in der Werkhalle des Moskauer Gaswerks statt. Autor dieses Dramas war Sergej Tretjakov.

In diesem Theaterstück gab es grundsätzlich keine traditionelle Fabel und keine speziell angefertigten Kostüme und Bühnenbilder.

Es war eine Theater-Skizze – und ein Mißerfolg.

. . . Ein bürokratischer Direktor hatte in seinem Moskauer Werk versäumt, Gasmasken einzuführen. Eine Katastrophe ereignete sich, und die Arbeiter mußten in kurzen Schichten in dieser vergifteten Atmosphäre arbeiten.

Die Aufführung war durch nichts von der Wirklichkeit getrennt. Die Räumlichkeit und die Maschinen waren echt. Einige unumgängliche Theateraccessoires waren in die Fabrik gebracht worden, sahen aber ziemlich erbärmlich aus.

Es war der Versuch, von der Parodie zu realem Material überzugehen. Diese Skizze wurde in einer realen Fabrik aufgeführt, inmitten realer Maschinen.

Diese erfolglose Aufführung ist als Übergang vom ‹Gescheitesten› zu einer Montage an realem Material interessant, doch war in ihr die notwendige Trennung vom Alltäglichen nicht berücksichtigt. Im Märchen wird dies nicht nur mit Hilfe der Phantastik verwirklicht, sondern auch mit Worten – der Rampe: «Es war einmal . . .»

Eine fast nicht erfundene Erzählung über einen Tag im Dezember 1920

Ich notiere Jahre und Monate im Leben Sergej Michajlovičs – die Zeit war damals bis zum Rand vollgepfropft.

Sie veränderte sich so schnell, daß die Menschen, trafen sie sich nach anderthalb Jahren wieder, einander erst von neuem wieder kennenlernen mußten.

Man kannte nicht die Bedeutung des Weges, der bereits zurückgelegt war.

Man wußte nicht, wieviel man aus dem alten Leben, aus der umgedeuteten Erfahrung auf diesen Weg mitgenommen und wieviel Neues man empfangen hatte.

Sergej Michajlovič hatte im November des Jahres 1920 um seine Entlassung aus der Akademie des Generalstabs nachgesucht.

Um in diese Akademie aufgenommen zu werden (und ihm schien gerade dies der eigentliche Grund gewesen zu sein), hatte er die Bilderschriftkunde studiert, hatte er ungefähr 1500 Zeichen und die allgemeine Struktur ihres Bedeutungswandels kennengelernt.

Er hatte die Bilderschriftkunde mit den Kenntnissen des graphischen Künstlers verknüpft, er hatte die Bedeutung der Schrift und jedes einzelnen Wortes im chinesisch-japanischen Vers begriffen. Die Wörter existieren hier gleichsam einzeln für sich. Sie stehen allein durch ihre Bedeutung und durch ihre literarische Tradition in einer Wechselwirkung zueinander. Die chinesische Bilderschrift und die alte Dichtung sind eine Sache der Gelehrten, die Hunderte von Bänden mit Anmerkungen zu den Gedichten kennen, gleichzeitig sind sie mit der Folklore, mit dem Volkslied verbunden.

China sammelte und studierte noch in Zeiten, als Europa die Antike längst vergessen hatte, Lieder als eine eigenständige Niederschrift der Hoffnungen und Enttäuschungen des Volkes.

All das war sehr wichtig, aber Sergej Michajlovič, der junge Mann, der sein Fachgebiet bereits gewechselt hatte, der ehemalige Student, der ehemalige Militärtechniker, der Übersetzer und Theaterkünstler werden wollte, verließ nach bestandenem Examen die Akademie des Generalstabs und übernahm die Leitung der künstlerisch-bühnenbildnerischen Abteilung der Zentralen Arena beim ZK des Proletkult.

Im Monat Dezember 1920 kam Ejzenštejns Mutter, Julija Ivanovna, aus Piter nach Moskau; sie war beunruhigt.

Der Sohn war nicht Architekt geworden, und er hatte doch wie sein Vater Architekt werden sollen. Julija Ivanovna liebte Michail Ejzenštejn, den Wirklichen Staatsrat und städtischen Architekten der Stadt Riga, nicht, sie hatte sich von ihm scheiden lassen, hatte ihre Sachen aus seiner Wohnung fortgeschafft, doch sie hatte Ehrfurcht vor ihm.

Der Sohn war an die Front gefahren, danach hatte er Mitarbeiter des Generalstabs werden können.

Er hatte sogar die Examina bestanden.

Warum gibt er auch diese zuverlässige Arbeit auf?

Julija Ivanovna kam in einer kurzen, stark taillierten Karakuljacke an. Solche Jäckchen hießen damals wohl ‹Bolero›. Die weiten Ärmel waren an der Schulter gerafft und standen bis zu den Ohren hoch, so daß die Frauen irgendwie an Schmetterlinge erinnerten. Auf dem Kopf trug Julija Ivanovna eine kleine Karakulmütze, wie die Studentinnen zu Beginn unseres Jahrhunderts.

Julija Ivanovna war nicht jünger geworden, sah aber auch nicht älter aus; doch neue Sachen zu nähen, war damals schwierig.

Julija Ivanovna lebte vom Verkauf ihrer Sachen. Die Bekannten, die Verwandten mütterlicherseits waren auseinandergegangen, ihre Wohnungen mit neuen Mietern dicht belegt, und selbst das Grab ihres Vaters war nicht abgefegt worden – ein Grab, das früher wie ein Gästezimmer in Ordnung gehalten wurde.

Sergej Michajlovič holte seine Mutter vom Bahnhof ab.

Die Sachen der Mutter legten sie auf einen zweirädrigen Wagen. Der Besitzer des Wagens, ein Mann mit Hut und einem alten, mit breitem Riemen umgürteten Mantel, jagte den Wagen durch die Orlikov-Gasse, über die Mjasnickaja-Straße, bog zu den Boulevards ab und brachte Julija Ivanovna zu den Čistye Prudy.

Er half die Sachen in den zweiten Stock tragen.

Julija Ivanovna bezahlte ihn mit Brot. Sergej Michajlovič erhöhte die Bezahlung – mit einem weiteren Stück.

Julija Ivanovna sah sich um: was gab es ringsum an bekannten Sachen. Und wer hatte sie so seltsam angeordnet?

«Das, Mama, sind die Sachen des verstorbenen Vaters von Maks Štrauch. Ich wohne in seiner Wohnung. Alles ist aus verschiedenen Zimmern zusammengetragen.»

«Ein schöner Wandschirm», sagte Julija Ivanovna und schaute in eine Ecke, «das ist China, 19. Jahrhundert. Wir müssen miteinander reden, Sereža. Ich will mich nicht hier unterhalten, in diesem kalten Zimmer, mitten in fremden Sachen. Ich bin hier, um ernsthaft mit dir zu reden. Wenn du nicht im Generalstab arbeiten willst, kannst du dich in Petersburg niederlassen, wir haben noch einige Bekannte. Du kannst in das Institut für Zivilingenieure zurückkehren. Das Grab Doktor Štrauchs ist auf dem Deutschen Friedhof? Wir sollten dorthin fahren.»

Sergej Michajlovič glaubte auch, daß man auf der Straße besser sprechen und sogar besser überlegen könne. Unterwegs kann man sich besser rechtfertigen und dabei abschweifen.

«Mama, wir brauchen uns doch nicht auf dem Friedhof zu unterhalten. Laß uns Moskau besichtigen.»

«Nachher, zuerst müssen wir miteinander reden.»

«Du bist erschöpft, Mama, ruh dich etwas aus», bat Sergej Michajlovič.

«Nein. Hier ist es mir zu kalt.»

Julija Ivanovna hob die kurzen Holzscheite vom Fußboden auf und sagte betrübt:

«Sie sind feucht. Sie werden nicht sofort brennen. Laß uns gehen.»

Sie gingen. Moskau war ganz weiß und rot, aus Ziegelsteinen, verschneit. Auf schwarzen Firmenschildern erzählten goldene Buchstaben von der Vergangenheit.

«Sereža, du kannst dir nicht vorstellen, was das für wunderbare Geschäfte gewesen sind», sagte Julija Ivanovna bedauernd.

Mutter und Sohn machten einen langen Spaziergang. Das Wetter war fast weihnachtlich, und es fiel leichter Schnee. Mama sah ihren Sohn an. Er war mager geworden, aber er sah stark, jung aus; die vertrauten feinen, nach oben geschwungenen Augenbrauen; und immer noch die Röte auf seinen Wangen; vielleicht vom Frost.

Und dann die österreichischen Stiefel – Soldatenstiefel; an Stelle der Schnürsenkel – Schnüre.

«Du bist also nicht verheiratet, Sereža?»

«Nein.»

«Ich fürchte», sagte Julija Ivanovna in vorbeugendem Ton, «eine plötzliche Heirat. Es wird eine fremde Frau kommen, mit ihrer eigenen Sprache, ihren eigenen Manieren, und sie wird mich Mama nennen. Sie wird meine Sachen loben und dabei daran denken, daß du der Erbe bist.»

«Das wird nicht so schnell sein, Mama, vielleicht niemals», sagte Sergej Michajlovič traurig.

Sie gingen schweigend dahin.

Sie waren auf der Uferstraße in der Nähe der hohen weißen, goldkuppeligen Erlöserkirche. Das Gotteshaus erhob sich feierlich und still und etwas schläfrig über der Stadt wie ein Hirte über der Herde.

«Das ist die Erlöserkirche», sagte Ejzenštejn, «sie wurde zur Erinnerung an den Krieg des Jahres 1812 gebaut; eine mittelmäßige Arbeit von Thon; der Architekt wollte die Tradition der russischen fünfkuppeligen Kirchen erneuern, doch er verstand nur wenig von ihr.»

«Ihr jungen Leute glaubt, daß ihr alles neu machen werdet und alles richtig versteht. Meiner Meinung nach ist sie vortrefflich gebaut.»

«Technisch gesprochen, ja. Die Steine sind sogar mit Eisen verstärkt, so wie die Römer bauten. Dieses Bauwerk wird ewig dastehen, wenn wir es nicht sprengen.»

«Und wann reden wir über unsere Angelegenheit, Sergej?»

«Aber du mußt dir doch Moskau ansehen. Ich hoffe, daß Maks inzwischen nach Hause gekommen ist und den Ofen anheizt.»

«Sag, warum verläßt du die Akademie des Generalstabs, wenn du schon soviel mit den Bilderschriftzeichen gearbeitet hast? Ich habe mir im enzyklopädischen Lexikon solche Bilderschriftzeichen angesehen. Sie sind schrecklich schwierig.»

«Ja, sie verderben einem die Augen.»

«Wenn es der Sache nützt», sagte Julija Ivanovna gereizt, «kann man sich eine Brille anschaffen; man muß sich eine Sache vornehmen und sie auch zu Ende führen.»

«Wir können nicht wie Wasserschwämme leben, Mama, die am Meeresboden befestigt sind. Wir wollen uns verändern. Man muß auch weggehen können.»

«Mein lieber Sereža, man muß nicht nur weggehen, man muß finden.»

«Du bist immer geistreich gewesen, Mama.»

Mir haben Leute, die beide gut kannten, erzählt, daß Julija Ivanovna auf ihre Art ein erfahrener Mensch mit Charakter und Überzeugungen gewesen sei. Sergej Michajlovič war höflich zu ihr, wie zu einem Ausländer, dem man in vielem verpflichtet ist.

Für die Mutter legte er jede beliebige Arbeit beiseite und fuhr auf jedes beliebige Klingelzeichen hin zu ihr. Später opferte er ihr in seiner Datscha in Katov eine ganze Etage und wohnte selber auf dem Dachboden, den er für sich umgestaltet hatte.

Jetzt schwieg er etwas gereizt.

«Sag, Sereža, du träumst vom Ruhm?»

«Du hast doch sicherlich die ausgezeichnete Erzählung ‹Die Reise des Kapitäns Stromfield ins Paradies› von Mark Twain gelesen? Stromfield hat sich auf dem Weg ins Paradies verirrt, doch zu guter Letzt gelangte es doch noch ins Paradies: der bedeutendste Mensch war dort nicht Shakespeare, sondern ein Schneider, über den alle lachten, weil er Gedichte schrieb.»

«Druckt man etwa im Paradies Gedichte?»

«Wie es scheint, hat man diese Gedichte auf der Erde nicht gedruckt. Der Name dieses Schneiders und Dichters war Billing. Man braucht ihn sich nicht zu merken, Mark Twain hat ihn sich selber ausgedacht. Er versicherte, daß der Name dieses Pechvogels im ganzen Universum widerhallt; Shakespeare ging ihm voraus, rückwärts, und streute dem Ankömmling Blumen vor die Füße; Homer stand während des Banketts hinter seinem Stuhl und unterhielt sich mit ihm: sie verstanden sich, und Homer war stolz darauf.»

«Das ist eine merkwürdige Geschichte. Vielleicht aber kommen wir zur Sache. Sag, wovon wirst du leben? Warum gehst du nicht an irgendein richtiges Theater? Du könntest dann zu uns kommen, an das Aleksandra-Theater.»

«Dieser Schneider war vor Hunger gestorben . . . er lag entkräftet da; in der Stadt langweilte man sich und suchte nach Zerstreuungen; man schleppte den Schneider heraus, setzte ihm eine Krone aus Kohlblättern auf den Kopf und trug ihn auf einer Stange durch die Stadt. Die Menge lief hinter ihm her, schlug gegen Blechschüsseln und grölte aus Leibeskräften. Sie wiederholten unverständliche Worte aus seinen Liedern. Er aber war der größte Mensch der Erde.»

«Willst du solch ein Schicksal, Sereža?»

«Es ist gut, verständlich zu sein, auch wenn man nicht gleich verstanden wird.»

«Sereža, du weißt nicht, daß das Leben in dem Paradies, das sich Mark Twain ausgedacht hat, sicher unbequem, langweilig und kalt war, du gehst jetzt im Winter ohne Fausthandschuhe. Nimm meine Handschuhe, du hast kleine Hände.» «Ich hab in der Armee dreifingerige Handschuhe bekommen. Ich habe sie nur zu Hause vergessen. Ich lebe in einer unbekannten, ganz weiten Welt.»

«Das ist die Welt von Verzweifelten, Menschenscheuen.»

«Hören Sie, Mama, ich bin zwanzig Jahre alt. Ich bin dieser Zeit verpflichtet, für meine künftigen Entdeckungen, der Sturmwind reicht jetzt für volle Segel. Ich habe Schützengräben, Straßen und die Knochen von umsonst getöteten Menschen gesehen. Ich werde Regisseur sein.»

«Mein lieber Sereža», die Mama brach in Tränen aus, «um Künstler, Regisseur, Schauspieler zu werden, muß man Talent haben. Und ich weiß, daß du keines hast. Denn du hast mir doch Zeichnungen für meine Stickereien und für meine Richelieustickereien gemacht.»

«Ich erinnere mich, Mama», sagte Sergej Michajlovič. «Die Richelieustickereien, die Zeichnungen für die kleinen Löcher, die dann benäht werden, waren schlecht, obgleich ich mir auch Mühe gegeben habe. Doch ich weiß, daß ich mein Ziel erreichen werde.»

Hierbei brach Mama wieder in Tränen aus.

Dieses Gespräch hat natürlich niemand gehört. Aksenov hat es nach Sergej Michajlovičs eigenen Worten niedergeschrieben. Sergej Michajlovič hat dieses Gespräch oft erwähnt, wenn ihn die Vergangenheit in Versuchung führte. Er konnte es sich nicht verzeihen, daß er damals auf den hohen Treppenstufen vor der Erlöserkirche aus weißem Stein begonnen hatte, an sich selber zu zweifeln.

Von Julija Ivanovna erzählte ein bemerkenswerter Mensch, Leonid Obolenskij, ein alter Freund von Sergej Michajlovič und mir, der nur nicht die Zeit und die große Plattform hatte, um sein großes Talent zu verwirklichen.

Sergej Michajlovič führte Julija Ivanovna weiter, um ihr den Roten Platz zu zeigen. Eine Frau mit Grützresten und zerkleinerten Ölkuchen im Korb ging über das verschneite Steinpflaster des Roten Platzes. Eine Taubenschar gelangweilt hinter ihr. Julija Ivanovna gab der Frau Geld. Die Händlerin warf mit großzügiger Geste Futter in den Schnee. Die Tauben wurden lebendig, neue Schwärme tauchten auf.

«Es wäre schön, sich hier fotografieren zu lassen, es erinnert mich an Paris», seufzte Julija Ivanovna.

Die Mutter und der Sohn kehrten in Štrauchs Wohnung zurück. Die Wohnung war von irgendwelchen alten Frauen bevölkert, Frauen, die durch die dunklen Korridore schlurften. Die Tür zu einem Zimmer öffnete sich. Jemand schaute neugierig heraus, um zu sehen, mit wem Sergej Michajlovič da kommt.

«Das ist hier die Spekulantin», erklärte Sergej Michajlovič. «Wir müssen uns manchmal Geschirr bei ihr leihen, wenn wir Gäste empfangen.»

«Da siehst du's, Sereža», sagte Mama.

«Ich sehe.»

Julija Ivanovna kam danach noch oft in Štrauchs Wohnung. Ejzenštejn hatte sein eigenes Zimmer erhalten. Štrauch heiratete die Glizer. Zuerst wohnten sie hinter dem Wandschirm. Hier lernte sie ihre Rollen, die sie im Zimmer, in der Küche, im Korridor wiederholte.

Große Menschen eignen sich nicht besonders für das Leben in Gemeinschaftswohnungen.

Man braucht sich nicht beleidigt zu fühlen. Man braucht die Menschen nicht zu bedauern, die man nicht versteht. Ein Mensch, der seine Hände an die Pflugschar – so hießen die Pflugsterze – gelegt hat, soll sich nicht umsehen. Er muß zusehen, daß die Furche regelmäßig verläuft.

Ich werde wenig von den Frauen erzählen, die Sergej Michajlovič Ejzenštejn geliebt haben. Die Erinnerungen der Glizer werden herauskommen. Die Künstlerin, die das Wesen der Menschen kannte, erzählt darin viel und erzählt es gut.

Es wird darin auch von Julija Ivanovna die Rede sein.

Doch fragt nicht die Frauen, die einen Mann lieben, welches Verhältnis sie zur Mutter ihres Geliebten haben, und die Mutter fragt nicht, wie sie die Frauen sieht, die ihnen das Herz des Sohnes nehmen können.

Wir wissen sehr wenig voneinander.

Vielleicht brauchen wir das auch nicht aus den Worten zu erfahren: wir werden die Menschen an ihren Taten erkennen.

‹Streik›

Sergej Michajlovič hat einmal gesagt, daß nicht wir unsere Kinematographie schaffen, sondern daß die revolutionäre Zeit sowohl die Kinematographie wie auch uns schaffe. Majakovskij schrieb über die neue Sicht anders. Er schrieb dazu einen Vers in Langzeile: «Aus mir brüllt als blinder Vij die Zeit: hebt mir, hebt mir hoch der Zeiten Lider.»

Eine schöne, kompakte Zeile.

Die Zeit kann sich nicht selber sehen, wenn die Kunst ihr nicht souffliert. Die Zeit kann sich selber verpassen. Am Anfang scheint es, als könne man die Zeit gleichsam stenografisch aufzeichnen.

Wie viele Szenarien von Augenzeugen, von Teilnehmern gingen damals durch die verschiedenen Instanzen, wie schwer war es manchmal, sich ihrer zu erwehren. Die Autoren bemühten sich in allen Instanzen, doch das Material war unbrauchbar.

Beleidigt sein mußte man über sich selber.

Eine solche Sache gelangte jedoch einmal über die Krupskaja zu Lenin. «Der Autor dieser Bühnenbearbeitung will fast die ganze Revolution darstellen. Die Auswahl der Fakten ist oft zufällig. Viele biographische Einzelheiten sind unrichtig.

Die Aufführung ist außerordentlich kompliziert und erfordert Massen von Teilnehmern, es wird ein Heidengeld kosten, die Darbietung wird abscheulich sein und an einen schlechten Volksbilderbogen erinnern. Unsere kinematographische Technik ist sehr schlecht, und das, was der Autor will, wird sie nicht darstellen können. Das Theaterstück ist kaum akzeptabel» *N. Krupskaja.*

Hier die Resolution Lenins:

«Alles auf der Grundlage dieses Gutachtens ablehnen.»[6]

Unterdessen bereitete man lange Szenarien über die Diktatur des Proletariats vor – wie Glaskugeln vom Tannenbaumschmuck – und plante sie für eine Anzahl von Folgen: Szenarien, in denen jede Zeile sich real zu einer großen Montagephrase entfalten sollte.

Mit einem Drehbuch, das Ejzenštejn zusammen mit V. Pletnev, einem Dramenschriftsteller und Theoretiker des Proletkult, geschrieben hatte, kam er in die Žitnaja-Straße. Hier befand sich die ‹Erste Filmfabrik› – der ehemalige und noch nicht umgebaute Raum des Filmstudios von A. Chanžonkov. Ein kleines Atelier mit einer Glasabdeckung, in der Art eines Fotoateliers. Ein Hof für den Bau von Bühnenbildern im Freien. Steile Treppen. Ein enger Raum und die feste Überzeugung, daß man alles auch mit solchen Mitteln neu machen könne.

Der Direktor war B. A. Michin. Davor hatte Michin als Künstler im MChAT* gearbeitet. Wahrscheinlich ist sein Name unbekannt, aber er ist der Name eines großen Erfinders.

Er hat den Fundus erfunden.

Vor ihm hatte man Bühnenbilder entweder gemalt oder allenfalls aus echten Materialien gebaut, zusammengeleimt, aus Holz gezimmert – was man jedoch selten tat. Michin hatte sich eine sehr einfache Sache ausgedacht: Aus Rahmen und doppeltem Furnierholz machte er einen stabilen Fundus, den er mit Schraubzwingen zusammenschraubte. Dies wurde im MChAT Usus. Das Theater bekam eine stabile montierbare Wand – die Basis der Bühnenbilder. Die ganze Welt macht das heute nach. Damals blieb es unbemerkt; Michin hat es nicht patentieren lassen.

Später wurde er Filmregisseur und drehte ‹Abrek Zaur›, einen Film über einen kaukasischen Räuber und großartigen Reiter. Die Rolle des Abrek spielte der Ossete Bestaev. Tollkühn, wie er aufs Pferd sprang. Der Film hatte einen unwahrscheinlichen Erfolg.

* MChAT: Moskauer Künstlertheater (Anm. d. Ü.)

Hierhin ging Sergej Ejzenštejn mit einem schlechten, langen Drehbuch. Man ließ ihn eine Probeaufnahme machen. Er filmte eine Versammlung. Er machte das auf übliche Weise, ohne Montage, also in langen Stücken und theatralisch, ohne etwas hervorzuheben. Man ließ ihn eine zweite Probeaufnahme machen. Er filmte das Verhör eines Revolutionärs. Der Revolutionär stieß in seiner Entrüstung ein Tintenfaß um, fluchte dann. Alles war schlecht. Dem Regisseur standen nur zwei Versuche zu, nicht mehr. Damals machten Michin und Tissé eine Notiz, die sie vor Ejzenštejn versteckten. Sie schrieben, daß die Proben schlecht, der Mensch jedoch sehr interessant sei; sie seien von ihm überzeugt und bäten darum, ihn auf ihre eigene materielle wie auch moralische Verantwortung einen dritten Versuch machen zu lassen.

Ich will nun von der Szene erzählen, die gewissermaßen nicht hätte gefilmt zu werden brauchen, aber mit ihr begann Ejzenštejns kinematographische Arbeit.

In der Kunst braucht man nicht unbedingt so zu reden wie im Leben. Man muß das sagen, was das Leben braucht. In dem Drehbuch gab es folgende Szene: Man will einen Streik in Mißkredit bringen. Die Polizei pflegte sich in solchen Fällen an das Lumpenpack zu wenden; Halbstarke provozierten ‹Unruhen›. Wir wußten, daß heruntergekommene Menschen am Stadtrand in Erdlöchern und im Müll hausten.

Der Müll faulte, das wärmte.

Sie hausten in Fässern. Die Fässer hatte man natürlich auf die Seite gelegt, um sich vor dem Regen zu schützen. In einem solchen Faß lebte auch Diogenes. Allerdings nicht in einem Faß, sondern in einem großen Weinkrug. Das war aber auch noch eng. Und in unserem Klima wäre es sehr kalt gewesen.

Sergej Michajlovič filmte die folgende Szene: Ein weites, mit Gerümpel übersätes Feld. Wie ein Banner hängt der Kadaver einer Katze da. Ein alter Zwerg kommt. Er gibt ein Zeichen; aus allen Fässern, die mit ihren Öffnungen direkt zum Himmel gerichtet sind, kam die Versammlung der Gauner hervor. Das war ganz unwahrscheinlich, ganz unwirklich, aber eindrucksvoll.

Fast alle begeisterten sich damals für das Exzentrische, das Unerwartete. Auf jeden Fall ging diese Bildszene in den Film ein. Ähnliche Bildszenen gab es sonst nicht in dem Film. Er enthielt präzise hervorgehobene, interessante und überraschende Momente: die Sprengung der Demonstrationen, die Kosaken, die auf dem Kamm eines Hügels auftauchen. Und das war montiert mit einer Zeitung, in der ein Befehl zur Unterdrückung von Unruhen abgedruckt war. Da war ein grandioses, mit Toten übersätes Feld, die Zwischentitel zählten alle Orte auf, an denen Arbeiterdemonstrationen zusammengeschossen worden waren, erwähnt wurde die Unterdrückung von Demonstrationen. Dann folgte der Titel: «Denkt daran, Proletarier!» Solch eine Erschießung hatte es nie gegeben, solche Schlachtfelder gibt es nur im Krieg, wenn die Armeen durchmarschieren, doch so eine Glut der Repressionen hat es gegeben. Das war zu Recht hervorgehoben, zu Recht gesagt, und es gab dem Film ein überzeugendes Ende.

Der Film ist heute im Filmbewußtsein aufgenommen, doch Ejzenštejn selber hatte ursprünglich über den ‹Streik› gesagt, daß er ganz spitzwinklig, ganz widersprüchlich sei. Der ‹Streik› erhielt im Westen eine Silbermedaille – unerwartet, denn ‹Streik› ist ein revolutionärer Film. Man hatte ihn im vorsichtig-friedlichen Paris prämiiert.

Was man zu verschiedenen Zeiten mit dem Wort ‹Sujet› gemeint hat

Die Vergangenheit ist in uns, bestimmt uns, auch wenn die Jugend das verneint. Es war beides da: das Verständnis für eine neue Bedeutung der Kunst, aber auch die Verneinung aller Bücher der Vergangenheit.

«Rühmt mich!
Ich bin mehr wert als die Großen.
Ich stelle über alles, was gemacht ist,
das ‹nihil›.

>   Niemals
>   will ich etwas lesen.
>   Bücher?
>   Was sind Bücher!
>   Ich habe einst gedacht –
>   Bücher macht man so:
>   es kam ein Dichter,
>   leicht öffnete er den Mund,
>   und sogleich begann der inspirierte Tropf zu singen –
>   bitte!
>   Doch es wird klar –
>   bevor zu singen er beginnt,
>   geht lange man, bekommt man Schwielen vom Umherirrn,
>   und leise wälzt im Schlamm des Herzens sich
>   die dumme Plötze der Vorstellungskraft.
>   Einstweilen kocht man noch, auf Reimen fiedelnd,
>   aus Liebesglut und Nachtigallen irgendeine Brühe,
>   die zungenlose Straße krümmt sich –
>   sie hat nichts, um zu schreien und zu reden.»

(V. Majakovskij. ‹Wolke in Hosen›)

Schöne Worte darüber, wie schwer es ist, Bücher zu schreiben, und wie sich die «Plötze der Vorstellungskraft» hin und her wirft. Ein realeres Bild als der geflügelte Pegasus.

Die Vorstellungskraft «wirft sich hin und her», wälzt sich. Sie ist Anstrengung.

Sergej Michajlovič hat über seinen Film ‹Streik› vieles unterschiedlich Interessantes geschrieben. 1925 veröffentlichte er den Artikel ‹Zur Frage eines materialistischen Zugangs zur Form›, in dem er voll Stolz vom ‹Streik› spricht:

«An dieser Stelle kann und darf schon nicht mehr von einer ‹Revolutionierung› der Formen – des Films in unserem Fall – gesprochen werden, da dieser Ausdruck – von einem produktiven Standpunkt aus – jeden gesunden Menschenverstand vermissen läßt. Es muß vielmehr grundsätzlich von einem Fall revolutionärer Filmform gesprochen werden, weil diese schließlich kein Resultat scharlatanhaften ‹Suchens›, sondern eher eine ‹Synthese von formaler Meisterschaft und unserem spezifischen Inhalt› ist (wie Pletnev im *Novyj zritel'* schreibt). *Revolutionäre Form heißt: Produktion adäquat aufgefundener Verfahrensweisen zur Konkretisierung des neuen Standpunkts und Zugangs zu Dingen und Phänomenen,* Produktion einer neuen Klassenideologie, des tatsächlichen Erneuerers nicht nur der *sozialen Bedeutsamkeit, sondern auch des materiell-technischen Wesens des Films,* der das aufdeckt, was wir als den ‹unserigen Inhalt› bezeichnen. Nicht durch eine Revolutionierung der Pferdedroschken-Formen entstand die Lokomotive, sondern durch eine adäquate Berücksichtigung der praktischen Entwicklung einer *neuen – bislang noch nicht aufgetretenen – Energieform –* des Dampfes.»*

Das ist zwar redegewandt gesagt, wie wir damals überhaupt redegewandt waren, aber es ist ungenau gesagt.

Reden wir von der Lokomotive.

Die Lokomotive hat Räder: sie kommen in direkter Linie von der Kutsche her. Hier ist die Aufeinanderfolge deutlich. Die Lokomotive besitzt einen Dampfmotor. Doch ist das nicht der erste Dampfmotor. Bekanntlich kommt die Dampfmaschine von der Pumpe her.

Um Wasser aus tiefen Schächten herauszupumpen, braucht man nur an die Pumpe, die bereits existierte, an die Röhre des Kolbens, einen neuen Motor anzuschließen. Das Prinzip der atmosphärischen Maschine eines Newcomen war, unter dem Kolben Dampf einzuführen, den Dampf abkühlen zu lassen, so daß unter dem Kolben ein geringerer Druck entstand als der atmosphärische, das sogenannte Vakuum. Unter dem

---

* Dt. Übersetzung zit. nach: Sergej M. Eisenstein: ‹Schriften 1/Streik›, a. a. O., S. 232 f (Anm. d. Ü.)

atmosphärischen Druck ging der Kolben nach unten. Die Kolbenstange war mit dem Waagebalken verbunden, und der Waagebalken bewegte den Kolben der Pumpe. Das Genie Watts, so sagt Marx, besteht darin, daß er in dieser Maschine den universalen Motor erblickte. Er kam darauf, daß man die Auf- und Abbewegung nur in eine Drehbewegung zu verwandeln brauchte. Er vervollkommnete die ‹Pumpe›, indem er den Dampfverdichter schuf, um so nicht den Zylinder selbst – der dann wieder erhitzt werden mußte –, sondern den ausgestoßenen Dampf abzukühlen.

Der Weg zu Neuem ist kompliziert. Das Neue stützt sich auf das Alte. Um die geradlinige Bewegung des Kolbens in eine Drehbewegung umzusetzen, pumpte die Pumpe in Watts Fabrik ursprünglich das Wasser in einen Behälter – von wo es auf ein Mühlrad floß, und die Achse des Rades drehte dann die Werkbänke.

Die Lokomotive ist eine Montageerfindung. Doch die Elemente dieser Montage haben jeweils einen neuen Sinn bekommen. Nicht sofort und nicht für immer hat man die Energie von dem Dampfmotor erhalten. Die Räder werden später ihre Energie von dem Dieselmotor, dem Elektromotor und der Gasturbine erhalten.

Sergej Michajlovič hat dies begriffen. Er wußte, daß man den einen Gegenstand nicht durch einen anderen ersetzen kann. Man muß das Aufbauprinzip einer Sache heraussondern und es neu verwenden.

In seinen Vorlesungen sagte er zu seinen Studenten: wie hat der Mensch das Fliegen gelernt? Zunächst wollte er den Vogel direkt nachbilden. Doch die Flügel trugen ihn nicht, hielten nicht. Er betrachtete sich den Vogel etwas genauer und erkannte, daß sein Flügel mehrere Funktionen erfüllt: er ist Tragfläche und zugleich auch Propeller. Der Mensch zerlegte diese Funktionen und übertrug sie auf verschiedene Teile, die er auf neue Art und Weise vereinigte, und erhielt so das Flugzeug. So ist das dialektische Denken, sagte Ejzenštejn – so denkt der Künstler, wenn er die Wirklichkeit erkennt und umgestaltet. Man kann noch ein Beispiel hinzufügen: Von den ersten Lokomotiven ist bekannt, daß sie eiserne Beine hatten – sie hatten gehen sollen.

Im ‹Brokgauz-Efron›* gibt es einen Hinweis auf Sprechmaschinen (der Band ist 1893 erschienen): «Der Gedanke, eine Maschine zu konstruieren, die mit menschlicher Stimme sprechen kann, ist sehr alt . . . Um 1841 kam die Maschine Fabers aus Wien auf . . . Der Ton wurde mit Hilfe eines Membrans und eines Mundstücks mit einem elfenbeinernen Zäpfchen erzeugt und kam aus dem Kautschukmund einer Puppe heraus, der dem menschlichen Mund glich.»

---

* Von Brockhaus (Leipzig) und Efron (Petersburg) herausgegebenes Universallexikon des vorrevolutionären Rußland (1890–1907 in 82 Bdn.) (Anm. d. Ü.)

Doch nicht dieser menschenähnliche Puppenkehlkopf sollte zu sprechen anfangen, sondern das Grammophon, das auf neue Art das Prinzip der Tonschwingungen wiedergab.

Ejzenštejns Denken ist dialektisch. Jedes Ding sah er in seiner Vergangenheit und Zukunft; Statik existierte für ihn nicht: in ihr entdeckt er unausgeschöpfte Stadien des Werdens. So verstand er die Geschichte und die Gegenwart: wie Stanislavskij, wie Mejerchold ist er die ganze Zeit unterwegs, er entfernt sich von sich selber, ohne etwas aufzugeben, ohne zu verzichten, wobei er aber das Wesen der Sache in jedem neuen Ding uminterpretiert und nachbildet. Sein Wesen ist prinzipientreu.

Die menschliche Kultur ist ‹montagehaft›. Die Vergangenheit verschwindet nicht. Sie geht umgedeutet in die Gegenwart ein. Doch der von der Vergangenheit geschaffene Begriff verbindet sich mit neuen Bildern und dient anderen Menschen. Den Flug des Vogels ahmte Ikarus nach, doch wir erforschen heute erneut den Flug des Vogels und die Bewegungen des Delphins und führen Elemente der Bionik in die neue Technik ein.

Das ‹Neue› erscheint als Umdeutung des Alten, es ist die dialektische Anwendung des Alten. Daher läßt sich auch die Geschichte nie abschaffen. Wir sagen uns nicht von ihr los, sondern wir montieren sie.

Die ‹Kinoki›, unter ihnen selbst Dziga Vertov und sein begabter Bruder Michail Kaufman, ein hervorragender Kameramann und Schöpfer von Dokumentarfilmen, die zu Unrecht vergessen sind, negierten die Kunst überhaupt. Sie sagten, daß an die Stelle kinematographischer Werke die schlichte Aufzeichnung eines Faktums treten werde, die *Kinopravda*. In der *Kinopravda* gab es eine politische Richtlinie, es war dabei die Rede von der politischen Wahrheit. Doch sie hatten auch noch eine andere Bezeichnung – *Kinoglaz*. Das war bereits eine objektivistische Definition: stell die Kamera auf und filme! Man behauptete, die Kamera sei besser als das Auge, man müsse das Auge gleichsam abschaffen, das Auge sehe montagehaft.

Das ist vollkommen falsch. Ganz gleich, was wir auch an unserem Auge befestigen, um zu sehen, wir müssen die Sehzentren unseres Gehirns benutzen: das Gehirn ist das Hauptglied in dem Aggregat unseres Sehvermögens.

Die ‹Kinoki› negierten, wie auch viele Anhänger des LEF, die Kunst. Ejzenštejn war zwar nicht vorsichtiger, aber vernünftiger. Er lehnte das ‹Sujet› ab, wobei er das Sujet als ‹Intrige› verstand.

Doch schon Anton Čechov verstand die Sache anders, wenn er sagte: «Das Sujet soll neu sein, aber die Fabel kann fehlen.»[7]

Wenn Sergej Michajlovič vom Film sprach, stellte er die Montage an die erste Stelle. Die Dreharbeiten, die selbständige oder vom Regisseur bestimmte Arbeit des Kameramannes war für ihn der erste Schritt,

Fotografieren, Vergleichen, Verknüpfen – das alles war bereits Kunst. Die Gegenüberstellung der Einzelteile und das Vergleichen der Fakten mußte der erste Schritt des künstlerischen Schaffens sein.

Wenn damals vom Sujet die Rede war, hielt man es für die Abfolge von Ereignissen in einem Werk.

Dazu ein Beispiel.

«Eins, zwei, drei, vier, fünf» – das ist die Exposition.

«Ein Häschen ging spazieren. Plötzlich taucht der Jäger auf und schießt direkt aufs Häschen» – das ist bereits der Konflikt.

«Piff-paff, ei, ei, fein! Da stirbt das kleine Häschen mein» – die Lösung. Die Sache scheint völlig klar.

Doch das Sujet ist auch hier kompliziert. Man muß wissen, daß es ein Abzählreim ist. Die ersten Wörter «Eins, zwei, drei, vier, fünf» sind die Hauptsache in diesem kleinen Werk; sie legen fest, daß hier die Wörter ein Ersatz für das Zählen sind, sie sind dem Zählen untergeordnet und tarnen es.

Ich bestreite im vorliegenden Fall nicht die Bedeutung des Todes des Hasen. Die Mitteilung über die Ereignisse lenkt die Aufmerksamkeit ab; sie ist die Fortsetzung des Genres des Abzählreimes als Spiel.

Das Sujet, die Konstruktion des Ganzen ist nicht ohne die Analyse ihrer Anwendung zu verstehen. Wir erkennen die Welt, indem wir sie zergliedern. Wir geben sie mit unseren Worten wieder, zergliedern sie durch Phrasen. Das Auseinanderreißen der Zeile kam verhältnismäßig spät auf, wie auch die Großbuchstaben erst spät aufkamen. Der Großbuchstabe – das ist schon eine Spur der Montage, das Abtrennen des einen Gedankens von dem anderen, der einen Wahrnehmung von der anderen.

In der Sprache existiert das Wort nur als etwas Allgemeines. Erst mit Hilfe der Montage wird es konkret. Aus Wörtern bauen wir Sätze, wir trennen sie ab, führen sie zusammen, schmücken sie durch die Wahl des Wortmaterials aus. Wir schaffen Szenen, zerhauen sie in Kapitel. Außerhalb der montagehaften Wahrnehmung gibt es wahrscheinlich gar keine Wahrnehmung. Die Unterteilung in Akte, der Vorhang waren früher eine ‹Schere› in der Hand des Regisseurs.

In die Lektüre alter Bücher vertieft, fuhr Ejzenštejn in seine eigene und in unsere gemeinsame Zukunft auf den Geleisen der Geschichte, auf den Geleisen der menschlichen Psychologie, deren Gesetze er veränderte und nutzte.

Die Geschichte der kinematographischen Montage ist komplex. Visuell läßt sich etwas blitzschnell darstellen – wie ein Gespenst in einer kurzen Bildszene, es grenzt nicht die Zeit ein. Das Wort verläuft in der Zeit. Im Theater herrschte das Wort.

Der Übergang zum Tonfilm zerstörte zunächst die bereits entdeckte und bewußt gewordene Konstruktion der Filmmontage. Man wollte die Kontinuität der Bewegung wiederherstellen, weil das Wort ausgedehnt ist, weil es viele hören. Das Wort hob wieder den Helden in der Menge hervor.

Nehmen wir den Versroman ‹Eugen Onegin›. Es geht nicht allein um Eugen Onegin und sein Schicksal. In einer parodistischen Strophe des siebenten Romankapitels merkte Puškin in Kursivschrift an:

> «Vom jungen Freunde will ich singen
> Und von der Fülle seiner Grilln.
> Lobpreise meine langen Mühn,
> O du, die Epikerin Muse!
> Und reich den sichern Stab mir her,
> Laß mich nicht irren kreuz und quer.»

Damit endet die Kursivschrift.

> «Genug. Hinweg die Bürde von den Schultern!
> Den Klassizismus ehrte ich:
> Zwar spät, doch nennt's ein Vorwort sich.»

Ein Dichter hat andere Wege, einen anderen Zugang und einen anderen Stab für sein Sujet. Es ist die «Einheit einer eigenständigen moralischen Beziehung des Autors zu dem Gegenstand»[7a], die Tolstoj für die Grundlage der Einheit eines jeden Werkes hielt; das ist die Suche der lebenden Seelen in Rußland, ja der Seele dieses Landes selbst.

Nun braucht man allerdings nicht die Selbstaussagen der Dichter mit den tatsächlichen Gesetzmäßigkeiten ihres Schaffens zu identifizieren. Die Menschen, die im Streit ihre Selbständigkeit und Priorität unter Beweis stellen, meiden manchmal die direkte Beschreibung ihres Weges, das heißt die Analyse der Fehler, die einer Entscheidung vorausgingen und nicht nutzlos waren.

Der ‹Streik› hat sozusagen keinen Autor. In den Montagelisten steht, daß das Drehbuch von einem Proletkult-Kollektiv verfaßt und von einer Arbeitergruppe des Proletkult-Theaters gefilmt wurde. An dritter Stelle werden Sergej Ejzenštejn und Eduard Tissé erwähnt. Das war ein Tribut an die Zeit. Majakovskij gab, ohne seinen Namen zu nennen, ‹150000000› heraus, und am Anfang hieß es:

> «150000000: so heißt der Meister dieses Poems.
> Die Kugel ist der Rhythmus
> Der Reim das Feuer von Gebäude zu Gebäude
> 150000000 sprechen mit meinen Lippen.
> Mit der Rotationsmaschine der Schritte
> wurde in der Steinschleuder der Plätze
> Diese Ausgabe gedruckt.»

Sujet, Konflikt und Montage von ‹Streik›

Was ist nun der Inhalt der Kunst und überhaupt, warum braucht man in der Kunst zur Wiedergabe eines Inhalts Sujets?

Das Wort ‹Sujet› ist ein Übersetzungslehnwort, die wörtliche Übersetzung des französischen Wortes für ‹Gegenstand›.

Der Film ‹Streik›, den man im Proletkult hergestellt hat (die Dreharbeiten wurden im Ersten Goskino*-Studio durchgeführt), war als fünfter Teil einer auf sieben Teile angelegten Filmfolge über den revolutionären Kampf gedacht. Die übrigen Teile wurden jedoch nie realisiert. Die Sujets waren im Plan als Stadien des revolutionären Kampfes verzeichnet.

Aber es gab keine deutliche Autorenbeziehung, keine persönliche Beziehung. Es gab keine neue Entdeckung, keine neue Anwendung des Dampfes und auch keine dialektische Umdeutung des Phänomens der Kunst als Ausdruck eines neuen Weltempfindens.

Die Geschichte des ‹Streiks› ist erstaunlich. Das Drehbuch umfaßte zusammen mit dem Prolog genau zehn Seiten. Dabei nahm allein der Prolog vier Seiten ein, das heißt annähernd die Hälfte. Heute sieht dieses Drehbuch wie eine Parodie aus. Keine Angaben zur Handlung, aber ständig werden kinematographische Verfahren angeführt – wir nannten das damals ‹Mißbrauch der Kamera›.

Um den Leser nicht zu langweilen, führe ich einfach der Reihe nach lediglich die ersten Pläne dieses Drehbuches auf.

«1. *Amerikanische Blende. In Großaufnahme.* Eine Münze dreht sich in der Horizontalen und bleibt mit dem Zarenbild [zum Zuschauer] stehen.

2. *Weite Totale.* Ein Sumpf.

3. *Überblendung.* Arbeiter arbeiten.

4. *Weite Totale.* Torfarbeiten.

5. Das Gesicht des Direktors.

6. *Weite Totale.* Ein Fluß.

7. Arbeiter im Wasser.

8. *Überblendung. Weite Totale.* Ein Damm.

9. Eine Mühle in Betrieb.

10. *Überblendung.* Eine Lichtung.

11. Schächte.

12. *Überblendung. Weite Totale.* Das arbeitende Werk (von oben).

---

* Goskino: 1922 gegr. Staatliche Filmgesellschaft zur Koordinierung der Filmaktivitäten (Anm. d. Ü.)

13. Ein Wasserfall.

14. *Überblendungen. Weite Totale.* Die Fabrik (das Innere).

15. Der Direktor in Galoschen.

16. Eine Eisenbahnlinie mit Arbeitern.

17. *Überblendungen.* Eine Eisenbahn.

18. *Überblendungen.* Quer dazu eine andere Eisenbahn.

19. *Überblendungen.* Die Fabrik. Eine dritte Eisenbahn.

20. *Überblendungen.* Drei Eisenbahnen. Die Gestalt des Direktors.

21. Der Direktor und (*Überblendungen*) [Arbeiter] beim Entladen.

22. *Überblendung.* Die Kuzneckij-Brücke.

23. *Überblendungen.* Durch die Petrov-Straße [fährt] ein Auto mit dem Direktor.

24. *Überblendungen.* Eine Bank, die Petrov-Straße, die Kuzneckij-Brücke.

25. *Überblendungen.* Die Bank (das Haus). Der Schalterraum (von oben).

26. *Überblendungen.* Das neunzehnte Safe öffnet sich.

27. Der Direktor mit zwei [Bankangestellten] – gibt eine Anweisung. Aktien.

28. Geld wird hin und her gedreht.

29. Eine Münze.

30. Ein Polizist.

31. Die Entlohnung der Arbeiter (Kleingeld, Lohnbuch, Bußgelder).

32. *Weite Totale.* Außenansicht einer Arbeiterbaracke.

33. *Halbtotale. Überblendung.* Die Baracke (Innenansicht). Man kommt von der Arbeit.

34. *Nahaufnahme.* Eine Schüssel. Rundherum Hände mit Löffeln.

35. *In voller Größe.* Arbeiter schleppen einen Eimer, aus dem Eimer steigt Dampf.

36. *Großaufnahme.* Eine Schüssel. Über die Einstellung hinweg fließt Suppe. Eine Kartoffel und ein Stierauge.

37. *Nahaufnahme.* Die hungrigen Gesichter von Arbeitern, die nach unten schauen.

38. *Großaufnahme.* Die Oberfläche der Suppe, darin schwimmt die Kartoffel und das Stierauge. Ein Auge kommt auf die Kamera zu. *Amerikanische Blende.*

39. Das Auge beginnt zu leben, davor erscheint [. . .] ein Lorgnon. *Die amerikanische Blende öffnet sich ein wenig.*»

Weiter geht es weniger erfindungsreich.

«40. *Halbtotale.* Die üppige Auslage eines Delikateßgeschäftes.

41. *Halbtotale.* Durch das Schaufenster sehen der Direktor und eine dicke Dame.

42. *Halbtotale.* Die Petrov-Straße kommt auf die Kamera zu.

43. *Überblendungen.* Die Petrov-Straße, Autos (*Großaufnahme*) fahren (vor der sich bewegenden Kamera weg).

44. *Überblendungen.* Autos fahren. Eine Glastür dreht sich.

45. *Überblendungen.* Autos. Aus der Ferne kommt das Gesicht des Direktors auf die Kamera zu. *Großaufnahme.* Er setzt einen Zylinder auf.

46. *Überblendungen. Großaufnahme.* Das Gesicht des Direktors. *Großaufnahme.* Ein Abendessen im Detail.

47. *Weite Totale.* Das Abendessen im Panorama.

48. *Überblendung.* Panorama: das Abendessen und ein gedeckter Tisch (von oben).

49. *Weite Totale von oben.* Der gedeckte Tisch (*in die Einstellung hinein*). Hände gehen im Kreis. Sie stoßen an. Eine Gruppe von Gläsern kommt auf die Kamera zu.

50. *Halbtotale.* Die Gruppe anstoßender Gläser. *Überblendung. Großaufnahme.* Das lachende Gesicht der Petrovskaja.

51. Das Gesicht der Petrovskaja. Titel in der Diagonale: JUWELIER-LADEN FABERŽE. In der Mitte eine Gruppe von Flakons, sie drehen sich langsam nach rechts.

52. Faberže. *Überblendung.* Brillanten drehen sich nach links.

53. Brillanten und Parfums. *Überblendung.* Aus Flaschen spritzt Sekt in verschiedene Richtungen.

54. *Überblendung.* Es fließt Sekt. Die Oberfläche eines mit Sekt gefüllten Bassins.

55. Das Bassin. *Überblendung.* Die Beine der Petrovskaja (*Halbtotale*) tauchen in den Sekt ein.

56. *Überblendung. Nahaufnahme.* Bis zur Brust in Sekt kommt die Petrovskaja ins Bild. *Überblendungen.* Richtet sich zwar aus dem Bassin auf (*Halbtotale*).»*

Die Bourgeoisie amüsiert und korrumpiert sich. Die Bourgeois sind sehr reich, essen viel, trinken viel. Sie haben Juweliergeschäfte, Brillanten und Parfums, und sie baden eine Frau mit weißem Teint – sie wird in ‹fünf Überblendungen› gezeigt – in Sekt. Die Herren Bourgeois trinken den schäumenden Sekt aus der Wanne. Zur gleichen Zeit wäscht eine Wäscherin die Wäsche. Die Wäsche schimmert weiß in dem Seifenwasser. Welch eine Gegenüberstellung.

Die Bourgeoisie lebt gut, die Arbeiter leben schlecht.

Alles hat seine Richtigkeit.

Und wie sonderbar es auch scheinen mag, es ist nach dem Diktat Ejzenštejns von Grigorij Aleksandrov geschrieben worden. Bemer-

---

* Dt. Übersetzung zit. nach Sergej M. Eisenstein: ‹*Schriften 1/Streik*›, a. a. O., S. 53–55 (Anm. d. Ü.)

kenswerte Menschen haben daran gearbeitet.

Später «wurde die Hand der Krieger müde des Streitens».

Die Teile werden immer kürzer.

Der ganze dritte Teil besteht zum Beispiel aus 24 Einstellungen, der fünfte Teil aus 13 Einstellungen, der siebente nur noch aus 8.

Der Epilog wird durch ein Zitat von Lenin gekennzeichnet: «Die Streiks waren Lehrstunden des bewaffneten Aufstands.» Wie dies zu verstehen sei, wurde im Drehbuch nicht gesagt.

Doch im Film wurde es gezeigt.

Die alten Meister kannten einen Ausdruck: «Was die Augen fürchten, vermögen die Hände.»

Hände bei der Arbeit. Die Bewußtwerdung der Arbeit zeigt sich oft erst im Ergebnis der Arbeit. Es ist ein Vorgefühl des Streites, wenn Ejzenštejn schreibt:

«Die Form der Sujetbearbeitung des Inhalts – im vorliegenden Fall das erstmalig verwendete Verfahren einer Drehbuchszenarien-Montage (das heißt deren Konstruktion nicht auf der Basis irgendwelcher allgemein anerkannter Dramaturgie-Gesetze, sondern Inhaltsdarstellung mit Hilfe von künstlerischen Verfahren, die eine Montagekonstruktion grundsätzlich bestimmen, etwa in der Organisation chronikalischen Materials) – und die adäquate Ausrichtung des Blickpunktes aufs Material erwiesen sich im vorliegenden Fall als die Folge einer grundlegenden formalen Vergegenwärtigung des vorliegenden Materials, eines formal grundlegend erneuernden und (historisch) primär determinierten Regie-‹Tricks› bei der Konstruktion eines Films.»*

Ich muß bekennen, daß ich an diesem Absatz schuld bin, weil ich diesen Begriff von der ‹Kunst als Verfahren› ziemlich früh schon, im Jahre 1916, aufgebracht habe, nur definierte ich nicht, was ich unter Verfahren verstand.

Die Griechen hatten es besser gewußt als ich, sie nannten die Hauptelemente eines Werkes ‹Schemata›. Das Schema ist ursprünglich die sorgfältig überprüfte Bewegung eines Gymnastikers.

Sie führten den Begriff der sorgfältig überprüften Strukturen ein und glaubten natürlich nicht, daß die Schemata das Wesen eines Kunstwerkes ausmachten oder daß durch ihre Summierung bereits ein Kunstwerk entstehen würde.

Ejzenštejn machte hierzu eine Anmerkung: «Dazu ist übrigens zu bemerken, daß infolgedessen in der Darstellungstechnik selbst – in ‹Streik› und in den anderen Serien des Zyklus ‹Zur Diktatur› – das Moment eines eigentlichen Szenariums fehlt und ein Sprung vorliegt:

---

* Dt. Übersetzung zit. nach Sergej M. Eisenstein: ‹Schriften 1/Streik›, a. a. O., S. 231 (Anm. d. Ü.)

Das Thema ist eine Montageliste, etwas, was logischerweise gerade dem Montagecharakter der Sache völlig entspricht.»*

Der Prolog, von dem wir gerade gesprochen haben, wurde überhaupt nicht gefilmt. Von ihm sind zwei Worte übriggeblieben. Er endete so: «In der Fabrik ist alles ruhig – aber . . .» Der Titel wurde angehalten . . . dann tauchte um das Wort ‹aber› herum ein Kreis auf** – und die Geschichte begann.

Was für ein ‹Aber› tauchte jedoch in der Fabrik auf?

Die Schürzung des Handlungsknotens ist der Selbstmord eines Arbeiters. Es ist ein Spielfilm, ein sehr zugespitzter, tragischer Film mit wirbelwindartiger Handlungssteigerung.

Die Attraktionen sind die immer heftigeren Zusammenstöße.

Der Streik selbst beginnt gleichsam damit, daß die Arbeiter zu einem halb bäuerlichen Leben zurückkehren, es tauchen sogar Enten und Gänse auf, eine beinahe friedliche Wirtschaft, eine gutmütige Siedlung, die durchaus nicht kriegerisch zu sein scheint.

Dann spitzt sich alles immer mehr zu.

Und immer – ich erinnere mich noch an die Zeit meiner Kindheit und Jugend – schrieben die Regierungszeitungen von ‹Unruhen›, wenn sie von Streiks berichteten.

Das heißt, man mußte ‹Unruhen organisieren›. Das war gut geplant. Auf die Unruhen setzte man das Lumpenpack an, das seine eigenen Beziehungen zur Polizei hatte. War ein Mensch mehrmals von der Polizei festgenommen worden, konnte er nicht leben, wenn er nicht Beziehungen zur Polizei hatte. Zunächst sind sie nachsichtig-duldend, dann entsteht eine Zusammenarbeit. Auf diese Weise wurde der Zuchthäusler Vidocq zum Leiter der Pariser Polizei. So wurde zu Zeiten Katharinas der Zuchthäusler Vanka-Kain – ein bekannter Räuber, der an der Wolga sogar den grusinischen Kronprinzen beraubt hatte – zum Denunzianten, der geschickt ‹Wort und Tat› nutzte, und danach zum Chef der Polizei, was aber nicht verhindern konnte, daß er an der Sache mit den Skopzen scheiterte.

Unter den Skopzen gab es mächtige Kaufleute, die stärker waren als der Dieb. Der Polizist Vanka-Kain kam in ein Zuchthaus bei Reval, wo er auch starb.

In Ejzenštejns *Streik* ist das Lumpenpack sehr eindrucksvoll, grotesk, aber allzu ‹spielerisch› dargestellt. Bereits bei der Erstaufführung des Films habe ich in einem Aufsatz über seine entscheidende Bedeutung geschrieben.

---

* Zit. nach ebenda (Anm. d. Ü.)
** ‹HO› die beiden kyrillischen Buchstaben des russischen Wortes für ‹aber›, werden zu O. (Anm. d. Ü.)

Im zweiten Teil des Drehbuches geht alles in Blenden und Überblendungen vor sich. Mehr als zehn Überblendungen, ebenso viele Blenden. Wie erklärt sich diese Überfülle? Damit, daß die Aufgabenstellung durch abgehackte Teilstücke verwirklicht wird. Im Film hat sich all das geändert. Jetzt, wo man Ejzenštejn druckt, sollte man gleichzeitig das Drehbuch als Forderung und die Montagelisten mit den Einstellungsnotizen des Werkes bringen. In dem Film ist alles konkret. Die Kamera fehlt sozusagen. Die Schürzung des Handlungsknotens beruht darauf, daß die Arbeiter unzufrieden sind. Doch der Anlaß des Streiks ist, wie wir schon sagten, die Tatsache, daß man einen Arbeiter zu Unrecht des Diebstahls beschuldigte. Er erhängte sich. Die Fabrik streikte. Die Gießerei wollte nicht streiken. Man zwang sie dazu. Im Kontor wurden die Scheiben eingeschlagen.

In dem Film haben die Menschen, die in Aktion gezeigt werden, alle ‹ihre eigene Geschichte›, und diese Geschichten sind nicht spielerisch, sondern dramatisch.

Die Fabrik streikte: gezeigt wird ein Arbeiter, er schläft, den Kopf mit irgendwelchen Lumpen abgedeckt.

Ein winzig kleiner Junge weckt ihn. «Papi, es ist Zeit . . .» Das Kind kennt die Unabänderlichkeit der Arbeit. Danach spielen sie. Der nächste Gedanke des Kindes, als es den Vater weckt: «Papi, laß uns essen.» Aber es ist nichts zu essen da, und der Vater hat nichts zu rauchen. Eine schöne Episode, wie das Kind mit dem leeren Tabaksbeutel spielt und so tut, als würde es ihn essen.

Dann die Szene, in der eine Kosakenabteilung die Arbeiter auseinandertreibt. Die Arbeiter setzen sich hin: Auf Sitzende gehen die Pferde nicht los. In einer anderen Episode kommt ein Junge zwischen die Beine eines Pferdes. Die Mutter stürzt zu ihrem Kind hin.

Die Kosaken schlagen sie mit der Nagajka.

Die Arbeiter verteidigen sie.

Alles treibt auf einen wütenden Zusammenstoß zu.

Die Polizei paktiert auf Befehl der Fabrikbesitzer mit dem Lumpenpack.

Der Adjutant des Gaunerkönigs ist bei Ejzenštejn ein Zwerg. Das hat eine gewisse Berechtigung. Eine der Verhörszenen findet in einem Restaurant statt. Als der in Versuchung geführte Arbeiter weggeht, kriechen zwei Zwerge, ein Mann und eine Frau, auf den Tisch: sie tanzen.[8]

Im Hintergrund tanzt die Frau, sie wird gleichsam als Fallende dargestellt: so wird die Einstellung geschnitten. In dem Film hat vom Sujet her alles einen Sinn. Selbst der Samovar hat seine eigene künstlerische Geschichte, die vom Ereignis her organisiert ist.

Zunächst wird der Samovar zum Teetrinken aufgestellt, mit vielen vorzüglich beobachteten Einzelheiten, dann trinkt man den Tee. Als schließlich die Arbeitersiedlung demoliert wird, zerschlägt ein Feuerwehrmann den Samowar mit dem Strahl seiner Feuerspritze. Der Samowar war ein wichtiger Bestandteil der alten Lebensweise. Čechov hat das in seiner Erzählung ‹Die Bauern› gut dargestellt. Im ‹Streik› gibt einem der Samovar die Möglichkeit, die Härte des Angriffs der Fabrikbesitzer auf die Arbeiter zu erkennen.

Es entsteht das, was Andrej Belyj das ‹Sujet in den Details› genannt hat. Der Film ist ein Massenfilm, in ihm handelt die Masse, doch diese Masse hat ihre eigene Geschichte, ihre eigenen Peripetien. Die Spitzel, die die Arbeiter beobachten, haben Pseudonyme: Eule, Bär, Fuchs usw. Sergej Michajlovič zeichnete in seiner Kindheit die Menschen gerne in Tiergestalt. Wußte er als Knabe, daß auch Leonardo da Vinci solche Skizzen schon gemacht hatte? Während der patriotischen Demonstrationen von 1914 hatte Ejzenštejn diese als Demonstration von Tieren gezeichnet, die patriotische Plakate tragen. Das war die erste revolutionäre Aussage Ejzenštejns. Die Tiere sind Charakterzüge der Menschen – das ist nicht nur eine Metapher, sondern eine Verwandlung. Die Polizeispitzel waren mit Fotografien in einem Verzeichnis festgehalten. Die Fotografien wurden in dicke Albenblätter gelegt – wie man es in den bourgeoisen Familien machte. Sie wurden damals nicht auf Pappkarton aufgeklebt, sondern in die Seiten eines Passepartouts gesteckt. Bei der Durchsicht eines Albums der Gendarmerie erscheinen die Fotos als lebendige Menschen – sie treten hervor, verneigen sich. Einer hatte sogar seine Schirmmütze an die Ecke einer Seite gehängt.

Das betont den Sturz eines Menschen, wie er von der Rolle eines Polizeispitzels verschluckt wird.

Ejzenštejn brauchte den harten Zusammenstoß von Bedeutungen und Bedeutungsteilen.

Dieser Film ist ein großer Film, heute noch interessanter als früher. Heute sieht man ihn sich in Paris, Deutschland und Amerika an. Dieser Film über Arbeiter, über die Zerschlagung einer Demonstration mit Hilfe von Schläuchen, über die sadistische Schonungslosigkeit faschistischer Söldner, die für diese Arbeit von höflichen grauhaarigen Menschen in Zylindern organisiert worden sind, ist heute noch realer, als er es am Tage der Dreharbeiten war.

Heute haben die Polizisten an ihren Helmen Empfangsgeräte. Wasserwerfer, auf Panzerspähwagen montiert, haben die Feuerspritzen abgelöst. Doch ‹Streik› scheint nicht veraltet. Das Leben hat den Sinn des alten Films erneuert. Die Geschichte eines Streiks hat heute ihre Bedeutung auch als Theorie des Kampfes.

An dem Film ‹Streik› hat Ejzenštejn mit denjenigen zusammengearbeitet, die auch schon an der Aufführung ‹Eine Dummheit macht auch der

Gescheiteste› beteiligt waren. Es sind diejenigen, die später mit ihm zusammen am ‹*Panzerkreuzer Potemkin*› arbeiteten; man hat ihnen den Beinamen die ‹Eisernen Fünf› gegeben: Štrauch, Aleksandrov, Gomorov, Levšin, Antonov. Später wurden sie große Schauspieler und Regisseure. Der Film hat seine eigene Dramaturgie, sein eigenes Sujet, aber eine Fabel hat er fast gar nicht – sie ist unwesentlich. Das gemeinsame Handeln der Massen war das Sujet des Films.

Vsevolod Ivanov erzählte einmal von einer Aufführung seines Theaterstücks ‹*Die Blockade*› im MChAT. Stanislavskij kam, sah etwas zu und sagte beim Anblick einer Massenszene: «Zuwenig Volk.» Es war viel Volk da. Alle schwiegen. «Hebt einmal die Hände hoch», sagte der große Regisseur, «alle, die keine bestimmte Aufgabe in der Massenbewegung haben.» Zwei Drittel derjenigen, die sich auf der Bühne befanden, hoben die Hände. «Geht mal von der Bühne.» Und zu den Übriggebliebenen gewandt: «Wiederholt die Szene.» Die Szene lief ab. «Ihr seht», fuhr Konstantin Sergeevič fort, «daß jetzt mehr Volk da ist, weil wir überblicken können, wer was tut, wir verfolgen die Handlungsweisen der Menschen, ihre Beziehungen zueinander, und jetzt erst sind es viele. Vorher war es nur ein Gedränge, und sich herumstoßen können zehntausend Menschen, und wie viele Menschen es sind, wissen wir nicht, und es interessiert uns auch nicht.»

Das neue Sujet – das war die neue Beziehung zum Menschen, zum Menschen der Menge.

Die Personen im ‹*Streik*›, wie auch im ‹*Panzerkreuzer Potemkin*›, haben ihre eigene Linie. Wir können ihnen folgen. Sie erscheinen zunächst, als rechneten sie nicht mit Aufmerksamkeit, dann werden die Aufnahmen etwas länger, und diese Verknüpfung kleiner Novellen, kleiner Skizzen erweckt einen neuen Eindruck. So erscheinen die Zuchthäusler in Dostoevskijs ‹*Totenhaus*› zuerst in weiter Totale, doch sind sie mit Familiennamen genannt. Dann werden sie aus immer größerer Nähe gezeigt. Dann folgt die Novelle über einen Zuchthäusler, seine Erzählung über sich selbst. Dann kehrt er in die Menge zurück. Wir kennen ihn nun in der Menge, er stellt sie dar, und wir können die Menschen in ihr unterscheiden. Auf diese Weise sind Ali und Petrov, Akim Akimovič und Michajlov und viele andere beschrieben.

Sergej Michajlovič selbst kannte die Schwierigkeiten seiner Arbeit. Er scheute sich schon vor der damaligen direkten Negation der Kunst. Er schrieb später: «Beginnen wir zunächst mit der Feststellung, daß ‹*Streik*› *keinen Anspruch* darauf erhebt, *über den Rahmen der Kunst hinauszugehen, worin ja letztlich auch seine Stärke liegt.*»*

---

* Dt. Übersetzung zit. nach Sergej M. Eisenstein: ‹*Schriften 1/Streik*›, a. a. O., S. 235 (Anm. d. Ü.)

Hierin sah er sein Verdienst, das Geheimnis seiner Entwicklung.

Uns interessiert heute nicht der Streit zwischen Dziga Vertov und Ejzenštejn. Wir lehnen keinen von ihnen ab. Sie sind beide, jeder auf seine Art, weitergekommen, aber sie sind Teil ein und desselben Prozesses. So wie einst der Streit zwischen Gončarov und Turgenev «nicht ein Mißverständnis, sondern der Konflikt einer Entwicklung» war.

Der ‹Kulešov-Effekt›
und die Stufen der Montage

Als Montage bezeichnen wir die Anordnung von Teilen eines Filmstreifens, die in ihrer Wechselbeziehung einen bestimmten Gedanken des Regisseurs zum Ausdruck bringt.

Noch im Jahre 1922 prägt Lev Kulešov einen Begriff, der in der Welt der Filmschaffenden die Bezeichnung ‹Kulešov-Effekt› erhielt.

Es wird eine Montagephrase genommen, das heißt eine bestimmte Kombination gefilmter Einzelteile. Eines der Teile ändert sich, und die ganze Phrase erhält eine neue Bedeutung.

Wir können das Gesicht eines Menschen (in dem Experiment, das Kulešov durchführte, war es das Gesicht von Mozžuchin) in einer Kombination aus verschiedenen Einstellungen zeigen. Abhängig davon, was mit ihm zusammen gezeigt wird – ein Essen, eine Frau, der Leichnam eines Kindes, eine Landschaft –, wird der Gesichtsausdruck des Menschen, der in Großaufnahme gefilmt wurde, von uns mit verschiedenem Sinn erfüllt.

Ich habe dieses Montageexperiment, das auf Filmmaterial fixiert und realisiert wurde, nicht gesehen. Kulešov berichtete den Mitgliedern seiner Gruppe in den Jahren 1921–1922 davon, und ich vergaß, Lev Vladimirovič danach zu fragen. Er ist bereits gestorben. Die Autorschaft dieses ‹Effekts› wurde von den Filmschaffenden Kulešov zugeschrieben. Lev Vladimirovič selber meinte, daß das richtig sei, hier aber auch irgendein anderer Name eingesetzt werden könnte. Dasselbe kann man von vielen Entdeckungen und Erfindungen sagen.

Mark Twain hat einmal geäußert, es sei nichts Erstaunliches dabei, daß Kolumbus Amerika entdeckte, weil er nämlich einen Weg wählte, auf dem man, fährt man auf den Ozean hinaus, nicht umhin kann, den amerikanischen Kontinent zu erreichen.

Erstaunlicher wäre es gewesen, wenn Kolumbus Amerika nicht entdeckt hätte.

Nebenbei bemerkt, es hat sich tatsächlich so ereignet.

Der große Seefahrer stieß auf große Inseln, die zu dem neuen Kontinent gehörten, und erkannte sie nicht: er hielt sie für die Küsten Indiens.

Sonst hätte man Amerika Kolumbien genannt.

Kulešov, der den Montageeffekt entdeckt hat, fixierte und erklärte ihn, und deshalb wird er zu Recht nach ihm benannt. In die Sprache des späteren Kinematographen übersetzt bedeutet er, daß der Sinn der kinematographischen Aussage von dem Zusammenstoß der Einzelteile abhängt.

Die spätere Auslegung dieses Effekts beruht darin, daß eine Klangreihe mit einer visuellen zusammenstößt, daß die visuelle Reihe selbst in ihrer Abhängigkeit von der Farbe auf verschiedene Art und Weise einen neuen Inhalt zum Ausdruck bringt: sie ist polyphon.

Sergej Michajlovič untersuchte die verschiedenen Montagezusammenstöße an umfangreichem Material und entdeckte dabei die Theorie der Wechselbeziehungen. Interessant ist es, daß Ejzenštejn in seinem letzten Brief an Kulešov von der Montage und der Farbe spricht.

Die großen Seefahrer der Kunst beratschlagten über die Gesetzmäßigkeiten einer Kartographie der neuen, von ihnen entdeckten Welt.

Man kann es etwa so sagen: Die Kunst entwickelt sich in einer Spirallinie, auf der eine neue Entdeckung in der Vertikalen mit Konstruktionen übereinstimmt, die sich auf den unteren Windungen der Spirale befinden.

Die Kunst verliert nichts, aber verändert alles.

Der einzelne Autor, der sein eigenes Aussagesystem entwickelt, wiederholt ebenfalls, wobei er seine Entdeckungen verändert.

Die erste Entdeckung Ejzenštejns war die ‹Montage der Attraktionen›. Das ist jene Verbindung von Spielteilen, die beim Zuschauer eine direkte Emotion hervorrufen soll, ohne sich an andere assoziative Reihen oder eine andere Bedeutungsfüllung zu wenden.

Bei der Verwirklichung dieser Absicht zeigte es sich, daß man für die Kombination der Attraktionen ein sinnvolles Verfahren braucht, mit dem man sie verknüpfen oder konfrontieren kann.

Anfangs sah er dies Verfahren in der Parodie.

Diese neue Kunsterscheinung lebte, als müsse sie sich am Geländer des Alten festhalten.

Im ‹Streik› und im ‹Panzerkreuzer Potemkin› stellte der Sinn die Verbindung her – und das war die Revolution. Die Episoden von ‹Streik› waren miteinander durch die Logik der Organisierung eines Arbeiterstreiks und des Widerstandes von seiten der Unternehmer und der Regierung verbunden.

Die Revolution von 1905 war nicht abgeschlossen; sie war sozusagen die ‹Probe›, da sie nicht die Kraft hatte, das ganze Land zu erfassen.

Sujet der sinngemäßen Verbindung von einzelnen Bedeutungsmomenten war die Steigerung der revolutionären Stimmung der Matrosen, der Aufstand, das Mitgefühl der Stadt mit dem Aufstand, der grausame Widerstand gegen diesen Aufstand, der sich in der Erschießung auf der Treppe zeigt, und die Unbesiegbarkeit der Revolution, die darin zum Ausdruck kommt, daß der Panzerkreuzer das Geschwader passiert. Das Geschwader sollte auf das Meutereischiff schießen, aber es grüßt die aufständischen Matrosen als Brüder, es grüßt, schließt sich aber nicht selbst dem Aufstand an.

Jede Zeit hat ihre eigenen Entdeckungen. In jeder Zeit wird eine Entdeckung nicht bis zu Ende geführt. Ihre Enthüllung vollzieht sich erst auf den nachfolgenden Drehungen der Spirale.

Der vorhergehende Bewußtseinszustand, der sich seine eigene künstlerische Struktur geschaffen hat, hilft dem neuen Künstler, indem er diesen Entdeckungen einen neuen Sinn gibt.

Mythologische Sujets in Skulptur und Malerei waren seinerzeit fast obligatorisch. Sergej Michajlovič wählte die einfachsten, sozusagen banalsten Konstruktionen, die allen bekannt sind, und sonderte daraus das Unbekannte, Neue aus.

Vergessen wir nicht, was Puškin in seinen Aufsätzen über das Drama sagte:

«Das Drama ist auf dem Marktplatz entstanden und war eine Volksbelustigung. Das Volk forderte wie die Kinder Unterhaltung und Handlung. Das Drama bietet ihm eine ungewöhnliche, seltsame Begebenheit. Das Volk fordert starke Empfindungen, auch Hinrichtungen sind für das Volk ein Schauspiel. Lachen, Mitleid und Schrecken sind die drei Saiten unserer Vorstellungskraft, die von der Hexenkunst des Dramas angeschlagen werden . . .

Das Drama hat den Marktplatz verlassen und ist auf Geheiß der gebildeten, auserwählten Gesellschaft in die Paläste übergesiedelt. Der Dichter wechselte an den Hof. Indessen ist das Drama seiner ursprünglichen Bestimmung treu geblieben – auf die Menge einzuwirken, ihre Neugierde zu befriedigen.»[9]

A. N. Ostrovskij wies in seinen Worten über Shakespeare auf die Traditionsgebundenheit seiner Stücke hin, hielt sie aber nicht für einen Fehler:

«Die Erfindung der Intrige ist deshalb schwierig, weil die Intrige Lüge ist, doch Aufgabe des Dichters ist die Wahrheit. Eine glückliche Hand hatte Shakespeare, der fertige Legenden verwandte: er erfand nicht nur nicht die Lüge, sondern er kleidete die Wahrheit des Lebens in die Lüge des Märchens. Die Aufgabe des Dichters besteht nicht darin, eine nie dagewesene Intrige zu erfinden, sondern darin, eine Begebenheit, selbst wenn sie unwahrscheinlich ist, mit den Gesetzen des Lebens zu erklären.»[10]

Gesetze der Motivorganisation

‹Bedienen Sie sich!› ist der Titel eines Aufsatzes, den Ejzenštejn 1932 schrieb. Darin formulierte er eine sehr bittere Erfahrung und stellte einige strittige Behauptungen auf.

Für Sergej Michajlovič hat sich niemals das Problem des Sujets gestellt. Er ging in seinen Analysen von einer Untersuchung klassischer Gegenstände aus. Sergej Michajlovič war mit Kenntnissen vollgestopft, auf seinen Schultern lagen Bücher.

Er zog Waggonladungen mit Büchern hinter sich her.

Während er Fakten miteinander verglich, versuchte er, die Leichtigkeit der Schreibweise eines Dumas zu enträtseln.

Der literarische Nachlaß Dumas' des Älteren umfaßt 1200 Bände, und diese Bände werden gelesen. Bei der Untersuchung der Struktur des Romans ‹Der Graf von Monte Cristo› von Dumas zitiert Ejzenštejn Lucas Duberton, der folgendermaßen die Entstehungsgeschichte des Sujets in diesem Roman erzählt.

«. . . Auf seiner Reise über das Mittelmeer kam Dumas an einer kleinen Insel vorbei, die er nicht betreten durfte, da die Insel ‹sich im Zustand der Ansteckungsgefahr befand› und ihrem Besucher die Quarantäne drohte. Das war die Insel Monte Cristo. Dieser Name überraschte ihn damals. Einige Jahre später, im Jahre 1843, vereinbarte er mit einem Verlag, seine ‹Eindrücke eines Reisenden in Paris› zu schreiben, doch brauchte er ein romantisches Sujet. Eines Tages stieß er zufällig auf die zwanzig Seitchen starke Erzählung ‹Der Brillant und die Rache›, die in der Epoche der zweiten Restauration spielte und in dem Sammelband ‹Die entlarvte Polizei› von Péché stand. Auch hier fand er das Sujet, von dem er geträumt hatte: Monte Cristo auf der Suche nach seinen Feinden, die sich in Paris versteckt haben.

Dann fiel seinem Mitarbeiter, dem Historiker Maquet, die Liebesgeschichte des Monte Cristo mit der wunderschönen Mercedes und der Verrat des Danglard ein. Und die beiden Freunde machten sich auf den Gleisen des ‹Grafen von Monte Cristo› auf den Weg, der aus romantischen Reiseeindrücken zu einem waschechten Roman wurde.

Der in Goa geborene Abbé Faria, ein Mondsüchtiger, dessen Versuch, einen Kanarienvogel zu Tode zu hypnotisieren, Chateaubriand beobachtet hatte, sollte das Geheimnisvolle steigern; und am Horizont zeichnete sich das Château d'If ab . . . die Kasematten des Edmond Dantès und des alten Faria . . .

In dieser Weise, den Tatsachen entsprechend, haben sich die Dinge entwickelt.

Und erleben, wie das vor sich geht, und selber daran teilhaben – das ist es, was mir am nützlichsten und produktivsten für Studenten zu sein scheint.

Die ‹Methodisten› aber, die etwas anderes predigen und andere ‹Rezepte› bejahen, sind einfach . . . Mohren, und noch nicht einmal Mohren Peters des Großen.

Doch an ‹Zufälligkeiten› gibt es bei weitem weniger, als es scheint, und die ‹Gesetzmäßigkeit› innerhalb des Schaffensprozesses ist wahrnehmbar und auffindbar. Es gibt eine Methode. Doch die ganze Gemeinheit liegt darin, daß aus einer methodologischen Einstellung nicht einmal eine Feige entsteht. Ganz genau so, wie aus dem ungestümen Strom schöpferischer Potenz, die von keiner Methode reguliert wird, noch weniger entsteht» (Bd. II, S. 64).

Das hört sich überzeugend an und sogar verächtlich gegenüber jenen, die nicht dem fröhlichen Dumas folgen wollen, dem Schriftsteller, der sogar in der Beschreibung kulinarischer Rezepte unterhaltsam ist.

Doch ‹*Der Graf von Monte Cristo*› ist ein Abenteuerroman.

Die von Ejzenštejn zitierte Arbeit ist die originelle Analyse eines literarischen Werkes, das nach dem Prinzip der Montage der Attraktionen aufgebaut ist.

Was aber verbindet die Episoden in dem Roman miteinander?

Eine bemerkenswerte Begebenheit, eine zweite bemerkenswerte Begebenheit, und im Endergebnis entsteht der komplizierte, aus mehreren Folgen bestehende Weg eines armen Menschen, der über Nacht zum märchenhaft Reichen wurde.

Der Konflikt: Armut und plötzlicher Reichtum, der dem Armen die Rache ermöglicht.

Erstens schöpft der Abenteuerroman nicht alle Möglichkeiten des unterhaltsamen Sujets aus. Zweitens werden im ‹*Grafen von Monte Cristo*› Methoden angewandt, die nicht auf Attraktionen beruhen. Die Rache des jungen Matrosen, der wegen einer falschen Aussage ins Gefängnis kam, wird vom Sujet her hinausgezögert; die Wohltaten, die er erweist, werden nicht auf einmal ausgeführt. Verkleidet bringt er einen Brillanten in das Haus seines guten alten Wirtes, danach noch weitere Brillanten; schließlich bringt er unter vollen Segeln und mit vollständiger Mannschaft ein neu gebautes Schiff als Ersatz für die bei einem Schiffsunglück untergegangene Korvette des guten Alten in den Hafen.

Auch die Rache wird hinausgezögert; sie ist mit Geheimnissen angereichert und entspricht den Verbrechen der Bösewichte: der Bankier, der den Vater des Seemanns bestohlen und an den Rand des Hungers gebracht hatte, wird von Banditen gefangengenommen; sie lassen ihn hungern und ruinieren ihn langsam, indem sie ihn zwingen, für ein einfaches Essen jeweils einige Tausend Franken zu zahlen.

Ebenso kompliziert wird der schlaue Angestellte bestraft, der die Gefängnishaft des Matrosen verlängert hatte. Den von ihm zugrunde gerichteten Sohn läßt man wieder auferstehen; seine Frau macht man zu einer Giftmischerin; die Strafe endet damit, daß ein gewisser Herr, der als Staatsanwalt auftritt, von dem Angeklagten die schreckliche Antwort hört: «Zu meiner Rechtfertigung kann ich nur sagen, daß ich der Sohn des Staatsanwaltes bin, derjenige, den der Herr Staatsanwalt töten wollte.»

Dieser Sohn war gerettet und halb zufällig von einem Schuft erzogen worden.

In dem bekannten Hindufilm ‹Der Vagabund› ist dieses ganze Schema beibehalten, doch auf anderen, vertauschten moralischen Motivationen aufgebaut. Der Vagabund ist der Sohn des Richters, der Verteidiger die Adoptivtochter des Richters. Die Mutter des Vagabunden, die unter das Auto des Richters, ihres Mannes, geraten war, liegt im Krankenhaus und wurde von ihm nicht wiedererkannt, da ihr Gesicht mit Binden verdeckt ist.

Die unterhaltsamen Attraktionen werden dann zu Sujets, wenn sie in bestimmter Weise arrangiert sind und unter dem Strom einer künstlerischen Konstruktion wirken. Die Widersprüche in der Montage, die Konflikte der Ereignisse nämlich, machen den Roman unterhaltsam.

Der Vater sitzt über den Sohn zu Gericht, der Vater ist schuldig vor dem Sohn; den Bankier bestraft man mit dem Hunger; der weise Mönch wird im Gefängnis für einen Verrückten gehalten. Und die Heldentat des Matrosen besteht darin, daß er den Verrückten anhörte und an das Unwahrscheinliche glaubte.

Im ‹Gescheitesten› besteht die Montage in der parodistischen Umkehrung der einzelnen Teile, in der Widerlegung der klassischen Motivierung der Sittenkomödie durch extravagante Motivierungen. Im vorliegenden Fall überdeckten die Attraktionen die Montage, und das verwirrte sehr die Frage, was Montage und was Sujet sei.

Dumas ist ein äußerst begabter Mensch; er schrieb die 1 200 Bände nicht nur, weil er sie aus fertigen Blöcken zusammenstellte – seine Romane sind voller Wiederholungen. Cervantes hat zwei Bände eines großen Romans geschrieben, weil er eine neue Methode gefunden hatte und die Widersprüchlichkeit des Charakters Don Quichottes bloßlegte, das Hohe mit dem Lächerlichen, die Torheit mit der Philosophie vermischte. Don Quichotte, das ist nicht ein ‹übergangsloses› Spiel, das ist der Übergang von der Verrücktheit zur Weisheit und von dem gesunden Menschenverstand zur Banalität.

Sergej Michajlovič ist ein genialer Mensch seiner Zeit. Der Regisseur hatte damals über den Dramaturgen die Oberhand gewonnen; die *Mise en scène*, das Unerwartete an ihr stieß mit einer neuen *Mise en scène* zusammen. Die völlige Umgestaltung der Einzelteile, ihr fast masken-ballhaftes Wesen, wurde damals wie eine neue Reform aufgenommen. Der ‹Streik›, der ‹Panzerkreuzer Potemkin›, der ‹Oktober›, die ‹Bežin-Wiese› – das sind Erscheinungen anderer Art. Mit ihnen ging Ejzenštejn weiter als Mejerchold.

Ich erinnere mich an einen verstorbenen Freund, an seinen Weg und die komplizierte Wiederholbarkeit der Kunst – ich spreche von der Bedeutung der russischen Kunst

L. Kulešov drehte in jener Zeit (1926) den Film ‹Nach dem Gesetz›, dem Jack Londons Erzählung ‹Das Unerwartete› zugrunde liegt.

Der Inhalt ist einfach. Eine Gruppe von Goldgrubenbesitzern hat Gold gefunden. Die Menschen versammelten sich, sie wollten wegfahren. Einer fehlt. Er kommt mit einem Gewehr und schießt auf die Kamera-den. Bis auf zwei, einen Mann und eine Frau, bringt er alle um. Die Frau greift nach seinem Gewehr. Man müßte ihn erschießen. Doch die Frau sagt, daß man ihn richten müsse. Aber es ist nicht die Zeit, nicht der Ort und niemand da, um ihn zu richten. Die Hütte ist vom Schnee verschüt-tet. Gefesselt liegt der Verbrecher da. Vor ihm die beiden Menschen, die ihn gefangengenommen haben. Sie halten über ihn Gericht, wobei sie selber Zeugen und Staatsanwalt sind. Und sie hängen ihn in Gegenwart von Indianern auf.

Ich hatte angefangen, dieses Drehbuch gemeinsam mit Lev Vladimiro-vič zu schreiben.

In anderen Erzählungen Jack Londons gibt es Lohnarbeiter. Sie hatten kein Geld, um sich eine Ausrüstung oder Hunde zu kaufen, und gingen als Tagelöhner arbeiten.

Nach langer Arbeit an dem Drehbuch war für uns Dajnen der Mörder (ihn spielte der wunderbare Schauspieler Fogel). Man kann ihn als Tagelöhner mieten. Eine Gruppe von Goldsuchern hatte kein Gold gefunden. Der Arbeiter wusch während des Abendessens der Herren das Geschirr, nahm Erde aus dem Bach, wusch sie noch einmal und fand Gold. Und in der Zwischenzeit haben die Männer seine Portion geges-sen, weil er sich verspätet hat. Aber er kommt mit einer kleinen Schüssel, und in der Schüssel war Gold. Vortrefflich zeigte Kulešov den Schatten der Hand Chochlovs über dem Gold. Dajnen steht in einem

Konflikt: seine Gefährten haben ihn bestohlen, er hatte das Gold gefunden, und sie ließen ihn nicht teilhaben. Und er hatte ihnen doch die Fundstelle gezeigt, die er vor ihnen hätte verbergen können. Deshalb greift er sie an, deshalb wird er zum Mörder. Deshalb töteten die anderen, die paarweise arbeiteten, ihn nicht sofort, sondern fesselten ihn.

Und die Herrin fragte den Mörder: «Lieber Dajnen, warum haben Sie das getan?» Er erzählt, daß er das Gold für seine Mutter brauche, die immer von ihm gesagt habe, er werde ein Galgenstrick werden, doch er hätte ihr das Gold gebracht. Alle drei weinen. Aber dann wird die Hinrichtung vollzogen.

Bis wir das Drehbuch geschrieben hatten und die Dreharbeiten durchführten, taute der Schnee, und die Moskva trat über die Ufer. Da beschlossen Chochlov und Kulešov: warum sollte Wasser schlechter sein als Schnee, es ist sogar noch interessanter . . . Das kleine Haus, vom Wasser umgeben, ist ein Gefängnis. In diesem Gefängnis sitzen vor dem Mörder seine Feinde. In diesem Gefängnis wird das Gericht stattfinden. Und inzwischen blühte eine Weide auf und war hinterm Fenster zu sehen.

Ich spreche deshalb davon, weil Ejzenštejns Weg damals kein Einzelfall war. Neben ihm arbeiteten Pudovkin, Kulešov, etwas später Dovženko.

Das Spiel des ‹Übergangs›, der Konflikt eines Menschen in seiner Übergangssituation, in seiner Unentschlossenheit und in seinem Schwanken ist geblieben. Die Mutter bei Gorkij erweist sich als Opfer des Vertrauens zur Regierung. Genauso hat der Junge in dem Film ‹Das Ende von Sankt Petersburg› seinen Kameraden verraten.

Die Kunst wiederholt sich. Und lange noch werden Dampf-, Elektro- und Diesellokomotiven über unsere Geleise fahren. Und auch wenn die Autos alle Straßen erobert haben, unsterblich sind sie trotz allem nicht. Sie erwürgen die Städte, und die Menschen werden zu den alten Schienen, den öffentlichen Verkehrsmitteln zurückkehren. Ich bin nur nicht überzeugt, ob sie auf Pferden reiten werden. Aber schade wäre es, wenn sie es nicht täten. Die Behutsamkeit gegenüber der umgedeuteten Vergangenheit, das neue Verständnis für die alten Erscheinungen der Kunst – das ist das Wesen des Genies. Das Genie sprengt die Einsätze, das Genie errät die drei Karten, die German nicht erraten konnte. Doch, was gemacht und erspielt wurde, das ist von allen gemacht worden. In der Kunst arbeiten wir alle nicht zusammen. Aber in der Filmkunst begann das Phänomen einer Gemeinsamkeit zu entstehen. Wir schreiben in verschiedenen Zimmern, in verschiedenen Ländern, in verschiedenen Zeitaltern. Doch auf dem Tisch kommen die Bücher zusammen, prallen sie aufeinander. Es entsteht eine neue Kunst.

Majakovskij entschuldigte sich fast, wenn er in seinem Poem ‹Darüber› sagt, daß er sich wiederholen werde, «und nicht einmal, und nicht fünfmal», daß er kreisen werde «als dichterisches Eichhörnchen».
Hier kommt der Reim ‹erneut› vor.
Ich werde erneut vom Sujet sprechen, vom Sinn der Kunst, ihrem einzigartigen Hauch, der dem einzigartigen Bau der Tanne gleicht.
Die Räder der Zeit drehen sich.
Der junge Flaubert schrieb am 16. Januar 1852 in einem Brief an die Frau, die für ihn den Dialog mit sich ersetzte: «Was mir wunderbar scheint, was ich machen möchte – das ist ein Buch über nichts, ein Buch ohne äußeres Band, ein Buch, das sich durch sich selber zusammenhielte, durch die innere Kraft seines Stils, so wie die Erde, durch nichts unterstützt, sich in der Luft hält – ein Buch, das fast kein Sujet haben würde oder in dem das Sujet, wenn möglich, zumindest fast unsichtbar wäre.»[11]
Die Erde hält sich in der Luft, die Erde wird von der weltumspannenden Schwerkraft gehalten. Nötig ist ein anderes Sujet, andere Verknüpfungen, eine andere Bedeutsamkeit des Kunstwerks.
Der Memoirenmonolog ist keine Rettung, weil man selber zum Faden wird, an dem die Gedanken aufgereiht sind. Man hängt an sich selber.
Nötig sind andere Wege. Flaubert, der die Kunst der Vergangenheit gesichtet hatte, verglich die literarischen Stile mit Schuhen. Er redete von den Schuhen Gargantuas, die aus blauem Samt gewirkt waren, und hielt das für den Stil der Renaissance, für seine Ironie.
Er redete von den Stiefeln Ludwigs XIII. mit ihren verzierten Riemen und Quasten und verglich sie mit den Salons der Scudéry: «An der Seite nur hängt ein langer spanischer Degen mit römischem Griff – Corneille.»
Er redete von der Literatur der Zeit Boileaus und von der Literatur Bérangers wie von den Schuhen der Grisetten. Er schreibt: «Man fing an, das Neue im Ausland zu suchen . . .»
Er meint, daß dieses Neue sich als Altes erwiesen hat. Er schreibt: «Die russischen Stiefel aller Art haben die gleiche Niederlage erlitten wie die lappländische, die walachische, die norwegische Literatur . . .»[11a]
Die russische Literatur kam mit Turgenev zu ihm, mit seinen Dingen und Gesprächen. Er verschlang seine Bücher und wunderte sich, wieviel Schlauheit in der Vertrauensseligkeit verborgen ist.
Er wunderte sich über Tolstoj, seinen monumentalen Roman ‹Krieg und Frieden›, und stritt mit der russischen Literatur; in den Tagen der Niederlage Frankreichs und der Kapitulation von Paris schrieb er, daß er sich anschicke, «Turgenev zu fragen, wie man Russe wird»[11b]. In dieser Zeit war der Widerstand der Kommunarden niedergebrannt.

Flaubert wußte nicht, daß der Weg nach Rußland über den Aufstand führte.

Die Schüler Sergej Ejzenštejns fragten ihn nach langen Gesprächen über die Malerei: «Und wie wird man ein Ejzenštejn?»

Ich habe dieses Buch geschrieben, um zu erkennen, wie man ein Ejzenštejn wird, wie man auf den langen und verzweigten Wegen der Kunst nicht in die Irre geht, wie man, nachdem man vielem abgeschworen hat, kosmisch frei wieder aufersteht.

‹Panzerkreuzer Potemkin›

Dieser Film ist der größte Erfolg der sowjetischen Filmkunst. Es ist interessant, die Gesetzmäßigkeiten dieses Erfolges zu analysieren, wie er vorbereitet, wodurch er geradezu zwangsläufig wurde.

Der Grund für diesen Erfolg liegt zuerst in der Person des Regisseurs. Ejzenštejn verfügte zum Zeitpunkt der Dreharbeiten über eine neue Erfahrung und verzichtete auf die alte Kinematographie.

Ejzenštejn stand der große Filmkameramann Eduard Tissé zur Seite, der vorher zusammen mit Lev Kulešov an der Kriegswochenschau gearbeitet hatte. Er war keiner Tradition der Schönheit verpflichtet, sondern verstand es, das zu filmen, was ist, und daraus das zu machen, was nötig ist.

Tissé ist als Kameramann ein Stratege.

Er unterwarf die Zufälligkeit der Intention des Films.

Ejzenštejn verfügte über eine ihm ergebene und von ihm ausgebildete Gruppe: Grigorij Aleksandrov kannte den Film, beherrschte die Bewegungsabläufe, ein Sportler, ein entschlossener Mensch. Talentiert und energisch, auch in seinen Fehlern.

Die ‹Eisernen Fünf› kannten die Gesetze der neuen Montage. Es waren Leute einer Schule.

Die Produktionsleitung hatte Ja. Blioch. Blioch war einer der Kommissare der Ersten Kavallerie gewesen; ein Organisator, der rasch Entscheidungen fällen konnte, der begriffen hatte, wie man mit dem einzelnen Menschen umgehen mußte, damit dieser unentbehrlich würde im Kampf, in der Abteilung, in der Attacke.

Die Fabrik leitete M. Kapčinskij.

Kapčinskij hatte bei der Armee angefangen, sich bis zu drei Balken an den Kragenlitzen hochgedient, war Vorsitzender des Soldatenkomitees gewesen, hatte ziemlich schlechte Theaterstücke geschrieben und wurde dann Direktor der Ersten Moskauer Staatlichen Filmfabrik.

Die Filmfabrik befand sich in der Žitnaja-Straße, im Haus Nr. 27, in einem zweigeschossigen Gebäude; hier arbeiteten Lev Kulešov, Abram Room und seit seinem Debüt mit ‹Streik› auch Ejzenštejn. In der Drehbuchabteilung arbeiteten I. Babel, S. Tretjakov, V. Percov.
Die gute Ausstattung der Fabrik – das waren die Leute.
Nach den Worten Kapčinskijs sah die Dokumentation über den ‹Panzerkreuzer Potemkin› so aus: ein Schnellhefter mit dem Drehbuch für ‹Das Jahr 1905› – einige Seiten dünnes Seidenpapier, zwei Telegramme aus Sevastopol, eines aus Odessa, eine Antwort der Filmfabrik, ein Brief Sergej Ejzenštejns im Namen des Direktors; die Anordnung, Ejzenštejn und Tissé für die Sparsamkeit der Mittel bei den Dreharbeiten zu belohnen, der Befehl des Leiters Bal-Dobrov, gegen Kapčinskij für seinen Verstoß gegen das Sparregime eine Disziplinarstrafe zu verhängen.
Das ist alles.
Kommen wir zum Drehbuch.

Das Drehbuch für ‹Das Jahr 1905›

Es war zu umfangreich, unwahrscheinlich umfangreich, mit den traditionellen Sujetnotizen nach Einstellungen. Geschrieben hat es die blauäugige, junge Agadžanova-Šutko, ein altes Parteimitglied.
Die Frage der Autorschaft ist kompliziert. Autor der ‹Roten Teufelchen› war P. Bljachin; der Regisseur Perestiani sagte öffentlich, daß er dieses Drehbuch noch zu Beginn der Dreharbeiten verloren und dann improvisiert habe. Doch es war ihm nicht mehr gelungen, einen Film von solcher Kraft zu schaffen. Die Brüder Vasilev erklärten nach dem Erfolg des Films alle, die mit ihnen über das Sujet des Werkes gesprochen hatten, zu Beteiligten an dem Film. Es scheint, daß es mehr als zehn Anwärter gab. Alle erhielten eine Beteiligungsquote, weil man die Methode dieser Wundergeburt nicht genau feststellen konnte.
Und im ‹Panzerkreuzer Potemkin› haben wir eine Neugeburt vor uns. Bei der Geburt des Stammhalters eines Feudalherrn waren nach altem Brauch immer Leute anwesend, um den Austausch eines Mädchens gegen einen Jungen zu verhindern.
Wir, die Angehörigen der Generation des ‹Panzerkreuzers›, erkennen die Autorschaft der Agadžanova-Šutko an.
Das Regiedrehbuch hatte zehn Teile, es war jedoch praktisch unmöglich, es zu verfilmen.

Es war von der Kommission des Präsidiums des CIK* der UdSSR in Auftrag gegeben worden. Teilnehmer der ersten Sitzung (am 17. März 1925) waren: A. V. Lunačarskij, K. Malevič, V. Mejerchold, L. Michajlov, V. Pletnev, K. Šutko. An der zweiten Sitzung (am 4. Juni desselben Jahres) nahmen teil: L. Michajlov, V. Mejerchold, K. Malevič, V. Pletnev, V. Krasin, K. Šutkoj, S. Ejzenštejn und vom Narkompros** der Genosse Vladimirov.

Man prüfte zwei Drehbücher: das Drehbuch der Agadžanova-Šutko und eines von Ščegolev. Man entschied sich für das Drehbuch der Šutko.

Das unvorstellbar ausführliche Drehbuch, das am Thema entlangging und es nicht ausschöpfte, enthielt den Kern eines Konfliktes.

Es beginnt mit symbolistischen Einstellungen:

«Erster Teil. 1. Der Kopf eines Aasgeiers.

2. Zwei Geier reißen an Fleischfetzen.

3. Der Kopf eines Verwundeten.

4. Der Verwundete in einem Fahrzeug (*in Bewegung*).

5. Ein Krüppel auf einem Fahrrad rettet sich zwischen den Beinen eines Pferdes hervor.»

Nehmen wir noch ein anderes Stück:

«17. Einstellung. Nicht eingebrachter Roggen.

18. Einstellung. Es fallen Körner aus den überreifen Ähren auf die Erde.»

All das ist als Information zu verstehen: die Bauern sind im Krieg, es gibt niemanden, der die Ernte einholt, der Krieg hält an.

Aber zugleich sind in dem umfangreichen Drehbuch Funken des künftigen Films, zum Beispiel der Krüppel auf dem Fahrrad. Er wird später in einer Einstellung des ‹Panzerkreuzers Potemkin› auftauchen.

In dem Drehbuch sind bereits die Einstellungen mit dem verdorbenen Fleisch und die Szene, in der der Doktor die Maden durch seinen Kneifer untersucht, angedeutet.

Ebenfalls der Tod Vakulinčuks, das Hissen der roten Fahne, das Eintreffen der Bevölkerung auf den Schaluppen bei dem aufständischen Panzerkreuzer.

Im großen und ganzen kann man die 94. bis zur 135. Einstellung als Vorbereitung für den ‹Panzerkreuzer Potemkin› ansehen. Stellenweise sogar sehr genau.

So ist die Szene, in der der Panzerkreuzer das Geschwader passiert, bereits ausgearbeitet. Wir sehen das Wunder: es gibt kein Drehbuch, aber Szenen existieren schon.

* CIK: Zentralexekutivkomitee der UdSSR (Anm. d. Ü.)
** Narkompros: Abk. für Volkskommissariat für Bildung (Anm. d. Ü.)

Die Anweisung, genau nach Drehbuch zu filmen, ist richtig – man darf eben nicht ohne Drehbuch filmen.

Am 7. Juli 1925 wurde in der *Kinogazeta* ein Gespräch mit dem Direktor der Ersten Staatlichen Filmfabrik, M. Kapčinskij abgedruckt. Ein sehr vernünftiges Auftreten des Direktors.

Die Versprechen, die der Direktor gegeben hatte, wurden gehalten.

«An eine Ausarbeitung des Zeitplanes und an die Vorbereitungsarbeiten sind wir am 25. Juni herangegangen. Die Kommission des CIK der UdSSR, die eine sehr ernsthafte Arbeit zur Herstellung des Films ‹Das Jahr 1905› ins Kalkül zog, beschloß, der Fabrik vorzuschlagen, diesen Film im Laufe eines Jahres zu drehen, unter der unerläßlichen Bedingung, bis zum 20. Dezember 1925 aus dem gewaltigen Drehbuchmaterial eine bestimmte Menge an Filmmetern für eine Vorführung zum 20. Jahrestag der Revolution des Jahres 1905 abzuliefern. Diese Entscheidung erlegte uns die Verpflichtung auf, in entsprechender Weise einen Plan für die Dreharbeiten zu entwickeln.

Es liegt auf der Hand, daß wir mit dem Bauernteil beginnen werden. Wir werden wahrscheinlich im Tambovschen Gouvernement filmen. Danach die Flotte und der Aufstand. Auf die Arbeiten bereiten wir uns ganz ernsthaft vor. Natürlich wird es keinerlei Zufälligkeiten geben.»[12]

Hier ist die Rede vom Drehbuch.

Das Gelingen war nicht zufällig: der Erfolg wurde auf dem weiten Feld der Kenntnisse errungen.

In Nemčinkovka wohnte in der oberen Etage einer kleinen Datscha die Agadžanova-Šutko, in der unteren Etage Babel.

Ab und zu kam auch Kazimir Malevič zu Besuch.

Das Drehbuch wurde diktiert, durchgesprochen, niedergeschrieben. Über die Dreharbeiten schrieb Sergej Michajlovič der Mutter wie über eine beschlossene Sache:

«. . . Ich drehe den Film ‹1905›. In diesen Tagen beginne ich mit den Dreharbeiten. Juli – auf dem Lande (die Umgebung von Moskau – Höfe – und das Tambovsche Gouvernement). August, September (vielleicht auch Oktober) im Süden (Odessa und Sevastopol). Für diesen Film haben wir ein Jahr Zeit (er muß bis August 1926 fertig sein). Parallel dazu werde ich ‹Benja Krik› drehen, nach einem Drehbuch von Babel. (Erinnerst Du Dich, Du hast doch diese ‹Odessa-Erzählungen› im *Lef* gelesen?) . . .» (‹*Panzerkreuzer Potemkin*›, S. 26).

Die Fischer kennen den Ausdruck ‹dreifache Fischsuppe›: man kocht am Flußufer eine Fischsuppe aus Kaulbarsch, die Kaulbarsche wirft man weg, kocht in demselben Wasser Barsche – wirft auch sie weg, tut dann Störe hinein, kocht sie und ißt sie mit Pfeffer wegen der Gesundheit. Man wollte eine zweifache Fischsuppe kochen.

Man schrieb das Drehbuch für ‹Das Jahr 1905› ohne Erfahrung und in kurzer Zeit. Das Material wurde fleißig gesammelt; das, was nach Improvisation aussieht, war das Ergebnis einer langen Arbeit.

In der Kunst braucht man ein weites Feld.

M. M. Štrauch erinnert sich, daß er noch vor der Reise der Gruppe nach Leningrad Material über die Revolution von 1905 gesammelt hat; Štrauch besuchte öfter die Leninbibliothek: «Einmal stieß ich in der französischen Zeitschrift *Illustration* auf interessantes Material. Auf der Zeichnung irgendeines Künstlers, der Augenzeuge gewesen sein muß, war die Erschießung auf der Treppe von Odessa dargestellt. Überrascht über den operativen Charakter des westlichen Zeitungswesens zeigte ich die Zeichnung Ejzenštejn» (*Panzerkreuzer Potemkin*, S. 61).

In jedem Falle wußte die Gruppe vor der Reise nach Odessa von der Treppe in Odessa wie auch von der Aufnahme des Invaliden, der in die Niederschlagung der Demonstration gerät.

Die Filmarbeit ist oft voll Überraschungen.

Man fuhr nach Petrograd. Dort war das übliche schlechte Wetter. Die Dreharbeiten fangen an.

Ich zitiere aus dem Tagebuch Kapčinskijs (nach der Handschrift):

«Am 9. September kam zu den Dreharbeiten der ersten Episode die Gruppe – Ejzenštejn, Aleksandrov, Štrauch, Gomorov, Levšin, Antonov, der Kameramann Levickij mit seinem Assistenten Današevskij, die Administratoren Kotov und Krjukov – nach Leningrad. Man fing mit der Arbeit an. Man verbrachte mehrere Tage und Nächte mit Dreharbeiten, die jedoch jäh abgebrochen werden mußten. Der Himmel hatte sich hoffnungslos zugezogen. Septemberregen. Nicht einmal für eine Stunde hörte er auf. Auch wenn der Regen nicht sehr stark war und man etwas sehen konnte, erfüllte doch ein feuchter Nebel die ganze Stadt.»

Die Dreharbeiten gingen dennoch weiter.

Man filmte die Episode mit dem Eisenbahnerstreik, machte Pferdebahnen ausfindig für die kleinen Anhängewaggons, die zur Schlüsselburger Chaussee fuhren – man filmte sie. Man fuhr nach Kronštadt, um das Geschwader zu filmen, aber das Geschwader war im Manöver.

Štrauch erinnert sich an die Ankunft des Direktors M. Kapčinskij: «Nach einem Blick auf den mit Wolken bedeckten Himmel, sagte er (Kapčinskij – V. Š.): ‹Es hat keinen Sinn. Fahrt doch in meine Heimatstadt Odessa – dort wird euch die Sonne noch helfen, dafür verbürge ich mich›» (*Panzerkreuzer Potemkin*, S. 60).

Man baute die Expedition in drei Tagen ab und schickte sie nach Odessa. In Petrograd hatte man es geschafft, die tote Stadt im Dunkel zu filmen: den Nevskij, erleuchtet von dem Scheinwerfer vom Turm der Admiralität.

Für Sergej Michajlovič war dies vielleicht eine Erinnerung an die Nacht vor der Februarrevolution.

Der Kameramann Levickij, ein hervorragender Künstler, fuhr nicht mit nach Odessa. An seine Stelle trat Eduard Tissé, der gerade in Odessa bei Sonne den Film ‹Jüdisches Glück› abgedreht hatte.

Man kam in Odessa an.

Im Nebel brüllen die Dampfer. Im Nebel irren die Filmgruppen eine Zeitlang durch die Stadt.

Sergej Michajlovič und Eduard Tissé fuhren in einem Boot.

Sie blickten zum Ufer hinüber. Tissé hatte eine Filmkamera bei sich.

Eduard filmte den dichten Nebel, der über der Stadt lag, ohne zu wissen, von welchem Nutzen dieser Streifen sein würde.

Ejzenštejn erzählte einmal: «Die zerzauste Scharpie des Nebels durchdringen manchmal die seltenen Fäden der Sonnenstrahlen. Aus dem Nebel bilden sich golden-rosafarbene Flecken.

Und der Nebel scheint warm und lebendig.

Aber da zog sich der Nebel mit einem Schleier aus Wolken zu, als ob er sein eigenes Spiegelbild im Meer beneidete, das vom Schwanenflaum der ‹Nebel› bedeckt war» (‹Panzerkreuzer Potemkin›, S. 101).

All das ist besser gefilmt als erzählt.

Das Boot fuhr in den Nebelfetzen übers Meer «wie durch grenzenlose Gärten blühender Apfelbäume».

Tissé filmte.

Im Nebel tauchten Möwen auf.

Tissé filmte.

Als würden die Filmaufnahmen für einen Rechenschaftsbericht über einen Mißerfolg gemacht.

Eine Erneuerung des Materials, seine Umkomponierung, seine Umdeutung setzte ein.

Am Ufer lachte man teilnahmsvoll über Tissé.

Hier einige Worte über Eduard Tissé. Ich kenne die Arbeit der Filmkameraleute nur wenig, auch wenn ich unter ihnen Freunde wie Levickij hatte. Tissé war einer meiner Freunde. Ich möchte von der Leistung Tissés erzählen.

Die Ritter hatten ihre Waffenträger, die Helden Smollets und Dickens’ hatten ihre Diener.

Gewöhnlich wird wegen der Ungleichheit von Herr und Diener eine zweite Linie aufgestellt, die Tragödie des Herrn wiederholt sich auf niederer Ebene. Man erinnert sich an den Diener Don Quichottes, an den Diener Don Juans, oder an Savelič, den Diener Grinevs. Doch es gibt Ritter – die Freunde der Ritter sind. Sie tragen nicht nur die Waffe, sondern kämpfen auch neben dem Ritter, decken ihn, da sie seine Aufgabe begreifen, soufflieren selber eine neue Aufgabe, neue Pläne.

Von dieser Art war der hellblonde, der starke, treue, gute, freimütige Freund Ejzenštejns, Eduard Tissé.

Ich möchte hinzufügen – der geniale Eduard Tissé.

Sie filmten den Nebel. Im Nebel flogen Möwen.

In der Montage wurde der Nebel zur Morgendämmerung, denn man mußte zeigen, wie ein trauriger Morgen anbrach und vor der Stadt der Leichnam Vakulinčuks zum Vorschein kam, der mit einer Kerze dalag, mit einer brennenden Kerze in den Händen.

Das war die Klage aller über die Grausamkeit.

Der Tote flehte.

Später schrieb man, daß die Möwen nie am Morgen fliegen würden. Nun, was ist denn schon dabei, man hätte schreiben können, daß der Nebel sich verzogen habe und die Menschen den Leichnam Vakulinčuks erblickten, aber die Hauptsache ist – man braucht nichts darüber zu schreiben, weil es darum gar nicht geht. Es geht darum, daß die inneren Gesetze eines Kunstwerkes mit ihren eigenen Mitteln das Wesen dieses Werkes für den Zuschauer verständlich enthüllen sollen. Und dieser wird selber alles verstehen, was nötig ist und Fehler übersehen. Denn wenn er bei der Lektüre eines Buches lacht oder weint, sieht er nicht die Buchstaben, sondern kommt nur über die Buchstabenstruktur zu seinem Ziel . . .

Für die Dreharbeiten in Odessa war die Treppe nicht gleich das Hauptobjekt. Die Dreharbeiten waren sehr schwierig: die Teilnehmer an den Massenszenen waren keine Gewerkschaftsmitglieder, sie konnten nicht zu den Dreharbeiten des nächsten Tages kommen. Aber die Dreharbeiten waren dennoch bemerkenswert.

Štrauch führte das Tagebuch über die Dreharbeiten. Ich will daraus zitieren, sie geben uns Auskunft über die Treppe. Es gibt schon den Kinderwagen, aber er ist noch nicht mit Orten verbunden, das Kind in dem Kinderwagen wird nicht erwähnt, aber die Mutter mit dem verwundeten Sohn ist bereits genau entworfen, und es heißt auch schon, daß sie nach oben geht und in der Einstellung Füße von Soldaten vorkommen.

Doch vieles wird nicht in den Film übernommen.

Hier eine der Notizen.

«Die Treppe. Der zweite Tag.

1. Von der Seite. *Halbtotale*. Drei Menschen fallen zwischen die Blumenkörbe.

2. Erste Kamera. Von der Seite. Näher. Man fällt in die Blumen.

3. Zweite Kamera. Dasselbe.

4. Erste Kamera. Von oben. Von einem hohen Gerüst aus, von der Seite. Eine Frau in einem Blumenkorb.

5. Zweite Kamera. Von unten. Von der Seite.

6. Von unten. Auf halber Höhe der Treppe geht die Mutter mit dem Sohn, zu sehen sind die Füße der Soldaten.

7. Erste Kamera. Der Kinderwagen fliegt allein von oben mitten in die Getöteten hinab (viele Male).

8. Zweite Kamera. Dasselbe.

9. Von unten flach. Der Kinderwagen stößt gegen einen Alten. Die Soldaten gehen durchs Bild.

10. Dasselbe. Der Kinderwagen bäumt sich auf.

11. Von der Seite. *Großaufnahme*. Der Kinderwagen – über den Alten hinweg. Die Soldaten gehen durch das Bild hindurch. Mit dem Bajonett gegen den Kinderwagen (5 mal).

12. Von der Seite. Die Kamera in Bewegung – von oben nach unten. Mutter und Sohn gehen. Der Sohn fällt.

13. Von der Seite. Dasselbe. Die Menschenmenge rollt im Lauf hinab. Die Abteilung Soldaten schießt.

14. Von der Seite. Dasselbe. Die Menschen rollen über die Stufen hinab (2 mal).

15. Von der Seite. Dasselbe. Von unten nach oben geht die Mutter mit dem Sohn. Eine Salve. Sie fallen.

16. Von der Seite. Salve. Die Mutter fällt auf die Knie. Salve. Die Mutter fällt endgültig nieder» (‹*Panzerkreuzer Potemkin*›, S. 67).

Was sollen hier die Blumen, die in den Einstellungen 1–4 auftauchen? Ich habe diese Einstellungen gesehen, sie sind nicht schlecht. Ein Korb mit Blumen. Vor dem Hintergrund des dekorativen Korbes die verwikkelten Haare einer Blumenverkäuferin, aufgelöst wie die Haare Gorgos. Das war interessant: die Haare zu Berge gesträubt und die Rosen in dem Korb. Das war das, was man damals exzentrisch nannte. Doch es ist verhältnismäßig real, Blumen wurden überall in Odessa verkauft, in kleinen, runden, wassergefüllten Löchern neben dem Fahrdamm oder in Eimern.

Die Blumenverkäuferin gerät unter Beschuß. Das ist in dem Drehbuch allzu elegant geschrieben.

Doch nicht darum ging es. Wenn ein Mensch zu filmen anfängt, wendet er sich, wenn er begabt ist, der Hauptsache, dem Wesentlichen zu, indem er das Zufällige und Vorübergehende nach und nach eliminiert. Um zum Wesentlichen zu kommen, muß man sich etwas ausdenken, aber ebenso auf Einfälle verzichten können ...

Auf der gebogenen Mole liegt der tote Matrose mit einer brennenden Kerze in den Händen. In ununterbrochenem Strom ziehen die Odessaer vorbei: sie gehen mit langsamem Schritt der Revolution entgegen. Der tote Matrose wendet sich an das Volk:

«Warum hat man mich getötet?»

Die Stadt begrüßt den aufständischen Panzerkreuzer. Auf dem Panzerkreuzer ist bereits das rote Banner gehißt. Ich irre mich nicht – es ist nicht die rote Fahne, sondern ein rotes Banner.

Ein Banner wie ein Blutstropfen, wie ein Strahl der roten Sonne, der durch die Wolken hindurchdringt.

Die Stadt begrüßt friedlich den Panzerkreuzer. Jollen sind an den Panzerkreuzer herangefahren. Und die Menschen gehen immer wieder an Vakulinčuk vorbei: Und zusammen mit den Menschen fliegen die Nebelfetzen vorbei.

Und nach dieser ruhigen Szene bricht die Tragödie der Treppe aus. Die Menschen auf der Treppe sind friedlich, nicht organisiert: gute Menschen am friedlichen Beginn der Revolution. Gegen sie rückt im Gleichschritt, vom Takt der Treppenstufen bestimmt, die Infanterie vor.

Unten lauern die Kosaken, um sie abzufangen.

Es kam eine Frau mit ihrem Kinderwagen, in dem ein Säugling liegt, es kam eine Frau mit ihrem Jungen, es kamen ein Student, eine Lehrerin, ein Invalide; jeder wird seine eigene Geschichte in den Einstellungen des Films bekommen.

Zunächst werden sie in der Totalen gezeigt, nach vielen Einstellungen sind sie erneut zu sehen.

Wir gewöhnen uns an sie, wir fassen bald Zuneigung zu ihnen. Danach sehen wir den Untergang. Jeder geht auf verschiedene Art unter.

Die Lehrerin will die Erschießung verhindern: sie organisiert eine Art Delegation zu den anrückenden Schergen. Ein Kosak zerschlägt ihr mit der Nagajka den Kneifer, schlägt ihr ein Auge aus.

Die Frau mit dem Kinderwagen wird von einer Kugel im Bauch verwundet und stößt zufällig gegen den Kinderwagen.

Es beginnt die in mehrere, immer tragischere Teile zerlegte Episode: immer schneller werdend stürzt der Kinderwagen über die Stufen.

Der Säugling rollt dem Untergang entgegen. Der Frau mit dem Kind erschießt man den Sohn, doch sie glaubt, daß er verwundet ist. Sie wendet sich mit den furchtbar klaren Worten an die Soldaten:

«Hört doch! Schießt nicht! Meinem Jungen geht es sehr schlecht.»

Sie legt den leblosen Körper ihres Sohnes hin.

Nach all diesen Einzelepisoden gehen die Schatten der marschierenden Soldaten wie ein unheilvoller Refrain über die unheilvollen Stufen.

Es ist eine bemerkenswerte Treppe, es ist ein neuer Kinematograph.

Ich will nicht sagen, daß dieser Kinematograph nur Massen zeigt. Nein.

Es ist eine Menge, in der jeder Mensch sein eigenes Schicksal hat, wenngleich das Einzelschicksal durch das allgemeine Schicksal bestimmt wird. Es ist die Vereinigung persönlicher Schicksale mit dem, was man ein politisches Ereignis nennt, mit dem Schicksal von Millionen. Ein Bildhauer hat einmal die vielzitierten Worte gesagt, daß in jedem Stück Marmor die Statue bereits enthalten sei, nur müsse man die überflüssigen Teile abschlagen.

Sergej Michajlovič schrieb das Drehbuch, und in dem Niedergeschriebenen fand er das Wesentliche: er wählte eine Episode aus, in der er das Allgemeine sah.

Dann trennte er das Überflüssige von der Episode ab, entwickelte das Wesentliche, fand den allen verständlichen Grund für den Aufstand und hob deutlich das Banner, das das neue Schicksal der Menschen vereinigte.

Sergej Michajlovič sagte, daß wir den Doktor, als er über Bord geworfen wird, nicht sehen, daß sein Kneifer an den Trossen hängenbleibt. Dies ist eine Synekdoche – ein Teil, der zur Bezeichnung des Ganzen genommen wird. Der ertrinkende Mensch ruft in uns zwar vielleicht ein Gefühl des gerächten Bösen hervor, doch auch des Mitleids – der hängengebliebene Kneifer sagt aus, daß es diesen Menschen nicht mehr gibt und es ihn nicht geben darf. Die Emotion des Zuschauers ist gereinigt.

Der Kneifer war schuldig. Durch seine scharfen Gläser wollte der Arzt die Maden nicht erkennen.

Der Kneifer erinnert nicht an den Menschen, sondern an sein Verbrechen. Die Synekdochen des Films sind exakt wie die Fotoeinstellungen, aus denen die Filmlösungen montiert sind.

Die Szene des Aufstandes war gefunden, gereinigt von allen Zufälligkeiten. Sie selber stellt die Revolution in Miniatur dar, deren Struktur offengelegt ist, da alles Überflüssige ausgesondert wurde. Sie hat still angefangen, mit einem Streit um einen Borschtsch. Die Menschen essen Brot mit Konserven und wollen nicht den Borschtsch aus verfaultem Fleisch essen. Sie kaufen sich Konserven. Aber man verlangt von ihnen, daß sie eben diesen Borschtsch aus verfaultem Fleisch essen. Das Unrechtmäßige der Forderung ist offenkundig.

Die Revolution ist gesetzmäßig. Doch sie ist noch verschärft, weil hinter diesem und hinter der ‹Treppe› der 9. Januar steht.

Ich war zu jener Zeit noch ein Junge, als auf dem Eis der Neva die Menge der Arbeiter, die mit einer Beschwerde zum Zaren zogen, niedergeschossen wurde. Der Pope Gapon führte sie an – halb Provokateur, halb Betrüger. Doch wesentlich ist, daß die Menge von der alten Vorstellung geleitet war, der Zar, der doch kein Fabrikant ist, müsse begreifen, daß man die Menschen nicht so betrügen und erniedrigen dürfe, wie man die Arbeiter erniedrigt.

Am 9. Januar schossen Menschen, schossen Truppen, die durch viele Generationen hindurch an Gehorsam gewöhnt worden waren. Soldatische Ordnung ist doch im Krieg nicht nötig. Sogar in den napoleonischen Kriegen haben sich die Menschen vielleicht nur einige zehn Male in Reih und Glied versammelt. Ordnung – das ist ein System zur Unterdrückung gewohnheitsmäßiger Emotionen, die durch die Befehlserfüllung ersetzt werden: Im Jahre 1915 sah ich auf dem Marsfeld, wie der Motorradfahrer einer Motorradkompanie die Gewalt über seine Maschine verlor, in die Reihe des Preobraženskij-Regiments eindrang und drei Soldaten aus der Ordnung wie drei Bretter aus einem Zaun herausschleuderte; die Ordnung lief nicht auseinander; es waren abgerichtete Soldaten; man hatte ihnen nicht befohlen: «Weggetreten!» Solch eine Ordnung ist im Krieg nicht nötig. Doch das Marschieren durch die Straßen aller Städte, die Prügelausbildung in allen Kasernen, der 250jährige Drill gaben der zaristischen Regierung die Möglichkeit, der Artillerie zu befehlen, auf die Dekabristen zu schießen, der Infanterie zu befehlen, auf die Menge zu schießen, die mit ihren Eingaben zum Schloß zogen, mit ihren einfachen Eingaben über Ungerechtigkeiten.

Am 9. Januar wollte man in Petrograd filmen. Man filmte, und es wurde nichts daraus. Die Kunst arbeitet mit realen Ersetzungen. Die ‹Treppe› drückte den 9. Januar und vieles andere aus.

Die Kunst kennt keine Schranken. Wenn an einem Ort Nebel ist, so kann man an einem anderen filmen. Doch man kann außerdem auch noch den Nebel filmen, weil der Nebel und die Sonne und der Regen und der nasse Schnee – alles durch die Kunst ausgedrückt werden kann, und alles in bestimmten Gegenüberstellungen, Vergleichen, in bestimmter Auswahl, in einem bestimmten System der Kunst – alles kann die Tragödie der gefangenen menschlichen Seele ausdrücken.

Die Revolution von 1905 war kühn, blutig, zerstreut, machtvoll und zermalmt. Sie konnte das System nicht überwinden.

Nach dem Krieg von 1914–1918 stürzte die Ordnung der russischen Regimenter in sich zusammen, und es tauchte die Ordnung der Revolution auf.

Wie soll man auf die Erschießung der Menschen auf der Treppe antworten?

Die Kunst kann Nichtgewesenes und Unmögliches nicht als Verwirklichtes darstellen, ebensowenig wie sie Ungerechtes gerecht machen kann.

Der Panzerkreuzer feuerte aufs Ufer – zur Antwort sprangen die Marmorlöwen auf. Diese Löwen lagen an der Treppe des Voroncovschen Palais. In Alupka liegen sie auch heute noch, Exkursionsleiter haben drangeschrieben – ich habe selbst die Aufschrift gelesen: «Künstlerische Bedeutung haben sie nicht.» Das ist richtig – es ist nur eine gute handwerkliche Arbeit aus weißem Marmor. Der eine Löwe liegt da, ein anderer scheint aufzuwachen, der dritte brüllt. Sergej Michajlovič filmte sie in dieser Reihenfolge. Er zeigt, wie ein Marmorlöwe, aufgeweckt durch den Schuß vom ‹Potemkin›, aufspringt.

Ich spiele nicht mit Worten, er hat den Aufstand der Wahrheit dargestellt, er hat dargestellt, daß Steine brüllen, und dem Zuschauer eine Genugtuung gegeben. Die Schießerei rief die Katharsis hervor – eine Reinigung, ein Bilanzziehen, ein Zusammenwachsen der Wahrheit eines Ereignisses, eine moralische Saldierung für das, was man gesehen und erlebt hat. Und auf die Löwen, die ruhig an der fernen, zum Voroncovschen Palais hinaufführenden Treppe liegen, hätte man schreiben müssen: *«Sie haben künstlerische Bedeutung erlangt, seitdem sie im ‹Panzerkreuzer Potemkin› gefilmt worden sind.»*

Schön sind die Interieurs des Voroncovschen Palais, doch in seiner Gesamtheit ist es verlogen und eklektisch.

Auf dem Marmorportal über der Treppe steht mit goldenen Buchstaben auf arabisch: «Der Reichtum kommt von Gott.» Heute könnte man hier in Nachdichtung der Aufschrift schreiben: «Dies hat heute keinerlei Bedeutung, genausowenig wie das Voroncovsche Palais mit seiner Rückseite, die wie das Schloß eines reichen Lords von Schottland aus dem 18. Jahrhundert gebaut ist, seiner arabischen Portalschrift und den italienischen Löwen an der Treppe» – das alles ist ohne künstlerische Bedeutung, und das alles zusammen existiert nicht, weil nicht alles Existierende vernünftig ist, weil das, was nicht vernünftig ist, existiert, aber auf vernünftige Weise verfällt.

Die Zerstörung – das ist auch die Vernunft einer unvernünftigen Existenz.

Der Panzerkreuzer rief keinen allgemeinen Aufstand hervor. Wie sollte das dargestellt werden?

Das Geschwader kreuzt auf, und der Panzerkreuzer kommt ihm entgegen.

Gezeigt werden die Maschinen des Panzerkreuzers, gezeigt wird das sich nähernde gewaltige Geschwader. Seine Rauchschwaden verdunkeln den Horizont. Gezeigt werden die ‹Potemkin›-Matrosen an ihren Geschützen. Es wird einen Kampf geben, einen Untergang, aber keine Niederlage.

Doch der Panzerkreuzer passiert das Geschwader, und die Matrosen des Geschwaders grüßen ihn. Sie können nicht rebellieren, sie sind noch nicht in der Lage zu rebellieren, sie verstehen es nicht, diese Treppe hinaufzusteigen. Doch sie haben bereits die Wahrheit des Aufstandes kennengelernt. Und der Film endet als Sieg des aufständischen Panzerkreuzers.

Ich könnte noch erzählen, wie leicht dies gedreht worden war, daß der Panzerkreuzer selbst durch einen Mitbruder ersetzt wurde – ein Schiff desselben Typs, das früher ‹Die Zwölf Apostel› hieß.

Der revolutionäre Panzerkreuzer war wie zur Strafe abgerüstet und verschrottet worden.

Der Film wurde in drei Monaten gedreht und montiert. Er gilt schon seit vielen Jahrzehnten als der beste Film der Welt. In Rom habe ich Menschen gesehen, die bei diesem Film weinten. Sie sagten zu ihren Nachbarn: «Bin ich denn ein Fabrikant, weshalb fühle ich mit diesen Menschen mit, die mit mir nicht mitfühlen?»

So war es auch in anderen Großstädten.

So lebt der Film viele Jahrzehnte hindurch.

Der Kunst gelingt es bisweilen, die Schale eines Menschen zu zerschlagen und für einige Zeit sein Wesen, seinen menschlichen Kern zu berühren.

Dann kann sich der Mensch wieder eine Schale wachsen lassen.

Die Kunst kann die Zeit, die sie hervorgebracht hat, überdauern, da sie das wahre Wesen eines Gegenstandes deutlich macht, die Zeit gewissermaßen übertrifft, das Absolute der Wahrheit und der Moral findet. Und deswegen weint der Schauspieler, auch der Schauspieler einer kleinen Wandertruppe, wenn er von Hekuba spricht, auch wenn man sich fragen kann: «Was bedeutet ihm Hekuba?»

Wer sich daran erinnert, daß sie Mutter von zwölf Kindern war, die allesamt umkamen, daß sie eine Sklavin war, daß sie sich rächte und ihr Leben beendete, indem sie sich ins Meer stürzte . . .

Der Name ruft nur noch ein unverständliches Echo hervor. Er tönt in widersprüchlichen Mythen und wird in Tragödien wiedergeboren.

Der Sieg

Ich las die ‹Annalen› des Tacitus. Wie viele Schlachten sind darin beschrieben, und wie zweifelhaft ist ihr Ausgang. Wie lange wissen die Menschen während des Kampfes nicht, wer gesiegt hat, wer geschlagen wurde; wie zweifelhaft sind die unzweifelhaften Siege, wie sehr triumphieren manchmal zu guter Letzt die Besiegten.

Noch unglaublicher und unzweifelhafter sind die Siege in der Kunst. Ein Buch oder ein Filmstück erscheint, auf das alle warten, und oft zeigt es sich, daß alle enttäuscht sind. Ein Mensch stirbt, und man glaubt, daß ein Klassiker gestorben sei. Doch die Bücher, die nach seinem Tode herausgegeben werden, bleiben auf den Ladentischen liegen. Ob sie für alle Ewigkeit dort liegen – man weiß es nicht. Ein Künstler muß geduldig sein. Die Nachwelt, die ihn anerkennt, wird von ihm selbst geschaffen, von ihm großgezogen. Er selbst ist für seinen Ruhm nach dem Tode verantwortlich, und der Ruhm fährt oft in Militärzügen hinterher.

Sergej Michajlovič ging nicht lange als junger Mensch durch Moskau, der nur seinen Freunden bekannt war. Er sah stark aus, von kräftiger Statur, und er beherrschte seinen Körper. Der helläugige blonde Mann dachte beim Gehen an die Arbeit des morgigen Tages.

Der ‹Panzerkreuzer Potemkin› war ein Auftragsfilm zum Jubiläum der ersten russischen Revolution. Bestellt wurden auch die ‹Mutter› und viele Filme, von denen wir schon nichts mehr wissen.

In der Gnezdnikovskij-Gasse fand man, daß der Film nicht schlecht sei und sich für die Vorführung in den Filmklubs eigne.

Der Ruhm kam mit der Vorführung im Bolšoj-Theater. Er loderte in Ovationen während der Vorführung auf. Der Film war gerade eben montiert worden. Kurz vor dem Ende der Vorführung fiel dem Regisseur ein, daß der letzte Teil nicht angeklebt, sondern nur aufgelegt war; er ging in den Vorführraum. Je mehr der Saal toste, desto unruhiger wurde Ejzenštejn: gleich wird der Film reißen, die Menschen werden mit den Füßen trampeln, der Wellenkamm der Begeisterung wird sich brechen. Aber es gab keine Unterbrechung; der letzte Teil ging durch, als wäre er geklebt.

Es hatte sich so etwas wie ein Wunder ereignet: Ob Sergej Michajlovič sich nun nicht mehr genau erinnerte oder ob der Film sich nun erwärmt hatte und das Stückchen Filmstreifen durch die Erhitzung festgeklebt war, er riß jedenfalls nicht, und alles endete mit großem Beifall.

Am nächsten Tag erwachte Sergej Michajlovič als berühmter Mann. Nach einigen Wochen erwachte er als noch größere Berühmtheit. Und der Ruhm heftete sich schwer an ihn und begleitete ihn bis zu dem spitzwinkligen schweren Stein, der ihn jetzt auf dem Novo-Devičij-Friedhof bedeckt, umgeben von den Denkmälern seiner ehemals erfolgreichen und berühmten Zeitgenossen.

Die offizielle Vorführung im Bolšoj-Theater fand Ende Dezember des Jahres 1925 statt. Es kam das Jahr 1926. Die Premiere fand im Kunstfilmtheater auf dem Arbat-Platz statt. Die ganze Breite der eingeschossigen Fassade war mit einem Modell des berühmten Panzerkreuzers dekoriert. Das Personal des Filmtheaters war in Matrosenuniform gekleidet; Sergej Michajlovič hatte sein Jackett anbehalten.

Es vergingen viele Jahre, unendlich viele Jahre. Ich erinnere mich an die Woge, die sich mit breitem, schwerem Schlag auf der Leinwand aufbäumte: alle sahen, wie drohend die Wogen des Schwarzen Meeres vor dem Aufstand waren. Auf der Leinwand ist es geräumig, die Menschen drängen sich nicht: es sind so viele, wie nötig sind.

Die Vorführung des Films war damals vom flüsternden Mitlesen der Zwischentitel begleitet. Die Menschen vergaßen ihre Nachbarn und lasen die Zwischentitel immer lauter und lauter. Sie wurden zu einem Chor, vergleichbar den Chören der antiken Tragödien.

Als ich auf die Straße hinaustrat, sah ich Ejzenštejn und Tissé auf dem Platz. Sie waren jung und unendlich glücklich.

Dann folgte die Besprechung des Films in der ARK.*

Die älteren Künstler glichen angesichts des unerwarteten Erfolges Kaninchen. Kaninchen bilden leicht eine Masse, wissen aber nicht, wohin sie gehen sollen, und können die Zukunft nicht vorhersehen.

Sie starren sich nur an.

Das große Kunstwerk rief nach der Vorführung in der ARK zunächst nur Schweigen hervor. Das ist der zweite Augenblick der Versuchung für einen Künstler. Bei der Besprechung redete der eigensinnige Gan, der die Filmkunst im ganzen ablehnte, herablassend, von der Höhe des Nichtverwirklichten herab. Er nannte Eduard Tissés Arbeit süßlich wie eine Mandel. Ich sprach zurückhaltend, aber voller Bewunderung.

Man muß zugeben, daß das Publikum des Bolšoj-Theaters den Film klarer und besser verstanden hatte als die ARK.

Einige Tage später besuchte ich Sergej Michajlovič in Čistye Prudy.

Ich erinnere mich, daß seine Wohnung am Boulevard-Ring Moskaus, am Rande des alten Moskau, lag, dort, wo einst die Befestigungsanlagen waren. Früher war hier ein Basar, der auch als Hinrichtungsstätte diente. Man nannte diesen Ort ‹Poganye Luži›: er wird in Liedern und in der Geschichte erwähnt.

Zu Zeiten Ivans des Schrecklichen brannten hier Scheiterhaufen, übergoß man Menschen mit kochendem Wasser, schlug man ihnen die Köpfe ab, und nur wenigen wurde dort verziehen.

Ich habe, für mich selber unerwartet, Erinnerungen durch Erinnerungen unterbrochen. Städte sind tragisch. Sie sind erfüllt von Geschichte. Eine Stadt erinnert sich an alles: an Bräuche und unerfüllte Hoffnungen und an Siege, die manchmal sogar die Träume übertreffen.

Maksim Štrauch und Sergej Ejzenštejn wohnten lange in einem Zimmer. Štrauch wurde Familienvater – er war mit der Schauspielerin Glizer verheiratet, mit einer großen Schauspielerin, wie wir heute wissen. Sergej Michajlovič wohnte dort als langjähriger Gast.

Ein Hauskomitee hat weder heute noch früher das Recht, Zimmer zu verschenken. Doch das Hauskomitee des Hauses an den Čistye Prudy hatte im Kunstfilmtheater erlebt, wie der ‹Panzerkreuzer Potemkin› durch das Plätschern und die Stürme der Ovationen hindurchging, hatte die Wogen des Schwarzen Meeres und eine Heldentat gesehen; es rief die Bewohner an den Čistye Prudy zusammen und sprach Sergej Michajlovič zusätzlich ein Zimmer zu, indem es eine Umbelegung vornahm. Der große Regisseur empfing mich, wie ein Herzog einen Baron in seinem neuen Schloß empfängt.

* ARK: Assoziation Revolutionärer Filmer (Anm. d. Ü.)

Er zeigte mir sein eigenes Zimmer mit den zwei Fenstern auf den Boulevard. Es war leer wie eine Filmkassette, aus der man den Film für den Projektor herausgenommen hat.

Man wird sagen, Zimmer seien viereckig, und ich vergleiche das Zimmer mit einer runden Kassette. Nein, ich habe mich nicht geirrt. In diesem berühmten Zimmer waren an der Decke, dort, wo sonst eine Lampe hängt, Kreise aufgemalt, rote und grüne. Ich glaube, etwa sechs Stück: sie liefen auseinander wie die Ringe des Ruhmes, gingen über die Wände des Zimmers hinaus, auch wenn das für gewöhnlich unmöglich ist.

Unter den Wellen der Zimmerdecke stand, wie ein Engel, mit blonden Haaren, kräftig, jung, mit grauen Augen und dünnen Brauen, Sergej Ejzenštejn. Das Zimmer war noch leer. Sergej Michajlovič wollte seinem Freund sogleich eine Freude bereiten.

An den Fenstern hingen Strohrouleaus, soweit ich mich erinnere, waren sie grün. Sergej Michajlovič zeigte mir, wie das Zimmer bei etwas hochgezogenen und bei etwas herabgelassenen Rouleaus aussah. Sie veränderten das Zimmer, das Zimmer lächelte als Antwort auf das Lächeln des Hausherrn.

Douglas Fairbanks und Mary Pickford in Moskau

Durch die Verknüpfung verschiedener Umstände kannte ich ein wenig das Flachshandwerk, und ich fuhr 1924 aufs Land, in ein Flachsanbaugebiet, in die Stadt Cholm, dasselbe Cholm, in dem einst Sergej Ejzenštejn als Militärtechniker gearbeitet hatte.

Es war Spätherbst, die Zeit des Flachses: die Bauern verkauften ihn auf dem großen Markt bei der Stadt Cholm. Ich besuchte Kolchosen.

Das Pferd, auf dem ich ritt, mied die Chaussee.

Damals produzierte Rußland 80 Prozent der Eisenproduktion aus der Zeit vor der Revolution – das war weniger als wenig.

Die Hufe – das eiserne Schuhzeug der Pferde – standen im Defizit, und es kitzelte das Pferd, ohne Hufe auf der Chaussee laufen zu müssen.

Hiervon erzählte mir ein Fuhrmann, ein ehemaliger Meister einer Zuckerwarenfabrik, der in die Fabrik zurückkehren wollte. Er konnte über Zuckerwaren so lange reden, wie ich hier über den Film.

In einer der Kolchosen fragte man mich, was der Schauspieler Kador Ben-Salim mache, der in dem lustigen, neckischen Film von Perestiani mitgespielt hatte.

Das war der heldenhafte Mohrenjunge, der in dem Film Machno be-

siegt hatte. Ich wußte zufällig, daß Ben-Salim in Adžaristan arbeitete.
Das sagte ich auch. «Als was arbeitet er?» wurde ich gefragt.
Ich konnte mich nicht recht entschließen zu antworten. Ich glaube, er
arbeitete irgendwo als Bote.
Wir können nicht besonders gut Schauspieler beschäftigen, glauben
nicht an unsere eigenen Erfolge und verstehen es nicht, sie zu entwik-
keln.
Warum es Ben-Salim nach Adžaristan verschlagen hatte, weiß ich nicht,
nur fand er dort keine ihm entsprechende Arbeit.
Die Kolchosbauern fühlten sich vor den Kopf gestoßen!
Auf der Versammlung sagten sie: Soll unser hervorragender Genosse
Ben-Salim nur herkommen, wir finden für ihn schon die richtige Ar-
beit, oder er selbst läßt sie sich einfallen.
Er war überall beliebt; man mußte mit ihm Filme drehen.
Der Mensch kommt nicht über Nacht zur Kunst, sondern nur durch
wiederholte Arbeit, häufige Umkehr.
Auf dem Markt gingen die Bauern umher und lieferten Flachs aus
eigener Produktion ab. Der Flachs hat viele Nummern. Je höher die
Nummer, desto dünner ist der Flachs, und der Preis steigt.
Wenn jemand Flachs ablieferte, erhielt er vor der Entlohnung mit
Kreide einen Vermerk auf die Hand, was er abgeliefert hat und wieviel –
Gewicht und Nummer. Die Waage stand daneben, von der Waage eilte
er zum Geldempfang, und dann ging er einkaufen, wobei er, wenn die
Nummer hoch war, die Kreide nicht abwischte.
Für ihn war die Nummer ein Zeichen seiner Arbeitsqualität. Hier
verkaufte man auch sonderbare Ware: ‹Gewichtslappen›.
Man brachte Kattun auf den Markt und wenn die Qualität fehlerhaft
war, schnitt man den Ausschuß in Stücke und bot ihn als Lappen zum
Verkauf an.
Güter gab es nur wenig, aber ziemlich viel Getreide, und die Waren
wurden mit hohen Preiszuschlägen verkauft.
Deshalb sammelte man die ‹Gewichtslappen› und nähte aus ihnen
drollige Hemden. Nur war das alles damals keine Laune der Mode.
Ich erzähle dies, damit meine Worte über den Film nicht wie Schaum
auf dem Wasser sind, auch wenn der Schaum etwas über den Charakter
der Strömung aussagt.
Aber das Land war im allgemeinen fröhlich, voller Rätsel, voller Pläne,
voller Fragen über Moskau, über die Zukunft.
Moskau hallte von den Kopfsteinpflastern wider, es war grau und
schwarz – im Sommer kleideten sich nur wenige in Weiß.
Die Kutscher trugen ihre nach oben hin breiter werdenden Hüte und
ihre weiten Kaftane mit den grünen Gürteln auf. Droschken gab es
noch viele: es gab auch Luxusfiaker, und die Troikas standen abends auf

1897. Der Held unserer Erzählung ist noch nicht auf der Welt. Die Fotografie wurde in Riga aufgenommen, wo die Neuvermählten lebten: der Architekt Michail Osipovič Ejzenštejn, das Abzeichen des Instituts für Zivilingenieure auf der Brust, und Julija Ivanovna, geborene Koneckaja. Ihre Mutter, Iraida Matveevna Koneckaja, die eine Schleppdampfergesellschaft in Petersburg leitet, ist zu Besuch gekommen, vielleicht zur Einzugsfeier. Es ist ein förmliches Foto: alle haben Haltung angenommen, als stünden sie vor der Obrigkeit, obgleich sie doch nur ‹zur Erinnerung› fotografiert werden. Ihre Gesichter drücken Selbstvertrauen aus und Vertrauen in die Zukunft, die in Wirklichkeit so ganz anders verlaufen sollte.

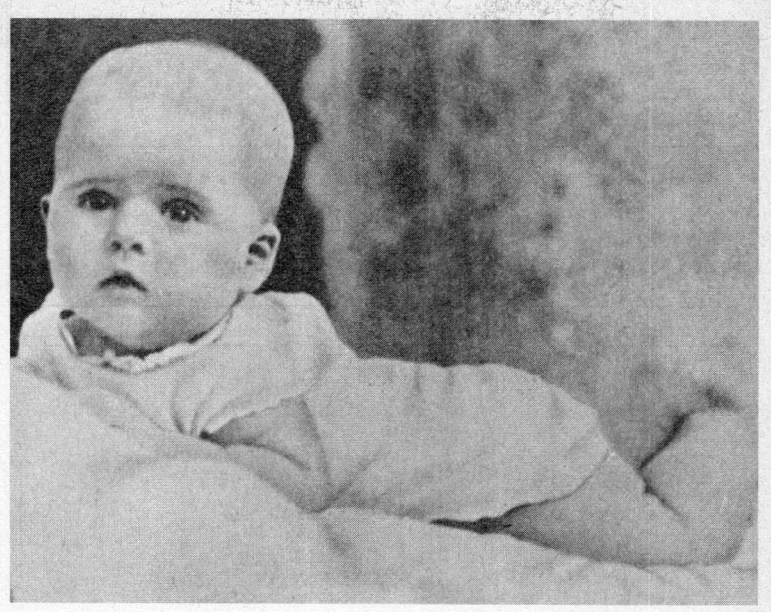

Das erste Foto von Sereža. 1898. Der Junge kann schon seinen Kopf hochhalten.
Das Typische an Sergej Michajlovičs Gesicht, die hohe Stirn und die feinen
Augenbrauen, ist bereits auf diesem ersten Foto zu erkennen.

Sommer 1902. Sereža ist vier Jahre alt. Sein Blick ist traurig. Vor ihm liegen die Modelle eines Wohnhauses und einer Fabrik mit hohem Schornstein. Der Junge soll Zivilingenieur werden wie der Vater.

Das von M. O. Ejzenštejn gebaute Haus in der Albertstraße in Riga. Es ist ein für den Beginn des Jahrhunderts typisches, mit Ornament überladenes Mietshaus. Zu beiden Seiten des Haupteingangs liegen die Sphinxe, die Sereža später zu Karikaturen anregen sollen: eine lebendig gewordene Sphinx treibt in der Stadt Unfug und entschwindet dann zu den Pyramiden, zu dem Platz, wo sie hingehört.

Die Zeichnung links könnte heißen: ‹Die Rebellion der Sphinx›. In Wahrheit ist es aber die beginnende Rebellion Serežas.

Die Zeichnung oben stellt die Dreharbeiten zu einem Film dar. Die Filmkamera ist falsch gezeichnet, sie gleicht einem Fotoapparat der damaligen Zeit. Offensichtlich hat Sereža noch nicht bei Dreharbeiten zugesehen, auch weiß er natürlich nicht, daß er seinen künftigen Beruf zeichnet. Auf der Kamera steht «Kinemo»: es ist das Jahr 1913, die neue Kunst war noch keine Kunst, und selbst ihr Name stand noch nicht fest. Die populären Detektivfilme mag Sereža nicht, in der Zeichnung des Jungen werden die von ihm geliebten Clowns gefilmt. Aus der Zukunft weiszusagen, ist übereilt, aus der Vergangenheit – lächerlich. Aber ich weiß, daß in Ejzenštejns Haushalt nichts verlorenging, das hat er selbst eingestanden. Und wenn ich die lebendig gewordene Sphinx betrachte, denke ich: hat sich Sergej Michajlovič nicht an seine Kinderzeichnung erinnert, als er in Alupka die Marmorlöwen sah und auf die Idee kam, sie im ‹Potemkin› auftreten zu lassen?

In den Heften aus den Jahren 1913–1914 finden sich viele Geschichten in Bildern (später nannte man sie Comics). Je weniger Worte, je ausdrucksvoller die Darstellung, desto besser der Comic: ähnlich wie beim Stummfilm. Ich beschreibe die Zeichnungen auf dieser und den folgenden Seiten in dem Kapitel «Alltage und Feiertage».

Ein trauriges Foto. Als einzige lächelt Julija Ivanovna – nicht fröhlich, sondern der Etikette entsprechend. Sereža blickt mißmutig, ebenso Papa. Die Gouvernante Marija Eleksne, die Sergej Filja nannte, ist angespannt. Alle sind sehr einsam.

Sergej, wie ein kleiner Lord gekleidet, sitzt auf einer Couchette. Er würde nach hinten fallen, wenn nicht eine geschickt verborgene Stütze ihn hielte.

1923. Sergej Michajlovič ist mager, aber fröhlich. Diese Fotografie, die er seiner Mutter schenkt, sowie die Worte auf der Rückseite drücken Freude über seine Befreiung und Triumph aus. Die Aufnahme wurde am 7. November abends, nach der Premiere von ‹Hörst du, Moskau?!› nach dem Theaterstück S. M. Tretjakovs gemacht.

Sergej Tretjakov hatte Ejzenštejn mit Majakovskij bekannt gemacht. Ejzenštejn gehörte dem LEF nicht lange an. Das Foto entstand 1924 in der Redaktion der Zeitschrift *Lef*. Die beiden Frauen im Mittelpunkt sind Olga Viktorovna Tretjakova, die Frau des Schriftstellers und Literatursekretär der Redaktion, und Lilja Jurevna Brik. Majakovskij (rechts) schreibt um diese Zeit sein Poem ‹Vladimir Ilič Lenin›, Boris Pasternak (links) wird bald den ‹Leutnant Šmidt› veröffentlichen, und Sergej Ejzenštejn, der gerade den ‹Streik› beendet hat, wird die Dreharbeiten zum ‹Panzerkreuzer Potemkin› beginnen.

Januar 1926. Arbatskaja Ploščad. Das Filmtheater ist mit dem Modell eines
Panzerkreuzers geschmückt. Das Personal trägt Matrosenuniformen. In den
Anzeigen zur Premiere hieß es: «Der Stolz der sowjetischen Filmkunst». Zu
dieser Zeit druckte ich ‹5 Feuilletons über Ejzenštejn›, in dem zweiten schrieb
ich: «Es ist leicht, die Genialität Ejzenštejns anzuerkennen ... doch es ist
schwer, die Genialität der Zeit anzuerkennen, die die sowjetische Filmkunst
nicht im gewohnten Strom fließen läßt, sondern sie auf den Weg der Entdek-
kung verweist.

Ejzenštejn montiert den ‹Oktober›. Er sieht die einzelnen Bilder des Films an
und sieht schon die Veränderungen der Einstellung in den verschiedenen Mon-
tagestrukturen. Der Film wird in der Vorstellung des Regisseurs gestaltet und
umgestaltet, dabei wird ihm die Theorie der Montage bewußt. In diesen Monaten – zu Beginn des Jahres 1928 – entsteht das Prinzip des intellektuellen Films.
Nach vierzig Jahren sollte der Film auf die Leinwand zurückkehren und, nun
verstanden, zum erstenmal um die ganze Welt gehen. Die Kunst verändert sich
und wird sich verändern, und das, was einmal begonnen hat, kann man nicht
aufhalten.

Wie alle Scherze Ejzenštejns sind auch seine Parodien auf Bräuche komisch und
zugleich ernst gemeint. In dem Film ‹Generallinie› ruft der Separator die Bauern
zu einem neuen Leben auf. Während einer Unterbrechung der Dreharbeiten
brachte Marfa Lapkina ein Kind zur Welt. Sergej Michajlovič taucht das Mädchen in die Schale des Separators wie in ein Taufbecken.

Auf dieser zweiten Fotografie wird ein Regisseur zum Ritter geschlagen. Ejzenštejn ist der freigebige Ritter, der seine Schätze nicht für sich allein behält: es
nehme, wer will und kann. Um ihn herum Studenten der Filmkunstschule. Die
Urkunde verliest Leonid Obolenskij, Pädagoge am GIK, dem Staatlichen Institut für Filmkunst, Freund und Assistent Sergej Michajlovičs. Links Sergej
Vasilev, rechts Georgij Vasilev. Ihr ‹Čapaev› wird fünf Jahre später gedreht
werden.

1929. Ejzenštejn fährt fröhlich und hoffnungsvoll in den Westen: er ist der weltweit anerkannte Meister der Filmkunst, der Großmeister des Ritterordens der sowjetischen Filmregisseure. Er ist einunddreißig. Innerhalb von fünf Jahren hat er vier Filme gemacht, viele Gesetze der Filmkunst erkannt und sie in Aufsätzen beschrieben. Er hat zu lehren begonnen. Er steckt voller Pläne und will sich nun dem Tonfilm zuwenden.

Hollywood, Sommer 1930. Ejzenštejn und Aleksandrov (der dritte Mitautor, Ivor Montagu, ist nicht auf der Fotografie) schreiben das Drehbuch zu ‹Eine amerikanische Tragödie› nach dem Roman von Dreiser. Die Paramount hat bereits ‹Sutters Gold› abgelehnt, auch diese neue Arbeit ist dem Untergang geweiht: man läßt Ejzenštejns Zug absichtlich auf ein totes Gleis fahren. Doch Sergej Michajlovič hat diese Politik noch nicht begriffen, er glaubt noch an einen Sieg auf fremdem Territorium.

Es gibt auch Freunde in Amerika, einer von ihnen ist Chaplin. Zwischen ihm und Ejzenštejn steht Georgia Hale, die Heldin aus ‹Goldrausch›, links Eduard Tissé. Chaplin bekennt Sergej Michajlovič, sein Lieblingstier sei der Wolf. Ejzenštejn ist erstaunt, dann blickt er Charlie in die traurigen grauen Augen: selbst er hat es schwer in Hollywood. Obwohl Chaplin Millionär und der berühmteste Mensch auf der Welt ist, hat er die Armut seiner Kindheit nicht vergessen und will sich nicht kleinkriegen lassen.

Auch Ejzenštejn erinnert sich an seine Kindheit, an den Wohlstand und die
Unfreiheit. Man umgab ihn mit sinnlosem, geschmacklosem Überfluß, ließ ihn
aber nicht das machen, was er für notwendig hielt. Wiederum Stützen von allen
Seiten, ein vergoldeter Käfig, in dem man ihn zähmen will. Ein Werbefoto der
Paramount – ein Dokument der amerikanischen Tragödie Ejzenštejns.

Der berühmte Schäferhund Rin-Tin-Tin spielte in vielen Hollywood-Filmen mit. Sergej Michajlovič traf in Hollywood mit ihm zusammen, danach schrieb er unter die Fotografie: «Der Filmstar Rin-Tin-Tin und der Hund Ejzenštejn.» Ein bitterer Scherz; er spielt darauf an, daß die amerikanischen Faschisten, Major Pease an der Spitze, den russischen Regisseur jagten und die Ausweisung dieses ‹roten Hundes› aus den Staaten forderten. Ejzenštejn wurde nicht ausgewiesen, aber man zwang ihn abzureisen.

Im Mai 1932 kehrte Sergej Michajlovič nach einer neuen Tragödie müde und gealtert nach Moskau zurück. Der Film über Mexiko war nicht zu Ende gedreht worden, das Filmmaterial wird Ejzenštejn nie zugesandt werden.

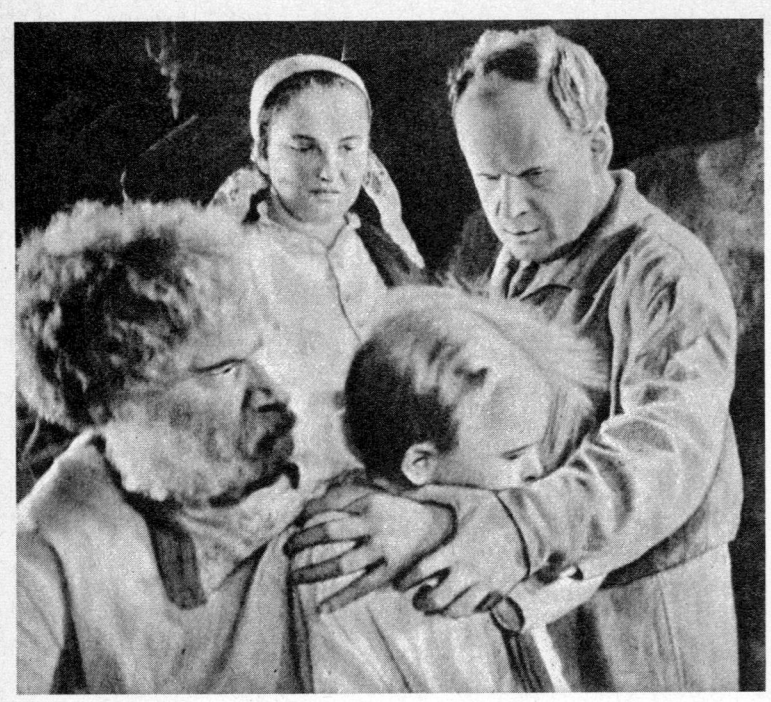

Leonardo da Vinci hat kaum je ein Bild zu Ende gemalt. Michelangelo, der wie ein Titan arbeitete, hinterließ Dutzende von unvollendeten Skulpturen. Dostoevskij begann und wurde oft gezwungen, das Begonnene liegenzulassen, und man muß über sein Genie staunen, das die Hindernisse überwand. Ejzenštejns ‹Bežin-Wiese› ist ebenso wie der Film über Mexiko nicht auf die Leinwand gekommen. Auf der Fotografie sehen wir eine Probe für eine Szene dieses Films: der Regisseur zeigt der Vorsitzenden der Kolchose (Elizaveta Teleševa), wie sie Stepka (Vitja Kartašov) den Armen des verrohten Vaters (Boris Zachava) entreißen soll.

1936. Während einer Unterbrechung der Dreharbeiten fuhr Ejzenštejn nach Odessa. Hier sitzt er auf der Treppe, die durch ihn berühmt wurde.

Hochsommer 1938. Hitze. Der geweißte Asphalt, der das Eis des Peipussees darstellt, beginnt flüssig zu werden. Für die Leinwand läßt man den Sieg Aleksandr Nevskijs wiedererstehen. Der Ruhm Sergej Ejzenštejns steigt von neuem. Er sieht den Krieg voraus, den furchtbaren Ansturm der Faschisten, und dreht einen Film über die Kraft unseres Gegenschlages. Einmal tauchte während der Dreharbeiten über dem Zelt der Teutonen ein Flugzeug am Moskauer Himmel auf. Das war Filmmaterial für den Ausschuß: die Epochen hatten sich vermischt. Ein gewitzter Fotograf drückte gerade rechtzeitig auf den Auslöser – der Zufall enthüllte die Gegenwärtigkeit dieses historischen Films.

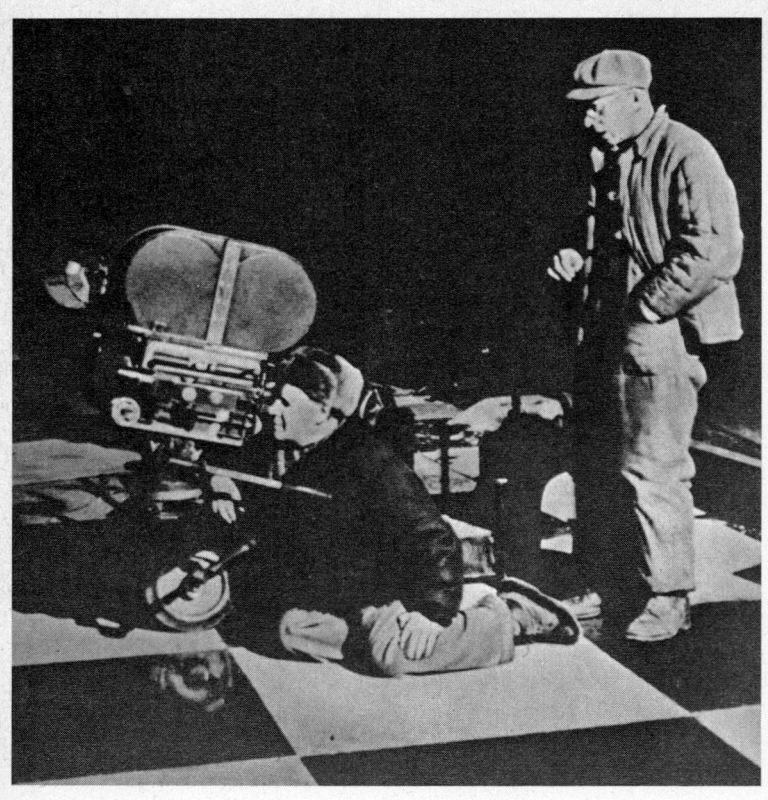

Krieg. Im Herzen Asiens, in Alma-Ata, wird ‹Ivan der Schreckliche› gedreht, ein Film über die russische Renaissance, Sergej Ejzenštejns letzter Film. Wenn ich mir diese Fotografie ansehe, die in der Nacht bei der Arbeit aufgenommen wurde, bin ich überrascht, wie ausdrucksvoll das von einem Objektiv eingefangene Leben sein kann. An der Filmkamera, die einem Maschinengewehr gleicht, der Regisseur, der mutige Kommandeur, hinter ihm der Kameramann Andrej Moskvin, sein Mitkämpfer, und die Assistenten, seine Kämpfer. In dieser Schlacht geht es um unsere Würde, unsere Freiheit, unsere Kultur. Die Faschisten töten sowjetische Menschen, sie wollen den Staat vernichten. Sie hoffen sogar, selbst die Erinnerung an unsere Kultur zu zerstören. Deshalb ist es gerade jetzt, im Krieg, so wichtig, diesen komplizierten Film zu drehen, um auch auf diesem Gebiet die Schlacht zu gewinnen.

Seht euch die Silhouette des Regisseurs an – so führt man Menschen zur Attacke.
Gleich wird der Bärlapp hell zu brennen anfangen, die Knaben werden zum
Feuer hinaufsteigen, und die Skomorochen werden die Chaldäer darstellen: hier
wird das ‹Peščnoe dejstvo› gefilmt – ein ferner Vorfahre des großen russischen
Theaters und folglich auch des Films. Mit dem Film ‹*Ivan der Schreckliche*› hat
die Filmkunst erneut ihre Genealogie, ihre Aufgaben und Möglichkeiten erkannt. Dies war ein Sieg, der lange Geltung haben wird.

dem Puškinplatz.

Damals stand Puškin mit dem Rücken zum Boulevard hin und blickte auf das noch nicht abgebrochene Strastnoj-Kloster, und zu seiner Rechten stand eine Kirche.

Zum Bahnhof an der Tverskaja-Straße, wo der Triumphbogen mit seinen Säulen stand – heute führt sie weiter, bis hin zur Kutuzov-Chaussee –, zog eine Menschenmenge. Frauen in kurzen Röcken (in der heutigen Zeit wären es lange Röcke), Männer in Hemden mit aufgekrempelten Ärmeln. Man redete von der Ankunft Mary Pickfords und Douglas Fairbanks'.

Mary hatte man in zahllosen Filmen gesehen. In einem spielte sie sogar zwei Rollen: einen Jungen, den Lord Fauntleroy aus einem alten Kinderbüchlein, und dessen Mutter. In allen Filmen weinte und litt Mary, aber alle hatten ein Happy-End.

Douglas sprang und focht in allen Filmen, aber auch diese endeten alle glücklich. Er war der glückliche Räuber. In dem Film ‹Robin Hood› half Douglas dem König Richard Löwenherz, und der König erließ für ihn eine triumphale Amnestie. Er besiegte seine Widersacher auch in ‹Zorros Zeichen›. Er war ein Mensch, der ganz allein in sich alle drei Musketiere vereinigte und dazu noch sogar eine Portion Humor. Er war der erfolgreiche ‹Dieb von Bagdad› – ganz Moskau hatte sich diesen Film angesehen, und das nicht nur einmal.

Die Menschen wollten alte Bekannte wiedersehen.

Nicht viele wußten, daß Mary Pickford inzwischen eine reiche Frau war. Sie war zusammen mit Douglas und Chaplin Chef eines Filmkonzerns. Chaplin schrieb über sie:

«Mit dem größten Erstaunen bemerkte ich, welche Rechtskenntnisse Mary an den Tag legte, als es sich um die Gründung der Gesellschaft handelte. Sie kannte alle Fachausdrücke: Amortisation und Fälligkeit etc. Sie war genau informiert über das Gesellschaftsrecht, verwies kühl auf den Widerspruch zwischen Paragraph A, Seite 7, Artikel 27 und Paragraph D, Seite 24.

Während sie mit großer Würde einem unserer Interessenvertreter eine Predigt hielt, sagte sie: «Es geziemt sich, Gentlemen . . .»*

Mary setzte Chaplin in Erstaunen, betrübte ihn sogar ein wenig. Nach seinem Buch zu urteilen, liebte er sie nicht gerade.

Im Gespräch mit Ejzenštejn sagte er im übrigen einmal, daß er auch Kinder nicht liebe.

«Wen lieben Sie denn?» fragte ihn Sergej Michajlovič.

«Den Wolf», antwortete Chaplin.

---

* Dt. Übersetzung zit. nach Charles Chaplin: ‹Die Geschichten meines Lebens›. Frankfurt/Main 1964, S. 206.

Er war ein glücklicher Wolf und vielleicht sogar ein guter Wolf. Wölfe haben auch verschiedene Charaktere, und wahrscheinlich verhalten sie sich nicht so schlecht gegenüber dem Hirschrudel, dem sie wie einer sicheren Beute folgen. Chaplin war ein außergewöhnlicher Wolf! Er kam unter die Wölfe, um nicht wie ein Hund dressiert zu werden. So war er in seiner Heimat zu leben gewohnt.

Die Tverskaja war damals eine enge Straße mit zweigeschossigen Häusern. Vor dem Bahnhof stand ein gelbliches Häuschen aus dem 19. Jahrhundert. Soweit ich mich erinnere, verkaufte man hier Hafer und Heu.

Unsere Gäste fuhren zu Ejzenštejn. Das ist auch der Grund, weshalb sie in diesem Buch vorkommen.

Douglas Fairbanks und Mary Pickford sahen den ‹Panzerkreuzer Potemkin›. Diese großen Berufsschauspieler fühlten sich einen Augenblick lang wie die Weisen aus dem Evangelienmythos: die Weisen verschiedener Volksstämme erblickten damals einen neu entbrannten Stern und folgten ihm – der Überlieferung nach kamen sie aus Afrika und aus Babylon, ihre Wege kreuzten sich, und sie kamen in die arme Stadt Bethlehem, wo das Kind, der Messias, lag.

Die sowjetische Filmkunst war für die ganze Welt eine neue Hoffnung, aber auch eine neue Gefahr, die neue Stimme eines neuen Lebens.

Douglas und Mary kamen voller Unruhe nach Moskau.

Unterwegs hatte man ihren Waggon mit grünen Girlanden geschmückt: in jener Zeit liebte man die Filmkunst, liebte man sie wie eine Neuanschaffung.

Der Bahnsteig war überfüllt.

Die Menschen drängten sich an den staubigen Waggon heran. Ein kleines grauäugiges Mädchen wurde von allen Seiten herangedrückt. Dann zeigte sich auf dem dunklen Hintergrund des Fensters in Großaufnahme Douglas, groß, nicht mehr der Jüngste. Er streckte seine starken Arme nach unten, nahm das Mädchen und zog es in seinen Waggon. Die Menge klatschte Beifall.

Dann die zweite Großaufnahme: Mary Pickford erschien mit ihren hellen Haaren, einem blendenden Lächeln, wie eine Goldplombe.

Man klatschte auch dem Lächeln Beifall zu.

Douglas stieg mit einem Mantel über dem Arm aus. Er trug einen weiten, damals in Amerika modischen Anzug, wirkte dick. Er hatte tiefe Falten um den Mund herum und auf der Stirn: die Menge war etwas überrascht.

Abseits standen Filmkameraleute. Sie beneideten den Kameramann, der von der Grenze an mit Douglas und Mary gereist war und sie die ganze Zeit gefilmt hatte.

Die Kästen – die Stative, auf denen die Kameras befestigt waren –

schwankten unter dem Ansturm der Menge.

Es muß gesagt werden, daß der Kameramann später enttäuscht war. Er hatte beim Filmen die Fensterspiegelung des Waggons ausgenutzt. Er wollte die eintreffenden Schauspieler und auch sich selbst filmen. Aber er machte einen Fehler: Sich selber hatte er im Fokus gefilmt, die Gäste jedoch außerhalb des Fokus – unscharf . . .

Sie fuhren über das Kopfsteinpflaster Moskaus mit Fuhrleuten, mit Frauen in Kleidern, die aus gestreiften Schärpen genäht waren.

Moskau war lebendig, bunt und golden, wie ein greller Sonnenfleck.

Sie stiegen im Hotel *Nacional* ab, frühstückten im Café.

Ejzenštejn empfing die Gäste. Er wunderte sich über ihre Eleganz, die Leichtigkeit, die schöne englische Sprache, die kleinen Füße in den unmodernen Schuhen, die breiten Schultern, die hohe Stirn und die leichten, goldenen nimbushaften Haare.

Er lächelte, sprach ruhig und vollkommen informiert über die Filmkunst, über Amerika, über Europa.

Sie überbrachten noch an demselben Tag Sergej Michajlovič die Grüße amerikanischer Filmgesellschaften, versprachen ihm Erfolg, Verträge, aber sprachen nicht konkret über Kontrakte.

Sergej Michajlovič redete über Amerika, daß er ein Drehbuch ‹Das Glashaus› schreiben wolle, über einen Menschen, der in einem Glashaus lebt – er hatte solche Glashäuser in Berlin gesehen, mißlungene Häuser.

Die Zivilisation beraubt den Menschen des Schweigens, der Nacht, des sauberen Schnees. Das Telefon zerschlägt die Nacht, es kann klingeln, wann es will, die Reporter durchbohren mit ihren aufblitzenden Lampen das Leben des Menschen, es fließt aus, wie Wasser aus einem überlaufenden Faß ausläuft.

Ejzenštejn erinnerte daran, wie sich Lev Tolstoj über das heimliche Beobachten durch andere beklagt hatte. Tolstoj unterbrach einmal jemanden, der etwas aus dem Privatleben von Schriftstellern erzählte, er wollte nichts über die Liebesgeschichten einer George Sand hören und sagte, daß das, was nicht für alle gesagt sei, auch nicht gehört werden dürfe.

Douglas antwortete: «Aber das ist doch Reklame; für mich macht man hier doch auch Reklame. Ich bin erstaunt über den Erfolg, den in Rußland meine schwächsten Filme wie ‹Der Dieb von Bagdad› und ‹Zorros Zeichen› haben. Im Vergleich mit eurem großartigen ‹Panzerkreuzer Potemkin› verdienen diese Filme keinerlei Beachtung.»

«Wir mögen Sie», antwortete Sergej Michajlovič, «weil Sie so gut springen, weil Sie ein starker und fröhlicher Mensch sind und wegen des Erfolges Ihres Helden auf der Leinwand. Der Held auf der Leinwand, das ist ein ungewöhnlicher Mensch, der alles vollbringen kann. Und

Mary liebt man, weil sie so weint und es versteht, glücklich zu scheinen.»

Am nächsten Tag kamen Mary und Douglas frühmorgens in den Kreml. Sie gingen durch die leeren Straßen und über die Höfe des Kreml, umgeben von hohen, schweigsamen Kirchen.

Der Glockenturm des Ivan Velikij kennzeichnet wie der Akzent auf einem unbekannten Wort den damals höchsten Punkt Moskaus.

Auf den grünen Rasenflächen blühten Rosen. Die blauen Frühlingsblumen waren schon verblüht: der gelb-rosafarbene Sommer brach an.

Dort, hinter der grünen Böschung des Kremlhügels, hinter der roten Kremlmauer, auf der anderen Seite der schmalen, tief in ihr Flußbett zurückgefallenen, damals wasserarmen Moskva, lag mit all den Kuppeln der hohen Kirchen und mit den grünen Flecken der Gärten das Zamoskvoreče.

«Wie hübsch», sagte Mary Pickford, «ja, man könnte einen Film über glückliche Menschen drehen. Vermutlich erholen Sie sich hier immer abends.»

Sergej Michajlovič war damals noch sehr jung. Er erklärte die Architektur der Kirchen in allen Einzelheiten. Er war 28 Jahre alt, in dem Alter sind die Menschen mitteilsam.

Douglas fragte schnell in einer Pause:

«Und wo ist die Zarenglocke und die Zarenkanone?»

Sergej Michajlovič erhob sich, nahm die Gäste bei der Hand und führte sie zu den traditionellen Wunderdingen. Mit dem offenen schwarzen Mund eines Steinwerfers stand die alte Zarenkanone da. Die dekorativen Kugeln lagen darunter. Douglas sprang leicht auf das Postament, zog sein Jackett aus, zog sich mit kräftigen Armen an den Rand der Mündung und sagte, ohne sich umzudrehen: «Hier ist es geräumig.»

Ejzenštejn warnte:

«Ich bin lange nicht da oben gewesen und weiß nicht, ob es sauber ist, ich rate Ihnen nicht, da hineinzuklettern. Dort war schon einmal vor etwa zwanzig Jahren Max Linder. Er winkte auf der Leinwand mit seinem Zylinder und versteckte sich in der Zarenkanone.»

«Das heißt also, es hat keinen Sinn», sagte Douglas. «Es gibt für einen Schauspieler nichts Traurigeres, als einen komischen Trick zu wiederholen.»

Es war eine Zeit, in der die Menschen in die Filmkunst verliebt waren und nicht nur von Filmen, sondern auch von Gedichten träumten.

«Gehen wir», sagte Sergej Michajlovič, «Ihr Tag ist anstrengend, und das Auto wartet auf Sie. Wir fahren in die ‹Mežrabpom-Rus›*, dort gibt

---

* Mežrabpom: Internationale Arbeiterhilfe. Diese Organisation wurde 1921 in Berlin zur Unterstützung der Bevölkerung der SU gegründet, die unter der Mißernte von 1921 litt. Nach der Auflösung der Aktiengesellschaft ‹Mežrab-

es ‹*Die Mutter*› von Pudovkin.» Die Gäste wollten lieber mit der Droschke fahren. Man mußte zwei Droschken nehmen, weil die damaligen leichten Kutschen sich unter dem Gewicht Fairbanks' gleich zur Seite neigten.

Vorbei an dem Strastnoj-Kloster, vorbei an dem schon bekannten Bahnhof, unter der Triumphpforte hindurch und über die grünen Boulevards Moskaus fuhren sie zum alten Jar, doch nicht zu dem, in dem Puškin verkehrt hatte. Dies war das Restaurant *Jar*. Der *Jar* vom Ende des 19. Jahrhunderts.

Der ‹Spiegelsaal› – den Spiegel hatte man nicht mehr geschafft abzunehmen. Jetzt war hier die ‹Mežrabpom-Rus› untergebracht.

Pudovkin sprach ausgezeichnet Englisch. Überhaupt besaß er erstaunliche Kenntnisse.

Als man einmal Nikolaj Čerkasov fragte, was in Indien das Interessanteste gewesen sei, antwortete er: Pudovkin.

Sie waren zusammen in Indien gewesen.

Aufgeregt zeigte er seinen Film. Wie üblich bei Regisseuren, sagte er, daß der Film noch nicht fertig sei, daß es nur eine Probevariante sei und die Kopie schlecht ist.

Mary sah sich den Film zunächst wie ein Käufer an. Sie wunderte sich, daß keine jungen Frauen vorkamen, die Menschen nicht elegant gekleidet waren und der Film wenig sorgfältig und dabei zugleich ungezwungen gedreht ist.

Die Kamera betrachtet auf ihre Art die Welt. Es überraschte das Verhältnis des Schauspielers – nein, nicht des Schauspielers, sondern des Menschen zur Welt. Mary hatte schon viele Filme mit Eisgang gesehen. Doch über das Eis gingen, von Eisscholle zu Eisscholle springend, gewöhnlich Menschen, die sich aus einer Gefahr retteten. Und hier floh ein junger Revolutionär aus dem Gefängnis zu einer Kundgebung, auf der sicherlich Gendarmen waren: er müßte sich verstecken, statt zu der Kundgebung zu laufen. Doch dieser Film mit den russischen Kindern, mit den Vögeln, mit dem mächtigen Eis und mit dieser Frau, der alten, häßlichen Schauspielerin, riß die beiden Filmschauspieler mit. Als die Baranovskaja selber das Banner aus den Händen ihres getöteten Sohnes nahm und die Sonne auf der dunkelweißen Leinwand durch den Stoff des Banners hindurchschien und seine Fäden zum Vorschein brachte, waren sie bewegt, und es schien ihnen, als sähen sie die rote Sonne wie das rote Banner auf dem Mast des Panzerkreuzers ‹Potemkin›.

«Wie viele Filme hat Mister Pudovkin gedreht?» fragte Mary.

«Das ist mein dritter», antwortete Pudovkin. «Der erste war ein Wissenschaftsfilm – ‹*Die Reflexe des Gehirns*›, ich habe das Akademiemit-

pom-Rus'› entstand dann die Filmgesellschaft ‹Mežrabpom-fil'm› die 1928–1936 der Moskauer Abteilung des ‹Mežrabpom› angehörte. (Anm. d. Ü.)

glied Pavlov gefilmt, ich interessiere mich für die Physiologie, obgleich ich selber von meiner Ausbildung her Ingenieur bin. Der zweite hieß ‹Schachfieber›. Ein Kurzfilm. Das hier ist mein erster abendfüllender Film.»

«Das ist erstaunlich», sagte Mary Pickford. «Ihr Land ist ein erstaunliches Land. Doch sehen Sie einmal, die Baranovskaja wurde immerhin zu Beginn des Films als junge Frau geschminkt und mit Blumen geschmückt gefilmt, sie fürchtete, daß man sie auf alte Rollen festlegen könnte.

Wir sind sehr zufrieden, daß wir hier gewesen sind, in Ihrem erstaunlichen Land, daß wir Sergej Michajlovič und Sie kennengelernt haben. Besuchen Sie uns einmal. Auch wir sind in der Lage, Ihnen etwas zu zeigen, und Douglas wird sich bemühen, Sie in Erstaunen zu setzen.»

Die Montage. Allgemeine Überlegungen

Ein Sieg war errungen, man mußte ihn nun begreifen.
Ich hatte wenig Gelegenheit, am Schneidetisch die Montage zu machen. Hier war ich ein Anfänger. Doch die Einzelteile eines Films zusammenzufügen und den Film dabei mit neuem Sinn zu füllen, dazu hatte ich Gelegenheit. Darin habe ich praktische Erfahrung.
In der Stummfilmzeit hatte einmal ein Regisseur nach dem Drehbuch von Sergej Tretjakov einen Film gedreht. Er war pathetisch, schön, voller Exotik. Ich will den Namen des Regisseurs nicht nennen, weil es auch bei uns eine ‹ärztliche Schweigepflicht› gibt. Der Film kam nicht in den Verleih. Und diesem Regisseur und Kameramann, dessen erster Film das war, hatte man damals gesagt, daß er nicht mehr beim Film arbeiten sollte. Ich machte den Vorschlag, den Film umzumontieren. Man lehnte es ab. Damals sagte ich, daß ich ihn kostenlos und ohne zusätzliche Dreharbeiten ummontieren würde. Das erlaubte man. Ich kannte ein Geheimnis, das mir irgendwann einmal Gorkij anvertraut hatte: Man darf eine Treppe nicht ohne Absätze bauen, Absätze für eine Verschnaufpause. Man darf kein Drama schreiben, das nur aus herzzerreißenden Stücken besteht – der Mensch braucht eine Verschnaufpause für seinen Seelenzustand. Man soll keine Komödie schreiben, in die Menschen ununterbrochen lachen, denn das Lachen übertönt die nachfolgende komische Episode, ihre Exposition; das Lachen erstickt das Lachen.
Ich beriet mich mit dem Regisseur und schlug ihm vor, bereits gefilmte Teile zu suchen, die in den Kostümen und Landschaften dem Material seines Films glichen, und ihn zu verwässern, indem er davon 300 Meter

Filmmaterial einfügt, auf dem nichts geschieht.

Der Film wurde angenommen, erhielt einen Preis, und der Regisseur wurde gelobt. Danach drehte er mehrere ausgezeichnete Filme. Seine Sache war wohl richtig gefilmt, aber nicht richtig zusammenmontiert: sie war nach der Geburt nicht richtig abgewaschen und abgetrocknet.

Die Vorstellung, die man sich von der Montage macht, ist außergewöhnlich beweglich und unendlich weitgefaßt. Sie ist kompliziert, weil sie auf einer Lebensauffassung begründet ist.

Wir sehen im Film nicht alles mit der gleichen Intensität. Am meisten wirkt das Auftreten des Helden und sein Abgang. Seine Anwesenheit ist schwächer, hat weniger emotionalen Einfluß.

Das Neue sehen wir am besten, aber nur wenn es später entwickelt und vertieft wird.

Ejzenštejn machte seine Montagen so: Zunächst wird das Dargestellte nur einen Augenblick gezeigt, nicht bezeichnet, nicht charakterisiert; dann, aber nicht gleich, wird ihm eine Episode zugefügt; danach verfährt man mit ihm wie mit einem ausgebreiteten Stoff, der Zuschauer weiß, wie er die Gestalt zu beurteilen hat.

Die menschliche Erfahrung ist vielschichtig, und sie verändert sich.

Ejzenštejns Montage stammt aus der kurzen – aber talentierten – Erfahrung der sowjetischen Filmschaffenden. Die alten russischen Filme hatten für den Zuschauer ihren Sinn verloren, die Verhältnisse hatten sich verändert, der Zuschauer, sein Verhältnis zu dem, was er sieht, hatte sich verändert.

Larisa Rejsner erzählte mir einmal, wie man in Afghanistan amerikanische Filme vorführte. Sie wurden mit den Kommentaren eines Erzählers gezeigt. Die Erzählung war an die Stelle der Klavierbegleitung getreten. Der Kommentator erzählte, daß man hier Europäer vor sich habe, sie seien lächerliche und schlechte Menschen: die Frauen betrögen ihre Männer, die Männer dächten nur an das Geld, ihre Freunde seien treulos. Dabei lief der Film, von der Stimme umgedeutet, zusammenmontiert, durch die Anmerkungen ummontiert.

Die amerikanischen Filme, die zu uns kamen, haben wir nur geringfügig, aber geschickt und fröhlich ummontiert. Wir schnitten einiges weg, veränderten die Zwischentitel, weil unser Zuschauer anders empfand als der amerikanische Zuschauer.

Ich habe Shakespeare in Ossetien gesehen. ‹König Lear› hatte großen Erfolg: ein alter Mann war hier gekränkt worden. ‹Othello› hatte einen gewaltigen Erfolg: hier wurde ein Mohr gekränkt, ein großer Feldherr, der in schlechte Umgebung geraten war, er hatte das Leben Venetiens nicht verstanden, hatte einfacher und ehrlicher gedacht und den Betrug nicht begriffen. Ostrovskijs ‹Gewitter› hatte überhaupt keinen Erfolg und fiel durch; für die Zuschauer wurde die Kabanicha zum eigentlichen Helden: sie wußte alles, wenn man ihr nur gehorcht hätte, dann hätte Katerina ihren Mann nicht betrogen und wäre nicht zugrunde gegangen. Der ‹Hamlet› hatte in Indien keinen Erfolg, weil man hier der Ansicht war, daß der Bruder einem näher sei als der Mann, daß er einem der teuerste Mensch auf der Welt sei. Nun tötete Hamlet den Laertes. Ophelia kann nicht bei Hamlet bleiben, sie sollte ihn rächen. Laertes sei im Recht: man hatte seinen Vater getötet und seine Schwester verführt. Deshalb sei er der Hauptheld. Alles bekam einen anderen Sinn.

Die Montage streicht vor allen Dingen den Sinn eines Kunstwerks hervor.

Der Frosch sieht in der Hauptsache das, was zu seiner Ernährung notwendig ist, das heißt die Bewegung irgendwelcher kleiner Gegenstände vor ihm in einer Entfernung, die er mit einem Sprung überwinden kann.

Ich habe Kinder gehabt. Wie fest ich auch schlief, ich erwachte, wenn eines der Kinder weinte, und immer war meine Frau noch früher aufgewacht. Wir wohnten in einer Gasse, durch die Lastwagen und schwere Lastfuhrwerke fuhren, damals waren die Straßen noch mit Kopfsteinpflaster befestigt und die Räder der Kutschen mit eisernen Reifen beschlagen.

Wir nehmen die Welt montagehaft wahr, das heißt, wir wählen in der Welt das aus, was für uns wichtig ist und worauf wir eingestellt sind. Alles andere wird beiseite geschoben. Natürlich sehen wir die Straße, sonst würden wir unter die Autos kommen oder mit anderen Passanten zusammenstoßen. Aber die Straße ist in einer anderen Dimension unserer Erkenntnis. Durch Zufall oder Willensanstrengung können uns Momente des Straßenlebens bewußtwerden, wir nehmen sie dann in Großaufnahme, nähergerückt wahr.

So steuern wir uns selber in der Kontinuität des Lebens.

In Malerei, Architektur, Theater, Literatur muß man die Aufmerksamkeit des Betrachters oder Lesers steuern. Wie auch in der Filmkunst.

Die Welt der Kunst ist nach der Gestalt und dem Abbild der Welt des Faktischen geschaffen, doch verhält sie sich zu dieser wie die Mathematik zur Physik.

Nach und nach entwickelte sich eine Theorie der Filmmontage, sie entstand bei uns in Sowjetrußland, wenngleich die Klebemontage in Amerika schon früher als bei uns angewandt wurde. Es wurde bereits davon gesprochen, daß Griffith bei der Darstellung von Verfolgungsjagden das abwechselnde Zeigen von Gegenständen eingeführt hatte. Derjenige, der davonläuft, und auch der Verfolger mußten zu sehen sein, oder es mußten auch der Mensch, der sich in Lebensgefahr befindet, und die Hilfe, die zu spät kommt, gezeigt werden. Das erzeugte eine bestimmte Spannung.

Die Montage entwickelte sich in der Sowjetunion aus den Erfahrungen derer, die einen Film ummontierten. Die Brüder Vasilev, die den Film ‹Čapaev› gemacht haben, waren Filmfachkräfte, fast Filmarbeiter, Leute, die nicht als schöpferische Arbeiter galten. Es waren Menschen mit Biographie, die viel in ihrem Leben gesehen hatten, Menschen von Kultur. Sie arbeiteten an der Montagewerkbank und in der Gewerkschaftsorganisation. Sie waren Menschen der kinematographischen Werkabteilung. Sie tasteten der Reihe nach die ausländische und die russische Kinematographie ab. Sie kannten Ejzenštejn auswendig. Sie mochten ihn wie einen älteren Kameraden. Deshalb konnten sie den ‹Čapaev› machen, wobei sie die Montage der Filmdramaturgie unterordneten, die Handlung in Episoden zerlegten, von denen jede einzelne ihre eigene Bedeutung hatte. Sie waren glückliche Schüler Ejzenštejns. Sergej Michajlovič selber ging einen anderen Weg. Es ist der Weg eines Menschen, der in tiefem Schnee einen Pfad ausgetreten hat. Er hatte das Theater, wo er die Montage der Attraktionen geschaffen hatte, verlassen. Er hatte einen winzig kleinen Streifen für sein parodistisches Drama gedreht und in ihm die kinematographischen Tricks der Verfolgungsjagd nachgeahmt. Genauso hatte auch Kulešov in seinem ersten Film ‹Die Abenteuer des Mister West im Land der Bolschewiken› erzählt, wie ein Amerikaner mit seinem Diener, einem Cowboy, nach Moskau gereist kommt, nichts begreift und nach den Schablonen der amerikanischen Filmkomödie agiert.

Große schöpferische Erfolge durchlaufen nicht selten die Stufen der Nachahmung, der Aneignung fremder Strukturen und der Umgestaltung dieser Strukturen.

Ein guter Theoretiker, der Ungar Béla Balázs, schrieb einen Aufsatz über den ‹Panzerkreuzer Potemkin›. Er hob darin besonders die Arbeit Tissés hervor, was vollkommen richtig ist. Eduard Tissé ist Ejzenštejns Mitautor, er ist das Auge des Regisseurs. Viele unserer Regisseure – Kalatozov, Urusevskij, Ilenko – waren zunächst Filmkameraleute. Andere waren zunächst Maler, Bildhauer, manchmal Schauspieler oder Ingenieure. Ejzenštejn kam von der Architektur, war Theoretiker und Forscher auf dem Gebiet der Kunst.

Auf den Aufsatz Béla Balázs' antwortete Ejzenštejn mit einem eigenen Artikel, ‹Béla vergißt die Schere›, einem theoretischen Aufsatz darüber, was das Spezifische des Films bestimmt.

Ejzenštejns Aufsatz ist aufbrausend. Er handelt von der Zukunft des Films. Und die Zukunft sah Ejzenštejn anders.

Er schrieb darin:

«Amerika hat die Montage noch nicht als eine neue Elementarkraft, als eine neue Möglichkeit begriffen.

Amerika ist ehrsam erzählbeflissen. Es ‹konstruiert› seine *Montage-*

‹Bildlichkeit› nicht, sondern *zeigt treu und brav, was sich ereignet.*»*
Ejzenštejn spricht davon, daß der Film in seine «*zweite literarische Periode*» eintrete. «In die Phase seiner Annäherung an die Symbolik der *Sprache*. Der Rede. Der Rede, die der ganz konkret materiellen Bezeichnung einen symbolischen (d. h. nicht-buchstäblichen) Sinn, bzw. ‹Bildhaftigkeit› verleiht, und zwar durch eine der buchstäblichen Bedeutung wesensfremden *Kontextzusammenstellung*, d. h. also auch durch die *Montage.*»**

Nehmen wir einmal den Film. Im Film haben wir Einstellungen – das ist die Fotografie. Der Hund – das ist ein konkreter Hund, die Kuh – das ist eine konkrete Kuh, und zwar diese Kuh da.

In der Literatur präzisieren wir das Wort durch ein Epitheton, eine Beschreibung, gehen also vom Allgemeinen zum Besonderen.

Im Film zeigen wir das Besondere, und indem wir es in eine Montagephrase einfügen, machen wir aus dem Besonderen das Allgemeine.

Wir überwinden im Film das Detail der Darstellung.

In der Literatur überwinden wir das Allgemeine der Bedeutung. Deshalb sind auch das, was man ein literarisches Bild nennt, und das, was man in der Filmkunst als Montage bezeichnet – eine konkrete Gegenüberstellung –, vollkommen unterschiedliche Erscheinungen.

Der Film steht seinem Wesen nach im Gegensatz zur Sprache, und die Übertragung literarischer Formen auf den Film muß zur Herausbildung neuer Formen führen.

Mir scheint, daß Ejzenštejn anderes und mehr geleistet hat, als er von sich selber behauptet.

Der nächste Aufsatz war eine Entgegnung Sergej Michajlovičs auf einen Artikel Kulešovs. Er trägt den Titel ‹*Für die Einstellung*› und wurde 1927 veröffentlicht. In ihm lehnt der Schöpfer des ‹Potemkin› Kulešov ab, der allerdings später von Ejzenštejn wieder anerkannt wird.

Sergej Michajlovič lehnte zuerst auch die Arbeit Vertovs ab und schrieb ihr Eigenschaften zu, die Vertovs Filme nicht hatten, die aber in seiner Theorie enthalten waren. Vertovs Theorie war prinzipiell gegen die Kunst gerichtet. Im Streit um den ‹Streik› mit Vertov sagte Ejzenštejn, daß das Wichtigste im ‹Streik› nicht die Verneinung der Kunst sei, sondern eine neue Kunst. Dabei stellte sich heraus, daß die neue Kunst einige Prinzipien der dokumentarischen Kinematographie verwendet.

Ja, die russische Literatur begann zu Belinskijs Zeit mit den Skizzen Turgenevs. Und Dostoevskij verwandte in seinem Roman (eine Definition dieses Genres hat er selber gegeben) ‹*Aufzeichnungen aus dem*

* Dt. Übersetzung zit. nach Sergej M. Eisenstein: ‹*Schriften 2/Panzerkreuzer Potemkin*›. München 1973. S. 140 (Anm. d. Ü.).
** Ebenda, S. 139

Totenhaus alte Techniken: die ‹gefundene› Handschrift, die von einem ehemaligen Bewohner des ‹Totenhauses› verfaßt worden war, also das Dokumentarische, das Hervorheben des Dokumentarischen. In der Neuausgabe sprach er von tatsächlichen Justizirrtümern, das heißt, er dokumentierte genau.

1929 nun vertritt Ejzenštejn, was er ursprünglich abgelehnt hatte. Er steht auf dem Standpunkt Vertovs und füllt ihn mit neuem Inhalt. Vertov, der das Spiel des Schauspielers ablehnte, schuf aus kleinen Montageteilen ganze Handlungen. Ejzenštejn nimmt eine Typage und schafft unter Verwendung dieser Typage und einer Gegenüberstellung der einzelnen Teile ein neues Spiel, das er selbst als ‹übergangslos› bezeichnet. Bei der Analyse dieses Spiels stützt er sich jedoch auf die Erfahrung des östlichen Theaters, insbesondere des japanischen.

Hier erkennen wir, wie die Verwendung dokumentarischen kinematographischen Materials mit der Verwendung der Traditionen anderer Völker zusammengeht, Traditionen jedoch, die auf einer langen, jahrhundertealten Theaterarbeit beruhen.

Ejzenštejn hat im wesentlichen recht. Schon wenn ein Fotograf seine Kamera aufstellt und das Bild einstellt, so ist das bereits die Handlung eines guten oder schlechten Künstlers, zeigt bereits die Absicht eines Künstlers, die zu sehr schwachen Ergebnissen führen kann, und wir haben nicht mehr die Natur in ihrem ursprünglichen, kontinuierlichen Anblick.

Das sagte Ejzenštejn jetzt schon auf Grund der Erfahrung, die er mit dem *‹Panzerkreuzer Potemkin›* und dem Film *‹Das Alte und das Neue›* gemacht hatte.

Die Schwierigkeit, in den verschiedenen Aufsätzen Ejzenštejns den Begriff der Montage zu analysieren, besteht auch darin, daß er unter dem Wort ‹Montage› zu verschiedenen Zeiten Verschiedenes verstanden hat.

In der Überschrift seines Artikels *‹Die Montage der Attraktionen›* sind die Worte zu einem Terminus vereinigt.

Der Autor macht die Anmerkung, daß der Terminus «zum erstenmal verwendet werde».

In der Erläuterung wurde das Wort ‹Montage› hervorgestrichen. Das Wort ‹Attraktion› tritt hierbei an die Stelle des Begriffs der Emotion. Im folgenden hat dann die Montage etwas mit Begriffen zu tun, die in der Handlung oder in der Plastik zum Ausdruck kommen.

Doch auch die Attraktionen des *‹Gescheitesten›* waren umgedeutete Attraktionen: ihre Pointe beruhte auf dem veränderten Einsatz von Zitaten, so als wären sie dem Stück Ostrovskijs *‹Eine Dummheit macht auch der Gescheiteste›* entnommen.

Eine Situation oder ein Wort wurde komisch realisiert – und sofort beendet. Jede Attraktion hatte ihre eigene innere, parodistisch-sinngemäße Montage. Zum Beispiel wurde die Ehe der Heldin mit den drei Männern zugleich geschlossen, und diese Ehe schloß der Mulla. Die Parodie bestand darin, daß der Ausgangspunkt der Handlung aus dem Moskauer Leben stammte, die Lösung aber konventionell den Brauch einer anderen Religion parodiert. Eine Fülle von Wörtern wird durch die Geste ersetzt. Jede Attraktion stand im Widerspruch zur folgenden; auf jeden Fall kollidierte sie mit ihr.

Auf diese Weise waren in diesen Attraktionen enthalten: a) Parodistisches, das heißt innere Widersprüchlichkeit, b) das Unerwartete des Erkennens dieser Widersprüchlichkeit.

Ejzenštejn leitete das Wort ‹Montage› von der ‹Montage eines Automobils› her, vom Zusammenbau; allerdings dürfen bei der Montage die Teile des Autos und der Charakter des Autos nicht durcheinandergebracht werden, es ist eine Montage der Zweckmäßigkeit. Eine andere Sache ist die Montage der Attraktionen.

Ihr Ziel ist es, den auf Ereignissen begründeten Aufbau eines dramatischen Werkes zu zerstören und die Aufmerksamkeit auf das Innere eines Einzelteils zu verlagern.

Wir wissen, daß viele Erscheinungen der Kunst einmal ein Ende haben oder lediglich erneuert werden, indem sie durch die Erfahrung des Nachbarn erneuert werden.

Ejzenštejns Montage parodierte die Montage Kulešovs und lehnte die Montage Vertovs ab, eines Künstlers, der mit der Wochenschau begonnen hatte. Eine Verschmelzung der Begriffe stand bevor.

Ejzenštejn und Vertov

Die Filme Dziga Vertovs *Kinopravda* und *Kinoglaz* beruhten auf der dokumentarischen Wiedergabe des ‹unerwartet› gefilmten Lebens.

In solchen Filmen wurde der Übergang von einer Einstellung zur anderen, die Folgerichtigkeit der Ereignisse durch die Montage erreicht. Diese Richtung hat sich in unserer Zeit stark entwickelt, so unlängst in der Anwendung der versteckten Kamera.

Ejzenštejns Erklärung zur Montage der Attraktionen und die Erklärung des *Kinoglaz* wurden in ein und derselben Nummer des *Lef* (1923, Nr. 3) veröffentlicht.

Eine Abgrenzung war nötig: es ging um die Frage der Priorität.

Ejzenštejn behauptet in seinem Aufsatz ‹*Zur Frage eines materialisti-*

schen Zugangs zur Form›:

«‹Streik› – das ist der Oktober des Films.

Ein Oktober, der sogar seinen Februar hat. Denn was sind Vertovs Arbeiten anderes als ein ‹Sturz der Selbstherrschaft› künstlerischer Kinematografie und . . . weiter nichts. Es handelt sich hier lediglich um meinen einzigen Vorläufer – die ‹Kinopravda›.»*

Weiter heißt es, daß der *Kinoglaz* zur gleichen Zeit gedreht worden sei wie der ‹Streik› und daher auf Ejzenštejns Film keinerlei Einfluß habe haben können.

Der Aufsatz Ejzenštejns ‹*Wie ich Regisseur wurde*› stammt aus dem Jahre 1946; ein Aufsatz voller Erinnerungen, mit reumütigen Bekenntnissen.

Zugleich hat er den Wert einer Zeugenaussage.

Der LEF-Gruppe, der sowohl Sergej Michajlovič als auch Pasternak, Aseev, Tretjakov und ich, teilweise auch Babel, angehörten, wurde von Majakovskij geführt. Die Zeitschrift *Lef* war vor allem eine Zeitschrift für die Dichtung; die Aufsätze, die in ihr erschienen, waren Aufsätze über die verschiedenen Gattungen der Kunst. Hier wurde eine Reihe von Aufsätzen über die Redekunst Lenins abgedruckt. Mehrere Aufsätze über Lev Tolstoj. Doch das Pathos der Zeitschrift, hauptsächlich von Tretjakov, Čudak und Brik formuliert, bestand darin, daß die Kunst am Ende sei.

Man habe genug von der Kunst; es wurde der Vorschlag gemacht, vor dieser Versuchung zu fliehen.

Das Wort ‹Schaffen› wurde vermieden – und wurde ersetzt durch das Wort Arbeit, Konstruktion.

Man sprach von der «Literatur der Fakten».

Das war kein Fehler, sondern ein Irrtum, eine falsche Bestimmung einer tatsächlich existierenden Erscheinung.

Zu dieser Zeit schrieb Gorkij ‹*Kindheit*›, ‹*Unter Fremden*›, ‹*Meine Universitäten*›, ein Buch über Tolstoj. Zu dieser Zeit arbeitete Prišvin, begann Paustovskij zu arbeiten. Das Interesse für das Dokumentarische war real, weil das Interesse für eine neue Wirklichkeit existierte.

Gorkij rief Menschen für die Gründung einer Bibliothek zum Thema ‹Geschichte der Fabriken und Werke› zusammen.

Doch zu der Tatsache, daß sich die Kunst auf neue Gebiete ausdehnt – wovon schon Belinskij gesprochen hatte, als er die Skizze in die Sphäre der Kunst einführte –, hatten viele von uns das gleiche Verhältnis wie zu der Verneinung jeglicher Kunst überhaupt, ohne dabei zu begreifen, daß für Sumarokov selbst der Roman außerhalb der Kunst stand. Die

---

* Dt. Übersetzung zit. nach: S. M. Eisenstein: ‹*Schriften 1 / Streik*›. München 1974, S. 234 (Anm. d. Ü.).

Kunst selber aber existiert tatsächlich, indem sie sich verändert, doch nicht, indem man sie abschafft.

Die zweite Hälfte des Terminus ‹Montage der Attraktionen› unterstrich die Bedeutung des einzelnen Handlungsteils.

Die erste Hälfte hat durch die Technik des Films an Farbe gewonnen und dieses Wort vertieft.

In der Filmkunst jener Zeit war die Montage vor allem ein Zusammenkleben von einzelnen Teilen in ihrer logischen Folgerichtigkeit.

Das Leben dieses neuen Terminus, seine Geschichte, beruhte darauf, daß zwei Wörter in eine neue Beziehung zueinander getreten waren.

Die Bedeutung des Unerwarteten dieser Verbindung erhielt einen Sinn.

Die Selbständigkeit der einzelnen Teile des Neuen.

Bald wird ein halbes Jahrhundert des Streites kommen.

Wir werden das Faktum anerkennen.

Dziga Vertov kam als erster zum Film. Bei ihm gab es schon Elemente der neuen Montage.

Er montierte nicht gespielte Elemente zusammen. Das, was er nicht als künstlerisch anerkennen wollte, entstand als Ergebnis der Kombination.

Die Montage der Attraktionen kann man mit einem Feld vergleichen, das mit schweren Geschossen bombardiert wurde. Die erste Montage, noch vor Kulešov, könnte man mit einem gebohnerten Parkettfußboden vergleichen. Das Ziel des Bohnerns ist es, die Logik in der Anordnung der einzelnen Holzstücke, die ein bestimmtes Schema wiederholen, deutlich werden zu lassen.

Doch in einem frühen Stadium des Films entstand die Vertovsche Montage; sie hatte gewöhnlich mit Dingen zu tun, deren Existenz nicht von dem Willen des Künstlers abhing. Die Existenz unbeweglicher Gegenstände war steuerbar, die Bewegung wurde durch die Montage hervorgerufen.

Die Frage nach den Beziehungen zwischen Ejzenštejn und Dziga Vertov wurde erneut gestellt. Der Regisseur Jean-Luc Godard machte Ejzenštejn nun den Vorwurf des ‹Revisionismus›, wobei er in Paris im Namen der ‹Gruppe Dziga Vertov› sprach.

Revisionismus – das ist eine Revision in der Politik im Zusammenhang mit der Zerstörung des Wesentlichen.

Die Erscheinungen der Kunst wiederholen sich mit scheinbar zufälliger Genauigkeit; sie wiederholen sich, wobei sie ihre funktionale Bedeutung verändern; man darf die Terminologie nicht ohne Vorbehalt von einem Bereich auf den anderen übertragen.

Godard sagt, daß selbst der Begriff ‹Autor› unrichtig sei: er sei ‹völlig reaktionär›.

Eine genauso unrichtige wie mit Verspätung aufgestellte Behauptung.

1920 hatte Majakovskij sein Poem ‹150 000 000› nicht mit seinem Namen unterzeichnet, mit der Bemerkung, daß dieses Poem von eben diesen ‹Millionen› selbst geschrieben worden sei.

Nach fünfzig Jahren wird das Für und Wider von Behauptung und Aberkennung der Urheberschaft durch Godard nun aufs neue wiederholt.

Doch die Urheberschaft existiert; sie existiert, indem sie sich verändert: so existiert die Wirklichkeit des ‹Faktums› nach seiner Einbeziehung in die Wirklichkeit eines Kunstwerkes.

Neuigkeiten sollte man nach fünfzig Jahren nicht sensationell deklarieren.

In Ejzenštejns schwerem Schicksal wie auch in Vertovs Schicksal hat es viele Neugestaltungen gegeben.

Die kompositionelle Verwendung ereignishafter Gegenüberstellungen war sowohl für Vertov in seinem Film ‹Drei Lieder über Lenin› wie auch für Ejzenštejn notwendig.

Dieser Streit war ein Streit der Analyse.

Ejzenštejn warf Dziga Vertov vor, daß er zur Wiedergabe der Bewegung ein ‹montageartiges Schminken› statischer Teile verwende.

Aber Ejzenštejn selber ist diesen Weg gegangen, und er ging noch weiter, indem er zu Filmen mit Ereignissen aus der Gegenwart und zu solchen mit Ereignissen aus der Geschichte überging. Dabei verwandte er auch den Zusammenstoß des ‹Unbeweglichen›.

In der Kunst sind Wiederholungen dann gesetzmäßig, wenn sie mit einer Veränderung verknüpft sind.

Die ‹Ilias› und die ‹Odyssee› wurden einem einzigen Autor zugeschrieben, doch in der Organisation der Zeit, in der Montage der Ereignisse unterscheidet sich die ‹Odyssee› von der Erzählung der ‹Ilias›. Da war von einem Unerkannten ein Roman ins Leben gerufen worden. Das ist eine Wiederholung ohne Wiederholung; Aufschwung und Vertiefung.

Der Streit des lebenden Ejzenštejn mit dem lebenden Vertov und mit dem lebenden Kulešov ist eine bewegende Kraft. Der Streit Godards, der die Bewegung der von der Vergangenheit geschaffenen Kunst aufhalten will, ist ein Fehler. Es ist ein rotes Lichtzeichen, dort aufgestellt, wo es überhaupt keine Baustelle gibt.

All das gab es schon bei den Auftritten des Proletkult; die unmittelbare Verneinung alles Vergangenen, die Verneinung der Tropen, die Verneinung des Sujets. Die Mitglieder des Proletkult schlugen vor, selbst Ejzenštejn aus der Kunst hinaus zum ‹Jat'› zu jagen. Dieser heute nicht mehr existierende Buchstabe war dem Klang nach dem ‹e› ähnlich, doch der Gestalt nach glich er dem harten Zeichen mit einer Verästelung am Ende. Dieser Buchstabe war mit Gewalt beibehalten worden, und die Beamten kannten einen Ausdruck, der lautete: «Vygnat' na jat'

– golubej gonjat'.»*

Der Streit des Proletkult mit dem Neuen – denn er erkannte auch Vertov nicht an – war ein Streit des maskierten Zwangs und wurde in den Formen der alten Wortschöpfung in die Tat umgesetzt.

Der Proletkult wurde in einer schlechteren Gestalt wieder ins Leben gerufen, als er je existiert hatte.

Der Buchstabe ‹Jat'› siedelte nach Paris über.

Über einen Aufsatz, den Ejzenštejn im April 1934 veröffentlicht hat

Ein Buch über Ejzenštejns Schaffen muß man durch Kapitel über seine Theorie unterbrechen.

Nehmen wir den Aufsatz ‹E! – Über die Reinheit der Sprache›.

Dieser Titel ist kompliziert zusammenmontiert und auf die Widersprüchlichkeit der zu seinem Verständnis herangezogenen Bedeutungsreihen zugeschnitten.

Formal ist diese Publikation mit Maksim Gorkijs am 18. März 1934 in der *Pravda* veröffentlichten Aufsatz ‹Über die Sprache› verknüpft.

Gorkij wandte sich gegen die Verunreinigung der Literatursprache durch pseudovolkstümliche Wörter. Sein Aufsatz war keine Absage an die Sprache Leskovs oder die komplizierte Sprache im allgemeinen – er richtete sich nur gegen den Naturalismus in der Sprache, gegen das fotografische Zitieren von Wörtern und die nicht prinzipielle Einbeziehung des Jargons in die Literatursprache.

Parallel dazu warf Ejzenštejn die Frage nach der Reinheit eines anderen Bedeutungssystems auf – der ‹Filmsprache›.

Der Titel ist komplex: in Gogols ‹Revisor› eilen Dobčinskij und Bobčinskij mit der Nachricht zum Bürgermeister, sie hätten im Gasthaus eben denselben inkognito reisenden Revisor gesehen, über den in der Stadt Gerüchte im Umlauf seien. Ein junger Mann hatte sie dadurch stutzig gemacht, daß er nicht wie in der Stadt üblich gekleidet war und daß er sich sehr genau seinen Teller anschaute, doch was das Wichtigste war, er hatte einen Reiseschein nach Saratov, hielt sich aber in einer anderen Stadt auf und hielt sich ohne besonderen Grund in ihr auf.

Es geht dabei um die Frage, wer von den beiden Freunden ‹ei› (‹e›)

---

* Wörtlich: «Zum Jat' hinausjagen heißt Tauben jagen.» Scherzweise für: sich mit unnützen Dingen beschäftigen, nichts tun. (Anm. d. Ü.)

gesagt hat, das heißt die Entdeckung gemacht hat.

So enthält der Titel selbst eine ironische Beziehung zu dem Streit über die Priorität.

Der Streit zwischen Dobčinskij und Bobčinskij hat die Sache verwirrt und gewissermaßen die Richtigkeit der Vermutung selber bestätigt; es ist offensichtlich die Wahrheit, da man doch über ihre Priorität stritt.

Der Aufsatz begann so: «Mein Familienname beginnt mit ‹E›. Nichtsdestoweniger ist es völlig unwichtig, wer als erstes «e» auf die betreffende Frage sagt. Auf die Frage nach der Reinheit der Filmsprache» (Bd. II, S. 81).

Ejzenštejn weist darauf hin, daß unsere Kinematographie sehr viel für die Filmkultur getan hat: «In kleingeschnittenen Stücken gingen die Filme, mit einer Birnenessenz gebunden, auch unter der Bezeichnung ‹russischer Schnitt›, ‹Russian cutting›, ins Filmmenü ein, genauso wie sich der Terminus ‹Salade russe› für in bestimmter Weise zerschnittene und zubereitete Spielarten landwirtschaftlicher Erzeugnisse auf den Speisekarten der Restaurants hält» (Bd. II, S. 81–82).

Doch der Streit darum, wer als erster ‹e› gesagt hat, geht weiter.

Ejzenštejn spricht von der Methode, das Aufnahmeelement durch Einstellungen zu zergliedern, von der optischen Verfälschung des Objektivs, von der Aufeinanderfolge dunkler und heller Stücke, und ist bemüht, diese Erscheinungen auf eine einzige dialektische Einheit zurückzuführen.

Hier aber erhebt sich die Frage, was Ejzenštejn jetzt das ‹Herausschlagen eines Stücks› der Wirklichkeit mittels des Objektivs nennt.

Das ‹übergangslose› Spiel mit Übergängen von einem Zustand zum anderen, mit dem Hinausführen des Augenblicks der Katastrophe über die Bühne hinaus, wurde, wie mir scheint, bereits in der griechischen Tragödie verwirklicht. Die Chöre, die den Sinn der Ereignisse erörterten, hielten den Handlungsablauf an, als ob sie die einzelnen Situationen eines Aktes konturieren würden.

Als Beispiel für das übergangslose Spiel wähle ich ‹Streik›, und zwar die Kampfszenen der Streikenden. Das ist ein monumentaler Wechsel so intensiver Basreliefs, daß es uns scheint, als bewegten sie sich.

Ein zweiter Schritt des übergangslosen Spiels war der ‹Panzerkreuzer Potemkin›.

Ich präzisiere: Das übergangslose Spiel bedeutet nicht, daß es auf der Bühne keinerlei Bewegung gäbe. Es bedeutet, daß ein Zustand, die Stufen dieses Zustandes mit zahlreichen Stromschnellen dargestellt werden, gleichsam in Impulsen – sagen wir es unpräzise – in Quanten.

Eine der stärksten Stellen in dem Film ‹Das Alte und das Neue› ist die Vorführung der Arbeit des Separators. Man kann den Rahm von der Milch trennen, indem man die Milch abkühlt. Der Rahm steigt dann nach oben und wird abgeschöpft.

Man kann ihn im Separator von der Milch trennen – in einer Maschine, die auf dem Prinzip der Zentrifuge beruht. Bei schneller Drehung wird der Rahm von der Milch getrennt, und man bekommt Rahm und Magermilch.

Der Übergang von der ruhigen, langsamen Gewinnung des Rahms zum schnellen Separieren schien wie ein Wunder und rief zunächst Unglauben hervor.

Die Montage verbindet sich mit dem übergangslosen Spiel.

«Als erstes und verblüffendstes Beispiel tritt der rein filmische Kunstgriff des ‹übergangslosen Spielens› in Erscheinung.» Im weiteren war die Rede vom «‹zerschnittenen› Spiel» und davon, «statt eines sich verändernden Gesichtes eine Skala von verschieden gestimmten Gesichtern – Typagen –» zu zeigen, so daß «der Ausdruck immer schärfer geprägt als auf der allzu nachgiebigen und widerstandslosen Gesichtsoberfläche eines Profi-Schauspielers» wirkt.*

Im ‹Streik› gibt es dieses Spiel nicht; es gibt verschiedenartige Zustände verschiedenartiger Teile eines Kollektivs, das zusammenhängend ist, aber ein und dieselbe Emotion erlebt. Das Spiel wird durch die Analyse der Erlebnisstadien eines Kollektivs ersetzt.

Der ‹Potemkin› ist auf dem übergangslosen Spiel begründet. Oft haben die Kollektive ihre eigenen Plätze.

Auf diesen Plätzen sind sie nicht nur vom Standpunkt der Aufnahme aus unterteilt, sondern auch durch Pausen und Bauten, Straßen, Brükken, Molen und Treppenstufen. Es ergibt sich ein seinem Stil nach erstaunlicher Film mit einem ununterbrochenen, doch am Schauspieler fixierten Spiel.

Das übergangslose Spiel ist ein Spiel des Regisseurs, ein Spiel mit der Montage, mit der Schneideschere, es ist architektonische Filmkunst, sehr typisch für den Architekten Ejzenštejn. Es sind Fresken, an denen der Mensch vorübergeht; die Fresken selbst existieren außerhalb der Zeit. Die Zeit wird als Passage oder als Montage wiedergegeben; diese Passage führt verschiedene Menschen oder verschiedene, gleichsam ohne Vorbereitung gegebene Situationen des einzelnen Menschen zusammen.

Die Theorie der Montage ist bei Sergej Michajlovič Ejzenštejn etwas Neues, zugleich ist es die tiefgreifende Neuentdeckung dessen, was einst mit Kulešovs ‹Montageeffekt› aufgebracht wurde.

Doch das Wesentliche ist, daß weder die Verkettung noch der Zusammenstoß, noch die Erfahrung des antiken Chores – daß all dies noch

* Dt. Übersetzung zit. nach Sergej M. Eisenstein: ‹Schriften 3/Oktober›. München 1975, S. 239 (Anm. d. Ü.)

nicht die Entdeckung des tiefen Sinnes der Kunst in ihrer Beziehung zur Wirklichkeit ist.

Wir nehmen – und damit hatte ich begonnen – in Auswahl wahr, was nötig ist, was die Umwelt verändert, was eine neue Anpassung an die veränderte Umwelt hervorruft.

Zusammenstoß und Verkettung, das heißt Einbeziehung des Eindrucks, den man von dem Vorangegangenen hat, oder ein Alarmsignal, Übergang zu neuen Empfindungen – das sind zwei Seiten ein und derselben Situation des Menschen in einer zu bearbeitenden Welt.

Die Montage als die Methode, eine analysierte Handlung darzustellen, hat sich auch für Ejzenštejn verändert und ist durch ihn selbst verändert worden.

«Für diejenigen, die etwas davon verstehen: Montage ist das stärkste Kompositionsmittel für die künstlerische Realisierung eines Sujets.

Für diejenigen, die von Komposition keine Ahnung haben: Montage ist die Syntax des richtigen Aufbaus aller Einzelfragmente eines künstlerischen Films.

Und für diejenigen, die Filmstücke irrigerweise so zusammenfügen, wie man nach gebrauchsfertigen Rezepten Medizin zusammenbraut, Gurken einlegt, Pflaumen einmacht oder aber Äpfel mit Preiselbeeren einkocht: Montage ist schlicht und einfach eine elementare Regel filmischer Orthographie.»*

Sergej Michajlovič schrieb 1929 in seinem Aufsatz ‹Jenseits der Einstellung›:

«Die Einstellung ist keineswegs das *Element* der Montage.

Die Einstellung ist – die *Zelle* der Montage . . .

Doch was kennzeichnet die Montage und somit auch ihren Embryo – die Einstellung?

Der Zusammenprall. Konflikt von zwei nebeneinanderstehenden Abschnitten. Konflikt. Zusammenstoß.

Vor mir liegt ein zerknittertes, vergilbtes Blatt Papier.

Darauf die geheimnisvolle Notiz:

‹Kopplung – P› und ‹Zusammenprall – E›.»**

Es ist eine Notiz über die Lösungen Pudovkins und Ejzenštejns. Pudovkin sagte, daß die Montage die Verkettung von Einstellungen sei, und Ejzenštejn verstand sie als Zusammenstoß. Wobei hier die Einstellung nicht als ein einzelnes Bild verstanden wird, das zwei Perforationen an den Rändern eines Filmstreifens entspricht, sondern als ein Teil,

* Dt. Übersetzung zit. nach: Sergej M. Eisenstein: ‹Schriften 2/Panzerkreuzer Potemkin›. München 1973, S. 142 (Anm. d. Ü.)
** Dt. Übersetzung zit. nach S. M. Eisenstein: ‹Schriften 3›, a. a. O., S. 233 f (Anm. d. Ü.)

das mit einer Lösung und oft von einem einzigen Punkt aus gefilmt wurde.

So entstand bei Sergej Michajlovič die Theorie des übergangslosen Spiels. Er stellte eine Situation eines Menschen dar, dann ging er zu einem anderen Menschen über, wobei er dieselbe Emotion an Hand eines anderen menschlichen Materials wiedergab. Er kehrte über den Gegenstand, auf den sich die Emotion bezog, zu dem ersten Menschen zurück – und so entstand das Aufeinanderprallen der Situationen. Jeder Mensch war in seiner Emotion unbeweglich, wie die Maske des antiken Theaters. Der Schauspieler konnte sich umdrehen und ein anderes Profil zeigen und durch seine Geste und die Wechselbeziehung mit dem Chor seine neue Situation ausdrücken.

Er hatte seine eigenen Montagemittel.

Film und Literatur

Mit diesem Thema beschäftige ich mich seit langem, seit nunmehr fast 46 Jahren. Für mich ist dieses Thema noch immer nicht geklärt.

Sergej Michajlovič und seine Schüler haben den Film und die Literatur einander außerordentlich nähergebracht. Sie wählten Puškins Poem ‹Poltava› und analysierten das Auftreten Peters in diesem Poem. Es entstand eine Ereignis-Montage in Einstellungen.

> «Togda-to svyše vdochnovennyj
> Razdalsja zvučnyj glas Petra:
> ‹Za delo, s bogom!› Iz šatra,
> Tolpoj ljubimcev okružennyj,
> Vychodit Petr. Ego glaza
> Sijajut. Lik ego užasen.
> Dviženija bystry. On prekrasen.
> On ves' kak božija groza.
> Idet. Emu konja podvodjat.
> Retiv i smiren vernyj kon'.
> Počuja rokovoj ogon',
> Drožit. Glazami koso vodit
> I mčitsja v prache boevom,
> Gordjas' mogučim sedokom.»

(«Da erscholl die gottentflammte
Wohlklingende Stimme Peters:
‹Ans Werk, mit Gott!› Aus seinem Zelt,
Umgeben von der Schar seiner Günstlinge,
Tritt Peter hervor. Seine Augen
Funkeln. Sein Antlitz ist erschreckend.
Die Bewegungen sind schnell. Er ist wunderschön.
Er ist ganz wie der Donner Gottes.
Hinschreitet er. Man führt ihm sein Pferd herbei.
Ungestüm und friedlich ist sein treues Pferd.
Das schicksalhafte Feuer spürend,
Zittert es. Es stellt die Augen schräg
Und sprengt im Staub der Schlacht
Voll Stolz auf seinen mächtigen Reiter.»)

Hier wird erwähnt, wie Peter aus dem Zelt heraustritt, es gibt eine
Großaufnahme von ihm, Peters Pferd, wie er auf dem Pferd sitzt.
All das ist sehr schön. Doch eine Situation wie «Er ist wunderschön. Er
ist ganz wie der Donner Gottes» läßt sich schon nicht mehr direkt in
Einstellungen wiedergeben. Vor allem deshalb nicht, weil sie in zwei
Verszeilen aufgeteilt ist. Wenn wir das Nahen eines Gewitters darstel-
len, so stellen wir nichts dar.
Wir können einen Ausdruck wie «Wie ein Pflüger erholt sich die
Schlacht» darstellen. Dieser Vergleich ist großartig, doch er beruht auf
einer ganzen Reihe von Kenntnissen, die wir von der Erschöpfung eines
Pflügers haben. Wir wissen, daß der Pflüger sich in der Hitze ausruht.
Der feurige, vielköpfige Kampf wird in Verbindung gebracht mit dem
Bild des leeren Feldes, der Sonnenglut und der Erinnerung an die Rast
des Bauern. Das läßt sich im Film nicht wiedergeben.
Nehmen wir einen Ausdruck aus dem ‹Ehernen Reiter›. «Ich liebe dich,
du Schöpfung Peters, liebe deine strenge Wohlgestalt, der Neva herrschaftliche Strömung . . .» Wie entsteht der Ausdruck «herrschaftliche
Strömung», warum läßt er uns innehalten, warum erhebt er sich sozusagen über die anderen Verszeilen und vereinigt sie?
Die literarische Montage beruht auf der Fernwirkung ihrer Teile. Zu
Beginn des Poems sehen wir einen Menschen, von dem als «Er» gesprochen wird. Peter ist nicht genannt, jedenfalls wird er nicht unmittelbar
genannt. Die «Schöpfung Peters» ersetzt gleichsam den Menschen, von
dem als einem «Er» gesprochen wurde.
Die erste Montageeinführung der Neva besteht aus der Beschreibung
eines öden Flusses, an dessen Ufern «hier und da Bauernhütten dunkel
schimmerten». Wiedergegeben werden die Öde und der Mensch. Dann
folgt die Beschreibung der Stadt, etwas geometrisch, abstrakt, genau in
ihrer Zeichnung:

> «V granit odelasja Neva;
> Mosty povisli nad vodami;
> Temnozelenymi sadami
> Ee pokrylis' ostrova.»

> («In Granit gekleidet die Neva;
> Die Brücken hängen überm Wasser;
> Mit dunkelgrünen Gärten haben
> Sich ihre Inseln zugedeckt.»)

Die frühere Landschaft, die Landschaft der Öde, ist von Palais und Türmen verdrängt worden. Die Landschaft ist bewohnt, es gibt in ihr Vertikale, und zum erstenmal entsteht die Farbe dunkelgrüner Gärten. Die Neva wird als unverändert, herrschaftlich dargestellt, sie ist von der Landschaft der Stadt umgeben und eingegrenzt, akzentuiert durch die Uferstraßen:

> «Ljublju tvoj strogij, strojnyj vid,
> Nevy deržavnoe tečen'e,
> Beregovoj ee granit.»

> («Ich liebe deine strenge Wohlgestalt,
> Der Neva herrschaftliche Strömung,
> Den Granit ihrer Flußufer.»)

Mit den Mitteln des Films braucht man das nicht zu machen, braucht es nicht nebeneinander zu stellen. Zwischen dem öden Fluß und dem herrschaftlichen Fluß kann man keine Handlung, keinen Zusammen-stoß darstellen.

Aber ein neues Drama bereitet sich vor. Die Bauernhütten, die dunkel an dem öden Fluß schimmerten, haben ihre Nachfolger. Das ist das arme Haus Parašas genau am Stadtrand, nahe bei den immer noch öden Wassern. Und dieses Haus wird die Überschwemmung fortschwem-men. Peter wird Paraša ins Verderben stürzen.

Paraša, die Frau, die der Held liebt, wird durch das kleine Häuschen zum Ausdruck gebracht. Sie wird nirgends gezeigt. Die Bauernhütte war folgendermaßen charakterisiert worden: «Die Zuflucht eines ar-men Finnen». Am Ende des ersten Teiles wird das alte Haus erwähnt, in dem Paraša lebt – «sein Traum».

Die Überschwemmung trägt das Häuschen auf eine alte Insel davon. Das Häuschen ist zerstört. Und dieses Häuschen fand Evgenij:

> «. . . Navodnen'e
> Tuda, igraja, zaneslo
> Domiško vetchij. Nad voduju
> Ostalsja on, kak černyj kust.
> Ego prošedšeju vesnoju

Svezli na barke. Byl on pust
I ves' razrušen. U poroga
Našli bezumca moego,
I tut že chladnyj trup ego
Pochoronili radi boga.»

(«. . . Die Überschwemmung
Trug spielerisch hierher
Ein altes Häuschen. An dem Wasser
Blieb es hängen wie ein schwarzer Strauch.
Im vergangnen Frühjahr bracht' man es her
Auf einem Lastkahn. Es war leer
Und ganz zerstört. Auf seiner Schwelle
Fand man meinen Toren,
Und seinen kühlen Leichnam
Begrub man hier um Gottes willen.»)

Das kann man nicht und braucht man auch nicht filmen. Hier ist Luft,
Raum, hier stoßen die Begriffe aufeinander.

Die Literatur lebt von Fernwirkungen, von Fernkorrelationen. Der
innere Gehalt des Poems ist auf einem Durchschneiden verschiedener
semantischer Reihen begründet, die in dem Poem nicht unmittelbar
dargestellt sind.

In den Poemen – sowohl in ‹Poltava› wie auch im ‹Ehernen Reiter› –
stoßen die großen Strukturen der historischen Erinnerungen aufeinander, werden einander gegenübergestellt, durchschneiden sich, geben
einen markanten Punkt wieder. Es erweist sich, daß der Sinn der
Geschichte tragisch widersprüchlich ist.

Die Filmkunst lebt von anderen Vieldeutigkeiten.

Was können wir nun sagen?

Sergej Michajlovič hat selber betont, daß die wahre Länge eines Stückes,
die wir für eine Montage wählen, nicht bestimmt werden kann. Es ist
nicht ein Meter, nicht ein halber Meter, nicht zehn Zentimeter. Es ist
eine sinngemäße Aussage, die sich selber bis zum Schluß auf der Filmleinwand zum Ausdruck bringen soll, anderenfalls entsteht ein Salat, zu
dem man bisweilen Zuflucht genommen hat. Der Salat wurde unmöglich, als der Ton aufkam, weil der Ton seine eigene zeitliche Natur hat.
Er dauert an. Doch ein Stück, das man gesehen hat, kann höchstens nur
ein Augenblick sein.

Dostoevskij warnt vor der Gefahr der Dinge;
Zola beschreibt den Beginn ihres Sieges

Fedor Michajlovič Dostoevskij sah im Jahre 1862 Europa mit den Augen eines Propheten, mit den Augen eines Spielers, mit den Augen eines armen Künstlers.

Er sah in den nächsten Verwandten nur noch Menschen, die man um Geld für das Spiel bitten konnte – oft ohne Hoffnung.

Vor ihm liegt eine verbotene, fremde, doch bis zum Schluß verständliche Welt.

Fedor Michajlovič kannte den Westen genau. Im Jahre 1863 beschrieb er in der Zeitschrift *Vremja* seine Eindrücke über eine Reise, die er in der Zeit von Juni bis September 1862 ins Ausland unternommen hatte. In dieser Zeit hatte er Deutschland, Frankreich, Italien, die Schweiz und England besucht.

In dem Aufsatz, den er ursprünglich ‹*Winterliche Aufzeichnungen über sommerliche Eindrücke*› genannt hatte, schrieb Dostoevskij viel über Frankreich. Er sprach davon, daß der bourgeoise Franzose vor allem die Dinge liebe und seinen Stolz darin sähe, so viele Dinge wie nur möglich zu besitzen: «Ein Vermögen anhäufen und möglichst viele Dinge besitzen – das ist zum wesentlichsten Sittenkodex, zum Katechismus des Parisers geworden . . . Heute muß man Geld anhäufen und möglichst viele Dinge anschaffen, dann erst kann man zumindest auf eine gewisse Achtung rechnen.» [13]

In demselben VI. Kapitel, das den Titel «Versuch über den Bourgeois» trägt, fügt Dostoevskij hinzu, daß man ohne die Dinge «anderenfalls sogar auf Selbstachtung nicht rechnen kann».

Es gibt Ehemänner, die bereits Dinge besitzen. Und es gibt Männer, die nicht verheiratet und arm sind. Da ist ein zukünftiger Ehemann, «. . . ein Bribri». ‹Bribri› ist eine zärtliche Bezeichnung, wenn auch vielleicht für einen betrogenen, nicht geachteten Ehemann. Der zukünftige ‹Bribri› heißt bei Dostoevskij Gustave. Gustave ist arm. Der Zufall bietet ihm Millionen.

Es kann sich herausstellen, daß Gustave der Sohn Rothschilds ist: «Doch Gustave weist stolz und verächtlich die Millionen zurück. Warum? Schon allein der Schönrednerei wegen ist dies nötig.»

Im Endeffekt nimmt Gustave die Million an und wird selber zum ‹Bribri›.

Diese Million braucht Gustave für den Umsatz. Der Umsatz ist für die Käufe notwendig. Die Käufe sind für die Selbstachtung notwendig.

Gustave verdeckt dem Schriftsteller manchmal alle Horizonte.

Fedor Michajlovič spielt Roulette. Er entwickelt ein Spielsystem.

Er will von Gustave zurückgewinnen, da er keinen anderen Weg zum Sieg sieht.

Gustave treibt verstärkt Handel; er spart ein, kommt herunter, erholt sich wieder von neuem. Doch große Erbschaften kommen in der Regel nur in Romanen vor.

Im Leben wird Gustave Kommis; er hofft, der Ehemann seiner Herrin zu werden.

So kommt Gustave an ein Warenhaus: der Laden kommt herunter.

Es entstehen Gebäude, die Palästen gleichen und Kirchen – Kirchen der Dinge.

Es treten neue Industriezweige auf. Die Dinge werden bunt, vermehren sich, überschwemmen die Stadt, verdunkeln immer mehr die Kunst. Sie sind allgegenwärtig.

Es vergehen Jahrzehnte.

Der kluge, mutige, ehrliche Zola, der die Kunst des Scheins beherrschte, versucht den Triumph der Dinge zu rechtfertigen.

Émile Zola schrieb 1882 den Roman ‹Au bonheur des dames› im Stil der Feuilletons. Fast ist es ein Poem über die Entstehung eines großen Warenhauses. Es ist beschrieben wie das Schloß der Scheherezade. Die Beschreibung der Fassade nimmt eine ganze Seite des 14. Kapitels ein – nein, zwei Seiten. Die Polizei hält die Menschen vor dem Warenhaus zurück:

«In der Ferne dehnte sich Paris aus, aber ein verkleinertes, gleichsam von diesem Ungeheuer verschlungenes Paris: die Häuser neben ihm sahen wie erbärmliche Hütten aus, und weiter weg zeichnete sich nur unmerklich der Wald der Schornsteine ab; selbst die Architekturdenkmäler schienen dahinzuschwinden – links als zwei Striche Notre-Dame, rechts ein kleiner accent circonflexe für den Invalidendom, und im Hintergrund verbarg sich verschämt das niemandem nützliche Panthéon, nicht größer als eine Erbse.»*

Der Himmel ist nur der Hintergrund, vor dem sich diese etwas ironisch wiedergegebene Majestät abhebt. Hier handelt man mit Wäsche. Die Wäsche blitzt vor Weiße, die Gänge mit der Wäsche «gleichen einer fernen nördlichen Region, dem Land des Schnees, einer grenzenlosen Steppe, wo in den Koloß von Eisschollen von der Sonne beschienene Hermeline eintauchen».**

Der Triumph des Ausverkaufs nimmt das ganze letzte Kapitel ein. Es ist vollgestopft mit Substantiven. Waren defilieren an uns vorüber. Es ist ein Karneval der Waren. Aber sie scherzen nicht – sie werden verkauft, sie blenden die Menge der Damen. Doch der Hauptbesitzer, Monsieur

* Émile Zola: ‹Au bonheur des dames›. T. II. Paris 1926, S. 222 (Anm. d. Ü.)
** Ebenda, S. 228

Mouret, ist in die bescheidene Verkäuferin Denise verliebt.

Sie ist ordentlich und erzieht ihre Brüder. Der Ausverkaufstag geht zu Ende. Der Kassierer Lhomme und zwei Laufburschen sind mit einer Million 247 Franken und 95 Centimes beladen.

Sie tragen die Million wie einen Gott an den Angestellten vorbei, legen sie auf den Tisch wie auf einen Opferaltar. Mouret schenkt dem Geld keinerlei Aufmerksamkeit. Soll das Gold fließen und fast das Tintenfaß umstoßen.

Ich schreibe keine Parodie – ich zitiere einen Ausschnitt aus einem Roman, der zwanzig Jahre zuvor von Dostoevskij prophezeit wurde.

Zola sah den Strom der Waren, sah die verdummten Käufer, die durch die Herden von Hermelinen und ‹Turnüren› – den teuren und billigen – hindurchgehen.

Dostoevskij hatte schon zwei Jahrzehnte vorher den Beginn des Wahnsinns des Konsumzeitalters verkündet.

Der früher an die Wand gedrückte Mensch ist heute der Käufer, der einstige Abenteurer ist heute der Spießbürger, der auf seine Frau wartet; sie geht durch die Gänge eines Warenhauses.

‹Bribri› wartet müde auf seine Frau und den Karton mit den Sachen. Es fließt der weltweite Strom der Waren; sie schwemmen die Mannigfaltigkeit der Welt fort. Die Architektur ist durch die Galanteriewaren erdrückt worden. Sie stellt sich auf die Zehenspitzen, doch vergebens – sie selbst ist schon Galanteriewaren.

Zola hat in seinem Roman ‹*Au bonheur des dames*› den Triumph der Waren dargestellt. Das Wachstum, mit dem die Menge der Dinge zunimmt, die Gier der Masse nach den Dingen, den Sieg des Warenhauses über die kleinen Läden. All dies sollte den Leser trösten. Zola glaubte wie Dickens, daß es ‹gutes Geld› gäbe.

Mouret schickte sich an, seine Angestellten gut zu füttern.

Denise will wegfahren. Sie ist ein Gustave, der die Million verachtet.

Die Genauigkeit der Prophezeiung Dostoevskijs überrascht.

Die dreitausendköpfige Armee der Angestellten lärmt irgendwo da unten, die sinnlose Million ohne Liebe liegt auf dem Tisch. Mouret, von Dostoevskij bereits zwanzig Jahre vorher prophezeit, ist verzweifelt.

Denise sagt, daß sie ihn liebe, fährt aber davon: «Mouret setzte sich unbewußt auf den Tisch, auf die dort ausgestreute Million, die er nicht mehr bemerkte. Er gab Denise nicht aus seiner Umarmung frei . . .» Er spricht von seiner Liebe.

Sie fahren gemeinsam davon.

Noch schöner wäre es gewesen, aus dem Tisch, auf dem die Million ausgestreut ist, ein Ehebett zu machen. Doch man braucht sich nicht zu beeilen. Das Brautkleid, die Wäsche, die Laken – eine Million von Dingen, die zum Gebrauch geeignet sind, warten auf sie; dreitausend

Angestellte sortieren die Dinge, die für das Glück der Damen herge-
stellt wurden.
Mouret ist bestätigt.
Der ‹Oktober› ist ein Film über das Ende der Waren, über eine andere
Welt, und er drückt gleichzeitig die alte Welt mit ihren Dingen aus.

«Der ‹*Oktober*› hat bereits begonnen . . .»

Am häufigsten erwähnt Ejzenštejn den Namen Zolas.
Zola ist dinglich. Konkret. Seine Romane sind filmszenisch-konkret.
Seine Gegenstände sind verlockend schrecklich. Seine Personen sind
echt wie Gegenstände.
Ejzenštejn sieht das Theater wie eine Sache, wie ein Kostüm, wie den
Wechsel der Interieurs.
Er kennt die Bosheit der Dinge: der Wohnung, der Möblierung, der
kleinen Kissen, der Ikonen, der Gräber, der Denkmäler.
Er sah das Winterpalais nicht nur als Wohnung des Zaren, sondern auch
als Haus eines Käufers, der sich alles leisten kann.
Er sah in Kerenskij einen Diener Mourets und Gustaves – ihren gieri-
gen, auf seine Nachfolge beharrenden Erben.
Die Provisorische Regierung war eine Regierung der alten Zeit, des
alten Überflusses der Dinge.
Das Winterpalais stellt sich bei Ejzenštejn als ein gewaltiges Lager von
Dingen dar, die sinnlos geworden sind und ihren alten Besitzer verloren
haben.
Die Dinge sind weggerückt, und es haben sich merkwürdige Kombina-
tionen aus Ikonen und Statuen ergeben, die die Kleiderschöße aus
Marmor neben dem Elend erheben.
Kerenskij steigt in Begleitung zweier Adjutanten, die Angestellten
ähnlich sind, die Treppe hinauf – das Ebenbild des Herrn Mouret. Er
hatte sich eines Lagers von Dingen bemächtigt, die nach Ruhm brüllten.
Der Aufstieg wird von Barockstatuen salutiert. Kerenskij wird durch
eine Statuette Napoleons hindurch sichtbar. Auf gleiche Art und Weise
wird er Kornilov gegenübergestellt.
Der Zusammenstoß zwischen Kerenskij und Kornilov ist ironisch ver-
einfacht, wie der Zusammenstoß zweier identischer pseudonapoleoni-
scher Statuetten. Die Menschen werden durch die Beziehungen der
Dinge dargestellt. Doch sie werden nicht allein durch die Dinge erklärt
– gezeigt wird gewissermaßen die Bosheit der Dinge, ihre Unzahl,

gezeigt wird die Konsumgesellschaft.

Der Aufstieg wird endlos wiederholt; er gleicht dem Vorbeifahren eines Zuges mit hundert Waggons.

Der Palast Nikolajs II. enthielt außer den Hauptsälen aus Malachit, den Brokatstoffen und den Säulen auch noch Räume mit Polstermöbeln, die mit glänzendem englischen Kattun bezogen waren; Dresdner Marmor, Fotografien, Bilder. Das war eine großbourgeoise Wohnung der viktorianischen Epoche.

Kerenskij steigt in der Haltung eines müden Siegers die Treppe hinauf. Der Aufstieg wird durch Zwischentitel unterbrochen.

Die Zwischentitel bestehen nur aus Substantiven – den zunehmenden Ämtern und Würden dieses Menschen.

Er steigt fast zum Himmel hinauf, so lang erscheint dieser Aufstieg. Dann drückt er den Lakaien die Hand.

Er ist ein Demokrat, wie Mouret, doch er ist auch eine Puppe.

Mouret war von Zola bestätigt worden, Kerenskij wird von Ejzenštejn abgelehnt; durchschaut als ein Schatten, der unwürdig jeglicher Verwirklichung ist.

Mouret und Kerenskij stehen gleichsam weit voneinander entfernt, doch beide halten sie sich für Sieger über die Dinge. Der Weg, auf dem sie die·Menschen führen, die Türen, an die sie herantreten, sind nur aufgemalt.

Auch Mouret hat keinen Atem, obgleich er Erfolg hatte.

Es gibt keinen Weg für Menschen, die sich vor Helden verbeugen, die so feierlich über die breiten, bequemen, gepriesenen Stufen der Ehre hinaufsteigen.

Der Sieg des Volkes im Oktober – das ist nicht nur die Erstürmung des Winterpalais.

In Wirklichkeit waren die Tore des Winterpalais nicht verschlossen, und man brauchte nicht über sie hinwegzuklettern.

Doch das Überklettern der Tore demonstrierte die endgültige Überwindung nicht nur des Zarentums, sondern auch des Zarenreichs der Dinge. An den Toren sind Adler und Kronen abgebildet. Die Menschen, die über die Tore hinwegkletterten, benutzten die heraldischen Verzierungen wie Treppenstufen, über die sie gehen. Das ist gut ausgedacht, das ist ausdrucksvoll.

Doch wie soll man die Rolle Lenins darstellen? Lenins, der kontinuierlich ist, der entscheidet, verallgemeinert, der die Kraft ist, die sich der Epoche, des Wechsels der Epochen bewußt geworden ist? Für diese Rolle wurde ein Laienschauspieler bestimmt, der Arbeiter Nikandrov, ein Mensch, der Lenin sehr ähnlich sah. Doch er konnte nur posieren, im Hintergrund der Masse auftreten, als Zentrum der Inspiration des Aufstandes, doch er konnte nicht denken.

Die Dreharbeiten zum ‹Oktober› dauerten manchmal bis zu vierzig Stunden hintereinander.

Dreharbeiten auf den Straßen, auf den Uferstraßen.

Das Koloßdenkmal Aleksandrs III. wurde zerstört und wieder aufgebaut. Von den Schüssen der ‹Aurora› zitterten die Lüster der Palais.

Die Dreharbeiten fanden auch in Moskau statt; hier wurde in der Hauptsache die Montage durchgeführt.

Sehr oft wurde bis zu dreißig Stunden hintereinander gedreht. Ich besuchte Ejzenštejn in der Gnezdnikovskij-Gasse; ich sah diese Säulen aus aufeinandergestapelten Filmschachteln. In jeder Schachtel Tausende von Nahtstellen, Tausende von Umdeutungen. Das war eine neue Welt, die bereits existierte, doch einstweilen im Sujet noch nicht montiert, noch nicht bis ins letzte gelöst war.

Insgesamt wurden 49 000 Meter Film gedreht. Auszuwählen waren 2000.

Sergej Michajlovič war froh und zuversichtlich. Er sagte: «Die Treppe habe ich schon» (er sprach von der Treppe im ‹Panzerkreuzer Potemkin›). Als ‹Treppe› im ‹Oktober› sah er die Szene mit dem ‹Aufziehen der Brücken› an.

Die Arbeiterviertel erstreckten sich an den Ufern der Neva. Das eigentliche Arbeiterviertel war die Vyborger Seite mit den Fabriken des Vasilij Ostrov, die sich an sie anschlossen. Aber es gibt auch Fabriken und Hüttenwerke auf der Uferseite des Winterpalais, wo sie sich entlang der Petersburger Chaussee hinzogen. Am 9. Januar hatte der Großfürst Vladimir befohlen, die Brücken hochzuziehen, um die Arbeiter nicht zum Winterpalais durchzulassen. Doch sie kamen über das Eis herüber. Gegen die Provisorische Regierung war selbst die Jahreszeit. Die Ära der Kerenščina ging zu Ende. Die Stadt stand auf der Seite der Bolschewiken.

Sergej Michajlovič hat gezeigt, und er hat es vortrefflich gezeigt, wie man die Schloßbrücke in ihrer ganzen Spannweite aufzieht. Die Bewegung beginnt zunächst sehr langsam und leicht. Auf der Brücke liegt ein getötetes blondköpfiges Mädchen: seine Haare liegen genau auf dem Stoß des sich hochdrehenden Teils. Daneben ein totes Pferd, vor eine Droschke gespannt.

Zuerst bewegen sich leicht die Haare. Die Brücke hebt sich. Die Droschke bewegt sich langsam. Die Brücke zeigt auch schon ihren eisernen Boden. Das Gespann teilt sich gleichsam: die Kutsche befindet sich auf der einen Seite, und das Pferd hängt als Gegengewicht auf der inneren Seite der Brücke. Schließlich stürzt das Pferd ab, es gleitet aus dem Kummet heraus, und die Droschke rollt schnell nach unten.

Die Brücken sind in dem Film einzigartig aufgenommen.

Ejzenštejn fährt fort: «Nicht zufällig verzweigt sich bei Tagesanbruch die Silhouette der aufgezogenen Brücke in ein System von Bildern, erhebt sie sich zu einem Symbol zweier Hände, die sich in kräftigem Druck entgegenstrecken, und geht sie als strukturelles Gerippe in die Konstruktion des ganzen Films ein.»

Doch es geht nicht nur um die Brücken, auch wenn die Brücken sehr fotogen sind und Sergej Michajlovič in diesem Fall eine sehr genaue Analyse ihres eisernen Verhaltens gegeben hat.

Er liebte die Brücken, als Ingenieur und als Künstler.

Die Brücke in der Nähe der Bank.

Die kleine, gemütliche Brücke über dem schmalen Flüßchen. Gemütliche, fast spielzeugartige, geflügelte Löwen halten sie.

Über diese Brücke gehen die Anhänger der Regierung – schwach, unnütz.

Das Thema der Brücken endet damit.

Doch im Schicksal des Winterpalais, in der Geschichte seiner Erstürmung, spielt die Brücke überhaupt keine Rolle. Jenseits der Brücke sind keine Menschen, die danach trachten, beim Sturmangriff zu helfen oder die Provisorische Regierung zu verteidigen.

Die Brücke bleibt eine Attraktion, die durch sich selbst wirken soll, ohne allzu direkt das Wesen des Sturmangriffs oder das des Palais zu enthüllen.

Die weitere Handlung ist genau dargestellt, ihr emotionaler Aufbau – ein Sujet fehlt in diesem Teil des Films.

Es gibt keine weitere Sujetmontage, die uns alles enthüllen würde.

Der Schneesturm der Dinge, das Gefühl der Schwere, die von ihrer Menge ausgeht, ist dem zeitgenössischen Zuschauer verständlicher als dem damaligen Zuschauer.

Die heroischen Dreharbeiten dauerten sechs schlaflose Monate, die Filmaufnahmegruppe schlief neben Denkmälern, auf Lafetten und auf dem Fußboden des Sovkino in der Bolšoj-Gnezdnikovskij-Gasse.

Man ging nach der Vorauführung auseinander, unterhielt sich laut, stritt sich, lehnte ab. Vsevolod Pudovkin holte mich ein und sagte: «Wie gerne hätt ich einmal einen Mißerfolg von solchem Ausmaß gehabt. Von diesem Tag an werden wir alle anders arbeiten.»

Hierbei bedeutete das Wort «anders» eine andere Auslegung der Dinge.

Ejzenštejn schrieb über die ‹nicht gleichgültige Natur›.

Er führte seinen Kampf gegen die Gleichgültigkeit der Dinge.

Es heißt, daß die Insekten, wenn sie sich unaufhaltsam vermehrten, nach langer Zeit mit ihrem Gewicht das Gewicht der Erde übertreffen würden.

Doch die Natur hat einen Selbstregulator.

Die Menschheit besitzt keinen solchen Selbstregulator; sie zerstört die Natur, verwandelt alles in für sie selber undurchschaubare Dinge.

‹Oktober› – das ist ein Film über die Revolution, die Unumgänglichkeit der Revolution, nicht nur der russischen. Das ist die Sehnsucht des Menschen nach der Freiheit von den Dingen, nach der Befreiung, nach dem Himmel, nach der Weite des Gedankens. Lustige Spielzeuge, verschiedenartige Uhren, Götter aller Art bevölkern Tausende von Zimmern.

Mit Erstaunen sehen all dies die Soldaten, die in das Zarenhaus gekommen sind.

Als der Bauernzar Pugačev bei Orenburg in einer Bauernhütte lebte, hatte er befohlen, sie von innen mit Goldpapier zu bekleben; die bäuerlichen Gebrauchsgegenstände warf er nicht hinaus, sie sind im alltäglichen Leben notwendig; aber er vergoldete die Wände.

Dinge sind nicht nur Dinge. Sie streben danach, den Wert des Menschen zu ersetzen, sie charakterisieren seine Qualität. Der Mensch tauscht das eine Automobil gegen ein anderes, um zu bekräftigen, daß er reicher wird, strebt von dem zweiten Automobil nach dem dritten, er lebt auf Pump, erstickt vor Dingen, konkurriert mit dem Nachbarn.

Er ist ein Gefangener von Trägheit, Gier und Nachahmung. Die Dinge braucht er nicht um ihrer selbst willen – er braucht sie nicht mehr als Ivan Ivanovič in Gogols Erzählung das Gewehr Ivan Nikiforovičs.

Es geht um den Kampf gegen die Leere des Lebens.

Viele Jahre hindurch zeichnete Ejzenštejn in Alma-Ata – als Warnung – das Bild vom Verhalten der Affen.

Der Affe liebt die Abwechslung: er nimmt ein Ding, wirft es weg, ohne es sich weiter angeguckt zu haben, grapscht dann nach dem nächsten.

Die Welt ist universal einförmig geworden. Der Mensch verliert die Information, die von ihr ausgeht.

Die Menschen flüchten vor der Einförmigkeit und werden zu Touristen.

Aber sie finden immer nur vorausgeeilte, vielfältige Postkartenkultur.

Die äffische Buntheit verstopft dem Menschen den Kopf, hindert ihn beim Denken, zermalmt ihn.

Überall sieht er die gleichen Käuferherden, die gleichen Dinge und die gleichen riesigen Gebäude, die die menschliche Architektur von Paris, London und Rom zerstören.

Mouret ist überall.

Weh den Gelassenen. Weh den Gleichgültigen.

Weh den Eingerichteten.

Es kommt der Oktober!

Die Generallinie verändert sich.

Mark Twain hat einmal gesagt, daß sich beim Schreiben eines Buchs das Reservoir für ein anderes auffüllt. Es wird gleichsam unbewußt durchdacht.

Mark Twain sammelte das Material für ‹*Huckleberry Finn*›. Das ist gut. Das ist richtig. Doch das Leben läßt sich nicht auf ein und dieselbe Geschwindigkeit festlegen: es hat verschiedene Auffüllungen. Sogar das Holz wächst auf verschiedene Art und Weise: heute kennt man eine Methode, um Holzhäuser nach den Jahresringen zu datieren, die an der Schnittfläche des Holzes festzustellen sind. Wir können bis zu einer Genauigkeit von einem Jahr feststellen, wann die Bäume gefällt wurden, mit denen im 9. Jahrhundert die Fahrdämme in Velikij Novgorod gebaut wurden.

Es zeigt sich, daß die Jahresringe sich nicht gleichen.

Die zwanziger Jahre brachten große Ringe hervor. Diese Zeit eines dichten Schaffens hat sich mit Ungestüm verändert.

Der Wind reichte aus, um mit vollen Segeln fahren zu können.

Sergej Michajlovič schloß im September 1926 einen Vertrag mit dem Sovkino über eine Drehbuchbearbeitung zur ‹*Generallinie*› und über die Durchführung der Dreharbeiten vom 1. Oktober 1926 bis zum 1. Februar 1927. Im November reiste Ejzenštejn zu den ersten Dreharbeiten nach Baku.

Die Dreharbeiten begannen in den Mugansteppen und im nördlichen Kaukasus; sie wurden in Kolchosen durchgeführt, die von der Größe der kleinen europäischen Staaten waren oder, genauer gesagt: so groß, daß an ihren verschiedenen Enden gewöhnlich ganz anderes Wetter herrschte.

Das Drehbuch war noch nicht zu Ende geschrieben, weil das Leben sich schneller entwickelte, als die erste Aufgabe für ihre Verwirklichung Zeit brauchte.

Sprechen wir dabei noch einmal von der Einheit eines Kunstwerks. Das Kunstwerk selbst enthält Widersprüche in sich, und es muß sie enthalten.

Die Götter des Olymp streiten und zanken miteinander und haben Wunden an den Körpern, die sie sich bei ihren Streitereien beigebracht haben.

Unter ihnen gibt es keinen Frieden, sondern Versöhnung.

Herakles war der uneheliche Sohn des Zeus, den die Gattin des Herrschers des Olymp so lange jagte, bis der arme Jüngling nicht nur zwölf Heldentaten vollbringen, sondern auch der Gott des unterdrückten Demos und der Sklaven werden mußte. Ein großes Kunstwerk enthält in sich die Fortsetzung des Streites über die Entstehung einer neuen Weltanschauung und einer neuen Welt.

Tatjana Larina eignete sich, während Puškin seinen Roman in Versen schrieb, die russische Sprache an, den Brief schrieb sie auf französisch, doch als die Reihe an ihr war, die Liebe zurückzuweisen, sprach sie mit Evgenij gut und eindringlich russisch.

Der Inhalt eines Kunstwerkes drückt in vielem die Bewegung aus, die das Werk selbst hervorgebracht hat.

Ejzenštejn verstand den Begriff des Inhaltes als etwas, was man ‹zusammen halten› müsse – eine annähernde Enträtselung. Sie drückt nicht die Herkunft eines Wortes aus, sondern den neuen Sinn, der in dieses Wort hineingelegt ist.

Der Wechsel des Inhalts ist der Wechsel der Materialauswahl, der Gesetze der Vereinigung, das heißt der Verbindung, der Verknüpfung, ist die Schaffung aus den «Labyrinthen der Verkettung» (Tolstoj).

Jeder Inhalt ist die Schaffung einer künstlerischen Struktur um eines neuen Verständnisses willen.

Das Verfahren, neue Verkettungen im ‹Oktober› zu schaffen, ist ein anderes als bei der Entstehung des ‹Panzerkreuzer Potemkin›.

Nicht nur die Zeit trennt den Aufruhr der Matrosen von dem Aufstand in Petersburg.

Der Künstler veränderte in kurzer Zeit sein Weltverständnis und wollte sein Werk inhaltsreicher machen, wobei er den Zusammenstoß der verschiedenen Beziehungen zu den Dingen, die Veränderungen der Lebensverhältnisse zeigte.

Sergej Michajlovič stürzte sich eilig auf den ‹Oktober›.

Er schaffte es nicht, obgleich er den Schlaf aus seinem Leben vertrieb, zwei Filme zu machen. Er machte sich eilig an die Gegenwart, doch die Zeit lief schneller als er und schuf dabei neue Widersprüche.

Daher veränderten sich die Methoden des Sujetbaus, das heißt der künstlerischen Beherrschung des Darstellungsgegenstandes. Es veränderte sich die Montage.

Der ‹Oktober› rief die unterschiedlichsten Urteile hervor. Der donnernde Beifall übertönte den Schluß des ‹Potemkin›.

Die Kunst hat ihre eigenen Aufschwünge und ihre eigenen Schwierigkeiten.

Das Unverständnis oder das halbe Verständnis ist fast gesetzmäßig.

Oft rüttelt der Kritiker in seinem «kindlichen Mutwillen» an dem Dreifuß der Dichtung.

So bitter sprach Puškin, dessen Denkmal inmitten Moskaus steht, «unerschütterlich wie Rußland».

Heute nehmen wir den ‹Oktober› anders auf.

Majakovskij sah seinen Aufsatz ‹Wie macht man Verse?› nur als einen ersten Versuch an. Er schrieb: «Mein vorliegender Essay ist der schwache Versuch eines Einzelgängers, der sich hierbei allerdings die theoretischen Arbeiten seiner philologisch beschlagenen Genossen zunutze gemacht hat.

Es tut not, daß diese Philologen ihre Bemühungen auch zeitgenössischem Material zuwenden möchten, um fernerhin der weiteren dichterischen Arbeit selbst unmittelbar zu helfen» (1926).*

Wir haben es nicht getan, nicht getan haben es die Jahrzehnte, und es sind wenige Menschen übriggeblieben, die es hatten tun sollen. Doch es gibt Menschen – und es sind viele, die es tun werden.

«Es kommt vor,
    daß man das Wort hinauswirft,
        ohne es gedruckt,
            ohne es herausgegeben zu haben,
Doch es eilt dahin,
    die Sattelgurte straffziehend,
Es tönen die Jahrhunderte,
    und es kriechen heran die Züge,
Zu lecken
    der Dichtung
        schwielige Hände.»

Die ‹Generallinie›
Über die Gründe des Streites zwischen Kain und Abel

Kain war Ackerbauer, er mußte das Land mit der Hacke bearbeiten. Das ist eine schwere Arbeit.

Abel war Viehzüchter, er hütete die Schafe.

Als Kain sich an Gott wandte, legte er Getreide und Früchte auf den Opferaltar, Abel stand daneben und legte auf seinen Opferaltar ein geschlachtetes Schaf. Das Feuer kam vom Himmel auf Abels Opfer herab, dies war ein Zeichen der Gunst.

Das Opfer Kains verschmähte Gott.

Die Menschen, die diesen Mythos schufen – die Hebräer aus der Zeit, als das Buch der Genesis geschaffen wurde –, waren selber Viehzüchter. Die Ackerleute Mesopotamiens verachteten sie.

Die Viehzüchter brauchen Wege zum Hinaustreiben der Herden, und da haben irgendwelche Kains die Wiesen aufgerissen und lassen einen die Herden nicht über die Saat treiben.

Im ‹Schah-Name› von Firdausi wird von einem Kampf zwischen Akkerleuten, die auf gepflügten Feldern arbeiten, und Viehzüchtern erzählt.

Dieser Kampf wird in Form des Kampfes zwischen Stadt und Land

---

* Dt. Übersetzung zit. nach W. Majakowski: ‹Wie macht man Verse?› Frankfurt/Main 1964, S. 93 (Anm. d. Ü.)

forgesetzt.

Heute wachsen die Städte, und die Zahl der Menschen, die unmittelbar in der Landwirtschaft beschäftigt sind, wird immer geringer. Es verändert sich das Verhältnis der Menschheit zu ihrer Welt, der Charakter der Arbeit. Veränderungen, die nicht umkehrbar sind.

In Landbezirken Italiens veröden die Dörfer: die Bauern kommen in ihren Automobilen aus der Stadt auf die Felder.

Die Maschine kann nicht alle Arbeiten auf dem Feld verrichten, aber sie verringert die Zahl der Menschen, die dort gebraucht werden. Die Bauern werden durch landwirtschaftliche Arbeiter ersetzt, die für kurze Zeit aufs Land kommen.

Seien wir dankbar dem Hund, dem Schaf, dem Pferd, dem Ochsen. Sie nahmen nicht umsonst ihren Platz auf den Feldern ein. In den Steppen lebten einst wilde Schafe; ein Hirte folgte den Schafen. Die Schafe und der Hund sind die ältesten Diener des Menschen.

Der Einzug der Maschine auf die Felder ist unausweichlich, aber er hat eine gewaltige Umsiedlung zur Folge und eine neue Sorge um das Land, das man auf neue Art pflegen und düngen muß, da die ureigenen Beziehungen zwischen dem Gras und dem Tier, das es verschlingt und ihm in Form des Düngers zurückgibt, heute unterbrochen sind und zumindest teilweise wiederhergestellt werden müssen.

Der Landmann der alten Zeit hatte bei uns in Rußland die Wälder abgebrannt und in die Asche gesät, weil er die Bäume nicht fällen konnte. Manchmal wuchs der Wald wieder nach. Wald und Steppe – das sind ebenfalls komplizierte Wechselbeziehungen zwischen den Naturerscheinungen und den historischen Phasen der Entwicklung der Menschheit.

In Europa und in Amerika ist die Zahl der Bauern geringer geworden. Dieser Prozeß ist nicht umkehrbar, er ist unausweichlich, doch schwierig, schwierig deshalb, weil es nicht nötig ist, die alten Gewohnheiten zu zerstören, sondern sie zu verändern; die alten Beziehungen des Menschen zur Erde müssen zu einer neuen Liebe werden.

Die Welt, in der wir leben, ist neu. Wenn sich die Menschheit darin nicht organisiert verhält und der Erde nur die Haut abzieht, wird sie auch ohne die Atombombe zugrunde gehen.

Der neue Mensch muß mit der Erde ein neues Verhältnis eingehen, aber keine neue Scheidung.

Die Takyre – die Lehmwüsten in Mittelasien – sind Spuren der Fehler der Menschheit, Spuren einer falschen Bewässerung, einer Versalzung des Bodens. Die Bewegung des Sandes, die Barchane, sind die Spuren falschen Wirtschaftens. Man kann nicht einmal sagen, was falsch war, weil die Menschheit das getan hat, was sie konnte, wahrscheinlich aber war sie es – und nicht allein nur die Veränderung des Klimas –, die die

Sahara hervorbrachte, den Sand, die Wanderdünen und die wie alte, schlecht gebrannte Teller rissig gewordene Takyre.

Den Sand kann man mit dem Boden der Takyre mischen. Man kann und muß die Fruchtbarkeit der Erde wiederherstellen. Man muß die Verantwortung für die Ozeane und für die Binnenmeere tragen, denn wenn wir den Strom der Flüsse hemmen, legt sich hinter den Dämmen Schlamm auf den Grund des Stausees.

Kain muß Abel instruieren – sie werden heute gut miteinander auskommen.

Die Zusammenstöße zwischen dem Alten und dem Neuen wiederholen sich

Wir sind ein altes Ackerbauland. Dmitrij Mendeleev, unser großer Wissenschaftler, schrieb an der Schwelle des Jahrhunderts auf Grund einer 1897 durchgeführten Volkszählung in seinem Buch *Zur Kenntnis Rußlands*:

«Die landwirtschaftliche Betätigung der Menschen, die eine große Leistung des ursprünglichen Zustandes der menschlichen Gesellschaft darstellt, muß bei ihrer Weiterentwicklung, die vor allem durch eine Vermehrung der Bevölkerung bestimmt ist (siehe meine *Heimlichen Gedanken*), ganz gewiß in ihrer großen Bedeutung nicht nur deshalb im Laufe der Zeit nachlassen, weil das Land nicht mehr für alle ausreicht und die Arbeit auf dem Lande immer weniger nötig sein wird, sondern auch deshalb, weil der Wirkungskreis der anderen Industriezweige (Bergbau, Handwerk, Fabrik- und Hüttenindustrie, Handel, freie Berufe, Dienstleistung und viele andere mehr) so unbeschränkt und umfangreich ist, daß man dort zum allgemeinen Nutzen, zur Deckung des Bedarfs und der Nachfrage sein Geld verdienen kann, was dem den Menschen angeborenen Streben nach einer durch nichts (außer dem eigenen Willen oder etwa der eigenen Leidenschaft) eingeschränkten Vermehrung entspricht (und nicht widerspricht). Die Menschen haben allmählich instinktiv begriffen, daß für sie irgendwann einmal – durch die Entwicklung anderer Industriezweige und der Tätigkeit in der Stadt – die Zeit ihrer Befreiung von der für Lebewesen wie auch für Pflanzen zwangsläufigen Abhängigkeit vom Land kommen wird, daß sie irgendwann einmal – wie die Pflanzen – ebenfalls die Sonnenenergie einfangen und – in Werken und Fabriken – Nährstoffe produzieren können.»

Mendeleev sprach von der Erschließung unserer nördlichen Länder, von der Erschließung des Gebietes im Polarkreis; ohne es zu wissen, ging er einer neuen Kollektivwirtschaft entgegen, da er ein fortschrittlicher Mensch war.

Das Alte kämpft hoffnungslos und schonungslos mit dem Neuen. Im unorganisierten Neuen sind viele Elemente des Zerstörten, doch nicht des Abgeschafften enthalten.

In Italien, in den Vorbergen der Toskana, sah ich Ulmen mit abgeholzten Zweigen, an denen Weinreben rankten. Das ist ein altrömisches Verfahren – man braucht keine Pfähle zu wechseln. Die Rebe war in den römischen Gesetzen nicht erwähnt, in ihnen war nur von Bäumen die Rede. Die Weinrebe lebte auf dem Baum, war aber noch nicht in den Gesetzen verzeichnet. Und ich sah dort im Frühling auch halbfertige Heuschober.

Ausländisches Fleisch, ausländisches Getreide ist billiger. Die Bauern gehen fort, ohne ihre Felder zu Ende zu bearbeiten.

Das ist ein komplizierter, erbärmlicher Prozeß; in italienischen Filmen sehen wir, daß immer mehr Leute ohne Ausbildung in die Stadt kommen und dort keine Arbeit finden.

Das alte Gleichgewicht der Welt ist nicht möglich. Das kommt auch im Kollektivierungsprozeß zum Ausdruck, in der Ersetzung der Arbeit des einzelnen Bauern, der Einzelwirtschaft durch die Arbeit einer einheitlichen Bauernschaft. Es ist ein schwieriger Prozeß fast geologischer Umwälzungen.

Lev Nikolaevič Tolstoj sah diesem Prozeß mit Furcht entgegen; er sagte, wenn die Bauernschaft sich verändert, wenn die Menschen aufhören, in Dörfern zu leben, verändern sich die Grundlagen der Moral, und die Menschen werden verwahrlosen.

Die Kollektivierung ist das Resultat einer bewußten Entscheidung, die Beziehungen zwischen Stadt und Land zu verändern, sie ist die Einführung des Traktors auf dem Land. Das bedeutet nicht, daß wir auf dem Wege sind, die Kuh oder das Pferd zu vergessen; umsonst hat Tolstoj darüber geklagt, daß es in der Stadt zu viele Pferde gibt. Man brauchte sie in der Stadt für die Kutschen der Reichen, sie fraßen Hafer und nahmen den Menschen das Getreide weg.

Sergej Michajlovič begriff als großer Mensch einer bedeutsamen Zeit ihre Bewegung und begriff gerade deshalb auch die Bewegung der Kunst; er dachte in der Kunst und veränderte dabei ihre Gesetze; er bereicherte die Formeln des Denkens und veränderte jene Strukturen, mit denen der Künstler die neuen Wechselbeziehungen ausdrücken sollte.

Manchmal schien es ihm, als könne nur ein Arbeiter das Verhalten eines Arbeiters wiedergeben, als dürfe und brauche man nicht versuchen, einen Bauern zu ‹spielen›; man müsse ihn ‹montieren›, zusammensammeln aus realen, doch ausgewählten Verhältnissen.

Wir, die Menschen vom Anfang dieses Jahrhunderts – ich spreche von den Menschen, die den Wechsel der Jahrhunderte erlebten –, die Menschen der ersten Generationen sowjetischer Bürger, haben die tiefgehendsten Veränderungen in den Beziehungen durchgemacht und schmerzhafter als unsere Wegbereiter die Gesamtheit der Veränderung in unseren Beziehungen und die Unvermeidlichkeit des Schmerzes begriffen.

Alles kann verbessert werden und wird durch das gemeinsame Wissen und die gemeinsame Heldentat der Menschheit verbessert. Deshalb auch schrieb Sergej Michajlovič 1926 zuerst den Aufsatz ‹Die fünf Epochen› und begann danach, das Feld der Veränderungen präzisierend, an dem Drehbuch zu der ‹Generallinie› zu arbeiten.

Vielleicht ist die ‹Generallinie›, was die sorgfältige Zeichnung der Details und die Fähigkeit angeht, das Interesse des Zuschauers zu wecken, schwächer als die Komödien Labiches oder die historischen Schauspiele Scribes. Doch die Arbeit ist neu. Sie ist eine notwendige Konstruktion für die Zukunft.

Meiner Meinung nach kommt darin wie zufällig die später überwundene Überzeugung Ejzenštejns zum Ausdruck, man müsse einen Film ohne Schminke und ohne Schauspieler machen. Die Schminke – die Tätowierung – taucht schon im Morgenrot der menschlichen Existenz auf. Und der Schauspieler ist, und sei es auch nur als Anführer eines Chores, eine genauso ursprüngliche Erscheinung.

Sergej Michajlovič kehrte selber in ‹Ivan der Schreckliche› zu Schminke, Kostüm und Schauspieler zurück. Nicht nur, weil dieses Werk der Geschichte gewidmet ist, sondern auch deshalb, weil die Rückkehr zur Schminke und zum Spiel des Schauspielers historisch notwendig geworden war.

Sergej Michajlovič fuhr aufs Land; er sah dort den Zerfall der alten Wirtschaft. Für ihn war das Material neu, doch was er niederschrieb, war so neu, daß man dem nicht glaubte.

In der Kunst sieht der Mensch das Leben. Der Kunst glaubt der Mensch oft nicht, weil er in seinem alltäglichen Dasein das Leben nicht sieht.

Er hat keine Zeit, er hat sich allzusehr an dieses Leben gewöhnt, das für ihn schon eingerichtet ist.

Ejzenštejn sah den zunehmenden Zerfall der kleinbäuerlichen Höfe. Bei der Erbteilung wurde alles ‹in zwei Hälften› geteilt. Diese Regel wurde mit manischer Konsequenz befolgt. Die armen Bauernhäuser wurden in zwei Hälften zersägt: es entstanden zwei Enden – beide ohne Seitenwände.

Der Regisseur nahm eine solche Erbteilung und das Zersägen der alten Balken aus einem auseinandergenommenen Bauernhaus auf. Man schenkte der Aufnahme keinen Glauben, man hielt sie für exzentrisch. Mir bestätigte der überaus erfahrene Fachmann für landwirtschaftliche Melioration, Andrej Platonov, daß er selber solche Aufteilungen gesehen habe.

Das Alte erreichte eine verbitterte und blinde Selbstzerstörung; es war in vielen seiner Charakterzüge phantastisch.

In der ‹Generallinie› waren die Schauspieler durch Typagen ersetzt worden – durch Menschen, die von der Natur für eine genau bestimmte Rolle gewissermaßen prädestiniert waren.

Die Rollen des Kulaken und des Lehrers waren typisch dargestellt.

Der Kulak starb an einer Herzkrankheit, der Lehrer an Tuberkulose.

Ejzenštejn überspitzte die realen Widersprüchlichkeiten, indem er das Land an der Grenze, im Zerfall und in der Dekadenz des Alten zeigte.

Die Hauptfigur des Films, Marfa Lapkina, schleudert ihren Hakenpflug beiseite und ruft dabei leidenschaftlich aus:

«Nein! Nein, so kann man nicht leben!»

Marfa Lapkina genießt in dem Film allgemeine Hochachtung. Sie ist mit der Rolle fertiggeworden. Man hatte sie damals auf der Leinwand unterschätzt. Sie glaubte an das, was sie tat, weil es die Wahrheit war.

Das Neue war unumgänglich, es war unter Qualen errungen worden. Dem Volk stand noch die Begegnung mit dem Engel der Veränderung bevor, so wie in Puškins Gedicht ‹Prophet› der gequälte Mensch die Begegnung mit dem «sechsflügeligen Seraph» hatte. Die Verwandlung des Menschen in einen Propheten wird bei Puškin als kurze, aber vielstufige Tragödie gezeigt: Gehör, Gesichtssinn und Herz verändern sich.

Die Verwandlung des Bauern, der seinen eigenen abgeteilten Landstrich, seine eigene Kuh, sein eigenes Pferd besessen hatte, in einen Kolchosbauern – das war notwendigerweise ein langer Prozeß.

Im Drehbuch zur ‹Generallinie› wird das durch zusätzliche Aufnahmen dargestellt; der Film wurde um die Einsicht in die Zukunft bereichert, der Widerstand verringert, und so wurde der Film weniger emotional.

Die Macht der Erde, von der Gleb Uspenskij redete, die Macht der Finsternis, von der Tolstoj so genial schrieb, und der Verlust des alten Gewissens unter dem Einfluß des Geldes und die neuen Verbrechen und die Undeutlichkeit des Gewissens Akims, der nur «taja . . . taja . . .» sagen und nicht klar und deutlich die Bedürfnisse eines alten menschlichen Gewissens zum Ausdruck bringen kann – all das hat es wirklich gegeben.

Für die Kollektivierung zeichneten sich zwei Wege ab. Die Entwicklung einer kooperativen Wirtschaft, die Schaffung gewöhnlicher Genossenschaften durch Zusammenschluß der Menschen um einen Separator. Und die andere Generallinie – mit einer durchgängigen Kollektivierung. Der zweite Weg war ebenfalls real, aber auch er brauchte wie in einer Tragödie Zeit.

Sonst schwindelt einem der Kopf von den Erfolgen.

Es kam die erste Welle der Kollektivierung.

Das Drehbuch zur ‹Generallinie› war im Mai 1926 begonnen worden. Der Vertrag über das Drehbuch wurde im September geschlossen. Im November führte Ejzenštejn in Rostov-na-Donu Filmaufnahmen durch und setzte sie im Dezember im nördlichen Kaukasus fort.

Das Drehbuch war begonnen worden. Es war das Drehbuch einer verhältnismäßig langsamen Kollektivierung, der Weg aus jener Armut heraus, in der die Menschen noch mit Kühen pflügten (solche Fälle hat es gegeben).

Ejzenštejns Film liegt die Geschichte der Marfa Lapkina zugrunde, einer keineswegs schönen Frau, die sich in ihrem bisherigen Leben fast zugrunde gerichtet und langsam aus der Tiefe der Verzweiflung herausgefunden hatte.

Man braucht besseres Vieh. Mit Hilfe der vergesellschafteten Landwirtschaft kann man Zuchtbullen für Besamungsstationen kaufen.

Von vielem war in Ejzenštejns und Aleksandrovs Drehbuch die Rede, und es wurde wie in einem Poem erzählt.

Diese Begattungen von Bulle und Kuh wurden wie eine Hochzeit gezeigt, die man im Volke gewöhnlich mit sehr ausgelassenen Witzen begleitet. Der erste Bulle starb – es starb die erste Hoffnung. Aber die Kälber lebten. Zur gleichen Zeit traf der Separator ein.

Damit brachte das Drehbuch eine ganz bestimmte Wirklichkeit zum Ausdruck und hätte in einen Film umgesetzt werden können.

Er war konstruiert als eine Fixierung des Erwachens der einzelnen Menschen, als eine Fixierung der Stufen ihres Selbstbewußtseins. Vielleicht ist er deshalb nach der zugespitzten Methode des übergangslosen Spiels gedreht worden.

Über die Entstehung der ‹Generallinie›

Die Abänderung der Beschlüsse über die Durchführung der Kollektivierung erfolgte nicht sogleich. Die beschleunigte Kollektivierung weckte große Hoffnungen. In der Gegend von Tula, wo es Sirupwerke gab, war der Kollektivierungsprozeß schon so weit vorangeschritten, daß mehrere Bezirke durchgängig von der Kollektivierung erfaßt waren.

Die Kunst hat es eilig, sie lechzt nach dem Goldenen Zeitalter, sie sehnt sich nach dem Goldenen Zeitalter, wie Don Quichotte, wie Raskolnikov. Sie sieht dieses Goldene Zeitalter und arbeitet dafür, wie es die Revolutionäre tun. Die Wirklichkeit dieses Traums spiegelte sich bei den Dreharbeiten der ‹Generallinie› wider.

Die ‹Generallinie› durchlief bei ihrer Entstehung viele Stadien. Sie konnte nicht wie ein Schatten jenem Prozeß folgen, der sich im Lande vollzog. Sie ist keine direkte Darstellung der Ereignisse, die im Lande vor sich gingen.

Bei der Arbeit an der ‹Generallinie› wirkte auch der Architekt Andrej Burov mit. Ich möchte hier an Ejzenštejns und meinen alten Freund erinnern, Andrej Burov, heute bereits verstorben, Doktor der technischen Wissenschaften, Erfinder, Autor von Büchern über die Architektur und ein ausgezeichneter Baumeister. Er war einer der Erfinder des Mischbetons; er formte große Betonblöcke, die er gleich mit einer bestimmten Struktur haben wollte, und führte deshalb Glasfaser, Glaswolle in den Beton ein – was den Details einen besonderen Marmorcharakter verlieh; dann untersuchte er sie auf ihre Bruch- und Druckfestigkeit hin, untersuchte dieses dekorative Material als neues Material für den Bau eines Gebäudes. Und es stellte sich heraus, daß es eine erhöhte Strapazierfähigkeit besitzt. Danach versuchte er, die Glasfaser mit Harzen zu verbinden, und erhielt Materialien, die sich sogar für den Bau von Flugzeugen eigneten.

Die Einsichten in Materialien, die Umdeutung von Materialien – das ist ein Teil der Vorwärtsbewegung des menschlichen Lebens. Man muß sich losreißen von dem Gedanken an die üblichen Eigenschaften des Steins, an die üblichen Eigenschaften des Holzes.

Die Menschheit gestaltet die Materialien um, aus denen sie sich ihr Leben baut. Wahrscheinlich kann sie eines Tages biegsamen Beton herstellen.

Nicht nur im Verständnis Ejzenštejns gab es die intellektuelle Montage. Sie existierte in unserem Leben, das sehr schwer war und oftmals von uns neu gedeutet wurde.

Andrej Burov begeisterte sich für die Physik, er gründete ein eigenes Institut in einer alten Kirche, die er mit infraroten Strahlen getrocknet hatte, er pflasterte den Hof mit Steinplatten, verband den Stein mit einem Gitterwerk von grünem Gesträuch.

Für Ejzenštejn machte er die Dekorationen zukünftiger Kolchosen.

Ich erinnere mich an ein großes Gebäude, das von einem Baum durchbohrt war; man hatte den Baum nicht gefällt, er wurde von einem halbrunden leichten Balkon umspannt.

«Wozu denn das?» fragte der Filmaufnahmeleiter. «Wir sind alle Spaßvögel», antwortete Andrej Burov. So hatte einst Veronese dem kirchlichen Zensor geantwortet, als er sich für die Komposition des Bildes ‹Hochzeit zu Kana› rechtfertigte. Er sagte, daß die Künstler ebenso wie auch die Verrückten sich einer gewissen Freiheit erfreuen müßten und daß er deshalb das Recht habe, im Vordergrund einen römischen Krieger mit Nasenbluten darzustellen, weil er nämlich an dieser Stelle einen roten Fleck gebraucht habe. Was der Künstler sagte, war ein Scherz.

Die Kunst grenzt nicht an Wahnsinn, ist aber auch im Scherz erfinderisch, bisweilen prophetisch.

Was für ein heiterer Film war die ‹Generallinie› in ihren neuen Teilen! Schweineherden wurden über Flüsse gesetzt, Milch floß, Getreide wuchs, ein Festmahl zu Ehren der ganzen Welt fand statt. Die Butterwoche ist nicht nur ein Jahreszeitenfest, das ist nicht nur Karneval, wie es in den schönen Büchern Bachtins heißt. Die Weinerntefeste in Griechenland, die herbstlichen Erntedankfeste in Europa, das Viehschlachten, das stattfand, weil es keine Kühlschränke gab und keine Möglichkeit, das ganze Vieh im Winter zu füttern, der Überfluß an Würsten, Schinken und Wein, gleichsam die Vernichtung dieser Vorräte – das alles erzeugte den Scherz. Der Überfluß ernährte die Kunst, er ließ Kühnheit und Spott entstehen. Für das neue Material wäre eine neue Form geeignet gewesen, die sich bereits in der Montage abzeichnete.

Ich werde eine Geschichte erzählen, an die sich außer mir nur Grigorij Aleksandrov erinnern könnte.

In jenen fernen Zeiten wurden die Filmfabriken von den Banken finanziert, und sie mußten gegenüber den Banken Rechenschaft über ihre Produktion ablegen, woraufhin sie neue Gelder entsprechend ihrer Planerfüllung erhielten. Einmal geriet die Arbeit an der ‹Generallinie› ins Stocken. Ich sage «einmal», weil Sergej Michajlovič rasch und ökonomisch zu arbeiten pflegte, bei den Dreharbeiten Rekorde in Schnelligkeit aufstellte und es verstand, termingerecht fertig zu werden, so wie die großen Schriftsteller ihr Manuskript rechtzeitig zum Erscheinen einer Zeitschrift abliefern. Der ‹Panzerkreuzer Potemkin› wurde, die Montage mitgerechnet, in drei Monaten fertiggestellt. Das sind noch nie dagewesene Fristen. Die Begeisterung für die Arbeit, die Berauschung an der Arbeit, der Überfluß an Arbeit erzeugt einen Überfluß im körperlichen Sinne dieses Wortes.

Der Film mußte vor der Bank gerechtfertigt werden. Wir wußten, daß jemand von der Bank angereist käme, Ökonomen, Buchhalter, die alles überprüfen würden. Man wird ihnen Dokumente zeigen – das werden die Filmdirektoren tun.

Der Künstler sollte den Film selbst zeigen. Der Film war nicht fertig. Daraufhin stellte Ejzenštejn aus einer Menge von Einzelteilen eine Art Karnevalsfilm über den Überfluß zusammen. Ein Bulle deckte eine

Kuh, Kälber kamen zur Welt; Milch floß in Strömen, verwandelte sich in Butter; es schwammen, das Wasser mit ihren dreieckigen Köpfen bedeckend, Herden von Schweinen über den Fluß, Schafe zogen vorbei; und all das schlug sich mit den Statuetten eines Schweines aus dem Tintenfaß Sergej Michajlovičs durch, und dieses Schwein warf allen Porzellanküsse zu. Das war sehr hübsch, sehr überzeugend, denn Arbeit ist nicht nur schwere Arbeit, sondern auch Leidenschaft.

Daraufhin erhielt man von der Bank wieder Geld für die Dreharbeiten. Nach einigen Tagen sagte mir Sergej Michajlovič, als ich ins Studio kam: «Sehen wir uns noch einmal den Film an.» Man antwortete uns: «Die Stücke sind schon wieder auseinandergenommen.»

Wir wissen nicht immer, wo wir einen Sieg erringen. Manchmal bringt ein Übergangsmoment, eine Verzögerung im Arbeitsprozeß neues Material hervor. So wurde das Gußeisen bei der Eisenherstellung erfunden. Bis dahin wurde das Eisen auf dem direkten Weg aus dem Erz gewonnen; die Gewinnung des Gußeisens war ein Fehler, eine Zufälligkeit. Das Gußeisen war eine neue Materialqualität, die vorher als Ausschuß angesehen wurde.

Wir machen Filme über die Schicksale der Menschen, und wir werden sie auch in der Zukunft machen. Aber die Schicksale der Menschen hängen von denen der Länder ab. Sie haben, wie Tolstoj einmal sagte, die Bedeutung von Bienenschwärmen. Ein Bienenschwarm hat sein eigenes gemeinsames Schicksal, er braucht sogar Drohnen, er lebt ganz ein einheitliches Leben, wenn auch jede Biene einzeln und auf ihre Art tanzt – wir wissen heute von den Tänzen der Bienen –, wobei sie ihren Gefährtinnen die Flugrichtung zu den Blumen zeigt. Nicht einfach nur in einem Schwarm, sondern in einer neuen Formation, in einer neuen Ordnung, mit einem eigenartigen Ton, einem eigenartigen Knirschen, einer elektrischen Ladung schwimmt der Fischschwarm.

Der Filmstreifen, der als Rechenschaftsbericht für die Buchhaltung gezeigt wurde, war ein herrlicher Film über die Zukunft. Wechselbeziehungen waren darin auf den Gesetzen der intellektuellen Montage, der Bedeutungsknoten und des einheitlichen Themas des Überflusses begründet. Er war herrlich wie eine gute Zeitung, die in den verschiedenen Lokalmitteilungen, den Nachrichten, den Feuilletons, den Jubiläen und in den Mitteilungen über Todesfälle einen Tag der Menschheit festhält, einen umfassenden Tag, umfassende Wechselbeziehungen unter einander unbekannten Menschen. Eine Zeitung ist, wenn sie inspiriert zusammengestellt wurde, ein Kunstwerk, das die Entfremdung der Menschen untereinander überwindet, uns hilft, voneinander zu wissen und miteinander umzugehen.

Man wird in der Geschichte der Menschheit noch oft zu den ersten Filmstreifen der sowjetischen Kunst zurückkehren. Man wird sich damit beschäftigen und von neuem die Erfolge Ejzenštejns, Vertovs, Pudovkins und vieler Gefährten erleben, an die wir uns heute nicht mehr erinnern, die wir aber gesehen haben, die in unser Bewußtsein eingedrungen sind in den vielstimmigen Chor verschiedennationaler Filme.

Das übergangslose Spiel

Sergej Michajlovič sah sich wiederholt das an, was er selber gemacht hat, und er wurde sich dabei darüber klar, in welchem theoretischen Zusammenhang seine praktische Arbeit Platz fand.

Bei der folgenden Analyse meines Buches werde ich mich manchmal wiederholen, so als spielte ich ein Double. Im Schaffen Sergej Michajlovičs gab es so manche Selbstumkehr, die das Organische im Entwicklungsgang des Regisseurs zeigt.

1929 spricht Sergej Michajlovič im Nachwort zu N. Kaufmans ‹Der japanische Film› (‹Teakinopečat'›, Moskau), gestützt auf eine Analyse der östlichen Kunst, vom übergangslosen Spiel. 1940 dachte Sergej Michajlovič erneut über die Logik seiner Entwicklung nach und schrieb den Aufsatz ‹Montage 1938›.

In diesem Aufsatz ist die Vorstellung von den Montage-Stößen zugespitzt.

Sergej Michajlovič spricht von der Verdichtung des Wahrnehmungsprozesses; er führt ein Beispiel aus Tolstoj an: «Als Vronskij auf die Uhr am Balkon der Karenins blickte, war er so aufgeregt und mit seinen Gedanken beschäftigt, daß er wohl die Zeiger auf dem Zifferblatt sah, nicht aber begreifen konnte, wie spät es war.»

Das Beispiel stammt aus dem XXIV. Kapitel des zweiten Teiles der ‹Anna Karenina›.

Das Zeichen für die Zeit und die Zeit selber haben sich getrennt, doch es blieb das Empfinden für die Unbegreifbarkeit dieser Erscheinung. Mir scheint, daß hier ein Prozeß entstanden ist, den ich im Jahre 1919 oder früher analysiert und mit dem Terminus ‹Verfremdung› bezeichnet habe.

Manchmal wird das Unverständnis gegenüber dem Alten zum Tod des Alten. Selbst Tolstoj hat das erfahren.

Sein eigenes Empfinden hat er teilweise auf Anna Karenina übertragen.

Anna Karenina, beunruhigt über den unausweichlichen Verrat durch Vronskij, fährt auf die Station Obiralovka, wohin Vronskij zu Besuch gefahren ist, und kann unterwegs nicht den Zusammenhang herstellen

230

zwischen dem, was sie sieht, und der Bedeutung des von ihr Gesehenen. Ihr erscheint alles fremd, widersprüchlich, abscheulich, sinnlos. Sie wohnt dem Begräbnis der alten Welt bei, spürt den Leichengeruch.

Der Separator – das ist wie eine Uhr, aber eine Uhr, die nicht nur von neuem gesehen, sondern auch von neuem geschaffen wurde.

Das Land sieht das Neue, das Land vertraut ihm nicht.

Marfa Lapkina wohnt der Geburt einer neuen Welt bei.

Die Szene mit dem Separator ist eine Szene der Analyse, gefilmt nach der Methode des übergangslosen Spiels.

Jenes Neue, das die Bauern sehen – ist das geschaffene Neue.

Die Funktion des übergangslosen Spiels ist nicht die aus dem traditionellen japanischen und chinesischen Theater.

Ich will noch eine Anmerkung machen: Die ‹Generallinie› wurde unter dem Titel ‹Das Alte und das Neue› herausgebracht. Das ist richtig, weil das, was man die Generallinie genannt hat, verändert wurde. Aber der Weg Marfa Lapkinas blieb derselbe. Er ist nicht umgestoßen und nicht abgewertet worden. Vielleicht brauchte man den Film nicht umzugestalten und das Schicksal der Marfa Lapkina als ihr eigenes Schicksal darzustellen.

Die Kunst kann einen Sonderfall so darstellen, daß er zum Allgemeinen hinführt. Das Allgemeine unverzüglich filmen, unverzüglich darstellen kann der wissenschaftliche Film; der Dokumentarfilm kann es fixieren; aber die Kunst selbst fixiert eine bestimmte Situation, indem sie diese als Übergangssituation darstellt. Sie kann nicht ständig in einer Sphäre entschiedener Fragen verharren, um so mehr als die romanartigen Filme die Augenblicke ihrer Entstehung durchleben und dann durch die Wahrnehmung des Zuschauers selbst bereichert werden.

Ejzenštejns Analyse der Szene ist entsprechend dem ‹Potemkin› gegeben, geschaffen ist sie entsprechend dem ‹Oktober›.

«Wenn allein schon die montagegerechte Lösung des ‹Pathos› der Szene am Separator im wesentlichen am Montagetisch und in der Reihenfolge der hier entstandenen notwendigen Ergänzungsaufnahmen (Fontänen, Aufschriften der nach Umfang größer werdenden Ziffern usw.) bestimmt wurde, so ist die Verbindung der inneren Dynamik allein schon der Konstruktion dieser Szene mit den entsprechenden Konstruktionen im ‹Potemkin› beispielsweise daraus zu erkennen, daß es bereits im Drehbuch zu ‹Das Alte und das Neue› genau an dieser Stelle einen Hinweis auf . . . den ‹Potemkin› gibt!

In dieser Szene, in der man auf einen Tropfen kondensierter Milch aus dem Separator wartet, wurde auch wortwörtlich folgender Vermerk niedergeschrieben: ‹. . . So wartete bei seinem Zusammentreffen mit dem Admiralitätsgeschwader der Panzerkreuzer «Potemkin» . . .›

Mehr noch! In einer der ursprünglichen Montagevarianten des schon fertigen Films war in diese Szene in der Reihenfolge einer plastischen Assoziation sogar der entsprechende Kontratyp eines Fragmentes der Szene *eingeklebt* (!), in der der ‹Potemkin› auf die Begegnung mit dem Geschwader wartet!

Dieses Fragment war von der Regie in Eile angesichts des höchst unorganischen Resultats fast sofort wieder herausgeschnitten worden. Dies ist gewöhnlich das unausweichliche Schicksal aller allzusehr durch *äußere* Mittel hervorgehobenen *inneren* bildlichen Assoziationen!» (Bd. III, S. 78).

Ferner will Sergej Michajlovič der Separierung dadurch einen allzu deutlichen Sinn geben, daß er seine vorherige Aussage über den Nachteil, den seine Betonung der inneren bildlichen Assoziationen durch äußere Mittel verursacht, gewissermaßen wieder umstößt:

«Mehr noch bin ich der Meinung, daß die Wahl bei der Eigenart der zentralen Episode eben dieser Szene, in der die Verwandlung des Schicksals eines Milchtropfens dargestellt wird, wahrscheinlich irgendwie auch nicht vollkommen zufällig ist. Denn wie dem auch sei, in diesem Milchtropfen, der in die neue Qualität des Rahmtropfens hinüberspringt, spiegelte sich wie in einem Tropfen . . . Wassers gleichsam gegenständlich das Schicksal eines Häufchens isoliert und getrennt lebender und wirtschaftender bäuerlicher Eigentümer wider, die eben unter dem Eindruck des Separators (dieses Vertreters der Möglichkeiten einer mechanisierten Landwirtschaft) genauso plötzlich einen gigantischen qualitativen Sprung in der Linie der gesellschaftlichen Entwicklungsformen von der Einzelwirtschaft zur Kollektivwirtschaft machen, wobei aus den ‹Mužiki› Kolchosbauern wurden» (Bd. III, S. 80).

Wie ist nun diese Szene gemacht?

In ihr wirkt ein mißtrauischer Chor mit – in einem sehr kurzen Stück sieht man die aufmerksamen Gesichter der Menschen und die Maschine selbst, wobei die Düse der Generatoren viermal gezeigt wird: das erste Mal zusammen mit dem Gesicht der Marfa Lapkina, die auf den Mißerfolg wartet, und dreimal alleine. Die mißtrauischen Gesichter der Bauern, die in gespannter Aufmerksamkeit feierliche Marfa Lapkina, die die Milch in den Separator gießt, die skeptisch blickende Frau ist hochmütig, ihre Mundwinkel sind heruntergezogen. Einige Personen blicken auf den Separator. Sie warten auf ein Wunder oder ein Fiasko. Weiter gibt es zwei Bewegungsabläufe des Separators: das Schneckengetriebe, das gleichsam das Wesen der Geschwindigkeit des Separators enthüllt, und das Blitzen der Oberfläche des Separators während der schnellen Drehung. Danach folgen die Einstellungen mit der Düse des Separators, mit den Frauen, die lächelnd zusehen, das Blitzen des Separators, die Milchfontänen, der kreischende Alte, Marfa Lapkina im

Zustand des Pathos und erneut die Fontänen der Milch und in einzelnen Einstellungen «4», «38», «50» und schließlich der Zwischentitel: «Mitglieder der Genossenschaft».

Der Wechsel in der Organisation ist nicht nur ein Wechsel der Zugkräfte, die vor den Pflug gespannt wurden. Der XV. Parteitag vom Dezember 1927 hatte den Beschluß gefaßt, die Kollektivierung der Landwirtschaft an Stelle der veralteten Formen der ‹Genossenschaft› zu entwikkeln. Jetzt führte man neue, höhere Formen der Kollektivwirtschaft ein. Das Novemberplenum des ZK der KPdSU(B) von 1929 erwähnte die massenhafte Kolchosbewegung und würdigte sie als eine entscheidende Etappe in der Aufbauarbeit des Sozialismus.

Die Arbeit an dem Drehbuch mußte umorganisiert werden. Der zaghafte Anfang, die Unentschlossenheit der Marfa Lapkina und ihrer Freunde, der Dorfnachbarn, die nicht wußten, ob die Milch in dem Separator dick wird oder nicht, wurde durch eine neue Lösung ersetzt. Man mußte den Film dringend umgestalten. Inzwischen war Sergej Michajlovič zur gleichen Zeit mit dem Film ‹Oktober› beschäftigt. Im Juni 1928 wurden die Dreharbeiten zu dem Film ‹Generallinie› wiederaufgenommen. Im November war der Film fertig.

Während dieser Zeit gingen auf dem Lande grundlegende Veränderungen vor sich. Auf Parteibeschluß wurden Zehntausende von neuen Menschen zur Verwirklichung der neuen Richtlinien aufs Land geschickt.

Die ‹Generallinie› wurde verändert, sie war aber noch nicht verwirklicht, das, was umrissen worden war, war noch nicht bis zu Ende aufgebaut worden.

Der Film hielt nicht mit dem Leben Schritt. Er fixierte in Großaufnahme die Veränderungen in der Psyche der Menschen.

Der Film mit dem Titel ‹Das Alte und das Neue› hätte auf der Leinwand so erscheinen sollen, wie er geplant und angenommen worden war. Und der Film ‹Generallinie› sollte von vorne an neu gestaltet werden.

Das Tragische des Übergangs, die Veränderung des Lebens und der Arbeitsweisen für die Mehrzahl der Bevölkerung des Landes wird nicht wie das Aufkommen einer neuen Zugkraft gelöst.

Die Filme und Bücher über das neue Leben nahmen Jahrzehnte in Anspruch, doch Sergej Michajlovičs Film gab die stolze Überzeugung einer neuen Organisation wieder, er gab auch einen Wunschtraum wieder und zeigte die Möglichkeit seiner Verwirklichung.

Die Kunst hat es immer schwer; auch dann, wenn sie den Berg hinuntergeht, und noch schwerer, wenn sie den Berg hinaufgeht, wobei sie einen Traum verwirklicht, ihn realisiert, die Zukunft der Menschheit zeigt. Wenn man den Menschen ohne Zukunft zeigt, so zerfällt die menschliche Gesellschaft, und über jede seiner Handlungen wird der

Mensch sagen: wozu? weshalb?, und der Strom der Menschheit wird sich in eine Menge von Tropfen verwandeln, die so sehr voneinander getrennt sind, daß man ihn für ausgetrocknet halten kann.

Die Menschheit leidet, wie wir sehen, auch heute noch in einigen Ländern und auf ganzen Kontinenten an dem «Durst am Fluß», über den einst François Villon geschrieben hat.

Über das ‹Heimchen am Herd› und darüber, daß dieser Herd sich die ganze Zeit bewegt hat

Sergej Michajlovič sprach bei einem Essen, das ihm zu Ehren von der Akademie für Film und Kunst in Hollywood gegeben wurde, sehr genau über die Montage. Er begann mit der Bemerkung: «Jetzt ist das schon ein akademischer Terminus. Vor allem müssen wir aber historisch an diesen Begriff herangehen» (Bd. I, S. 563).

Er unterscheidet die technischen Gründe für das Entstehen der Montage, erwähnt, daß die maximale Länge eines Filmstreifens 120 Meter betrug, der Film aber länger war. Das erste Stadium der Montage wurde durch die Größe der Filmschachteln bestimmt. Das folgende Stadium der Montage war das der Information: «. . . der negative Held flüchtete mit einem Mädchen, und der positive Held verfolgte ihn» (Bd. I, S. 563).

Dieses Verfahren scheint mir nicht nur kinematographisch zu sein, und es ist nicht nur mit der viktorianischen Epoche des Romans verbunden. Auch das Volksmärchen aller Zeiten benutzte es: der Held, der in einen Hinterhalt geraten ist, droht zugrunde zu gehen, aber schon naht Hilfe, «hilfreiche Tiere oder Freunde oder Verwandte», so wie in einem französischen Märchen der Frau des Blaubarts die Brüder zu Hilfe eilen. Die Gefahr für den Helden nimmt zu, und wir erfahren, wo sich die Hilfe befindet. Eine solche Montage schuf eine Spannung in der Zeit.

Hierbei leitet Sergej Michajlovič die kinematographische Montage lediglich von den ‹amerikanischen Filmen› her.

Weiter ist die Rede vom Schauspieler: ihn muß man zeigen, daher muß man das Gezeigte zerlegen, seine Lage analysieren.

«Man muß die Szene in Details zerlegen, von denen jedes für sich allein betrachtet unbedeutend ist: eine Hand mit einem Messer, schreckerfüllte Augen, eine Hand, die irgendwohin ausgestreckt ist. Natürlich bedeutet jedes Detail für sich genommen nichts, doch ruft es beim

Zuschauer eine ganze Folge von Assoziationen hervor – eine Folge von Bildern, die einem beim Zuschauen in den Kopf kommen» (Bd. I, S. 564).

Sergej Ejzenštejn hatte weit ausgeholt. Beim Essen fällt das Sprechen schwer, besonders in Gegenwart von Menschen, die einem unbekannt sind und deren Entwicklungsstufen man nicht kennt.

Natürlich war die technische Notwendigkeit der Montage ursprünglich auch mit der Länge eines Stückes verbunden, danach wurde sie durch den Wechsel der Objektive hervorgerufen – mit Hilfe einer Methode, ein bestimmtes Material darzustellen.

Außerdem ist sie mit der Notwendigkeit verbunden, manchmal gleichzeitige Handlungen darstellen zu müssen.

Künstlerisch wurde die Montage jedoch anders begriffen und angewandt.

1944 kommt Sergej Michajlovič von neuem auf das Problem der Montage und der Beziehung zwischen Filmkunst und Literatur zurück. Der reife Ejzenštejn gab dem Aufsatz den Titel ‹Dickens, Griffith und wir›. Der Aufsatz beginnt mit der Mitte, unerwartet, das Interesse des Lesers weckend. Ejzenštejn eröffnet die Analyse in folgender Weise:

«‹Der Teekessel fing an . . .›

Das scheint ziemlich weit vom Kinematographen entfernt! Züge, Cowboys, Verfolgungsjagden . . . Und plötzlich das ‹Heimchen am Herd›? ‹Der Teekessel fing an . . .›» (Bd. V, S. 129).

Doch wie merkwürdig es auch scheinen mag – hiermit nahm der Kinematograph seinen Anfang.

Hiermit, mit Dickens, mit dem viktorianischen Roman, nahm die allererste Linie in der Blüte der Ästhetik des amerikanischen Films ihren Ursprung, verbunden mit dem Namen David Wark Griffith.

Was bedeutet ein Teekessel für England?

Einer unserer berühmten Scharfschützinnen schickten während des Krieges englische Frauen einen Teekessel und ein Gewehr. Das Gewehr – das ist verständlich, eine Kriegswaffe. Der Teekessel aber – ist ein Symbol für die Familie.

Mit dem Wort ‹Teekessel› ist eine lange semantische Reihe verknüpft. Die Erzählung hat einen Untertitel: «Ein Hausmärchen».

Das Weihnachtsfest ist ein Familienfest. Die Familie eines alten Kutschers wird gerade in dem Augenblick gezeigt, da das Glück zusammenzustürzen droht.

Der Teekessel bei Dickens ist ein englischer Teekessel.

Er kocht auf dem Kaminfeuer. Montiert ist er mit einem englischen Heimchen. Ausgangspunkt der Montage sind die Gegenstände der Behaglichkeit in der Familie. Dazu gehört noch eine holländische Uhr, auf der ein Schnitter mit Sense dargestellt ist.

Der Schnitter nimmt die Stelle des Uhrpendels ein, doch gleichzeitig stellt er eine Bedrohung dar.

Entsprechend den damaligen barocken Allegorien konnte der Schnitter auch der Tod mit der Sense sein.

Der häusliche Herd befindet sich in Gefahr; die Gefahr kommt näher.

Der Teekessel und das Heimchen singen tatsächlich ununterbrochen, und nach einigen Seiten werden sie in bereits vollkommen kinematographischer Weise montiert. Auch Ejzenštejn hätte eine Montage nicht besser machen können.

Der Teekessel und das Heimchen wetteifern miteinander: «Schließlich verwickelten sie sich im Wirrwarr und Eifer ihres Wettkampfes, und es wäre ein klarerer Kopf vonnöten gewesen als der meine oder eure, um zu unterscheiden, ob da der Teekessel zirpte und das Heimchen surrte oder ob das Heimchen zirpte und der Teekessel surrte oder ob beide gemeinsam zirpten und surrten.»

In der Sprache ist der Teekessel nur allgemein ein Teekessel, das Heimchen nur allgemein ein Heimchen. Um das ‹Wort› aus dem Allgemeinen hervorzuheben, muß man die eine semantische Reihe mit der anderen durchschneiden. Im Film haben wir bei der Montage Fotografien von Gegenständen: da ist *dieser* Teekessel, da ist *dieses* Heimchen, da ist *dieser* Tisch. Eben *dieser* Teekessel und *dieser* Tisch.

In der Literatur machen wir von der Spannweite der Aureole der Dinge Gebrauch, und dann erst präzisieren wir die Bedeutung. Im Film haben wir bestimmte Dinge, und dann erst erweitern wir die Bedeutung. Daher arbeiten Dickens und Griffith auch mit verschiedenartigen Stoffen – sie sind verschiedenstofflich. Daher sind ihre Inszenierungen auch so schwierig.

Die Menschen begreifen den Zusammenhang von Geschehnissen, gewisse künstlerische Gegenüberstellungen, doch wie in ‹*Krieg und Frieden*› die Rostovs mit ihren reichen und armen Nachbarn einen Hasen hetzten und weshalb es wichtig ist, daß gerade der Hund Rugaj den Hasen fing, sehen sie nicht.

Wenn wir ‹Tisch› sagen, so entsteht eine Vorstellung über den Tisch im allgemeinen, über alle Tische, weil in der Sprache nur das Allgemeine existiert. Wenn wir auf einen Tisch weisen und nur ‹dieser Tisch› sagen, dann zeigen wir das Einmalige.

Wenn Dickens ‹Teekessel› schreibt, meint er die Teekessel im allgemeinen. Wenn wir im Film einen Teekessel filmen, dann filmen wir ‹diesen› Teekessel.

Die Literatur geht vom Allgemeinen zum Besonderen, der Film geht vom Besonderen zum Allgemeinen. Das ist ein völlig anderer Gedankengang, eine ganz andere Montage.

Und damit beende ich mein Gespräch über die Montage im Film, genauer gesagt, ich unterbreche es.

Andrej Belyj, das ist Boris Bugaev, erzählt am Ende seines Buches ‹Wind vom Kaukasus› davon, wie er sich nie mit mir über etwas einig werden kann. Aber wir setzen stets ein und dasselbe Gespräch fort. Und er hoffte, daß er, wenn er den Mount Everest besteigen werde, mich mit leichtem Schritt den Berg hinabsteigen sehen werde. Und dort am Abhang würden wir stehenbleiben und zu Ende reden.

Bugaev lebt nicht mehr, schon lange nicht mehr . . . Und mein Gang ist schon schwer. Und nichts ist zu Ende gesprochen.

Paris und die Sorbonne

Sergej Michajlovič hat sich oft an den Satz erinnert, der einem in Biographien zu begegnen pflegt: «. . . und erwachte eines Morgens und war berühmt».

Nach dem ‹Panzerkreuzer Potemkin› erwachte er und war berühmt. Berühmtsein ist eine schwierige Kunst. Das ist nur der ‹Anfang der Karriere›, wenn man von der Karriere als von einer Verankerung des Neuen in der Kunst sprechen kann.

Ein Mensch erlangt Berühmtheit; aber er geht weiter, über sie hinaus. Selten gehen beide zusammen.

Man kann seine Berühmtheit hinter sich lassen und weitergehen, und dafür wird man einem Vorwürfe machen.

Der Ruhm kam früh für Sergej Michajlovič. Ich rufe es mir ins Gedächtnis zurück, und ich gerate wieder in Erstaunen. Er war 28 Jahre alt, sah aber noch jünger aus: feines, goldfarbenes und dichtes Haar, dünne Brauen, ein sanftes Gesicht. Er wurde auf einen Schlag berühmt, und erstaunlich früh zog er andere mit sich.

Der Ruhm wurde immer größer und führte ihn sehr schnell zum Widerspruch hin.

Der Film, besonders der schwarzweiße (ohne Ton), ist international. Die Filmstreifen kamen heraus und verbreiteten sich ohne Übersetzung in aller Welt. Der Ruhm breitete sich aus wie Ringe auf dem Wasser. Je weiter die Ringe auseinandergingen, desto erstaunlicher wurden sie: sie erreichten Europa und Amerika von einem Land aus, das alle durch die Revolution überrascht hatte. Von ihm erwartete man mit Schrecken alles mögliche; am wenigsten eine erstaunliche neue Kunst.

Sergej Michajlovič kam 1929 nach Berlin. Es war früher Herbst. Die Linden auf der Straße Unter den Linden waren noch nicht abgeholzt und leuchteten goldfarben. Der Erste Weltkrieg lag so weit zurück, daß Deutschland fast schon seine erste Enttäuschung über die Unmöglichkeit, die Welt zu erobern, überwunden hatte. Die Grenzen waren verhältnismäßig offen.

Ejzenštejn hielt Vorträge in Hamburg und Belgien, besuchte London, Amsterdam und Antwerpen; eine Welt eröffnete sich ihm, die er nur aus Büchern kannte, es schien, als würde er sie noch einmal lesen. Ejzenštejn wußte, was er dort würde sehen können, und geriet dennoch über das Gesehene in Erstaunen.

Die holländische Presse wunderte sich über eine Frage Ejzenštejns: «Wo sind denn die Pantinen?» Hölzernes Schuhzeug trug man in Holland gar nicht mehr, doch Sergej Michajlovič hatte noch von Riga her Holland aus einem Kinderbuch mit dem Titel ‹Die silbernen Schlittschuhe› als das Land der Schlittschuhe und Holzpantinen in Erinnerung. Er staunte über dieses Land, das sich fast gänzlich im Wasser widerspiegelt, über dieses Land, das vollgestopft mit Schiffen war, die aus aller Welt kamen, und über die Gemälde, über die wiederum alle Welt staunte.

Während einer Taxifahrt hatte Sergej Michajlovič ein ungewöhnliches und etwas dramatisches Abenteuer: fast hätte das Taxi, in dem er saß, die hochbetagte Königin von Holland, Wilhelmine, angefahren, die harmlos in den Straßen von Den Haag spazierenging.

Es zeigte sich dann, daß Holland und Deutschland keineswegs so idyllische Länder waren, oder, genauer gesagt, die Idylle nur für einzelne Fotografien in den Illustrierten ausreichte.

Die Presse der Niederlande wunderte sich über den Humanismus der sowjetischen Filme – dann hörte sie auf, sich zu wundern.

Nach einiger Zeit meuterte in Holland ein Kriegsschiff – die Matrosen hatten den ‹Panzerkreuzer Potemkin› gesehen.

Ohne die Hefe hätte die Menschheit bis heute nur ungesäuerte Brotfladen gegessen.

Die Revolution ist der große Gärungsbeginn für die ganze Welt. Sie verwandelt das Gewöhnliche in das Neue. Zuerst reagiert man auf eine Revolution in der Kunst wie auf eine interessante Neuigkeit, wie auf eine Kuriosität, und glaubt, daß die Revolution irgendwo weit weg vor sich gegangen und hier alles wohlbehalten sei, man hier auch so weiterleben werde. Doch dann stellt es sich – je später, desto deutlicher – heraus, daß über der ganzen Welt derselbe Himmel ist und die klimatischen Verhältnisse der Welt miteinander verknüpft sind.

Das Wort ‹Klima› bedeutet im Griechischen Neigung, und die erste Bedeutung dieses Wortes ist der Winkel, unter dem gewöhnlich die Sonnenstrahlen auf die Erde einfallen. Deshalb neigt sich das Wort ‹Klima› auch zu dem Wort ‹Klimax› hin, es ist das Dahinsiechen, der

Gang den Berg hinab.

Der Westen fürchtete sich vor dem Klima der Revolution, weil er stolz auf sein Alter war.

Aber lassen wir die Wortspiele.

Was Ejzenštejn sah, hatte bereits Fedor Dostoevskij in seinen ‹Winterlichen Aufzeichnungen über sommerliche Eindrücke› vorausgesehen. In seinen ‹Aufzeichnungen› von 1862 zeigte sich Dostoevskij traurig und enttäuscht in den Westen verliebt.

Sergej Michajlovič reiste nach Paris; er sah die blaue, damals noch nicht verschmutzte Seine; an ihren Ufern standen wie früher ruhige Angler.

Auf der Uferstraße, jenseits der Brücke, die zum Quartier Latin gehört, handelten wie früher die Bouquinisten.

Im Quartier Latin lärmte wie früher die Jugend, die sich auf neuartige Weise begeisterte und entrüstete.

Wie früher rissen die Studenten bei den Universitätsunruhen die Tafeln von den Straßenbahnen – auf den Tafeln stand, wohin und durch welche Straßen die Straßenbahn fuhr. Mit den Tafeln kann man gut kämpfen.

Das waren noch die alten Zeiten, die Zeiten ohne Tränengas, ohne Schüsse auf den Straßen.

Die alte Welt war noch nicht vor Angst erbittert.

Sergej Michajlovič hielt an der Sorbonne einen Vortrag. Es ist eine berühmte, eine erfahrene alte Universität; wie oft war sie gealtert und wieder verjüngt.

Paris überwindet das Alter.

Hier stehen Bauwerke aus dem 17. Jahrhundert neben Häusern aus dem 18. Jahrhundert und aus unserem Jahrhundert.

Paris versteht es, seine Häuser und seine Bräuche nicht zu zerstören, es nimmt das Neue in der Geschichte in sich auf und montiert es in sich hinein. Es hat bereits die Autos in sich hineinkomponiert, sie fuhren damals noch nicht in Schwärmen, wohl aber schon in Ketten bis hinauf zum Triumphbogen.

Unter dem Triumphbogen zitterte bereits das brennende ewige Feuer über dem Grab des Unbekannten Soldaten. Schwarz vom Pariser Ruß hoben sich die Basreliefs mit der Darstellung der großen Revolution ab.

Wie früher spielten die Kinder im Jardin de Luxembourg, wie früher handelte man nachts in den Hallen mit Fleisch und Fisch und aß dort am Morgen die schmackhafte, aber teure Zwiebelsuppe. Es gab auch noch das Aushängeschild des Gasthauses mit dem einprägsamen Namen *Rauchender Hund*.

Die Sorbonne brodelte. Sie hielt sich für frei. Die Jugend hatte sich noch nicht von ihren Vätern, die die alte Demokratie durchgebracht hatten, losgesagt; es brannte das erste Feuer über dem Grab des Unbekannten

Soldaten. Noch wußte man nicht, daß auf den Feldern des Krieges erst die ersten Millionen in sinnlosen, unbegreiflichen Schlachten gefallen waren.

Sergej Michajlovič beschrieb Paris, er machte einen Abstecher nach Verdun, sah sich den Louvre und das Musée Cluny an.

Die Sorbonne veranstaltete eine Filmvorführung. Die Sorbonne hat das Recht auf geschlossene Vorstellungen. Auf irgend jemandes Wunsch, und nicht ohne Absicht, waren die Einladungen mit einer gewissen Nachlässigkeit verschickt worden. Eine dunkelblaue Eintrittskarte gelangte zum Polizeipräfekten.

Als Sergej Michajlovič den Saal der Sorbonne betrat, um an der Vorführung seiner Filme ‹Panzerkreuzer Potemkin› und ‹Das Alte und das Neue› teilzunehmen, erlebte der Saal ein unerwartetes Schauspiel.

Die Sorbonne hatte gerade deshalb das Recht, nichtzensierte Filme vorzuführen, weil sie über keinen Kinosaal verfügte und es nur geschlossene Vorführungen gab.

Da stand ein provisorischer Projektionsapparat, der ganz zufällig von der Straße auf seinen langen Beinen hereingekommen zu sein schien, doch neben dem Apparat saß ein Polizist und hielt den Apparat kräftig an einem Bein fest.

Die Vorstellung mit dem ‹Panzerkreuzer Potemkin› war verboten worden. Polizei hatte es schon ein Jahrhundert lang nicht mehr in der Sorbonne gegeben; jetzt war sie auf einmal da, und noch dazu in Uniform.

Das war ein Skandal von unglaublichem Ausmaß.

Eine Eintrittskarte für diese Vorführung war niemand anderem als Monsieur Chiappe, dem Chef der Pariser Polizei, zugeschickt worden. Der Herr Präfekt nahm erfreut diese Einladung als Zeichen dafür entgegen, daß die Filme ohne Erlaubnis vor einem Publikum gezeigt würden.

Das war Hinterlist, und sogar eine unfranzösische – eine zufällige Liebenswürdigkeit wurde in einen Vorwand für ein Verbot umgekehrt! Um die Sorbonne herum standen Polizeiabteilungen.

Mengen von Studenten und andere Jugendliche strömen in den Saal. Der Saal ist für tausend Personen gedacht, und es sind bereits dreitausend da. Sie sitzen in den Gängen auf dem Fußboden.

Da erhebt sich der Polizist in seiner weiten schwarzen Pelerine, in weißen Handschuhen; er wird bleich, wird rot, teilt aber deutlich das Verbot mit. Ein verfrühter, ein unnötiger Skandal: in diesem Falle wäre die Verschärfung der Lage gar nicht nötig gewesen.

Dann teilte Sergej Michajlovič mit, daß die Vorführung nicht stattfinden, er aber seinen Vortrag halten werde. Der Vortrag war jedoch nicht vorbereitet, deshalb entschloß sich der sowjetische Regisseur, auf alle beliebigen Fragen zu antworten.

Sergej Michajlovič konnte, soweit ich ihn kenne, ausgezeichnet vor jedem beliebigen Publikum auftreten und vortrefflich Rede und Antwort stehen. Er kannte nicht nur die französische Literatursprache, sondern auch die der Straße, und bei seiner Begabung und seinem Draufgängertum beherrschte er schnell den Pariser Jargon. Er beantwortete nicht so sehr die Fragen, sondern erzählte vielmehr von der neuen, revolutionären Kunst und wies darauf hin, daß man gerade hier, in dem freien Paris, das alle Epochen in sich aufgenommen habe, das die Errungenschaften der Welt nicht ablehne, daß man in diesem Paris, das sich für das Zentrum der Welt halte, einen Künstler beleidige und ihm den Mund verbiete.

Er sagte, daß der Film kein Mittel sei, um einen in Schlaf zu wiegen, daß ein Film nicht unbedingt einen glücklichen Ausgang zu haben brauche. Er erzählte, daß der Film ‹Panzerkreuzer Potemkin› in insgesamt nur drei Monaten hergestellt worden sei. Er erzählte von der ‹Generallinie›, von eben jenem Film, den er nicht zeigen konnte. Er erzählte vom ‹Oktober›, daß dieser Film auf dem Dreieck ‹er, sie und der Nebenbuhler› aufgebaut sei. Dieser Film sei beendet. Über ihn würden wir noch zu streiten haben.

Sergej Michajlovič beherrschte die Kunst der Replik. Als man ihn fragte: «Glauben Sie, daß die ‹Generallinie› von der Zensur verboten werden könnte?» antwortete er: «Einstweilen ist sie noch von der Polizei verboten worden», und fuhr weiter fort: «In der ‹Generallinie› wird die Arbeit der Bauern gezeigt, und die Zensur kann nur einige Meter herausschneiden.»

Man fragte ihn: «Wie ist Ihre Meinung über den Film ‹Die Drei im Keller›?»

Die ausweichende Antwort über diesen Film ist insgesamt dreizehn Zeilen lang.

Es sei mir an dieser Stelle erlaubt, mit einer gewissen Verspätung den Worten Ejzenštejns einige eigene nachzuschicken.

Es sind Worte eines persönlichen Streites, in dem es um die Vielfältigkeit der Wege geht.

Ich will davon erzählen, wie ich selber mit den Regisseuren Lev Kulešov und Abram Room gearbeitet habe.

Kulešov und die ‹Tret'ja Meščanskaja›

Ich werde ziemlich lange darüber sprechen; ich werde mit der Geschichte des Titels beginnen, denn ich selber habe das Drehbuch zu diesem Film geschrieben. Sein erster Titel war ‹Liebe zu dritt›; dann hieß er ‹Tret'ja Meščanskaja›, im Westen wurde er als ‹Die Drei im Keller› geführt.

Diesem Film ging Lev Kulešovs ‹Nach dem Gesetz› voraus, in dem es auch drei Haupthelden gab. Das Drehbuch hatten Kulešov und ich gemeinsam geschrieben.

Ejzenštejn hatte man gefragt:

«Gibt es in Rußland individualistische Schulen in der Filmkunst?»

«Nein.»

«Wie ist Ihre Meinung über den Film ‹Die Drei im Keller›?»

«Er ist seinem Sujet nach interessant. Bei uns gibt es viele Filme dieser Art, und wir brauchen sie sehr, weil in ihnen Probleme der Familienethik und andere Probleme, die alle bewegen, zur Sprache kommen. Das ist so etwas wie ein didaktisches Schauspiel, in dem die verschiedensten sittlichen Probleme erörtert werden. Ich will nicht sagen, daß alles, was ich Ihnen da über den Massenfilm sage, verbindlich wäre und daß dies das einzige Genre sei, das bei uns existieren sollte und könne» (Bd. I, S. 556).

Das Gespräch ging weiter – über den *Kinoglaz*, Chaplin und den Surrealismus.

Die ‹Didaktik› und die Probleme der Montage überkreuzen sich ...

Der Film ‹Die Drei im Keller› wurde von Abram Room nach meinem Drehbuch gedreht. Ich hatte eine Komsomolzen-Geschichte erfunden: Zwei Freunde waren die beiden Ehemänner einer Frau. Dabei ist natürlich nichts Gutes herausgekommen. Der Film ist erhalten geblieben und wirkt durchaus nicht alt, gleicht eher den späteren italienischen Filmen des Neorealismus. In ihm spielten Fogel, der junge Batalov und die Semenova mit.

Man kann die Handlung anhalten, den Zuschauer so an dem Helden interessieren, daß er das zu berücksichtigen beginnt, was man Psychologie nennt, indem er sich mit dem Helden identifiziert.

Die Handlung in dem Film ist gebremst. Es gibt nur eine Dekoration – ein sehr enges Zimmer. Der einzige Ausblick ins Freie: Moskau, gefilmt vom Giebeldach des Bolšoj-Theaters aus. Im Vordergrund die Quadriga der bronzenen Pferde, die das Giebeldach schmücken.

Auf diesen Film antwortete René Clair mit seinem Film ‹Unter den Dächern von Paris›.

Die Dächer wurden dem Keller gegenübergestellt.

In dem wunderschönen französischen Film wurde das Sujet an einem etwas exotischen Stoff entwickelt, der Welt der Banditen, der Rädelsführer, der umherziehenden Sänger und der Diebe.

In dem Moskauer Film wurde das moralische Problem unter den allergewöhnlichsten Menschen gelöst. Es gab da keinerlei Exotik.

In Deutschland lief der Film unter dem absichtlich erotischen Titel ‹Bett und Sofa›.

Der Verleiher wollte näher bei der Sache bleiben. Doch geht es bei diesem Film nicht allein um das Bett. Ich kann nur sagen, daß die Übersetzung von Stummfilmtiteln selten genau zu sein pflegt.

Die Probleme hinsichtlich des Schauspiels, der Handlung, der Montage, der Schere, mit der man eine gefilmte Szene zerschneidet, lösen nicht vollkommen das Problem der Kinematographie. Heute kann ich sagen, daß Ejzenštejns Verständnis der Filmkunst, gewiß ein großartiges Verständnis, nicht die ganze Kinematographie erfaßte.

Der Sujetfilm, der Film, in dem ein Schauspieler agiert und der Übergang von einem Zustand zum anderen dargestellt wird, ist geblieben. Und Sergej Michajlovič schätzte selber den großen Schauspieler Chaplin.

Ich habe diese Abschweifung nicht aus Eigenliebe gemacht, nicht um an meinen eigenen Erfolg zu erinnern, sondern um die Schwierigkeit eines jeden Weges zu zeigen.

Keiner der Wege der Kunst ist der einzig mögliche.

Die Zukunft ist schwer zu enträtseln.

Nur in der Satire, in der wir eine Utopie verlachen, sehen wir bisweilen die Zukunft voraus. Die Zukunft läßt sich dank ihrer Unwahrscheinlichkeit voraussagen, kommt gleichsam als Parodie zum Vorschein. In ‹Gullivers Reisen› von Jonathan Swift wird von der fliegenden Insel Laputa erzählt. Laputa, eine Insel mit einem Fundament aus Brillanten, kreist um die Erde. Das ist die erste Beschreibung eines Sputniks, allerdings hat dieser Sputnik keinen Motor, er bewegt sich dank irgendeines Magneten, der sich in der Erde dreht, doch er fliegt. Auf dieser Insel leben wunderliche Menschen im Überfluß. Diese wunderlichen Menschen parodieren die Ideen einer damaligen englischen königlichen Gesellschaft, das heißt der Akademie. Sie werden nur wie wunderliche Käuze dargestellt. Sie binden Sonnenenergie mittels Pflanzen, was gar nicht unsinnig ist. Wenn wir Kohle in einem Ofen im Hause verbrennen, gibt uns die Kohle jene Energie wieder, welche die in Kohle verwandelten Pflanzen von der Sonne angesammelt hatten. Das ist kein lächerlicher, sondern ein etwas verfrühter Gedanke.

In einem der Kapitel wird von Menschen erzählt, die eine neue Schule der Sprachwissenschaft gegründet haben. Sie beschlossen, daß «alle denkbaren Dinge nur Namen sind». Daher schlugen sie vor, die Wörter durch das Zeigen von Dingen zu ersetzen, was ziemlich interessant aussah. Jemand trug Dinge auf seinen Schultern und erzählte, indem er sie zeigte. Nach Swift hatte diese Entdeckung deshalb keinen Erfolg, weil die Frauen sich trotzdem zu unterhalten wünschten. Übrigens gibt es gerade in dem hieroglyphischen System der chinesischen Schrift noch den Nachhall dieses Zeigens. Dieses System kannte Sergej Michajlovič gut.

Der Film ist nicht verpflichtet, Dinge zu tragen, er zeigt Dinge. Der Film braucht keine Hieroglyphen zu schaffen, aber er ist auch nicht verpflichtet, sich immer auf Wörter zu stützen. Noch Aristoteles hat in seiner ‹Poetik› gesagt, daß die Umstände aus der Handlung der Helden deutlich werden sollten und daß die Wörter dem Ausdruck der Gedanken dienten.

Der Tonfilm ist zu einem Redefilm geworden, zu einem Film des ununterbrochenen Gesprächs. Alle Umstände werden erzählt, und leider oft in direkter Weise. Das ist auch der Grund für Sergej Michajlovičs unerwartet ironische Einschätzung des Tonfilms. Er antwortete einmal auf die Frage «Was soll man vom Tonfilm halten?» mit folgenden Worten: «Ich bin der Meinung, daß ein hundertprozentiger Tonfilm Unsinn ist, und glaube, daß darin alle mit mir übereinstimmen. Aber natürlich ist der Tonfilm sehr interessant, und er hat eine große Zukunft» (Bd. I, S. 553). Als eine gelungene Verwendung des Tons im Film nannte er Disneys Film ‹Micky Maus›.

Aber Micky Maus war, wie alle Mäuse, nicht gesprächig.

Der Film ‹Oktober› ist der Beginn einer Möglichkeit, mit Gegenständen zu denken, die die Beziehungen zwischen den Menschen wiedergeben. Diese Gegenstände haben einen bestimmten Aspekt, sie sind verständlich, weil sie die Beziehungen zwischen den Menschen darstellen, doch sie müssen bei ihrer Aufnahme nicht unbedingt übersetzbar sein in die Sprache der Wörter. Ihre Metasprache ist eine andere. Hier eile ich etwas voraus, zu meinen eigenen Arbeiten, die ich wahrscheinlich nicht mehr schreiben werde, da die Besuchszeit auf dieser Erde für alle begrenzt ist; ich will sagen, daß schon heute die Zeichen der Mathematik, ihr System der symbolischen Darstellung bei der Wahrnehmung nicht in eine Verbalsprache übersetzt werden und womöglich gar nicht übersetzt werden können. Das verbale System des Denkens ist nicht das einzige System. Die Skizzen Hogarths auf dem Gebiet der Stiche sind eine graphische Metasprache. Sergej Michajlovič hat dies später behandelt, hat den Knoten berührt und ihn nicht gelöst.

Pera Ataševa

Der Name dieser Frau lebt in Ejzenštejns gesamten Werken. Sie war Journalistin, davor Schauspielerin; ein Mensch von scharfem Verstand, unerschütterlichem Wort, ein kompromißloser Mensch. Sie arbeitete viel, verstand es zu streiten, und war natürlich nicht glücklich. Sie hatte mit Drehbuch- und Aufsatzentwürfen zu tun, mußte Zitate übersetzen und nachprüfen, auf Wiederholungen aufmerksam machen.

Sergej und Pera stritten auf den Čistye Prudy und in der engen Wohnung am Kropotkinschen Tor. Die Wände der Wohnung waren mit alten, von der Zeit nachgedunkelten Tapeten beklebt.

Die Wohnung Pera Ataševas war im Erdgeschoß, der Fußboden lag, soweit ich mich erinnere, etwas niedriger als das Pflaster im Hof. Man hatte oft das Erdreich an dem alten Haus aufgehäuft.

Das Haus war in Moskau hineingewachsen.

Die Wohnung war alt und nicht restauriert. Für eine Erneuerung des Lebens reichte die Zeit nicht.

Von hier aus fuhr Pera mit der Straßenbahnlinie A zu den Čistye Prudy. Es ist ganz nah.

Hierher kam auch regelmäßig Sergej Michajlovič. Hier führten sie Streitgespräche, einigten sich nicht, dachten gemeinsam nach, zankten sich, da zu einem Zank schon zwei Menschen genügen. Und in der Kunst ist er für die meisten notwendig.

Hier stritt und liebte man sich. Diese Liebe wurde von der Zeit, den Gedanken und der Arbeit einer Prüfung unterzogen.

Es sind viele Briefe an die Ataševa erhalten geblieben. Sergej Michajlovič schrieb ihr aus Moskau, aus Piter, aus Amerika und aus Mexiko. Als sie sich auf lange Zeit zerstritten hatten, machte er sich in seinem Tagebuch Notizen über sie, als schriebe er ihr Briefe.

Während der Dreharbeiten zur ‹Bežin-Wiese›, bei der Auswahl kirchlichen Geräts, erkrankte Sergej an den schwarzen Pocken. Das Virus der schwarzen Pocken kann sich über Jahrzehnte und vielleicht Jahrhunderte in den Sachen halten.

Durch einen alten Teppich war die Komissarževskaja erkrankt und gestorben.

Die ersten Krankheitstage Sergej Michajlovičs verliefen außergewöhnlich schwer. Man gab ihm durch ein kleines Fensterchen in der Tür zu essen.

Um ihn zu pflegen, kam Pera Ataševa zu ihm ins Krankenhaus. Sie pflegte ihn gesund und erkrankte nicht.

Bei den Dreharbeiten führte die Ataševa Streitgespräche mit Sergej Michajlovič. Sie war nicht mit Ržeševskijs Drehbuch einverstanden, sah die Veränderungen voraus und wie strittig diese Veränderungen sein würden.

Man kann sich im Streit sehr aufregen, wenn ein Mensch einen versteht, wenn er all das sagt, was man selber weiß, worüber man sich selber aber noch nicht vollkommen schlüssig geworden ist.

Die Ataševa stritt mit Sergej Michajlovič über Ivan den Schrecklichen. Sie stritt wie jemand, der dem anderen ebenbürtig ist. Sergej Michajlovič sagte ihr einmal:

«Wenn Sie filmen, dann machen Sie es meinetwegen so, aber ich sehe das anders.»

Sergej Michajlovič war oft in der armseligen dunklen Wohnung der Ataševa, immer kehrte er zu ihr zurück. Sie war sein Waffenträger, sein Sancho Pansa, aber ein gebildeter Sancho Pansa, der alle Ritterromane gelesen hatte, wenn auch auf eine andere Art als Don Quichotte.

In der Wohnung waren stets drei: Sergej Michajlovič, die Ataševa und Vera Julevna, ihre Mutter, eine eigentümliche Schwiegermutter, die den jungen Sergej Michajlovič sehr mochte. Sie bereitete ihm Piroggen zu, wickelte sie in Papier ein und deckte sie dann mit einem Kopfkissen zu, damit sie nicht kalt wurden.

Sie ging immer auf dem Gogol-Boulevard spazieren, vorbei an dem «Stelzfuß» genannten Café, vorbei an den kleinen Blockhäusern, den Tulpen und Rosen, die in Moskau gezüchtet wurden, vorbei an den alten Linden bis hin zum Gogol-Denkmal, dem alten Denkmal zu Ehren Gogols, der, von seinen Helden umgeben, unzufrieden ist und, in einen Mantel gehüllt, friert, zu dem Gogol, der an irgend etwas Besonderes denkt.

Die alte Frau setzte sich zu anderen alten Frauen auf die Bank und schaute auf Gogol. Sie dachte an Ejzenštejn: der schreibt anders und denkt anders.

Er sitzt weit von einem Tisch entfernt, ist stark nach vorne gebeugt, hat seine gebeugten Beine so gestellt, als wollte er aufspringen.

Mutter und Tochter redeten in der alten, dunklen Wohnung über Sergej Michajlovič, den weder sie noch wir verstehen konnten. Dieses fest aufgewickelte Knäuel wird auch dann nicht abgewickelt, wenn wir alle Briefe erhalten sollten.

Verhallt ist die gespannte, aber fröhliche Stimme Sergej Michajlovičs. Selbst in den heftigsten Streitgesprächen über das Schicksal der Kunst lächelte er fröhlich, doch keineswegs mit dem Gefühl der Überlegenheit, sondern mit dem Gefühl einer neuen Einsicht, die ihm gerade in diesem Augenblick gekommen ist und auch bis zu uns wie die Wellen des damals noch jungen Rundfunks vordringen würde.

Amerika kommt näher

Ejzenštejn erzählte. Aus den Wassern des Ozeans tauchten Säulen auf; sie standen in einer dünnen Reihe in den Wellen und wuchsen langsam immer höher und höher empor – zum Erstaunen geschaffen.

Das Dampfschiff fährt auf sie zu. Das Sehvermögen bestätigte es: die Säulen stehen auf dem Granitfundament einer Insel, wie Pferde inmitten einer Schafherde.

Die Erinnerung bestätigte es: die Insel hatte man bei den Indianern gegen Decken eingetauscht. Gegen zehn? Gegen zwölf?

Die Säulen zitterten in der Luft: die Stadt atmete die Hitze über dem Ozean.

Andrej Burov, der Architekt und Schöpfer neuer Materialien, erzählte, daß die amerikanischen Architekten ihre über die Straßenschluchten hinausragenden Wolkenkratzer eine ‹Architektur für die Engel› nennen: nur Engel könnten sie sehen.

Nein, auch die Passagiere auf den Dampfschiffen sehen sie, die sich der Neuen Welt mit der Last ihrer müden Hoffnungen nähern; die Piloten der Flugzeuge sehen sie, wenn sie vor der Landung noch eine weite Schleife ziehen.

Burov wunderte sich darüber, warum man immer, wenn man die Wolkenkratzer sieht, ihre Stockwerke zählen möchte.

Er zählte sie und reckte seinen Kopf immer höher. Sein Hut fiel zu Boden, der Boden war schwarz von den Auspuffgasen der Autos, und er hatte die Stockwerke noch immer nicht gezählt.

Die Höhe eines Stockwerks wird durch die Höhe des Fensters bestimmt, und die Maße des Fensters durch die Maße des Menschen.

Die von Menschenhand errichteten Gebäude sind ihm so sehr über den Kopf gewachsen, daß sie schon gar nicht mehr wie eine menschliche Wohnstatt aussehen, sie sind die müden Zeilen in riesigen Büchern.

Ich urteile nach Berichten über Amerika. Ich habe Amerika nicht gesehen, aber als alter Autofahrer kenne ich genau den Geruch der Autos. Sie haben die Luft unserer Erde verbraucht.

In Rom konnte man den schwarzen Staub der Autos sehen, der wie ein Heuschreckenschwarm über den Asphalt der Stadt flog.

Die Stadt schluckte krampfhaft und voll Widerwillen die Giftströme.

Die Straßen zogen sich zusammen; die Häuser wichen zur Seite und schürzten die Bürgersteige auf; die Plätze husteten.

Die Menschheit hat keine Zeit, darüber nachzudenken, wie sie lebt.

Die Autos kommen aus den Fabriken wie Fische in der Zeit des Laichens – ein silberner Strom, der dahinfließt und weder Winter noch Frühling, weder Sommer noch Herbst kennt.

In Italien rasen die Autos über Straßen, glatt wie Eis, und umfahren die erschreckten alten Städte, die auf die Berge hinaufgeklettert sind.

Ihnen entgegen kommen andere Autos; das Geräusch bei ihrer Begegnung gleicht dem Geräusch, das man beim Anstreichen eines Streichholzes hört; der Mensch rast dahin, ohne etwas zu sehen.

Er kommt an einen neuen Ort.

Er sieht, daß ihm bereits ein Wolkenkratzer entgegengeeilt kommt, und da schon ein anderer. Wie ein unregelmäßiger Staketenzaun steht die Stadt da.

Die Wolkenkratzer wuchern aus dem Körper der Stadt Paris hervor und bedrängen den Eiffelturm.

Vor Schmerz winden sich die Straßen unter den Autos, verflechten sich zu den Schleifen der Viadukte, sind in verschiedenen Höhen angeordnet, die eine taucht unter die andere.

Berge werden von den Autos durchbohrt, durchschossen.

In Turin ist die kühle Schneewand der Alpen zu sehen: ein zerbrochenes Stück ist daran angedrückt.

Der Regenbogen ist hier nicht mehr siebenfarbig: er ist gelb wie Urin, aus Kohlenoxyd.

Wie Schriftstücke in einer Kopierpresse, so sind die Menschen in Schichten aufeinander- und zusammengepreßt.

Sergej Michajlovič war ein Mensch, der fähig war, die Zukunft freudig aufzunehmen. Er schrieb in seinem Aufsatz ‹Wir und sie› den Eindruck nieder, den der knurrende Strom der von den Straßen zusammengedrängten Autos auf ihn gemacht hat.

Griffith

Hier sah der Junge aus Riga, der Student aus Petersburg, der Regisseur aus Moskau, der Sowjetmensch seinen Vorläufer, seinen Lehrer – einen Amerikaner.

Einen Menschen, den er verstand und wissenschaftlich interpretierte, dem er überlegen war, mit dem er sich jetzt nicht zu treffen beabsichtigte, weil es Nacht war und selbst die Autos schnarchten, die selten nach den bitteren Stücken eines abgerissenen Hurrikans aufstießen.

«Griffith . . . Erste Begegnung mit dem Klassiker des Films. Die ‹Einstellung› schien aus einem frühen Film von ihm herausgeschnitten zu sein. Fünf, sechs Uhr morgens. Ich komme ins Hotel zurück nach einer Nacht voller Eindrücke über das Negerviertel New Yorks, Haarlem.

Das Hotel auf dem Broadway. Direkt im Zentrum von New York. Den Tag, die Nacht, den Morgen, den Mittag, den Abend des Broadway – das ist es, was ich sehen, hören, aufnehmen, in mein Gedächtnis einprägen wollte. Deshalb wählte ich das Hotel auf dem Broadway, an der lautesten Stelle von New York, ein Hotel, das alle Charakterzüge eben gerade eines amerikanischen Hotels bewahrt hatte, im Unterschied zu den Hotels *Ritz*, die in jeder beliebigen Stadt Europas oder in jeder beliebigen Großstadt Amerikas gleichermaßen unpersönlich sind. Genau hier fand auch die Begegnung mit Griffith statt, der dreißig Jahre lang einer einmal auserwählten Wohnung die Treue bewahrt hat.

Also, es ist fünf oder sechs Uhr morgens. Graue Morgendämmerung über dem Broadway. Metalltonnen mit Müll. Die Straßen werden gekehrt. Die riesige, leere Halle. Im Morgenlicht scheint es, als gäbe es keine Fenster und als flösse der leere Broadway in das schlaftrunkene Hotel hinein. Auf den Kopf gestellte Sessel. Zusammengerollte Teppiche. Es wird saubergemacht. In der Tiefe der Halle verliert sich der Portier mit den Schlüsseln. In seiner Nähe eine Gestalt in Grau. Graue Bartstoppeln treten auf der grauen Haut des Gesichtes hervor. Der graue Blick heller Augen. Stechend. Unbeweglich auf einen Punkt gerichtet: zwischen den umgestülpten Sesseln und den zusammengerollten Teppichen eine Tragbahre. Auf den nackten Fliesen zwei Sanitäter. Hinter ihnen ein Polizist. Auf der Tragbahre ein blutüberströmter Mensch. Ein Verband. Blut. Daneben wird Staub von den Palmen gewischt. Unter den Fenstern kehrt man Berge von Papier aus. Irgendwo hat es eine Messerstecherei gegeben. Diesen Menschen hatte man in das Hotel getragen. Man verband ihn. Trug ihn hinaus. Die graue Straße. Graue Menschen. Und der graue Mensch in der Tiefe. Wie viele Male hat nicht er, Griffith, vor unseren Augen ähnliche Szenen des amerikanischen Banditenwesens neu geschaffen . . . Es scheint, als ob man das alles auf der Leinwand sähe: die Farbe ist verschwunden – nur eine Tonleiter grauer Töne von weißen Flecken Papier auf der Straße bis zu der fast vollkommenen Dunkelheit dort, wo die Treppen des Hotels nach oben führen.

Nach den Fotografien erkennen wir uns sofort. Wir machen uns miteinander bekannt. Ich drücke dem Schöpfer bemerkenswerter Filme die Hand. Doch ihr Autor will nicht von ihnen sprechen: ‹Die Hälfte meiner Filme ist trash› (Trödelkram, wie wir sagen würden). ‹Ich habe sie gemacht, um Geld für eine Produktion zu haben, um die Verluste meiner Lieblingsfilme zu decken oder die Möglichkeit zu haben, etwas nach meinem Geschmack herauszubringen . . . Die ersten brachten Haufen von Gold – die zweiten waren reine Verluste . . .›

Verlustbringend waren die ‹*Zerbrochene Lilie*› und andere Filme, an die Griffith mit ganzer Seele zurückdenkt . . . Und auch heute noch . . .

trägt er sich mit dem Gedanken, einen Film über die Korruption zur Zeit der Prohibition zu drehen. ‹Ich suche Geld. Niemand will ein solches Thema finanzieren. Doch es gelingt mir vielleicht, eine reiche Witwe dazu zu bringen. Seit zwei Wochen kümmere ich mich nun schon darum . . .›

Ein bemerkenswerter Meister. Einer der Begründer des Films, ein Mensch, der bei dieser Arbeit grau geworden ist. Ein alter Mann. Und er ist darauf angewiesen, hinter reichen Närrinnen herzulaufen und dabei Tage und Wochen für Verabredungen, Demütigungen und Erfindergeist zu vergeuden, genauso wie ein junger Debütant es machen muß, dessen Namen niemand kennt und dessen Werken man noch nicht an allen Enden der Welt, wie den Filmen Griffiths, applaudiert hat! Am Ende scheint die Närrin doch nicht einverstanden gewesen zu sein . . . Der Film wurde nicht herausgebracht, und die Leinwände haben schon lange nicht mehr den Namen Griffiths gesehen» (Bd. V, S. 411–412).

Empfang in Los Angeles

Sergej Michajlovič hatte vor seiner Reise nach Amerika Chaplin nur aus Filmen gekannt; in Moskau war er mit Mary Pickford und Douglas Fairbanks zusammengetroffen.

Douglas traf Ejzenštejn noch in New York wieder. Damals war Amerika trocken, Spirituosen waren überhaupt verboten. Das war eine wunderbare Zeit für Gauner, die Wein teuer verkauften.

Douglas Fairbanks wollte Sergej Michajlovič auf höchstem Niveau empfangen und verwöhnte ihn mit allen möglichen Weinsorten.

Ejzenštejn antwortete, daß er bei der Einreise nach Amerika die schriftliche Verpflichtung abgegeben habe, die im Lande herrschenden Gesetze nicht zu übertreten und nicht zu untergraben; Wein und Wodka waren verboten. Und er wolle das amerikanische Gesetz nicht einmal in diesem Punkt übertreten.

Der Antitoast hatte Erfolg.

Aber Douglas sagte:

«Wir werden uns in Los Angeles wieder sprechen. Charlie erwartet Sie. Der Film erwartet Sie in seiner Hauptstadt.»

Der Zug durchquerte auf seiner Reise in die Hauptstadt des Films, an sandigen Ebenen und roten flachen Hügeln vorüberfahrend, in vier Tagen und vier Nächten den Kontinent. Im Zug las Sergej Michajlovič wie immer.

Unsere Filmschaffenden gingen nach ihrer Ankunft in Los Angeles zu einem Empfang der United Artists. Dies war das Unternehmen, das Douglas zusammen mit Mary Pickford gegründet hatte: an dem Empfang nahm Mary nicht teil, er war ihr zu extravagant . . .

Man führte die Gäste in ein gigantisches Arbeitszimmer. Entlang der Wand erstreckte sich ein unvorstellbarer Schreibtisch. Ihn konnte man nur mit den Diwanen des Schlosses von Carskoe Selo vergleichen, die für die dreifache Länge des hochgewachsenen Aleksandr III. gedacht waren. Auf Douglas' Tisch lagen Haufen von Zeichnungen, Berge von Fotografien, aus denen zwei Panther hervorragten, die aus rosafarbener Bronze gegossen waren. Auf die Bronze fiel die Sonne, die Panther funkelten reklamehaft.

Niemand war da.

Ejzenštejn begriff, daß eine Attraktion vorbereitet wurde.

Links war eine kleine Tür, und sie wurde geöffnet. Die Gäste traten ein und erblickten etwas, was dem Umkleideraum der Sandunovskie-Bäder ähnlich war. Es war ein Gästezimmer, mit sorgfältiger östlicher Pracht ausgestattet. In der Mitte saß auf einem scharlachroten Puff der fast nackte, rosige Fairbanks. Um ihn herum gruppierten sich in Frottierhandtüchern Direktoren von Filmtheatern, Vorsitzende von Konzernen und Schauspieler.

Chaplin war noch nicht da.

Man hatte sich die Hände geschüttelt, aber offenbar sollte noch eine Attraktion folgen. Und plötzlich wurde mit Gepolter eine Tür im Hintergrund des Zimmers geöffnet. Wie Gott Zebaoth erschien in einem Haufen von Wolken eine schwarzhaarige, in Weiß drapierte schlanke Gestalt.

Sie ähnelte Chaplin, und sie ähnelte ihm auch nicht.

Die Filmschaffenden wußten, daß Chaplin schon längst ergraut war. Aber nun hatte er sich für die Dreharbeiten zu dem Film ‹Lichter der Großstadt› die Haare gefärbt.

Schwarze Badegehilfen, die hinter Chaplin aufgetaucht waren, verkündeten laut:

«Charles Spencer Chaplin.»

Chaplin begann ein Lied anzustimmen: «Heida, Troika, flockiger Schnee.»

Einer der Produzenten erklärte, Charlie sei ein Jahr lang mit Pola Negri befreundet gewesen, und jetzt glaube er, daß er die russische Sprache beherrsche.

Schauspieler können auf viele Rollen zurückblicken: sie spielen oft im Leben, manchmal schlecht, manchmal hervorragend. Sie spielen so viel, daß sie es nicht schaffen, für sich selber zu leben und zurückzuschauen.

Mit dieser feierlichen bouffonartigen Begegnung, mit der Demonstration der kaufmännischen Pracht dieses Empfanges begann die Freundschaft zwischen zwei wahrhaft berühmten und klugen Menschen: Charlie Chaplin, dem Jungen aus den Armenvierteln von London, und Sergej Ejzenštejn, dem Jungen aus Riga.

Da standen sie einander gegenüber: zwei erstaunliche Menschen mit entgegengesetztem Schicksal, mit verschiedenartiger Genialität, von unterschiedlicher Herkunft.

Chaplin war neun Jahre älter als Ejzenštejn. Chaplin war arm geboren worden und hatte das Elend und die Heime kennengelernt. Er stieg sein ganzes Leben lang auf, beharrlich und schnell.

Er hatte gelernt, doch wußte er wenig. Genauer: Er wußte viel, aber er konnte die Einzelheiten seines Wissens nicht miteinander verbinden.

In seinen Memoiren schrieb Chaplin ironisch:

«Es gibt Menschen, die zu der Bruderschaft jener gehören, die den leidenschaftlichen Wunsch nach Wissen verspüren. Auch ich gehörte dazu, doch waren meine Motive nicht ganz rein. Ich wünschte mir, ebensoviel zu wissen wie meine Mitmenschen, doch nicht, weil ich mich nach Wissen sehnte, sondern um mich gegen die Verachtung wehren zu können, welche die Welt dem Ignoranten und dem Ungebildeten zeigt. Deshalb fing ich nun an, während meiner Freizeit in den Buchantiquariaten herumzustöbern.»*

Er lernte aus Büchern. Er wußte alles aus fremder Hand. Vielleicht kannte er die Bibel am besten, weil die Bibel zum Waisenhaus gehörte wie das tägliche Brot. Er wußte von der Grausamkeit des Alten Testaments. Er bemühte sich, alle drei Bände Schopenhauer zu lesen, aber im Laufe von vierzig Jahren schaffte er dies nicht.

Er las Whitman, der ihm nicht gefiel und nicht gefallen konnte: Whitman ist in einem anderen Amerika geboren und aufgewachsen. Er war fröhlich, aber auf traurige Art fröhlich. Was ich über Chaplin sage, ist Vergangenheit. Heute lebt er an der Grenze mehrerer Schweizer Kantone und blättert das Buch des Lebens bis zu Ende durch. In einem merkwürdigen Zwischenreich. Er lebt wie ein König in der Verbannung aus zwei Ländern: Großbritannien und den USA.

Er ist glücklicher als König Lear, ihm konnte man nicht die Diener nehmen: weder die Ritter noch das Geld.

Er blickte mit großen menschlichen Augen in den Zuschauersaal. Er las in seinen Zuschauern, stellte aus diesen Buchstaben Wörter zusammen, aus den Wörtern stellte er ein Buch zusammen, und das Buch hat er allein geschrieben. Die letzten Seiten sind unerwartet traditionell.

* Dt. Übersetzung zit. nach Charles Chaplin: ‹Die Geschichten meines Lebens›, a. a. O., S. 125 (Anm. d. Ü.)

Um die Zeit, als Ejzenštejn mit Chaplin zusammentraf, im Jahre 1930, hatte Chaplin bereits ‹A Woman of Paris›, ‹Goldrausch› und ‹Circus› gedreht. Er war auf dem Höhepunkt seiner Genialität, davor hatte er den Streifen ‹Der Pilger› und eine Menge anderer unwahrscheinlich komischer Abenteuer gedreht. Ejzenštejn hatte den ‹Streik›, den ‹Panzerkreuzer Potemkin›, die ‹Generallinie› und den ‹Oktober› gefilmt. Beide kannten einander, beide hielten einander für Höhepunkte ihrer Zeit, beide waren rasend in den Kinematographen verliebt.

Griffith, der noch lebte und von einem Gegensatz zum anderen wechselte, hatte den Film ‹Unduldsamkeit› gemacht.

Die Szenen darin behandeln die verschiedenen Zyklen des menschlichen Lebens, und sie sind durch das Bild einer Wiege mit Kind, vor der die Mutter sitzt, miteinander verknüpft. Das ist den Gedichten Whitmans entnommen und soll bedeuten, daß die Generationen ohne Widersprüche aufeinanderfolgen.

Die Generation, zu der Ejzenštejn und Chaplin gehörten, wurde abgelöst, jene Generation, welche die große Kunst des sogenannten ‹Stummfilms› begonnen und zu Ende geführt hat, eine Generation, die das Sujet, die Semantik und die Syntax dieser Kunst geschaffen und ihre eigenen großen Schauspieler hervorgebracht hat.

Ejzenštejn und Chaplin haben auf verschiedene Art ein neues Territorium beschritten. Beide wollten nicht das Zeigen durch das Erzählen ersetzen.

Sie sahen auf verschiedene Art den Widerspruch zwischen Wort und Tat.

Chaplin in Großaufnahme

Chaplin zu Hause; Chaplin ohne Schminke; Chaplin, gesehen von nebenan, überraschte Ejzenštejn durch sein Äußeres.

Wir alle kannten Chaplin so, wie er sich selbst auf der Leinwand zeigen wollte: als melancholischen Menschen, als einen kleinen, sackartig gekleideten Menschen mit kraftlosem Gang.

Irgendwann hatte er sein Kostüm zusammengesammelt, er hatte es buchstäblich zusammengesammelt und es sich nicht ausgedacht. Er fand es auf den Märkten für gebrauchte Kleider unter Sachen, die aus der Mode gekommen waren. Der Held konnte nicht das kaufen, was ihm gefiel, sondern das, was er zu kaufen in der Lage war.

Nicht alle hatten in der alten Zeit das Recht auf Auswahl.

Ich hatte einen Freund, einen Künstler, der heute verstorben ist. Er war bekannt und ist im Gedächtnis der Menschen berühmt geblieben.

Er kam einmal zu mir und sagte:

«Ich brauche Schuhe.»

Ich hatte Soldatenschuhe und noch irgendwelche anderen.

Ich fragte den Freund: Was für Schuhe brauchst du, welche Schuhgröße hast du?

Er antwortete traurig:

«Mein Fuß richtet sich nach dem Schuh.»

Wir trugen Schuhe, die nicht paßten, wir bemühten uns, Schuhe zu bekommen, die größer als unsere Füße waren. Wir trugen Hosen ohne Anprobe, und unsere Beine richteten sich nach den Hosen. Dem Helden, den Dickens in seinem ‹David Copperfield› beschrieben hat, waren die Hosen zu kurz, immer zu kurz, allzu kurz.

Chaplins Hosen waren immer zu lang. Dies sind zwei Wege, Hosen zu tragen.

Der dritte ist schwer zu machen: er erfordert die Anprobe.

Chaplin trug auf der Leinwand eine Melone: Melonen waren damals schon aus der Mode gekommen, sie konnte man am leichtesten kaufen, man pflegte sie abzutragen, kaufte sich aber keine neuen; in Odessa geriet ich einmal in ein Bad, in eine geräumige Dampfbadabteilung; auf den oberen Pritschen brachte man sich ins Schwitzen und trug dabei eine Melone auf dem Kopf.

Die Melone ist eine sehr bequeme Sache für die Dampfbadabteilung: sie ist tragbar, und über dem Kopf ist ein Raum, der vor einer direkten Einwirkung des Dampfes schützt. Aber sie war keine Kopfbedeckung mehr, die man beim Schlendern durch die Straßen trug.

Chaplin hatte ein Spazierstöckchen in der Hand: ohne Spazierstöckchen kann man auch leben, besonders im Spielalter des Leinwand-Chaplin. Sein Spazierstöckchen ist etwas Überflüssiges, fast Luxus.

In Dostoevskijs ‹Totenhaus› gibt es einen Sträfling, der als Ausdruck seiner Freude, daß unter den Theaterhosen seine Sträflingsketten nicht sichtbar waren, da er einen Herrn spielte, eilig irgendwelche Monogramme auf den Boden zeichnet. Ich führe hier das Zitat aus Dostoevskij an:

«. . . Necvetaev hatte allen versichert, daß er mit einem Spazierstöckchen erscheinen und genau so mit diesem schwingen und auf dem Erdboden Figuren zeichnen würde, wie ein wirklicher Herr und ein erstklassiger Stutzer, was selbst Vanka Otpetyj nicht darstellen könne, da er wirkliche Herren noch nie gesehen habe. Und in der Tat, als Necvetaev mit seiner Gutsherrin vor dem Publikum erschien, tat er nichts anderes, als daß er schnell und behende mit dem feinen Rohrstöckchen, das er sich Gott weiß woher beschafft hatte, etwas auf dem

Erdboden zeichnete, da er darin offenbar alle Anzeichen der höchsten Vornehmheit, der äußersten Stutzerhaftigkeit und des feinsten Schicks sah. Offenbar hatte er einmal in seiner Kindheit, als er noch ein barfüßiger Junge aus dem Gesinde war, einen gutgekleideten Herrn mit einem Spazierstöckchen gesehen und sich von seiner Geschicklichkeit, mit dem Stöckchen zu spielen, so fesseln lassen, daß dieser Eindruck sich für immer und unauslöschlich in seine Seele eingegraben hatte, so daß er heute, im Alter von dreißig Jahren, sich zur Fesselung und Bezauberung des gesamten Gefängnisses noch ganz daran erinnerte, wie es gewesen war.»

Ein solcher stutzerhafter Sträfling sollte Chaplin ursprünglich werden. Dann löste sich sein Kostüm von der Gegenwart, wurde zum Zeichen und zur Hülle der Erfolglosigkeit, zum Zeichen des Traurig-Komischen.

Sein Kostüm wurde ‹chaplinisch›: seine Melone, seine Hosen, seine Schuhe – all das ist das Kostüm eines Clowns.

Doch nicht nur das eines Clowns.

Die Kleidungsstücke waren verständlich und einzeln fixierbar wie ein Königsmantel und eine Königskrone.

Chaplin hatte die einzige Krone und den einzigen Mantel des Elends auf der Welt.

Dennoch ist die Chaplin-Melone bequemer zu tragen als die Ketten des Sträflings in Dostoevskijs ‹Totenhaus›.

Alles verändert sich in dieser traurigen Welt.

Chaplin wurde reich. Jeder seiner Filme ist, wie der ausgezeichnete Historiker des Films, Jerzy Toeplitz, behauptet – ich führe höchst erstaunt diese Zahl an –, von 300 Millionen Menschen gesehen worden.

Er filmte auch mit Melone, als er in Alaska die Zeit des Goldrausches zeigte.

Er wurde so reich, daß er in seinem Palais ein Bassin in Form seiner Melone baute und darin badete.

Dies war die dritte Verwandlung der Melone.

Zu Hause war Chaplin stark, gesammelt, und er bewegte sich geschickt. Auf der Leinwand war Chaplin der Charlie, der aus der Welt der Pechvögel zusammenmontiert war.

Zu Hause sah er wie ein Mensch aus, der vor Gesundheit strotzte, ein Wolf. Er war voll Ungestüm, auf der Hut, verwegen, neugierig.

Damals, im Jahre 1930, liebte er unser Land.

Die Amerikaner erinnerten Sergej Michajlovič sofort irgendwie an die Bekannten seines Vaters, seiner frühen Jugend; aber die Amerikaner waren zupackender, energischer. Er war gegen sie auf der Hut. Der Abstand, der zwischen ihnen und ihm bestand, war in den Gesprächen mit Chaplin nicht spürbar, weil Chaplin für sich selber noch nichts entschieden hatte. Nicht der reiche Chaplin, sondern der Studio-Chaplin, der Künstler, kannte die Bitternis der Lichter der Großstadt, die Eitelkeit der Liebe des Leinwand-Chaplin, die Eitelkeit der Freundschaft der Millionäre. Ein Millionär, dem die Frau davongelaufen war, wollte ins Wasser gehen. Chaplin, der Leinwand-Chaplin, rettete ihn und wurde zum Freund des betrunkenen Millionärs; der nüchterne Millionär erkannte ihn nicht mehr; betrunken war er ein Humanist, der dem Retter dankbar war.

In ‹Lichter der Großstadt› teilte sich Chaplin in einen armen Chaplin und einen reichen Chaplin auf. Der arme Chaplin war der innere Chaplin, das Genie Chaplin.

Charlie hat niemals seine Kindheit vergessen und zeigte in ‹The Kid›, dem Film, den er mit Jackie Coogan drehte, jene Kammer wieder, in der die Brüder Chaplin zusammen mit ihrer von Elend und Hunger verrückt gewordenen Mutter gewohnt hatten.

Der reiche Chaplin war ständig von schönen Frauen umgeben, aber sie verließen ihn, führten mit ihm Prozesse, denunzierten ihn. Chaplins Liebesgeschichten endeten stets mit einer Gerichtsverhandlung oder einer gerichtlichen Klage, obgleich er ein schöner Mann war, anziehend und anhänglich.

Sergej Ejzenštejn war in seiner Jugend lange auf den vollgestopften Waggons des Bürgerkriegs gefahren. Er hatte seine erste erfolglose Liebe erlebt. Darüber hatte er seiner Mutter mit trauriger Ironie und Prophetie geschrieben.

Die Liebe Chaplins – eines Menschen, der so viel geliebt hat – war auch unglücklich. Die ‹Lichter der Großstadt› behandeln die Liebe zwischen einem Landstreicher und einem blinden Mädchen. Die Blinde hielt den Landstreicher für einen Reichen. Der Reiche sah die Blinde, er hatte Mitleid mit ihr, er machte ihr Geschenke, er richtete ihr ein Leben ein, er heilte sie sogar. Ganz am Schluß erkannte sie ihn an seiner Hand wieder. Sie führte einen Blumenladen, den sie mit Charlies Geld eröffnet hatte. Sie reichte dem Habenichts zuerst eine Blume, dann gab sie ihm ein Almosen. Sie berührte seine Hand und erkannte diese Hand.

Hiermit endete der Film; das Erkennen war gleichzeitig die Trennung. Chaplin erlebte in dieser Zeit in seinem wohlhabenden Haus merkwürdige Träume und verwirklichte sie. Er sah das im Wohlstand lebende Amerika wie eine Statue vor ihrer Einweihung, mit einer Leinwand verhüllt. Ein Landstreicher, der kein Dach über dem Kopf hat, ist unter die Leinwand gekrochen, hat sich auf die Knie dieser steinernen Frau gelegt und ist eingeschlafen. Am Morgen fand die Einweihung statt. Es spielte ein Orchester, die Hülle fiel, der Landstreicher stand auf und lüftete zerstreut, weil er glaubte, man begrüße ihn, seine Melone. Der Habenichts grüßte den Feiertag des Wohlstandes Amerikas.

Das war erstaunlich. Doch viele in Amerika wollten nicht mehr in Erstaunen versetzt werden.

Die Welt hatte sich verändert. Amerika wollte seine Pechvögel nicht mehr sehen.

Der Film hatte sich verändert: Er hatte zu sprechen begonnen.

Das wohlhabende Amerika wollte, daß Chaplin auf der Leinwand etwas sage, womit die Mehrheit einverstanden war, und die Mehrheit wünschte wohlhabend zu sein oder wohlhabend auszusehen.

Erste Runde – ‹Sutters Gold›
Ort der Handlung: Hollywood

Sergej Michajlovič hatte in Amerika geglaubt, daß er wenigstens einen Film nach einem vorgegebenen Sujet drehen mußte. Doch die Realisierung des Sujets, glaubte er, würde ihm überlassen bleiben.

Das erste Thema, das Ejzenštejn vorgeschlagen wurde, war Anfang und Ende der Karriere John Sutters.

Das Thema war interessant, aber Sergej Michajlovič sah in ihm das sehr frühe Entstehen der amerikanischen Konflikte.

Amerika zertrat, indem es Gold gewann, das Getreide.

Amerika verletzte – im Namen eines neuen Reichtums – die Rechte des ersten Erwerbers: diese Moral war nicht nur zweifelhaft, sondern auch tragisch inkonsequent.

War es da eine Überraschung, daß ein Mensch aus dem Sowjetlande Amerika auf seine Weise sah.

Montagu hat einmal gesagt, daß Ejzenštejn eine Falle gestellt worden sei. Die Firma, bei der er einen Vertrag unterschrieben hatte, wollte nicht, daß er den Film drehte, sie wollte ihn kompromittieren, sie vernichtete einen großen Ideologen des Kommunismus; dafür konnte dem Fremden eine Zeitlang ein Gehalt gezahlt werden. Sie konnten noch, wenn auch mit nur schwerer Mühe, den ‹Panzerkreuzer Potemkin› ertragen, weil darin die Revolution sich gegen den Zaren gerichtet und Amerika sein selbständiges Leben durch einen Krieg gegen einen König begonnen hatte. Das war noch erträglich. Doch Ejzenštejn bereitete sich nun darauf vor, einen Film über Sutter zu machen . . .

John Sutter wurde 1803 geboren, 1838 gründete er eine Kolonie in Kalifornien. Die Kolonie blühte auf. In der Nähe wurde 1848 Gold gefunden. Es kamen Massen von Goldsuchern, gruben die Felder um, errichteten Städte. Die blühenden Güter des Kapitäns Sutter wurden zertrampelt. Das Fieber lockte im Jahre 1848 Hunderttausende von Menschen, die nach dem goldenen Metall suchten, nach Kalifornien. Von dieser Geschichte handelt ein Roman von Blaise Cendrars. Der Roman hieß dann auch ‹Gold›.

«Unwillkürlich scheint es einem, als schwanke die Erde unter den Füßen, als öffne sich ihr Schoß und als kämen durch ihre schmutzig-braune, mit Grasbüscheln bewachsene Oberfläche plötzlich Millionen um Millionen kaum wahrnehmbarer Goldsandkörnchen zum Vorschein – Gold!

Leicht kann man sich die Menschen vorstellen, die sich der Länge nach auf diese Erde werfen, die Menschen, die sie in ihre Arme zu schließen suchen, die Menschen, die von dieser Berührung mit dem unter ihren Stiefelsohlen ausgestreuten Reichtum berauscht sind, die Menschen, die bereit sind, jeden Besitzer eines Fußes zu töten, der es wagte, dieses mit einer trüben Erdhülle bedeckte Goldmeer zu betreten, die Menschen, die bereit sind, diese unmoralische und unzüchtig reiche Erde in dem heißen Blut jedes beliebigen Rivalen zu waschen, der versucht hat, sich die für das Auge unsichtbar verstreuten Goldkörnchen anzueignen . . .

Die Füße von Tausenden solcher Wahnsinnigen zerstampfen die Erde Sutters, Tausende von Händen trennen und reißen sie auf, Tausende von Zähnen der von allen Enden der Welt herbeigeeilten Menschen sind bereit, sich an der Gurgel des anderen für jedes beliebige Fleckchen dieser Erde festzubeißen, die in ihrem Schoß eine so merkwürdige Ernte blassen gelben Metalls trägt.

Das blühende Paradies der kalifornischen Gärten und Äcker Kapitän Sutters ist von den schmutzigen Horden Goldgieriger überschwemmt und überrannt. Und Sutter ist ruiniert» (Bd. I, S. 530).

Sutter beginnt den Kampf, einen gerichtlichen Kampf. Er gewinnt ihn sogar. Nach dem Richterspruch erhält er Kalifornien zurück. Aber er kann nicht gegen Hunderttausende von Menschen kämpfen. Sutter hat Wahnvorstellungen. Er kann nicht kämpfen, weil die ganze Welt sich verändert hat, jene Welt, in der Hollywood liegt. Verändert hat sich San Francisco.

Es hatte hier einmal eine kleine Mission des Heiligen Franziskus gegeben. An dieser Stelle war die Stadt San Francisco emporgewachsen. Die Goldsucher kamen auf Schiffen, auf Lastkähnen. Die Mannschaften gingen an Land und wurden zu Goldsuchern. Die Buchten erstickten an der Übermenge von Schiffen, die wie Heringe im Netz zusammengedrängt waren. Die Schiffe gingen vor Anker und blieben für immer in den Buchten liegen. Der Raum zwischen den Schiffen wurde mit Stegen verbunden und später mit Sand zugeschüttet. Auf den Decks wuchsen Hütten empor, erst ein Geschoß hoch, dann zwei, dann drei. Die

Laderäume wurden zu Kellern. Die Decks wuchsen miteinander zu Straßen und Gassen zusammen. Die Erde verschlang die Buchten.

Die Rechtsanwälte der 50er Jahre führten ihre Prozesse in langen Gehröcken. Es findet ein unausrottbarer, unerhörter Kampf statt, der Kampf einer Stadt gegen einen einzelnen Menschen. Sutter gewinnt den Prozeß und verliert ihn.

Das Drehbuch war ausgezeichnet geschrieben. Sergej Michajlovič hatte mit scharfem Blick das Material studiert, Daguerreotypien und Kostüme durchgesehen und den tiefen Sinn dieser Geschichte begriffen.

Sutter war nach den Gesetzen seines Landes sowohl im Recht als auch im Unrecht, weil er eine Kolonie gegründet, Mühlen errichtet, Weizen ausgesät und Urkunden über den Landbesitz erhalten hatte. Die Tatsache, daß sich unter dieser Erde Gold befand, hebt das Gesetz nicht auf, weil es in Amerika kein Gesetz darüber gibt, daß das Innere der Erde dem Staat gehört. Doch die juristischen Gesetze und die ungeschriebenen Gesetze des Lebens selbst stimmen in Amerika nicht überein. Die juristischen Gesetze konnten Sutter nicht schützen. Schließlich hatte auch ganz Südamerika, wenn auch nicht in so kurzer Zeit, ein ähnliches Schicksal erlitten.

Die Pläne der Filmgesellschaft bestanden darin, Ejzenštejn aus unserer Mitte herauszureißen, ihn den amerikanischen Gesetzen zu unterwerfen oder ihm die Arbeitsmöglichkeiten zu nehmen. Das wurde erreicht. Ich glaube, daß die Leiter der Gesellschaft, einschließlich Chaplin, begriffen hatten, daß das Drehbuch hervorragend war; es wurde unbezahlt beiseite gelegt, und es liegt in Amerika. Man hätte selbst in jenen Zeiten auch vom amerikanischen Standpunkt aus ein Honorar bezahlen können. Man hätte den Vertrag erfüllen müssen. Doch man bot Ejzenštejn ein anderes Thema an – die Verfilmung des Romans ‹Eine amerikanische Tragödie› von Dreiser.

Es wurde immer offensichtlicher, daß die neuen Elemente, die von Ejzenštejn in die amerikanischen Drehbücher hineingetragen wurden, ihren Inhalt veränderten.

Chaplin schrieb in seiner Biographie folgendes über den Zusammenstoß zwischen Ejzenštejn und den Produzenten. Vor diesem Zitat möchte ich noch eine Anmerkung machen: Der Film ‹Oktober› hieß in Amerika ‹Zehn Tage, die die Welt erschütterten›. Es war der Titel des weltberühmten Buches von John Reed.

Hier also, was Chaplin darüber sagte:

«Ejzenštejn sollte einen Film für die ‹Paramount›-Gesellschaft machen. Der Ruhm seiner Filme ‹Panzerkreuzer Potemkin› und ‹Oktober› begleitete ihn. ‹Paramount› lud Ejzenštejn ein, einen Film nach eigenem Drehbuch zu machen. Ejzenštejn schrieb ein ausgezeichnetes Drehbuch, ‹Sutters Gold›. Er hatte ein interessantes Dokument aus der Zeit der Entdeckung Kaliforniens dazu verwendet. Das Drehbuch enthielt keine Propaganda, doch weil Ejzenštejn aus Sowjetrußland kam, hegte die ‹Paramount› später gewisse Befürchtungen, und es wurde nichts daraus.»*

Dieser Verzicht vollzog sich in zwei Etappen.

In der Praxis des vorrevolutionären Theaters gab es den Ausdruck «slomat' nomer» (jemandem die Schau stehlen). Nehmen wir einmal an, in Petersburg bereitet irgendein Theater die Aufführung der ‹Anna Karenina› vor.

Bekanntlich muß am Ende der Vorstellung eine Lokomotive auf der Bühne des Theaters erscheinen und die Heldin überfahren.

Eine Lokomotive auf der Bühne – das ist eine Theatersensation.

Doch es gibt ein weiteres Theater, das dem ersten Konkurrenz macht. Es imitiert rasch die Inszenierung des ersten Theaters, baut in aller Eile eine Lokomotive und bringt seine Inszenierung früher auf die Bühne.

Eine Lokomotive hat man also schon auf der Bühne gesehen.

Dann sagte man «nomer sloman», (die Nummer ist geplatzt). Das war die alte Konkurrenzpraxis, die in der Großindustrie der USA noch üblich ist.

Es gab Menschen, die dennoch wollten, daß Sergej Michajlovič etwas für ihre Gesellschaft drehte; aber es gab auch andere, einflußreichere Gruppen, die wollten, daß der Regisseur aus dem Sowjetland nichts drehte, damit die Vorrangstellung der sowjetischen Kunst in der Kinematographie eben dadurch gebrochen würde.

Die sowjetische Kinematographie, mit Ejzenštejn und Pudovkin, mit Dovženko, Dziga Vertov, Šengel, war auf der Leinwand vorherrschend: folglich mußte man ihren Erfolg brechen.

Zweite Runde – ‹Eine amerikanische Tragödie›

Beim Gewichtheben, beim Hochsprung werden Sportlern drei Versuche gewährt.

Äußerlich verfuhr man mit Sergej Michajlovič korrekt: man räumte ihm einen zweiten Versuch ein. Das Mißlingen des zweiten Versuchs war bereits im voraus entschieden.

Das Drehbuch über Sutter war höflich für untauglich erklärt worden. Die Gesellschaft brauchte Zeit. Damals stand in der amerikanischen

---

* Dt. Übersetzung zit. nach Charles Chaplin: ‹Die Geschichten meines Lebens›, a. a. O., S. 301 (Anm. d. Ü.)

Presse mehr über den sowjetischen als über den amerikanischen Film, Anzeigen und reine Reklame-Artikel nicht gerechnet. Man mußte also die Feuersbrunst des Erfolges eindämmen. Montagu war der Meinung, daß vieles absichtlich geschehen sei; das ist wahrscheinlich, aber die Absicht konnte auch unbewußt gewesen sein.

So hat der Fürst Vasilij in ‹Krieg und Frieden›, der Pierre Bezuchov nicht seine Erbrechte rauben konnte, der auch nicht die mosaikge- schmückte Brieftasche mit Bezuchovs Testament stehlen konnte, den jungen Mann mit seiner Tochter verheiraten können, die die Geliebte seines Bruders Anatole war. Er tat es unbewußt, wobei er sich nur des Wertes eines Erfolgs, nicht aber des Treubruchs bewußt war.

Der Treubruch war ihm eigen wie dem Vogel die Flügel.

Man bot Ejzenštejn an, ein zweites Drehbuch zu schreiben. Für die Verfilmung des Romans von Dreiser hatte man viele Drehbuchautoren gewählt, unter ihnen auch Lubitsch und viele andere. Für Ejzenštejn war es notwendig zu entscheiden, ob Clyde die junge Fabrikarbeiterin ermordet hat oder nicht. Sergej Michajlovič formuliert diese Geschichte so:

«... Clyde steht vor einem Dilemma: entweder verzichtet er für immer auf die Karriere und den sozialen Wohlstand oder ... er schafft sich sein erstes Mädchen vom Halse.

Clydes Abenteuer in ihrem Zusammenhang mit der amerikanischen Wirklichkeit vermochten ihn zu diesem Zeitpunkt psychologisch so zu ‹formen›, daß er sich nach einem langen inneren Kampf (freilich nicht gegen moralische Prinzipien, sondern gegen seine eigene Charakterlo- sigkeit) zu letzterem entscheidet.» Die Details des Verbrechens werden «mit der Übergenauigkeit eines unerfahrenen Verbrechers» durchdacht (Bd. II, S. 71).

Clyde versucht das Mädchen zu ertränken, dann versucht er es zu retten, doch sie wehrt sich gegen ihn und ertrinkt.

Dies ist das unentschlossene Verbrechen eines Pechvogels.

Clyde begeht sein Verbrechen in einer Welt, die dauerhaft zu sein scheint, in der Welt der Wolkenkratzer, als deren Fundament der Granit der Insel Manhattan dient. Clyde, der in dieser Welt bleiben will, unternimmt einen Mordversuch. Bei Dreiser will Clyde im letzten Augenblick nicht mehr töten, er will das Mädchen, als er das Boot bereits umgekippt hat, retten. Der Untersuchungsrichter, der vollkom- men von dem Verbrechen überzeugt ist, fälscht Beweisstücke, macht sie offensichtlicher: der Richter will berühmt werden und bekämpft außer- dem jene Gruppe, der Clydes reiche Braut angehört.

Clyde hat eine Mutter, eine religiöse Frau, die für das Leben ihres Sohnes kämpft und später zusammen mit dem Vater religiöse Flugblät- ter auf den Straßen verteilt, bemüht, verirrte Seelen zu retten.

In Ejzenštejns Drehbuch fährt Clyde mit dem Mädchen in einem Boot. «In dem Boot erreicht der Konflikt zwischen Mitgefühl für und Widerwillen gegen das Mädchen, zwischen charakterloser Unentschlossenheit und dem Drang, zu glänzenden materiellen Gütern durchzubrechen, seinen Höhepunkt.

Halb bewußt, halb unbewußt bringt Clyde in wilder innerer Panik das Boot zum Kentern.

Das Mädchen ertrinkt.

Clyde, der es ins Wasser geworfen hat, wird selber wie geplant gerettet und geht in die nicht vorausgesehenen Schlingen der von ihm selber gesponnenen Fäden seiner Rettung.

Die Sache mit dem Boot geht so vor sich, wie ähnliche Dinge auch geschehen: nicht bis zu Ende sorgfältig durchdacht, nicht endgültig bewußt – in einem undifferenzierten Knäuel» (Bd. II, S. 71).

Ejzenštejn wählte folgende Kollision: faktisch und formal ist Clyde nicht schuldig, doch Clyde will töten und kann es nicht. Aber die Frau fürchtet diesen Menschen, weil sie seine Lage und seine Absicht erkennt. Clyde will die Frau stützen, schlägt ihr jedoch zufällig mit dem Fotoapparat ins Gesicht. Sie fällt. Das Boot kentert. Die Frau taucht wieder auf. Clyde will sie retten, aber die Frau fährt vor Schreck zurück und ertrinkt, da sie nicht schwimmen kann.

Clyde hatte töten müssen, er ist ein Spielzeug der Zeit, er ist zum Verbrechen verurteilt.

All das endete so: die Zelle des zum Tode Verurteilten. In ihr steht der elektrische Stuhl und an einem Stuhlbein ein blankgeputzter Spucknapf aus Kupfer. Diesen Komfort des Todes hatte Ejzenštejn bei der Besichtigung des Gefängnisses ‹Sing-Sing› gesehen.

«. . . All das ist nicht mehr als die Schlußvignette für eine private Verwirklichung jener Tragödie, die unerbittlich fortfährt, allstündlich und allaugenblicklich in den Vereinigten Staaten dahinzujagen und zu wüten, weit über die Grenzen der Umschlagblätter eines Romans hinaus» (Bd. II, S. 76).

Der Schriftsteller kann seine Lösung niederschreiben.

Der Filmschaffende braucht eine komplizierte Ausrüstung: Filmaufnahmegeräte, Beleuchtung, Massenszenen, Kostüme, Schminke. Er braucht den Verleih.

Sergej Michajlovič ist aus mehreren Diskussionen siegreich hervorgegangen, und er hat gesehen, wie man seine Revolutionsfilme im Westen aufnahm. Aber hier traf er auf den direkten Widerstand der Auftraggeber. Es entstand genau der von ihm niedergeschriebene Konflikt.

«‹Ist Clyde Griffith in Ihrer Behandlung des Themas schuldig oder nicht schuldig?› lautete die Frage des ‹Bosses› der kalifornischen ‹Paramount›-Richter, B. P. (‹Bi-Pi›) Schulbergs.

‹Nicht schuldig›, war unsere Antwort.

‹Aber dann ist Ihr Drehbuch ein ungeheuerlicher Fehdehandschuh für die amerikanische Gesellschaft! . . .›

Wir erläuterten, daß wir das von Griffith geplante Verbrechen für das summarische Resultat jener gesellschaftlichen Verhältnisse hielten, deren Wechselspiel er sich auf jeder Stufe seines sich entfaltenden Lebenslaufes und seines sich im Laufe des Films entwickelnden Charakters unterworfen hatte.

‹Darin liegt für uns im wesentlichen das ganze Interesse dieser Arbeit . . .›

‹Uns wäre eine einfache, harte Polizeigeschichte über einen Mord lieber . . .

. . . und über die Liebe eines Jungen und eines Mädchens . . .› sagte man uns mit einem Seufzer» (Bd. II, S. 69–70).

Der Künstler hatte Verbündete. Dreiser erkannte in Ejzenštejns Drehbuch das, was er selber in seiner ‹Amerikanischen Tragödie› nicht zu Ende geschrieben hatte.

«Selbst Dreiser kämpfte als grauhaariger Löwe für unsere ‹Verfälschung› seines Werkes und führte voll Erbitterung einen Prozeß gegen die ‹Paramount›, die die Protokolle seines Sujets formal und äußerlich verwirklichte» (Bd. II, S. 79).

Im Autorenoriginal steht mit Unterstreichung: «Jedoch ließ Mister Schulberg ‹Bi-Pi› zusammen mit Washington ‹Di-Si› (District Columbia) die ‹roten Hunde› (unser offizieller Spitzname in faschistischen Kreisen) dies nicht auf der Leinwand verwirklichen; er ließ es nicht zu, daß sie der amerikanischen Gesellschaft den ‹ungeheuerlichen Fehdehandschuh› hinwarfen und den Fortschritt der Tonfilmkultur realisierten» (Bd. II, S. 79).

Es ging nicht um eine künstlerische Neuheit, den inneren Monolog; es ging um die Lösung der Moralprobleme. Der innere Monolog bot nur die wunderbare Möglichkeit, die Schuld der Gesellschaftsordnung schärfer darzustellen.

So kam auf neuartige Weise die Absicht zum Vorschein, die Dostoevskij in ‹Schuld und Sühne› verwirklicht hatte, als er zu klären begann, was denn ein Verbrechen sei, wodurch es hervorgerufen und wie es im inneren Monolog auf verschiedenerlei Art motiviert werde.

Aber die amerikanischen Produzenten waren vorsichtiger und weitsichtiger als die Herausgeber Fedor Dostoevskijs.

Sie nahmen Zuflucht zur Polizei.

Alles endete so, wie es hatte enden müssen.

Am 18. November 1930 verweigerte das Department für Arbeit der Gruppe Ejzenštejns den weiteren Aufenthalt in den USA und forderte ihre unverzügliche Ausreise.

Dritte Runde – Mexiko

Das Jahr 1930 ging zu Ende. Ejzenštejns Gruppe faßte in Übereinstimmung mit dem Sojuzkino und der russisch-amerikanischen Gesellschaft Amkino den Entschluß, einen Film über das Thema ‹Mexiko› zu drehen.

Der Film sollte nach seiner Fertigstellung von der Sowjetunion gekauft werden.

Das Drehbuch wurde in aller Eile skizziert und bestand aus vier Novellen.

Es wurde vieles mit Absicht offengelassen.

Als im Dezember die mexikanische Regierung die Erlaubnis für die Dreharbeiten zu dem Film ‹*Es lebe Mexiko!*› gab, zeigte sich, daß bereits der Titel zu Widersprüchen zwischen den Künstlern und denen führte, die die Erlaubnis zu den Dreharbeiten gegeben hatten.

Ejzenštejn sah die Kontinuität der Kultur Mexikos; er hoffte, daß die Menschheit die alte mexikanische Kultur kennenlerne, die, wieder mit Sinn gefüllt, eine eigenständige Rolle spielen könne.

Die Menschen, die die Dreharbeiten zuließen, gingen davon aus, daß die Schlußszenen Verhältnisse bestätigten, wie sie im damaligen Mexiko bereits herrschten.

Die glänzende Schnelligkeit bei der Herstellung seiner früheren Filme gab Ejzenštejn Anlaß zu der Überzeugung, daß er die Arbeit in kurzer Zeit schaffen werde.

Wie oft in der Geschichte haben sich Künstler getäuscht. Wie mußten sie mit ihren Auftraggebern über Termine, über den Preis der Farben, über den Marmor handeln.

Wie mußten sie über ihre Sujets streiten – über die Verknüpfung ihrer eigenen Ideen mit den Forderungen ihrer Auftraggeber.

Ejzenštejn entschloß sich, einen dritten Versuch zu machen, einen neuen Revolutionsfilm zu schaffen, eine neue Verknüpfung von Bedeutungen auf fremdem Territorium zu zeigen.

Aber selbst ein Fußballspiel ist auf einem fremden Spielfeld schwieriger als auf dem eigenen.

Hier gab es millionenmal mehr Schwierigkeiten.

Der Filmschaffende kann nichts machen ohne Filmstreifen, ohne Verkehrsmittel, ohne Reisegeld.

Auch für die Schauspieler kann er nichts organisieren.

Ejzenštejn hatte Freunde, die Welt kannte ihn.

Es kannte ihn auch Upton Sinclair, zu jener Zeit Mitglied der Sozialistischen Partei der USA.

Sie hatten früher miteinander korrespondiert.

Sinclair hatte vor langer Zeit Ejzenštejn einen Brief über die Lage der Kinematographie in Amerika geschrieben.

Nach dem Bruch Ejzenštejns mit ‹Paramount› organisierte Sinclair einen «Trust für einen mexikanischen Film Ejzenštejns». Ejzenštejn unterschrieb zusammen mit der Frau des Schriftstellers, Mary Sinclair, eine Übereinkunft über die Produktion des Films.

Zum Direktor der Gruppe wurde Marys Bruder Hunter Kimbrow gewählt. Zusammengekommen waren Freunde der Sinclairs und ihre Verwandten.

Insgesamt trug man 25 000 Dollar zusammen.

Dies ist phantastisch wenig für die Herstellung eines großen Films.

Zu Ejzenštejns Gruppe gehörten Eduard Tissé und Grigorij Aleksandrov. Das ist schon ein Reichtum. Doch man mußte sich von der Stelle rühren, man mußte für alles bezahlen.

An der Spitze der Gruppe stand Sergej Michajlovič mit grandiosen Plänen, doch es fehlten die ‹Eisernen Fünf› und das eigene Land.

Er wollte die Seele Mexikos zeigen, wollte zeigen, wie maßstabgetreu die Pyramiden gebaut sind, wie sich die Ideen des Volkes an ihnen entwickeln, wie ihre Struktur das Verständnis ihrer Eigenart und des Raums zum Ausdruck bringt, wie die Völker auf verschiedene Art die Welt analysieren.

Ejzenštejn verglich die mexikanische Kultur mit der spanischen, mit den nicht untergegangenen Kulturen der Alten.

Ejzenštejn wollte mit eindeutig neuem Material ein Modell schaffen, an dem sich die Vorwärtsbewegung des ganzen Universums bis hin zum revolutionären Selbstausdruck zeigen ließ.

Derartige Aufgaben hatten sich Künstler noch nie gestellt.

Das ist sowohl das ‹Jüngste Gericht› als auch die ‹Erschaffung der Welt›.

Einmal sagte Majakovskij über eine Straße, daß diese Straße keine Zeit habe, zu schreien und zu reden.

Das Volk Mexikos dürstet, dürstet nach Vereinigung, Selbstausdruck, Selbstverständnis.

Zu diesem Volk kam der aus Amerika vertriebene Sergej Michajlovič. Er kam, um einen Sieg zu erringen, und der Sieg hätte ein großer Film sein sollen, der das wahre Wesen Mexikos, nicht sein exotisches Gesicht, sondern seinen revolutionären Geist ausdrücken würde.

Im Jahre 1925 war Majakovskij in Mexiko gewesen; er hat eine Erzählung über die Reise hinterlassen.

Die Stadt Laredo liegt an der Grenze zwischen Mexiko und den nordamerikanischen Vereinigten Staaten.

«Es flüchtete
     Mexiko
          von den Puffern
in heißem,
     glänzendem Fieber.
Und da:
     unter der Brücke
          ein Fluß oder Graben,
der teilt
     zwei Laredos.
Dort galoppieren
     Heldentaten,
          das Pferd hetzend,
für einen Fünfer fallen sie
     aus dem Colt,
und das Pferd galoppiert,
          und der Bauch des Pferdes
ist vom stachligen Kaktus zerstochen.»
(‹Mexiko – New York›)

Über die Grenze zwischen Mexiko und den USA flüchtet Chaplin in seinem Film ‹Der Pilger›: das eine Bein in Mexiko, das andere in den USA; und es gibt keinen Weg. Wohin soll er fliehen?
Mexiko ist ein großes, vielgestaltiges, brennend heißes und kaltes Land, kalt genug für die Kartoffel, heiß genug für die Ananas, ein Land, das zwischen zwei Ozeanen liegt und wasserarm ist, ein Land, das von den Spaniern erobert wurde, von Indianerblut durchtränkt, von Indianerkunst, die nicht von Europa verschlungen wurde, durchdrungen ist, ein Land, das unter vielen sich überkreuzenden Revolutionen erzittert, ein sehr ausgedehntes Land von Menschen ohne Land.
Majakovskij wurde in Mexiko von einem Freund empfangen, dem großen mexikanischen revolutionären Künstler Diego Rivera. Er empfing Majakovskij auf dem Bahnhof und sprach mit ihm, wobei er russische Wörter mit englischen mischte. Er erzählte gerne viel und warnte stets:
«Beachten Sie – auch meine Frau bestätigt es –, daß ich beim Sprechen bisweilen übertreibe.»
Er übertrieb nicht, er hob aus der Vergangenheit das Große und noch nicht Gesagte empor, das es in seinem großen Land gegeben hatte.
Er hob auf seine Schultern all das, was getan werden mußte, er hob selber alles empor: die aztekische Kunst und die Kunst der Maya, und vereinigte sie mit den Traditionen der europäischen Kultur, schuf zu jener Zeit die riesigen Wandmalereien – die Wandmalerei im Unter-

richtsministerium. Auf Dutzenden von großen Wänden waren Vergangenheit, Gegenwart und Zukunft Mexikos dargestellt. Das ursprüngliche Paradies mit den alten Bräuchen, mit dem Tanz des Todesgeistes, mit den Frucht- und Blumengaben und mit den Schiffen Fernando Cortez', des Eroberers Mexikos, mit den Plantagenbesitzern und mit den Revolutionären, der Aufstand auf dem Land, die Befreiung der Bauern und der Aufbau eines zukünftigen Lebens.

Der Künstler hatte eine Frau; eine Schönheit aus Guadalajara.

Auf dem Diwan lag der einjährige Sohn und, an seinem Kopfende auf einem Kissen, vorsichtig zurechtgelegt, ein Colt. Majakovskij nannte ihn ‹riesig›, das heißt, es war ein 45er Colt, eine gute Waffe für den Nahkampf.

In dieses Land kam fünf Jahre später auch Ejzenštejn. Er kam mit Schmuggelware – er hatte ein Drehbuch dabei.

Das Drehbuch war chiffriert, so, daß man es drucken konnte, so, daß man es dem Gutachterkreis für die Genehmigung der Dreharbeiten zeigen konnte. Es war eine Skizze, ein Libretto.

Ejzenštejn selbst berichtete über sein Vorhaben:

«Das Sujet dieses Films ist ungewöhnlich.

Seinen Kern bilden vier Novellen, eingefaßt von einem Prolog und einem Epilog, einheitlich in ihrem Wesen und in ihrem Geist.

Unterschiedlich in ihrem Inhalt.

Unterschiedlich im Ort ihrer Handlung.

In ihnen finden sich unterschiedliche Landschaften, Menschen, Sitten.

Kontrastreich in Rhythmus und Form, bilden sie in ihrer Gesamtheit eine ungeheure, vielfarbige Film-Symphonie über Mexiko.

Der musikalische Hintergrund des Films sind sechs mexikanische Volkslieder, aber die Novellen sind an sich auch Lieder, Legenden und Märchen, die in verschiedenen Teilen Mexikos gesammelt und hier zusammengebracht worden sind» (Bd. VI, S. 107).

Der Prolog begann mit der Ewigkeit, mit den Steinen, mit den Ruinen, mit der Kunst, die seit Tausenden von Jahren lebt, mit dem Zeigen von Basreliefs, mit einer Analyse der Kunst Mexikos. Die erste Novelle erzählt vom glücklichen vorkolonialen Mexiko. Dann folgte die Novelle über das vorrevolutionäre Mexiko. Ein Bräutigam und seine Braut kommen ins Schloß, denn die von Festungsmauern umgebene Hazienda kann man nur als Schloß bezeichnen. Noch ist das Recht des Feudalherrn auf die erste Nacht nicht in Vergessenheit geraten. Der Hausherr hatte das schon halb vergessene Recht auf alles Neue, das heißt, er ist auch der erste Mann aller Frauen.

Aber dieses Recht war schon längst außer Kraft. Es konnte nur noch mit Hilfe von Vergewaltigungen aufrechterhalten werden.

Der Bräutigam nimmt Rache. Ein Aufstand bricht los.

Ich gehe vom Libretto über zu dem, was gefilmt wurde und was ich gesehen habe.

Der Rebell wird gefaßt und so tief eingegraben, daß nur sein Kopf über die Erde hinausragt. Neben ihm sind seine rebellischen Freunde eingegraben worden. Die Plantagenbesitzer treiben die Pferde hinaus, damit diese die Köpfe der Rebellen zerstampfen. Die Pferde greifen die Menschen nicht an. Doch man macht sich die Pferde gefügig. Ihre Hufe tanzen über die zerschlagenen Köpfe hin. Genau das habe ich gesehen. Es ist ganz furchtbar: es zeigt die Verbissenheit des Kampfes.

Die Novelle ‹Fiesta› erzählte von Festtagen, von Liebe, von Stierkämpfen.

Die vierte Novelle – sie war nicht vollständig gefilmt worden – heißt ‹Soldadera›. Man sieht marschierende Soldaten mit ihren Frauen. Es sind Soldatenfrauen, eine fortschrittliche Abteilung der Armee: einige von ihnen sind schwanger. Sie gingen voran, nahmen Siedlungen ein, kochten das Essen für ihre Männer. Ihre Kinder spielten mit Patronen. Eine Soldadera wäscht die Wäsche der Soldaten.

Es kommt zu einem Kampf.

Eine Frau, die ihren Mann verloren hat, geht auf das Schlachtfeld, stapelt aus Steinen ein Grabmal über seinem Leichnam auf, flicht ein Kreuz aus Rohr; sie nimmt sein Gewehr, ihr Kind und folgt den langsam dahinschreitenden Soldaten. Ein anderer Soldat tritt an sie heran und nimmt ihr das Kind ab.

Es gab noch andere Novellen, aber sie waren mehr zum Lesen als zum Verfilmen geeignet.

Der Schluß ist glücklich.

Reformen. Ein glückliches Mexiko mit Gärten, mit Paraden.

Ein Karneval zum Tag der Toten. Zum mexikanischen Karneval werden Süßigkeiten in Form von Schädeln hergestellt. Die Menschen lachen über den Tod.

Das Wohlleben des Karnevals ist grausam.

Das ganze Libretto umfaßte zwanzig Seiten. Tissé drehte siebzigtausend Meter. Natürlich war dies nicht eine Realisierung des Drehbuches, es waren Betrachtungen über das Wesen Mexikos.

Der Film lebte von der Tragödie und der Architektur:

Ejzenštejn schrieb:

«Hier sind die Bauten noch nicht so grandios und systematisch nach einem kanonischen System ausgearbeitet wie in der Kultur des gotischen Gotteshauses. Aber am Ende sind sie gerade deshalb viel anschaulicher und faßbarer. Als erschreckende Fiebervisionen thronen Schimären auf diesen Kirchen.

Erschreckend sind die Tausende von Figuren, zusammengesetzte Bilder einzelner Naturerscheinungen – der Kopf eines Adlers über den Brüsten einer Frau, ein mit Elfenbein geschmückter menschlicher Körper –, aber sie sind nichts gegen die ornamentalen Ungeheuer des alten Mexiko.

Dabei liegt das Ungeheuerliche und Überraschende nicht so sehr in der Verbindung der verschiedenen erschreckenden Details, die real zu verschiedenen Tieren gehören (eine Methode, mit der Leonardo da Vinci Vogelscheuchen aus Teilen unwirklicher Wesen konstruierte), als vielmehr in der ornamentalen Zerlegung der sichtbaren Objekte der Natur.

Es schwindelt einen buchstäblich, wenn man die in Form eines aufgespaltenen Menschenprofils bearbeiteten Ecken des ‹Nonnenpalastes› von Uxmal ansieht oder die in unglaubliche Zusammenhangslosigkeit zerfallenden Schlangenköpfe an den Gängen hinter der Pyramide von Teotihuacán.

Wie einfach und anschaulich werden auf den bläulichen Teppichen nordamerikanischer Indianerstämme die Details eines Bären wieder zusammengelegt: sein Maul, seine Augen, seine Tatzen, sein Rücken» (Bd. III, S. 175).

Es war der letzte Film, der außerhalb Rußlands gedreht wurde. Sergej Michajlovič schrieb an eine alte Weggefährtin, die Regisseurin und Montageurin Esfir Šub, nach Moskau:

«... Kinematographisch gesehen stelle ich Ihnen eine nahe Verwandte vor, die Pyramide Telozotlán in Montageteilen von der Totalen bis zur Großaufnahme in vier Verfahren – dies ist die höchste Stufe meiner Suche nach einem Montagedenken in Amerika. Die Wege des Herrn sind unergründlich ... und so finde ich mich also in Mexiko wieder. Ich glaube, daß meine Abreise aus Hollywood das beste war, was ich dort hatte machen können! Bei der politischen Lage, die sich ergeben hatte, wäre es wirklich völlig undenkbar gewesen, irgend etwas mit diesen Menschen zu machen. Jetzt drehe ich einen mexikanischen ‹Kulturfilm› – eine Reise. Wie Sie sehen, verdienen die Bauwerke hier Aufmerksamkeit.»[14]

Ejzenštejn formulierte den künftigen *montierten* Film so:

«‹*Que viva Mexico!*› ist die Geschichte der Wechsel in der Kultur, die sich nicht in der Vertikalen nach Jahren und Jahrhunderten ablesen läßt, sondern in der Horizontalen, in der Ordnung des geographischen Zusammenlebens sehr verschiedenartiger Kulturstadien nebeneinander, wodurch Mexiko so staunenswert ist und Provinzen kennt, in denen das Matriarchat herrscht (Tehuantepec), neben Provinzen, die in der Revolution der zehner Jahre beinahe den Kommunismus erreicht haben (Yucatán, das Programm Zapatas usw.). Und es hat als zentrale Episode die Verwirklichung der Idee von der nationalen Einigung:

historisch – in dem vereinten Einzug in die Hauptstadt – das Mexiko der vereinigten Streitkräfte des Nordländers Villa und des Südländers Emiliano Zapata, und inhaltlich – die Figur der mexikanischen Soldadera, der Frau, die mit derselben Haltung, mit der sie den Verlust ihres Mannes ertrug, in die Gruppe der einander befeindenden mexikanischen Truppen übergeht, die sich in den Widersprüchen des Bürgerkrieges zerfleischten. Die Soldadera verkörpert gleichsam physisch das einheitliche national vereinigte Mexiko, das sich gegen die internationalen Intrigen behauptet, die das Volk zu spalten und seine entzweiten Teile gegeneinander aufzuhetzen suchen» (Bd. VI, S. 30).

In anderen Briefen erwähnt Sergej Michajlovič Flaherty. Den Menschen, der ‹Nanuk› herausgebracht hat, den berühmten Film über die Eskimos.

Später ging Flaherty durch New York und erzählte Bekannten und Unbekannten Sujets neuer Filme über Völker und Länder, und immer schloß er sein Gespräch mit den Worten:

«Ich schenke es Ihnen.»

Das ist alles, was er tun konnte.

Niemand gab ihm auch nur einen Filmmeter.

Die Kunst hat kein eigenes Haus, keine eigene Straße.

Sergej Michajlovič wußte, wie schwer es ist, um Geld zu bitten; er schrieb mit interessiertem Neid am 4. Juni 1931 an Esfir Šub – sie suchte damals in Moskau nach einem Thema für einen neuen Film:

«Was machen Sie jetzt? In welche Richtung denken Sie – vor Ihnen liegt ebenfalls die Perspektive einer kolossalen Revision, wenn auch in denselben Geleisen . . . Beim bacchischen Leichenschmaus über dem aufgetrennten Bauch des künstlerischen Films werden Sie keinen taktischen Fehler machen. Sie haben nichts mit ihm gemein . . .

Manchmal möchte ich am Theater inszenieren. An einem guten, echten. So stark ist die Reaktion auf den Film. Obgleich es scheint, als hätte ich noch nie so gewissenhaft wie hier gearbeitet.

Die Probleme der Montage beschäftigen mich nicht im geringsten mehr, und – es ist schrecklich zu sagen – der Ton noch weniger! Interessant ist, was bei einem Film herauskommen wird, der unter solchen Umständen gedreht wird . . .»[15]

Die Dreharbeiten zogen sich hin. Sie zogen sich so hin, wie ein von Blutvergießen unterbrochener Partisanenkrieg sich hinzieht.

Ursprünglich arbeitete Ejzenštejns Gruppe in Übereinstimmung mit dem Sojuzkino und mit der russisch-amerikanischen Aktiengesellschaft Amkino. Doch sie hatten für zusätzliche Dreharbeiten kein Geld gegeben – man hatte sie ihm nicht erlaubt.

Die Verleihfirmen zahlten natürlich keine Vorschüsse gegen das Pfand eines nicht zu Ende gedrehten Films.

Der Familientrust der Sinclairs brach zusammen. Es begann die energische Arbeit des Schwagers des Schriftstellers.

Er kümmerte sich um die Rettung der Gelder; man mußte das verpfändete Haus einlösen.

Der Film wurde abgeschlossen. Das gefilmte Material wurde bis auf den letzten Meter mit allen Doppeln und Ausschnitten verkauft.

Der Trust hatte ganz gut verdient.

Sinclair schrieb nach Moskau und rechtfertigte nicht so sehr Ejzenštejn als vielmehr sich selber.

Man begann über Ejzenštejn zu sagen, daß er nicht wieder zurückkehren würde.

Hier ein Stück aus dem Brief, den Sinclair am 22. November 1931 in die UdSSR nach Moskau schickte:

«Ejzenštejn hatte einen Vertrag mit ‹Paramount›, nach dem sie ihm 3000 Dollar in der Woche hatten zahlen sollen, wenn er seine Arbeit beginnen würde. Für die bourgeoise Welt wäre dies ein sehr erfolgreicher Beginn gewesen, und alles, was man von ihm forderte, war, in geringem Maße nur seine Ehrlichkeit als Künstler zu opfern.

... In Hollywood griffen ihn die lokalen faschistischen Elemente wütend an. Sie nannten ihn einen roten Hund, einen Anstifter zum Mord usw. Er unternahm keinerlei Versuche, sich dagegen zu verwahren, was zu tun sehr leicht gewesen wäre, wenn man einige Zugeständnisse gemacht hätte.

... Als er zu mir kam, äußerte er den Wunsch, einen Film in Mexiko machen zu dürfen, weil er nicht als Verlierer vor die Sowjetregierung treten wolle – das heißt ohne etwas im Ausland vollendet zu haben. Wir beschlossen, den Versuch zu unternehmen, Geld für ihn aufzutreiben, damit er einen unabhängigen Film in Mexiko machen könnte. Ejzenštejn lehnte es ab, einen Vertrag zu unterzeichnen, ohne vorher mit L. I. Monozon von der Korporation Amkino diese Frage besprochen zu haben. Er sagte mir im Beisein meiner Frau: ‹Monoszon ist mein Boss, und es wäre unhöflich von mir, mich nicht mit ihm zu beraten.› Monoszon gab seine Zustimmung zu diesem Unternehmen.

... Ejzenštejn bestand darauf, in den Vertrag aufzunehmen, daß alle Filmrechte kostenlos der Sowjetunion übertragen würden, und Amkino verfügt über eine schriftliche Übereinkunft in dieser Sache.

... An den zahlreichen Verzögerungen bei der Arbeit war nicht Ejzenštejn schuld. Als er in Mexiko eintraf, arretierte die mexikanische Regierung die ganze Gruppe.

In der Folgezeit stieß die Gruppe ständig auf Tausende von bürokratischen Hindernissen in Fragen der Zensur und der Ausfuhr des Films. Ejzenštejn war einige Zeit krank, und sein Assistent Aleksandrov war mehrere Monate hindurch krank.

Danach setzte die Regenzeit ein, in der es unmöglich war zu filmen. Darüber hinaus war es am Anfang unmöglich, vorauszusehen, wieviel Material es geben und wie außerordentlich interessant es sein würde, und der Umfang des Films nahm zwangsläufig zu, nachdem der Künstler an die Arbeit gegangen war.

All diese Fakten wurden dem Amkino auf jeder Stufe der Arbeit mitgeteilt. Erst kürzlich hat Amkino mit mir eine schriftliche Übereinkunft getroffen, nach der es in den Film 25 000 Dollar investiert, von denen 5000 für die Dreharbeiten in Mexiko verwendet werden dürfen und der Rest für die Montage und die Vertonung des Films gedacht ist, die in Hollywood stattfinden werden. Es ist unwahrscheinlich, daß Amkino einen solchen Schritt getan hätte, wenn es Ejzenštejn nicht für vertrauenswürdig gehalten hätte . . .»

Sinclair fuhr fort:

«. . . Wenn man den Film sieht, dann lernt man ganz Mexiko kennen, seine äußeren Seiten und seine Seele, und ich erlaube mir, vorherzusagen, daß das Volk Sowjetrußlands diese Arbeit mit begeistertem Applaus belohnen wird. Vorerst haben wir ungefähr 25 Meilen dieses Films gesehen, und die kleine Gruppe von Freunden, die mit mir dieses Privileg teilte, ist einmütig in ihrer Meinung» (Bd. VI, S. 536–537).

Wie ich schon gesagt habe, war der Film ohne Mitwirkung Ejzenštejns anonym montiert worden.

Die Montage ist sehr einfach, sie entspricht der zeitlichen Aufeinanderfolge. Der Mensch lebt, leidet, versucht zu kämpfen, dann tötet man ihn, danach weint man über ihn. Der Geist Mexikos, all das, woran Ejzenštejn dachte, was den Widerstand verständlich machte, was den festen Glauben an einen Sieg vermittelte, wurde in der Montage nicht verwirklicht.

Der von fremder Hand zerschnittene und zusammengeklebte Filmstreifen ‹Mexiko› ist bereits um die ganze Welt gegangen. Die fremde Montage hat ihm, wie es in Märchen geschieht, das Todeswasser gegeben. Das Todeswasser im Märchen hält den zerschlagenen Körper des Helden zusammen. Das Lebenswasser der schöpferischen Montage hatte der Film nicht erhalten. Das ist der furchtbare Schluß eines Märchens.

Dennoch hatte der Film sogar in dieser Gestalt Erfolg.

In Paris brachte man ihn fünfmal im Filmverleih wieder heraus.

Man nahm ihn als eines der größten Filmkunstwerke auf, doch war es ein Fest der Toten, genauer gesagt, der Triumph des noch nicht Geborenen.

Rückkehr in die Heimat

Im Mai 1932 kehrte Ejzenštejn nach Moskau zurück.

In der Heimat heilen die Wunden schneller. Aber die Wunden der Sieger heilen im allgemeinen schneller als die Wunden der Besiegten.

Ejzenštejn kehrte in ein anderes Land zurück. Viele Veränderungen, von denen er bis dahin nur gehört hatte, waren vollendet.

Vieles war neu erstanden: Dovženko hatte den Film ‹Erde› gedreht. In diesem Film gab es breite, lange und dramatisch geschlossene kinematographische Teile. Die Montage hatte einen neuen Sinn erhalten.

Der Regisseur M. Kalatozov hatte den pathetischen Film ‹Das Salz von Swanetien› gedreht; in diesem Film wurde der Zusammenstoß der Teile, das Pathetische der Montage zugespitzt.

Die sowjetische Kinematographie sammelte ihre Kräfte, ging zum Ton über.

Moskau wurde asphaltiert: überall standen Kessel mit Asphalt. Den Asphalt erhitzte man ganz einfach, indem man Holz auf den Straßen verbrannte. Neben den Asphaltkesseln wärmten sich umherziehende Jugendliche, aber es wurde bereits der Film ‹Der Weg ins Leben› über das Ende des Obdachlosenproblems gedreht.

Noch waren die 1536 von Fedor Kon gebauten Mauern ganz: sie wurden Kitaj-Gorod genannt. Man hatte sie vor kurzem restauriert und wie in alter Zeit mit einer Holzüberdachung abgedeckt.

Sie blickten auf das neue Moskau mit den fuchsartig vertikalen Pupillen der Bastions-Schießscharten, die als Schießlöcher aus den unteren Festungsräumen gedient hatten. Noch lärmte der Markt neben dem Sucharevturm, dem Bauwerk, in dem einst die erste bürgerliche Unterrichtsanstalt in Rußland eröffnet worden war.

Dort, wo heute die Moskauer Universität steht, versteckten sich hinter Fliederbüschen alte Holzhäuser.

Am Arbat und im Zamoskvoreče standen Villen mit weißen Säulen aus Holz. Und mit Bossenwerk, als wären sie aus großen Steinen gemauert.

Bald sahen wir, daß diese Mauern aus Holzbalken aufgeschichtet, mit Filz überzogen, mit Brettern verschalt und mit Stuck verziert waren.

Einstweilen war es noch ruhig um die Villen herum. In der Nähe der Povarskaja waren sogar zwei Straßen – die Bolšaja Molčanovka und die Malaja Molčanovka. Man holzte auf dem Sadovoe Kolco die Alleen ab. Man übergoß das Kopfsteinpflaster mit Asphalt.

Im Innern der Stadt standen Türme, die Festungstürmen hölzerner Befestigungsanlagen glichen: das waren die Schächte der Metro. Bald brummte die Metro unter den alten Ruinen der Erlöserkirche.

Die Stadt veränderte sich.

Sergej Michajlovič hatte die ganze Welt gesehen. Er war zurückgekehrt, wie Odysseus auf die Insel Ithaka zurückkehrte.

Nur war diese Insel wenig verändert gewesen, und Odysseus brauchte nur die alten Pfeile zu finden, den alten Bogen in die Hände zu nehmen, die alten Diener zu finden und die Bräutigame zu erschlagen, die um Penelope freiten.

Zuerst wollte Sergej Michajlovič eine exzentrische Komödie mit dem Titel ‹*MMM*› filmen.

Das Drehbuch wurde im März 1933 zur Realisierung angenommen. In dem Film sollten Judif Glizer und Maksim Štrauch mitspielen. Große Schauspieler und treue Freunde Ejzenštejns.

Der Film hätte gedreht werden können, und er hätte Erfolg haben können, aber die Zeit eilte vorbei und schlug mit den Rädern gegen die Schienenstöße. Vielleicht war damals die Zeit der Exzentriaden schon vorbei. Aber was soll man über das Schicksal von Projekten schreiben, die gar nicht geboren wurden?

Für sie gibt es kein Horoskop.

Die Verfahren, in der Malerei, Architektur, Literatur einzelne Teile eines Kunstwerkes zu kombinieren, sind mannigfaltig.

Der Zusammenhang zwischen den Fresken eines Bauwerks wird durch die allen bekannten Mythen klar und füllt sie mit neuem Sinn. Die Vorderseiten der Fresken in den Gotteshäusern sind den Kirchenbesuchern zugewandt, und vielleicht erklärt sich daraus, weshalb die russischen Ikonen oft mit umgekehrter Perspektive gemalt sind. Mannigfaltig miteinander verbunden sind die Teile eines Bauwerks im antiken Griechenland, ebenso die Holzbauten der russischen Paläste, die Gotteshäuser und die Mauern des großen Moskauer Kreml.

Die Verknüpfung der Teile eines Romans ist, außer durch das Schicksal des Helden, auch mit anderen Mitteln möglich.

Man kann die Biographien von durch Jahrhunderte getrennten Menschen zusammenführen, man kann die Sujetverbindungen auseinanderreißen, sie umstellen, wie Gogol es in seinen ‹*Toten Seelen*› getan hat. Man kann die Handlung dadurch gleichsam in den Helden hineinverlegen, indem man die Widersprüchlichkeit seines Bewußtseins betrachtet.

Sergej Michajlovič wollte die Novellen des Films ‹*Es lebe Mexiko!*› durch eine Verwirklichung der verschiedenen Stadien der Welterfahrung in der mexikanischen Kultur miteinander verknüpfen, einer Kultur, die er der Welt in einer sich verändernden Einheitlichkeit zeigte.

Jetzt hoffte er so sehr, den Inhalt des Begriffs ‹Moskau› tiefgreifend zu erschließen.

Wie sollte das Sujet organisiert werden, um eine Handlung in sich aufzunehmen, die sich in einem Zeitraum von fast tausend Jahren abspielt? Als man den 800. Jahrestag der Gründung Moskaus feierte, stellte es sich heraus, daß Moskau älter war als das Fest. Dort, wo die Neglinka in die Moskva mündet, hatten vor sehr langer Zeit Menschen gelebt, zumindest schon vor tausend Jahren.

Ejzenštejn schrieb:

«‹Moskau› möchte ich als das Wappen des Moskauer Arbeiters sehen, als seine Genealogie, seine Heraldik.

Uns scheint das Drehbuch höchst sujetgerecht.

Durchdrungen von dem Konflikt und den Peripetien eines durchgehenden Klassenkampfes in seinen verschiedenen Phasen. In einer einheitlichen Sujetlinie.

Mit Helden und Bösewichtern, die hinauswachsen über ihre individuellen Biographien und die Biographien der vorrückenden klassengebundenen Kräfte, Handlungen und Initiativen, welche vom Großvater auf den Vater, den Enkel und den Urenkel übergehen.

Eine Intrige, die den Rahmen der heiligen Traditionen künstlicher Einheiten sprengt, den Rahmen von Schablonen kinematographischer Pseudoklassik, der einmal eingeführten Schablonen der Filmrahmen für die Filmsujets. In durchgehenden Bildern möchte ich praktisch eine neue Form der ‹Shakespearisierung› finden.

Aber auch die neue Gestaltung des Films wollen wir in einer anderen Shakespeareschen Tradition durchführen: indem wir ihn mit Hilfe der vier Elemente gestalten – Wasser, Erde, Feuer und Luft, aus deren Verbindung für Shakespeare die Harmonie und die Disharmonie des Weltalls entstanden» (Bd. I, S. 155).

Das ist der alte Streit zwischen der Shakespeareschen und der Schillerschen Sujetgestaltung, zwischen dem wirklichen Zusammenstoß der Leidenschaften einerseits und dem bloßen Aussprechen der Leidenschaften andererseits.

Der Palast der Räte wurde als eines der höchsten Gebäude der Welt projektiert. Alte Gebäude wurden abgerissen, Straßen erweitert, Häuser verschoben. Die Stadt war nicht wiederzuerkennen. Dies war es vor allem, was einem Menschen auffiel, der gerade eben wiedergekommen war.

Wie es gewöhnlich im Epos geschieht, war der Held mit Zeit, Raum und Erinnerungen an viele Mißerfolge erfüllt, und er hatte den Glauben an eine Heldentat.

Die Fäden des Lebens Sergej Michajlovičs waren im Westen viele Male abgerissen, und er hatte die Fäden seines Schaffens wie eine Weberin am Webstuhl wieder zusammengefügt; die Fäden waren von neuem gerissen.

Ejzenštejns zweites Vorhaben nach der Rückkehr aus Mexiko hieß einfach ‹Moskau›. Doch es war nicht einfach in seiner Struktur. Die vier

Elemente waren nicht ohne Grund gewählt.

Der Ruhm Moskaus als eines Ortes, an dem Flüsse zusammentreffen, ist alt.

Ptolemäus hatte einst geschrieben, daß die Wolga, die damals Ra genannt wurde, zwei Mündungen habe: die eine fließe ins Kaspische Meer, die andere ins Asowsche.

Er verwechselte die Wolga mit dem Don.

Strabo glaubte, daß das Kaspische Meer die Bucht eines Ozeans sei; er hielt die Wolga für einen schmalen Zufluß des Kaspischen Meers.

Danach begann man, die Geographie zu präzisieren.

Man schrieb, Moskau liege am Scheidepunkt zwischen der baltischen Dvina und dem Njemen, zwischen dem oberen Dnepr und der bulgarischen Wolga, am Scheideweg der Flüsse, die zur Ostsee, zum Weißen, Schwarzen und Kaspischen Meer fließen, das heißt zum Meer der Walrosse, zum Meer des Bernsteins, zum Meer der Seide. An all diesen Flüssen liegt Moskau.

Das erste Element ist das Wasser.

Nimmt man die im Jahre 1572 von Anthony Jenkinson herausgegebene Karte von Rußland zur Hand, so kann man eine ungenaue, undeutliche Aufnahme Rußlands, die einer Aufzeichnung nach dem Gedächtnis gleicht, erkennen. Anthony Jenkinson ließ die Oberläufe der zum Kaspischen Meer, zur Ostsee und zum Weißen Meer fließenden Flüsse zusammenwachsen. Die Flüsse fließen bei ihm von derselben Stelle aus in verschiedene Richtungen.

Herberstein, der Moskau kannte und russisch sprach, stellte in seinem Moskau-Buch von 1557 alles genauer dar. Bei ihm sind die Oberläufe der Flüsse an Moskau herangerückt.

Moskau liegt in der Tat an der Stelle, wo die Flüsse zusammenwachsen, an den Wasserscheiden, die durch Schleppstellen (sogenannte Voloki) miteinander verbunden waren, durch Orte also, an denen man damals die Kähne über Land zog. Es sind Städtenamen erhalten geblieben wie Vyšnij Voločok, Volokolamsk.

An solchen Orten lebten die Krivičen und die Vjatičen.

Das Totem der Vjatičen waren der Biber und die Ente – ein Flußvogel und ein Flußtier. Nicht von ungefähr singt in dem Film ‹Ivan der Schreckliche› Efrosinja Starickaja am Leichnam ihres Sohnes das Lied vom Biber.

Im Frühjahr kam mit dem Eis das Hochwasser die Moskva herab. Die Fensteröffnungen der Häuser im Erdgeschoß mußten mit Ziegelsteinen abgedichtet werden. Ich erinnere mich, daß das Wasser bis zur Dritten Filmfabrik, die nicht weit vom Kiever Bahnhof entfernt lag, vordrang. Der Fluß mit seinen Ufern war vom Hochwasser überschwemmt.

Ein anderes Element war das Land, das von Moskau aus in allen

Richtungen zu sehen war. Bei Moskau trafen verschiedene Ländereien aufeinander, und die Stadt verknüpfte sie auf neue Art und Weise.

Auch das Feuer gab es in Moskau. Und zwar das Feuer der Tatareneinfälle, das Feuer Peters des Großen, der Fabriken von Tula, des Moskauer Brandes von 1812 und des Moskauer Aufstandes von 1905.

Das Feuer der winterlichen Lagerfeuer während der Beisetzung Lenins. Doch wie sollte man all das miteinander verknüpfen, es in einem einzigen, dem Zuschauer verständlichen heraldischen Symbol zum Ausdruck bringen?

Die Arbeiten für den Bau des Moskva-Kanals waren in vollem Gange. Der Kanal führte das Wasser der Wolga an die Stadt heran. Gleichzeitig war er Teil eines großen Seeweges und machte Moskau zu einem Binnenhafen.

Wie sollte man die Geschichte einer Stadt schreiben, die das Land um sich herum gesammelt und das Wasser umgewandelt hat? . . .

Das Land in dem Drehbuchentwurf ist Ackerland und Erz. Das Erz, das im Tagebau gewonnen wird, verkleinert zugleich die Landfläche. Das Land muß mit Wasser getränkt werden. Die Flüsse müssen, wie Radiščev gesagt hat, von Menschenhand geschaffen werden. Die Taten der Menschen sollten die Grundlage des Sujets werden.

Früher war die Grundlage eines Kunstwerkes die Geschichte eines Helden, die eng mit der Geschichte seiner Familie verknüpft war. Anders konstruierte Dostoevskij seine ‹Aufzeichnungen aus einem Totenhaus›. Er zeigte die gewaltsam in einem Gefängnis zusammengeführten Menschen und entwickelte die Geschichten ihrer mannigfaltigen Tragödien.

Smollet, Fielding und Dickens versetzten ihre Helden in ein Gefängnis, doch wählten sie für gewöhnlich ein Schuldgefängnis.

Gorkij mied in seinem Theaterstück ‹Nachtasyl› die traditionelle Motivierung des Bühnenauftritts und -abgangs seiner Helden; er stellte ein Nachtasyl dar, in dem Menschen zu einer Gruppe zusammengerückt sind; es gibt keine die Menschen voneinander trennenden Wände, die Mannigfaltigkeit der Schicksale ist in ihrer aller Armut vereint.

Wie kann man bei der Darstellung der Geschichte einer Stadt das Nacheinander der Chronologie vermeiden?

Wie soll man die neuen Konflikte, die die Menschen auf ungewohnte Weise zusammenführen, wiedergeben?

Wie soll man für sich selber, in sich selber die Müdigkeit vor Heldentaten überwinden?

Das Leben hat sich verändert. Man hatte auf dem Berg Potylicha, dort, wo der Setun in die Moskva mündet, eine neue Filmfabrik gebaut. Auf dem Potylicha standen die noch von Ivan dem Schrecklichen angelegten Kirschgärten in voller Blüte. Hierher hatte man Dung aus ganz Moskau gebracht. Auf dem Schmutz Moskaus wuchsen die Gärten.

Dann besiegte der Asphalt die Gärten. Der Asphalt ersetzte das Eis in dem herrlichen Film ‹Aleksandr Nevskij›. Die Gärten des Potylicha verschwanden. Und sie kehrten wieder als Gärten rings um das neue Gebäude der Moskauer Universität und als Apfelbaumgarten gleich neben der Fabrik. Diesen Garten hatte Saško Dovženko angepflanzt.

In der alten Kirche neben der Filmfabrik spielten später einige Szenen der ‹Bežin-Wiese›.

Aber das war Zukunft.

Der Potylicha war nicht nur ein Sieg des sowjetischen Films. Er wies auch einen Mangel auf. Allzu groß und nicht aufgeteilt waren seine Hallen. Die Gebäude waren so gewaltig, daß Ejzenštejn später einmal sagte, es gebe in der Fabrik Orte, die «ein menschlicher Fuß noch nie betreten hat». Manchmal kann man von einem Raum in den anderen gehen und dabei den Weg verfehlen, auf die Straße hinausgehen, um sich zu orientieren, und dabei die Durchquerung des Gebäudes in etwas Ähnliches wie einen Spaziergang durch die Stadt verwandeln.

Hier war noch kein Platz für Sergej Ejzenštejn.

Ich habe ihn auf dem Ersten Sowjetischen Schriftstellerkongreß in Moskau im Jahre 1934 wiedergesehen.

Es glänzten die Säulen der Adelsversammlung, jene Säulen, die die Helden des Krieges von 1812, Puškin und Lermontov, gesehen hatten; jene Säulen, zwischen denen man Fedor Dostoevskij mit einem Kranz krönte, den Menschen, der sich in der Vergangenheit und in der Zukunft verirrt hatte.

Es glänzten die Säulen, sie spiegelten das Grab Lenins wider – des Menschen der Zukunft –, sie spiegelten die kalte, schweigsam atmende Menschenmenge wider.

Die Menschenmengen zogen wie ein schwarzer Eisgang durch den Saal, Frost und Kummer atmend.

Jetzt spiegeln die Säulen Hoffnung wider.

Am Katheder stand der noch nicht alte Maksim Gorkij. Ihn strahlte ein ‹Jupiter› an. Er hob seinen langen Arm, verbeugte sich und sagte nicht laut und sich gleichsam entschuldigend:

«Nehmt den Ofen weg!»

Er sprach über die Folklore, über verwirklichte Träume, über den neuen Aufbau. Er sprach über die Literatur.

Gorkij hob die Arme vor sich in die Höhe, hielt die Handflächen in einer Entfernung von nicht mehr als einem Drittel Meter auseinander und sagte:

«Wir Schriftsteller können nur einander kritisieren.»

Und dann wiederholte er deutlich, wobei er die Silben betonte:
«Weiter nichts. Nur kritisieren und arbeiten.»

Es war ein Kongreß der großen Erwartungen.

Sergej Michajlovič war nach Hause zurückgekehrt, um sein Vorhaben, sich ein eigenes kleines «experimentelles Universum» zu schaffen, zu Ende zu führen.

«Ich erinnere mich, wie in einer großen Schriftstellerversammlung Boris Pasternak sprach. Verliebt sprach er über seine Zuneigung zu Puškin.

Über seine immer stärker werdende Neigung zu den Werken des 19. Jahrhunderts.

Über seine spürbare Annäherungsfähigkeit an ihre Schöpfer, und wie er sich den belebenden Quellen der Blütezeit der Literatur vom Anfang des 19. Jahrhunderts näherte.

Und darüber, wie ihm aus den Tiefen die Schöpfer selbst *entgegen-kommen*.

‹Wohin des Wegs?› fragen ihn die Vorübergehenden.

‹Zurück – zu den Anfängen unseres Jahrhunderts. Und ihr?›

‹Wir? Wir – vorwärts. Vorwärts in eure Zeit. Vorwärts. In das zwanzigste Jahrhundert . . .›

Ich erinnere mich an seine bewegte Rede, in der er seine eigene archaisierende Betrachtungsweise der ihm so teuren Dichtung der Puškinzeit entlarvte und damit auch beschämte.

An die genauen Worte Pasternaks erinnere ich mich nicht mehr» (Bd. III, S. 518).

Dies war der Weg in eine schwere Zukunft, in eine Zukunft, die man schaffen mußte; in ein «experimentelles Universum», das zum erstenmal in Erscheinung trat.

Hier gibt es Vorläufer, aber wenige Weggenossen.

Sergej Michajlovič lebte in dem weiten Meer der Malerei, Architektur und Literatur.

Die Wunden schmerzten, aber sie verheilten.

Er gestaltete seinen Rhythmus von neuem um, indem er die puškinsche Klarheit übernahm und die Arbeit seiner westlichen Zeitgenossen überprüfte.

Er sah, daß der Roman für Proust nur eine Epopöe über die verlorene Zeit war. Helden gebe es keine. Es gebe nur einen Menschen, der sich an die mikroskopischen Veränderungen in seinem Leben erinnert. Seine Geschichte sei die Aufzeichnung unzeitgemäßer Wünsche. Er liebe nicht, er wähle die Situationen unerfüllter Wünsche.

Marcel Prousts ‹Im Schatten junger Mädchenblüte› kannte Sergej Michajlovič Ejzenštejn gut, er mochte das Buch nicht.

Die menschliche Seele hatte sich erweitert. Es mußte ein neues kinematographisches Sujet geschaffen werden. Doch fürs erste stellte die Kontinuität der Zeit noch die Verbindung zwischen den kinematographischen Novellen her und gab der Gegenüberstellung ihren heraldisch konventionellen Sinn.

Man darf nicht glauben, daß das Leben eines Genies nur aus Siegen besteht.

In seinem Leben entsteht, wie bei den Irrfahrten des Odysseus, der keine Karten hatte, eine neue Geographie. Die Alten nannten Homer den ‹Vater der Geographie›.

Sergej Michajlovič war, aus vielen Wunden blutend, aus Amerika zurückgekehrt. Um ihn herum waren Freunde und Schüler.

Sie hatten sich in den drei Jahren verändert. Hatten Filme gedreht, waren groß geworden.

Sie waren mit der Gegenwart nicht nur durch ihre Einsicht, sondern auch durch die Kontinuität ihrer Arbeit verbunden, und dies erklärt eine gewisse Kompliziertheit der Lage, in der sich Sergej Michajlovič auf der Ersten Konferenz der Filmschaffenden befand.

Man liebte ihn, man erwartete von ihm ein neues Wort; an seine früheren Worte konnte man sich nicht erinnern; er mußte neue Worte sagen.

Das Jahr 1935
Die Konferenz der sowjetischen Filmschaffenden

Die Konferenz fand vom 8.–13. Januar 1935 in der Vasilevskaja-Straße im großen Saal des alten Hauses des Films statt.

Die sowjetische Kinematographie war bereits fünfzehn Jahre alt, wenn man als ihren Geburtstag jenen 27. August 1919 ansieht, an dem das Dekret erlassen worden war, wonach die gesamte Film- und Fotoindustrie in die Zuständigkeit des Volksbildungskommissariats übergeführt wurde. Unsere Filmkunst begann mit der Wochenschau: in der Wochenschau kam zum erstenmal die Begabung der ersten Kameraleute zum Vorschein, sammelten die ersten Regisseure ihre Erfahrungen.

Große Erfolge erzielte unsere Kinematographie ab 1923: damals erschien der Film ‹Die roten Teufelchen› nach dem Drehbuch von P. Bljachin.

Der nach heutigem Maßstab naive Film eroberte das ganze Land, alle kannten ihn, man sah ihn in Moskau und in jeder beliebigen Kolchose. Heute lebt er in Form der Serie ‹Die neuen Abenteuer der Ungreifba-

ren› wieder auf. Diese Serie hat im Kino und im Fernsehen einen Erfolg, der wiederholten Malariaanfällen gleicht. Sein Mangel im Vergleich zu seinem von P. Bljachin geschaffenen Vorfahren besteht darin, daß die ‹Roten Teufelchen› primär jung sind und von der ersten Inspiration hervorgebracht wurden.

Das ist die erste Luft des Morgen, wenn sie gleichsam eben erst entstanden, eben erst über der Erde ausgegossen, eben erst von der Sonne erwärmt ist, die hinter dem Horizont aufgestiegen ist und mit ihrer Wärme über die weiten Felder weht.

‹Die neuen Abenteuer der Ungreifbaren› sind der fleißige Schatten ihres Ahnherrn. Wie jeder Schatten kann auch er mit einer Versetzung der Lichtquellen verlängert werden.

Folgende Erfolge der Kinematographie hat es gegeben: ‹Palast und Festung› – ein Film, der nach dem Drehbuch von Olga Forš von dem Regisseur Ivanovskij gedreht worden war; ‹Die ungewöhnlichen Abenteuer des Mister West im Land der Bolschewiken› – Drehbuch von Nikolaj Aseev, Regie: Lev Kulešov; ‹Aelita›, gedreht von Jakov Protazanov nach dem Drehbuch von Aleksej Tolstoj und Aleksej Fajko.

Die Kinematographie wuchs schneller als der Zarensohn Gvidon. Es entstanden die Filme ‹Kinoglaz›, dann der ‹Streik› von S. M. Ejzenštejn, ‹Der Postmeister› mit Moskvin. Im Grunde war die 1925 einsetzende sowjetische Kinematographie damals, das heißt zur Zeit der Konferenz der Filmschaffenden, sogar weniger als fünfzehn Jahre alt, sondern, wie die Redner betonten, erst zehn.

Im Saal waren nur junge Leute. Einer der Älteren war S. M. Ejzenštejn, der die Filme ‹Streik›, ‹Panzerkreuzer Potemkin›, ‹Oktober›, ‹Das Alte und das Neue› gedreht hatte. Er war in aller Welt anerkannt.

Im Saal war Vsevolod Pudovkin. Nach zwei kleineren Filmen hatte er nacheinander die Filme ‹Mutter›, ‹Das Ende von Sankt Petersburg› und ‹Sturm über Asien› [eigentlich: ‹Der Nachkomme des Čingiz-Chan› – Anm. d. Ü.] gemacht. Dieser junge Regisseur hatte drei weltweit bekannte Filme gedreht.

Im Saal war Dovženko, der das ‹Arsenal›, die ‹Erde› und einen weiteren Film gemacht hatte, den man damals für einen Mißerfolg hielt – ‹Ivan›.

Im Saal waren die Brüder Vasilev, die vor kurzem noch Montageure waren und zunächst den erfolglosen Film ‹Dornröschen› nach dem Drehbuch von G. Aleksandrov gedreht hatten, dann einen kleinen, amüsanten, instruktiven oder wissenschaftlichen Film über Kaninchen und danach den Film ‹Čapaev›.

Einen Film, der keine Epitheta braucht.

Doch ich kann nicht an mich halten und will erzählen.

‹Čapaev› ist nicht nur ein Film über den Bürgerkrieg.

Es ist ein Film über die Geburt des neuen Menschen.

Die Zuschauer lieben Čapaev deshalb so, weil sie in ihm ihre eigene Biographie wiedererkennen, an sich selber glauben und über ihre eigenen Fehler lächeln. ‹Čapaev› ist nicht vollendet, ebensowenig wie alle Kunst vollendet ist, aber in der Kühnheit seiner Lösungen liegt die Zukunft.

Die Sitzung ging vorüber.

Das war eine Versammlung von Menschen im Alter zwischen einunddreißig und vielleicht fünfunddreißig Jahren. Das war eine Versammlung von Meistern, die von ihren zukünftigen Erfolgen überzeugt waren.

Die sich nicht scheuten, irgend etwas zu suchen.

Das war ein Rat, von Feldherren über die wichtigsten Probleme ihrer Strategie in der revolutionären Kinematographie. Es stritten miteinander die Vertreter des damals sogenannten Montagefilms und des Sujetfilms. Den Terminus ‹Montagefilm› hatte Sergej Jutkevič, einer der jüngsten Konferenzteilnehmer, in die Sitzung eingeführt. Er war einunddreißig Jahre alt. Er hatte die Filme ‹Spitzen›, ‹Schwarzes Segel›, ‹Goldene Berge› gedreht und eben gerade zusammen mit Ermler den Film ‹Der Vorübergehende› beendet.

Der Montagefilm stand im Gegensatz zum Sujetfilm, insbesondere zu dem Film ‹Čapaev› der Brüder Vasilev. Diese Terminologie ist aber ungenau. Sujetfilme wurden bis 1935 gedreht.

Das Wort ‹Sujet› bedeutete zu verschiedenen Zeiten, in verschiedenen Epochen Verschiedenes. Zum Beispiel nannte man im 18. Jahrhundert den Hauptdarsteller eines Werkes und gewöhnlich den ersten Liebhaber einen Sujet; im Ballett die Koryphäe. Die Menschen drücken veränderte Bedeutungen in unveränderten Termini aus.

Lev Vladimirovič Kulešov drehte nach dem Sujet der Novelle ‹Das Unerwartete› von Jack London einen Film nach einem Drehbuch, das ich geschrieben hatte. Das Drehbuch erhielt den Titel ‹Nach dem Gesetz›. Dieses Drehbuch hat S. Dinamov in seiner Eröffnungsansprache zu der Konferenz erwähnt. Er machte Kulešov die folgenden Vorwürfe:

«Manchmal zeichnen unsere Regisseure Menschen absterbender Emotionen. So Kulešov. Wenn man einmal ‹Nach dem Gesetz› betrachtet, so steht im Zentrum dieses Filmes die Emotion der Angst. Die Menschen fürchten sich davor, den Feind zu töten, die Menschen fürchten den Tod, sie fürchten das Leben. Und gerade dieser Film ist über sechs, sieben Teile hinweg einer tiefgehenden, feinen Analyse der Angst vor dem Leben gewidmet. Nicht nur in diesem Film, sondern auch in anderen Filmen Kulešovs erhalten die absterbenden Emotionen einen Aufschwung. Interessant ist, daß Kulešov bei Jack London die Angst gesehen hat. Lenin hatte etwas anderes gesehen, als ihm Nadežda

Konstantinovna Krupskaja Jack London vorlas. Ihm hatte Jack Londons Erzählung ‹Die Liebe zum Leben› gefallen, die Erzählung über einen Menschen, der, ohne sich durch irgend etwas beirren zu lassen, ohne vor irgend etwas haltzumachen, sich wie ein Tier mühsam weiterschleppt, nachdem er alles verloren hat und weder Feuer noch Essen, noch eine Wohnung besitzt. Der Wille zum Leben brennt, ohne auch nur für eine einzige Sekunde zu erlöschen.

Das ist es, was man bei Jack London hätte sehen müssen, das ist es, was man in unserer Wirklichkeit sehen muß.

Wenn ein Künstler das Leben kennen, wenn er das Leben lieben wird, wenn er die Wahrheit darüber sagen wird, dann wird er keine Kunstwerke über absterbende Emotionen schaffen.»[16]

Dieses ziemlich umfangreiche Zitat führe ich deshalb an, weil die Worte des verstorbenen S. Dinamov nicht nur beleidigend, sondern auch falsch sind. Vladimir Ilič hat von den Erzählungen Jack Londons nur eine gefallen – ‹Die Liebe zum Leben›. Als Nadežda Konstantinovna ihm die anderen Erzählungen vorlas, sprach Lenin von den Mißerfolgen des Schriftstellers Jack London. Für ihn war nur ‹Die Liebe zum Leben› eine gute Erzählung.

Ich will den Film hier nicht nacherzählen, er ist noch nicht vergessen. Es ist kein Drehbuch über die Angst, es ist ein Film darüber, wie Eigentümer nicht irgendeine abstrakte Wahrheit, sondern ihr ausschließliches Recht auf Ausbeutung verteidigen. Den Menschen, der um seinen Anteil kämpft, halten sie für einen Verbrecher. Dies läßt dann auch das Verbrechen entstehen. Wir wollen jetzt nicht die Tiefe und Präzision des Konflikts erörtern, aber im Film war er sehr gut gezeigt worden.

‹Sturm über Asien› ist ein in der ganzen Welt bekanntes Filmkunstwerk. Dieser Streifen ist ein Sujetfilm, das heißt, er hat seinen eigenen Gegenstand, bei dem das Grundthema in ganz bestimmter Weise hervorgehoben wird, und behandelt das Thema in Form einer sujethaften Untersuchung. Eine solche Bearbeitung, in der der Gegenstand in verschiedenen Formen vor den Zuschauern ausgebreitet wird, bedeutet auch eine Fülle an künstlerischer Erkenntnis.

Das Drehbuch hat O. Brik nach einer Erzählung von Novokšonov geschrieben.

. . . Ein junger Mongole wird das Opfer eines Fellaufkäufers. Das äußerst kostbare Fell eines Silberfuchses wird vom Aufkäufer auf einen Haufen Felle geworfen. Man zahlt dafür nicht den wahren Preis. Ringsum Besitzer, Okkupanten. Der Mongole verletzt den Aufkäufer. Er ist ein Verbrecher, man arretiert ihn, man erschießt ihn. Die Erschießung führt ein gemeiner Soldat widerwillig durch. Auf der Brust des Mongolen entdeckt man ein Amulett, in dem Amulett einen Stammbaum – der Mongole gehört dem Geschlecht des Čingiz-Chan an. Man kommt auf die Idee, ihn zum Haupt eines Marionettenstaates zu machen.

Doch der junge Mongole ist bereits erschossen worden. Man schickt denselben Soldaten, der den Mongolen erschossen hat, auf den Hinrichtungsplatz. Der Hingerichtete lebt noch, man pflegt ihn, man sorgt für ihn. Er begreift überhaupt nichts. Er hat Angst vor Gift und trinkt deshalb Wasser aus dem Aquarium, weil in dem Aquarium lebende Fische gehalten werden, dort also kein Gift vorhanden ist. Man kleidet ihn in einen Frack, man hält vor ihm Reden. Und er erblickt am Hals einer Dame, die am Tisch sitzt, jenes Fell, das man ihm abgenommen hatte: er reißt ihr das Fell herunter; im Finale gibt es einen Sturm, nach dem man den Film im Westen ‹Sturm über Asien› genannt hat.

Dies ist ein großer Sujetfilm.

Nichtsdestoweniger kann man sagen, daß eine Zeitlang die gegenständlichen, die montagegerechten Gegenüberstellungen auf die gleiche Höhe wie die sinngemäßen ereignishaften Gegenüberstellungen gebracht wurden. Und sie sogar verdrängten.

Statt die von der alten Kunst geschaffene Struktur auf neue Weise zu nutzen, verschmähte man die alte Kunst.

‹Čapaev› ist ein Triumph der ganzen sowjetischen Kinematographie: der Film war allen verständlich; er wurde überall gezeigt, überall verstanden und lehrte die Meister vieles.

Aber worin liegt der Grund für den Triumph des ‹Čapaev›, warum wurde er so ohne Widerspruch von allen aufgenommen?

Mir scheint deshalb, weil im ‹Čapaev› die Montage der kinematographischen Phrase der Gegenüberstellung – das heißt der Montage – großer sinngemäßer Konstruktionen unterworfen wurde.

Eine Montage großer sinngemäßer Teile – gleichsam Kapitel – gibt es auch im ‹Panzerkreuzer Potemkin›. Doch die ‹Unzufriedenheit der Matrosen› (die Meuterei), die ‹Anrufung des Toten› (Mole und Treppe) sind bei Ejzenštejn nicht deutlich mit der menschlichen Selbstbewußtseinsbildung verknüpft.

Der ‹Sujetfilm› ist auf der Grundlage der Montagefilme entstanden.

Die Brüder Vasilev – die einstigen Mitarbeiter der Montageabteilung – waren in wenigen Jahren zu angesehenen Regisseuren geworden.

Sie hatten ein Sujet geschaffen, das nicht auf der Darstellung konventioneller Themen wie Geld oder Liebe beruht, sondern eine Entwicklung enthüllt: wie ein Mensch, ein Kommandeur, sich verändert, ohne dies selbst zu bemerken, und wie er sich selber in seiner Arbeit verändert.

Über das Sujet des ‹Čapaev›,
über die Montage sinngemäßer Konstruktionen

Dieser Film war in eine Reihe von abgeschlossenen, in ihrer Schürzung und Lösung überraschenden Stücken zerlegt. Die Lösungen waren neue Schürzungen. Wir sehen eine Szene, die man das Gelage der Partisanen nennen könnte. Die Partisanen amüsieren sich. Doch da kommt die Ordonnanz auf die Freitreppe hinaus und gibt einen Schuß in die Luft ab. Pause. In die Pause hinein spricht die Ordonnanz: «Still, Čapaj will nachdenken.» Da haben wir diese Form Čapaj, und nicht Čapaev, und dieses Mittel – nicht die Klingel des Vorsitzenden und nicht das Klopfen auf den Tisch, sondern der Schuß in die Luft – gibt eine eigenartige Vorstellung von dem Entstehen einer Disziplin und von der Hervorhebung eines Kommandeurs, der für alle nachdenken muß, und davon, daß die ganze Abteilung voll Achtung seinem Gedanken gegenübersteht.

Die Schere des Montageurs erhielt eine neue Bedeutung.

Die Montageteile werden anders und harmonieren in neuen Widersprüchen.

Der junge Sergej Jutkevič sagte damals, daß ‹Čapaev› mit Pudovkins ‹Mutter› und nicht mit Ejzenštejn zusammenhinge. Das Kind hat also eine Mutter, aber keinen Vater.

In der Kunst ist es gewöhnlich nicht so.

Nach einigen Jahren war Jutkevič zu einem derjenigen geworden, die das Erbe Ejzenštejns bewahrten; er verwaltete dessen Archiv, in dem er auch Ordnung zu halten wußte.

In der Kunst kommt sehr vieles den Jungen zu, aber Reife braucht der Künstler auch.

Uns fällt es heute leichter zu sprechen, wir halten Gericht über uns, da wir das Ergebnis unserer Erfahrungen und die Erfahrungen der Freunde kennen.

Wir leben von neuem, wie der Chronist Pimen, der irgendwo unser Zeitgenosse ist.

Die Brüder Vasilev arbeiteten zusammen mit S. M. Ejzenštejn. Er sprach mit ihnen, sie halfen sowohl ihm als auch G. V. Aleksandrov.

Sie waren an der gemeinsamen Arbeit des sowjetischen Films groß geworden, sie hatten sich verändert, wobei sie aber bis zuletzt den Aufgaben treu blieben, die ihr eigener Lehrer nicht vollendet hatte.

Sergej Michajlovič berichtete auf dieser Konferenz, wie die Meister des französischen Detektivromans, Eugène Sue und Victor Hugo, die Erfahrung Coopers nutzten.

Bei Fenimore Cooper gibt es einen Späher – den alten Jäger mit dem

Spitznamen Lederstrumpf; er erriet an den kleinsten Spuren, was in dem Wald vor sich gegangen war.

Cooper war vor hundert Jahren sehr bekannt.

Die Erfahrung Coopers ging in den allgemeinen Erfahrungskodex der Kunsttheorie ein. Doch es gab einen Augenblick, da er mechanisch zitiert wurde. Ich führe Sergej Ejzenštejns Worte an:

«Über diese Verbindung zwischen dem frühen Detektiv und den ‹Spurenlesern› von Cooper schreiben Balzac, Hugo und Eugène Sue, die wenig getan haben für dieses Genre, aus dem später der reguläre Detektivroman herausgearbeitet wurde.

In Briefen und Tagebuchnotizen legen sie ihre Vorstellungen dar, die sie bei den sujetgerechten Konstruktionen des Detektivwesens, der Verfolgungsjagden und der Nachforschungen leiteten (‹Les Misérables›, ‹Vautrin›, ‹Le Juif errant›), und sie schreiben alle, daß ihr fesselnder Prototyp die Situation des Urwaldes von Fenimore Cooper gewesen sei und sie das Bild des Urwaldes und einer analogen Handlung in das Labyrinth der Gassen und Straßen von Paris übertragen wollen. Das Sammeln von Beweisstücken rührt von der Methode des ‹Spurenlesens› her, die Fenimore Cooper in seinen Werken dargestellt hat.

Auf diese Weise dienten der ‹Urwald› und die Praxis der ‹Spurenleser› aus den Werken Coopers Romanschriftstellern wie Balzac und Hugo gleichsam als Ausgangsmetapher im Hinblick auf die Abenteuerkonstruktionen innerhalb des Labyrinths von Paris und der Intrigen des Detektivwesens. Dies half jene Tendenzen zu entwickeln, die einem Detektivroman zugrunde lagen. Es entsteht ein ganz selbständiger Typ des Sujetbaus. Aber auf dem gleichen Niveau mit jener Nutzung des Cooperschen ‹Erbes› in einer solchen dynamischen Konstruktion haben wir noch eine andere Form – die Form einer buchstäblichen Verpflanzung, einer wörtlichen Verwendung Cooperscher Prosaelemente. Dann entsteht Ungereimtheit und Fieberphantasie! So schreibt zum Beispiel Paul Feval einen Roman, in dem wirkliche Rothäute inmitten des wirklichen Paris mitwirken und es eine Szene gibt, in der drei Indianer einen Menschen in einer Droschke skalpieren!!!» (Bd. II, S. 107–108).

Ejzenštejn hat recht.

Ich erinnere mich, daß in Kulešovs Film ‹Die Abenteuer des Mister West im Land der Bolschewiken› ein nach Moskau gereister Amerikaner und sein Diener, ein Cowboy, mit in die Handlung aufgenommen sind. In diesem Film wurde die amerikanische Erfahrung nicht so sehr ausgewertet, als vielmehr von neuem parodiert.

Dostoevskij wertete bei seinem Studium des Lebens einer veränderten Stadt die Erfahrung eines Cooper, Balzac und Eugène Sue aus, doch er machte den Detektivroman zu einem philosophischen Roman, da er den Lauf der Zeit begriffen hatte, und veränderte die Funktion dessen, was widerlegt zu sein schien.

Über die Verständlichkeit: Es gibt viele Streitigkeiten und große Fehler

Auf der Künstlerischen Allunionskonferenz der Sowjetischen Filmschaffenden, die Anfang Januar 1935 in Moskau stattfand, sagte Sergej Vasilev, den man mit stürmischem Beifall empfangen hatte:
«Wir sprechen über die Einfachheit, und wir reden viel. Heutzutage ist hier eine Tradition entstanden: Jutkevič sprach über George Sand, Ejzenštejn unterhielt sich gestern mit Vagner. Erlauben Sie mir, mit einem ‹künstlerischen Mitarbeiter› zu sprechen:
‹Kaum hatte sich die Kunst der höchsten Klassen von der Volkskunst gelöst, da kam die Überzeugung auf, Kunst könne Kunst sein und den Massen unverständlich bleiben. Und kaum hatte man diese Behauptung zugelassen, da mußte man zwangsläufig auch zulassen, daß die Kunst nur für eine äußerst kleine Zahl Auserwählter verständlich sein könne . . .
Genauso sprechen auch die heutigen Künstler: Ich schaffe und verstehe mich selbst, und wenn jemand mich nicht versteht, um so schlimmer für ihn . . . Aber wenn die Mehrzahl etwas nicht versteht, so muß man es ihr erläutern, ihr jene Kenntnisse vermitteln, die zum Verständnis nötig sind. Doch es erweist sich, daß es derartige Kenntnisse gar nicht gibt und man ein Kunstwerk nicht erklären kann, und daher geben diejenigen, die behaupten, daß die Mehrzahl gute Kunstwerke nicht verstehe, keine Erklärungen, sondern sagen, daß man, um verstehen zu können, immer und immer wieder ein und dieselben Kunstwerke lesen, betrachten und hören müsse. Das aber bedeutet, daß man nicht erläutert, sondern gewöhnt. Und gewöhnen kann man an alles, auch an das Schwierigste. So kann man die Menschen an verfaulte Speise, an Wodka, an Opium gewöhnen, so kann man die Menschen auch an schlechte Kunst gewöhnen, was letzten Endes auch getan wird . . . Große Kunstgegenstände sind auch nur deshalb groß, weil sie allen zugänglich und verständlich sind.
Die Aufgabe der Kunst besteht gerade darin, das verständlich und zugänglich zu machen, was in Form einer Abhandlung nicht verständlich und nicht zugänglich sein könnte . . .

Es kann die Kunst den Massen nicht nur deshalb unverständlich sein, weil sie sehr gut ist, wie dies die Künstler unserer Zeit gerne zu sagen pflegen . . . So daß die so beliebten und naiv von der kulturbeflissenen Menge aufgenommenen Argumente, nach denen man die Kunst, um sie empfinden zu können, verstehen müsse (was im Grunde genommen nur heißt, sich an sie zu gewöhnen), der deutlichste Hinweis darauf sind, daß das, was einem auf solche Weise angeboten wird, entweder sehr schlechte Kunst oder überhaupt keine Kunst ist!›»[17]

Das hat Lev Nikolaevič Tolstoj gesagt. Auf seine Worte berief sich von der Tribüne der großen Versammlung herab Sergej Vasilev.

Womit hatte Sergej Vasilev damals unrecht?

Sein Zitat besteht aus auseinandergerissenen und verabsolutierten Teilen. Wenn man sich einmal das Werk vornimmt, dem es entnommen ist – ‹Was ist Kunst?›, ein Traktat, den Tolstoj in den Jahren 1897–1898 geschrieben hat –, so wird deutlich, daß das Zitat aus Aussagen zusammengesetzt ist, die den verschiedensten Seiten entnommen worden sind.

Indessen muß man den ganzen Traktat in seiner Kompliziertheit und in seinen Schlußfolgerungen betrachten. Der Traktat umfaßt selbst viele Seiten: er reicht von der 27. bis zur 195. Seite. Außerdem umfaßt er noch eine Ergänzung und einen halben Band Varianten. Er fußt darauf, daß die christliche Religion die Wahrheit sei und folgerichtig das wahr sei, was ihr entspricht, wie zum Beispiel die ‹Geschichte vom schönen Joseph›.

Tolstoj ist überdies der Ansicht, daß die Kunst seiner Zeit, das heißt des ausgehenden 19. Jahrhunderts, verständlich und richtig sei.

In demselben Aufsatz schrieb Tolstoj: Puškin, Ballett, Beethoven, Zola, Bourget, Huysmans, Kipling – all diese Künstler und Künste seien unverständlich und nicht nötig. Er hielt den ‹Don Quichotte›, die Komödien Molières für unverständlich und dem Inhalt nach arm. In der Musik erkannte er «vielleicht ein Dutzend Dinge an, keine ganzen Stücke, sondern nur aus den Werken Haydns, Mozarts, Schuberts, Beethovens und Chopins ausgewählte Stellen, die den Ansprüchen einer weltweiten Kunst nahekommen.»

In einer Anmerkung schreibt er: «Hierbei muß noch bemerkt werden, daß ich meine eigenen künstlerischen Werke dem Bereich der schlechten Kunst zurechne . . .»[18] Eine Ausnahme macht Tolstoj für seine Erzählungen ‹Gott sieht die Wahrheit› und ‹Der Gefangene im Kaukasus›.

Es gibt nichts Heimtückischeres als Zitate: man schreibt einen guten Gedanken heraus, macht aus ihm eine Karteikarte, ordnet diese in einen Karteikasten ein und vergißt, was rings um ihn herum gestanden hat: die sorgfältig auf Karten notierten Gedanken vertrocknen.

Lev Nikolaevič Tolstoj sagte zu verschiedenen Zeiten Verschiedenes, und immer sprach er ernsthaft, wohlüberlegt, er war aber ein Mensch der Extreme.

Der Traktat ‹Was ist Kunst?› umfaßt zusammen mit den Entwürfen und Varianten im 30. Band der ‹Gesammelten Werke› 456 Seiten und ist voll von Widersprüchen. Zitate aus ihm darf man nicht als endgültige Lösungen der Fragen

1. Was ist Kunst?
2. Wozu ist sie nötig?
3. Wie soll sie sein?

anführen.

Ich will ein sehr kurzes Zitat anführen. Tolstoj schreibt, daß er Dutzende von Briefen von Bauern erhalte, in denen gefragt wird, warum die Bücher Puškins verbreitet werden, warum man seinen 50. Todestag würdige . . .

Tolstoj kann den Zweifel eines Bauern nachempfinden: «Doch wie groß muß sein Befremden sein, wenn er erfährt, daß Puškin ein Mensch von mehr als leichten Sitten war, daß er im Duell starb, das heißt bei der Versuchung, einen anderen Menschen zu töten, daß sein ganzes Verdienst allein darin besteht, Liebesgedichte geschrieben zu haben, die oft sehr unanständig sind.»[19]

Das steht im Haupttext des Traktats.

Tolstoj wollte ein Asket sein.

Er lehnte die Oper und noch mehr das Ballett ab. In demselben Aufsatz schrieb er: «Das Ballett aber, in dem halbnackte Frauen wollüstige Bewegungen machen, sich zu verschiedenartigen sinnlichen Guirlanden verflechten, ist eine geradezu lasterhafte Aufführung. So daß man keineswegs begreifen kann, für wen es gedacht ist. Einem gebildeten Menschen ist es unerträglich, es widert ihn an; einem richtigen Arbeiter ist es vollkommen unverständlich. Gefallen kann es nur, und das wohl auch schwerlich, denen, die zwar die Art von Herren angenommen haben, aber noch nicht von den Vergnügungen der Herren übersättigt sind, sowie sittlich verdorbenen Handwerksgesellen, die ihre Zivilisation unter Beweis stellen wollen, und jungen Lakaien.»[20]

Das sind die Worte über das russische Ballett, das auch zu jener Zeit das beste Ballett der Welt war.

Zweiunddreißig Jahre später wurde nach dem Drehbuch von G. Aleksandrov der Film ‹Dornröschen› gedreht, der eine Parodie auf das Ballett enthält. Der Film hatte keinen Erfolg.

Das sowjetische Ballett existierte weiter, es tauchten neue, uns und der ganzen Welt bekannte Meister auf. Es zeigte sich, daß das Ballett nicht nur den «sittlich verdorbenen Handwerksgesellen» und den «jungen Lakaien» gefällt, sondern auch dem «gebildeten Menschen» und dem «Arbeiter».

Vasilev hielt Tolstojs widersprüchliche, unrichtige und beständig von ihm selbst umgestoßenen Aussprüche zu Unrecht für ein ewiges Gesetz.

Wie aber stand Lev Nikolaevič zur alten Kunst im allgemeinen? Nehmen wir ein Zitat aus demselben Aufsatz: «Es ist den Kritikern zu verdanken, daß in unserer Zeit die derben, wilden und oft sinnlosen Werke der alten Griechen über die Maßen gelobt werden: die Werke eines Sophokles, Euripides, Aischylos und besonders Aristophanes, oder die der neuen wie Dante, Tasso, Milton, Shakespeare; in der Malerei die Werke vor allem Raffaels, vor allem Michelangelos mit seinem ungereimten ‹Jüngsten Gericht›, in der Musik die Werke vor allem Bachs und vor allem Beethovens in seiner letzten Periode . . .»[21]

Im weiteren nennt Tolstoj Schriftsteller und Komponisten, die zu seiner Zeit lebten: Ibsen, Maeterlinck, Verlaine, Wagner, Liszt, Berlioz, Brahms, Strauß und andere.

L. Tolstoj, der zu dem Schluß gekommen war, daß das Volk eine andere Kunst brauche, schrieb selber Volkserzählungen, die er unbeschränkt im Verlag ‹Posrednik› druckte.

Die Zeit hatte sich geändert, auch die Volkskultur hatte höhere Ansprüche. Das Volk hat Tolstoj verstanden. Das Volk liest ‹Krieg und Frieden›, ‹Chadži-Murat›, ‹Anna Karenina›. Die Volkserzählungen sind fast vergessen.

Einige der von Tolstoj genannten Schriftsteller und Komponisten sind ebenfalls vergessen.

Tolstoj hatte die Meinungen der zu seiner Zeit lebenden Bauern zu allgemein gültigen Maximen erweitert, indem er die damalige Beziehung des Mužik von Tula zur alten Kunst für endgültig ansah.

Wir wissen aber aus Goldenvejzers Aufzeichnungen ‹In Tolstojs Nähe›, daß Tolstoj selber einmal gesagt hat, Chopin habe in seiner Jugend als unverständlicher Komponist gegolten. Tolstoj selber habe Chopin später geliebt und verstanden, da er ihn für einfach hielt.[22]

Verständliche oder unverständliche Kunst – das ist ein sehr kompliziertes Phänomen. Die Kunst eines Sophokles und eines Aischylos ist wahrscheinlich einem ziemlich engen Kreis freier Bürger Griechenlands verständlich gewesen. Doch sie hat ihre Zeit überlebt. Sowohl Marx als auch Engels wie auch Lenin liebten sie. Sie war auf der Mythologie begründet, überdauerte aber diese Mythologie und lebt in unserer Zeit als neu ausgerichtete, veränderte und verständliche Kunst.

Und ein Schriftsteller, der sich selber gegenüber streng war und sich bemühte, den Standpunkt der Bauern einzunehmen, Gleb Uspenskij, schrieb seinerzeit die Skizze ‹Sie hat aufgerichtet›; er erzählte von der Schönheit der Venus von Milo und glaubte, daß die ganze Menschheit diese Statue brauche.

War Sergej Michajlovič Ejzenštejn immer verständlich? Nicht immer. Seine Filme fanden nicht sogleich Aufnahmebereitschaft bei uns und wurden nicht sogleich akzeptiert.

‹Čapaev› der Brüder Vasilev wurde sofort akzeptiert und verstanden. Der Film ist sehr schön und kompromißlos.

Kann man dies damit erklären, daß die Kunst der Brüder Vasilev höher ist als die Kunst Ejzenštejns? Es ist zu bezweifeln, ob die Brüder Vasilev dies dachten, obgleich sie die Fehler Sergej Michajlovičs kannten.

Die Filmkunst war allen vertraut, überall sah man ihre Werke, man sah sie mehrmals. Die Konstruktionen, die in jeder Kunst unbedingt notwendig sind und gleichsam in ihrem Wortschatz liegen, wurden den Zuschauern verständlich. Die Erfahrung des sowjetischen Films schuf nicht nur den ‹Čapaev›, sondern auch die Zuschauer für den ‹Čapaev›. Was unverständlich schien – Unterbrechungen der Handlung, Verlagerungen des Handlungsortes, Überblendungen, Veränderung der Aufnahmepunkte –, all das trat in das Bewußtsein des neuen Zuschauers ein.

Das Kunstwerk wurde verständlich.

Man darf nicht meinen, daß das Verständliche stets besser sei als das Unverständliche, obgleich es manchmal weitaus verbreiteter ist. Wir wissen aus der Erfahrung des Filmverleihs, daß der Film ‹Angelica und der König› weitaus mehr Zuschauer anzieht als viele sowjetische Filme.

Bedeutet dies, daß unsere Filme schlechter sind als diese westlichen Filme oder daß sie weniger verständlich sind?

Es gibt ein altes russisches Sprichwort: «Tolk-to est', no ne vtolkan ves'»; es bedeutet, wenn ein wichtiger Ausspruch oder eine Maschine unverständlich, aber notwendig sind, muß man ihren Zweck ohne Hast und ohne List begreiflich und vertraut machen.

Es gibt bei uns in Moskau einen Majakovskij-Platz. Auf diesem steht Majakovskij. Rechts von ihm, an der Stirnwand eines Hauses, das auf der gegenüberliegenden Seite der Gorkij-Straße steht, sind folgende Worte von Marx zu lesen: «Wenn du die Kunst genießen willst, mußt du ein künstlerisch gebildeter Mensch sein.»

Das wurde in einer Mitteilung über die sowjetischen Kunstzeitschriften wiedergegeben.

Was ist das: Kunstverständnis? Wird es dem Volk geschenkt?

In einem Artikel der Zeitschrift *Jasnaja Poljana* schrieb Tolstoj über ‹*Die Schule von Jasnaja Poljana in den Monaten November und Dezember*›. Viele Seiten der Zeitschrift sind belletristischen Charakters. Einmal las man in der Schule Gogols ‹Vij›.

Draußen war winterliche mondlose Nacht mit Wolken am Himmel. Davor hatte sich in der Umgebung eine schreckliche Geschichte ereignet: Der Koch hatte Avdotja Maksimovna Tolstaja, der Frau des Vetters Lev Nikolaevičs, Fedor Tolstoj, die Kehle durchgeschnitten.

Die Kinder gingen durch den Wald, und «sie erinnerten sich an die Kaukasus-Geschichte, die ich ihnen vor langer Zeit einmal erzählt hatte, und ich begann von neuem von den Abreken, von den Kosaken und von Chadži-Murat zu erzählen».

Die Kinder waren, wie Tolstoj sagte, «bis zur Grausamkeit» begeistert. «Ich beendete die Erzählung damit, daß der eingekreiste Abrek ein Lied anstimmte und sich dann selber in seinen Dolch stürzte.»

Und hierbei begannen die Kinder erneut von dem Mord zu sprechen, doch ganz unerwartet:

««Lev Nikolaevič›, sagte Fedka (ich dachte, er wolle erneut über die Gräfin sprechen), ‹wozu lernt man singen? Ich denke wirklich oft darüber nach, wozu man singen soll.›»

«Gott weiß, wie er von dem Schrecken des Mordes auf diese Frage kam, aber an allem, an dem Klang seiner Stimme, an der Ernsthaftigkeit, mit der er mir eine Antwort abzwang, an dem schweigenden Interesse der beiden anderen, spürte man eine äußerst lebhafte und völlig berechtigte Verbindung zwischen dieser Frage und dem vorangegangenen Gespräch. Bestand diese Verbindung darin, daß er auf meine Erläuterung über die Möglichkeit eines Verbrechens aus Unbildung etwas erwidern wollte (ich hatte ihnen das gesagt), oder darin, daß er sich selber prüfte, indem er sich in die Seele des Mörders hineinversetzte und an irgendeine eigene Tat dachte (er hatte eine wunderbare Stimme und eine große musikalische Begabung), oder fühlte er einfach, daß jetzt die Zeit für ein offenes Gespräch gekommen war und daß in seiner Seele all die Fragen aufstiegen, die einer Lösung bedurften – allein seine Frage konnte niemand von uns ermessen.»

Während des Erschaffungsprozesses gelangt ein Kunstwerk über Komplizierungen zur Einfachheit.

Es sammeln sich direkte ereignishafte Verbindungen und assoziative Verbindungen. Das Werk kompliziert sich, um sein Fassungsvermögen zu vergrößern.

Weit voneinander entfernt liegende und mit einemmal verknüpfbare Momente werden einander angenähert.

Assoziative Verbindungen treten in eine Wechselbeziehung zueinander und werden bei ihrer Verwirklichung in der Darstellung ereignishafter Momente selber auf neue Weise sinngemäß.

Die ereignishaften Verbindungen werden gleichsam schwächer und unterwerfen sich der sinngemäßen Zeichnung.

1862 entstand für Tolstoj das Thema des Schreckens und des Liedes.

Die Kunst ergreift den Schrecken, hebt den Helden über das Alltägliche hinaus und führt ihn in einen anderen, gewissermaßen über dem Dasein liegenden Zustand hinüber.

Ursprünglich mag diese Konstruktion wie eine Antwort auf die Frage aufgefaßt worden sein, warum die Menschen singen.

Das Thema zieht sich ins Unterbewußte zurück.

Die Erinnerung an das Lied der Bergkosaken erlischt nicht.

1875 findet Tolstoj in dem ‹Sammelband der Mitteilungen über die kaukasischen Bergkosaken› (‹Sbornik svedenij o kavkazskich gorcach›) ein Lied, das ein von Partisanen eingekreister Mann namens Abrek vor seinem Tode gesungen hatte, schreibt es auf und schickt Fet die leicht redigierte Notiz.

1876 macht Tolstoj eine Notiz, die später zum Rahmenthema der künftigen Erzählung wird.[23] Zunächst nur eine Zeile im Notizbuch, ist sie später im Tagebuch weiterentwickelt.

«Gestern gehe ich über die umgepflügte schwarze Erde. Vorerst sieht das Auge nichts anderes als schwarze Erde – nicht einmal einen grünen Grashalm. Und da steht am Rande des grauen, staubigen Weges eine Kratzdistel (eine Klette), drei Schößlinge: der eine ist abgebrochen, und die weiße, beschmutzte Blüte hängt herab; der zweite ist abgebrochen und mit Schmutz bespritzt, schwarz, sein Stiel ist geknickt und beschmutzt; der dritte Schößling ragt zur Seite, ebenfalls schwarz vom Staub, aber er ist noch immer am Leben, und in der Mitte schimmert es rot. – Er erinnerte mich an Chadži-Murat. Ich möchte schreiben. Er verteidigt sein Leben bis zuletzt, allein, mitten auf diesem Feld, hat er es irgendwie verteidigt.» Bald nach dieser Notiz schrieb Tolstoj in seinem ersten Entwurf zum ‹Chadži-Murat› über die Stimmung, die ihn beim Anblick dieser Klette befiel: «‹Bravo!› dachte ich. Und ein gewisses Gefühl des Tatendrangs, der Energie, der Kraft überkam mich. So muß es sein. So muß es sein.»[24]

Er beginnt die Niederschrift der Erzählung, die den Titel ‹Klette› trägt. Dies ist ein Entwurf. Aber in ihm ist bereits die Umstellung des Sujets fest verankert.

Zuerst wird der abgeschlagene Kopf des Chadži-Murat gezeigt, dann folgt die eingehende Schilderung seines Untergangs.

Es beginnt die Sammlung des Materials. Die Varianten des Aufbaus wechseln einander ab. Aus dem Material werden einzelne, sachlich existierende Details ausgewählt, die gezeigt oder gewissermaßen erfahren werden könnten.

Im endgültigen Text ist der Aufbau so: Es ist Nacht, und Chadži-Murat bereitet sich auf seine Flucht vor. Seine Leibwächter schleifen die Waffe. Zu dieser Zeit singen die Nachtigallen, während der Morgen herannaht, immer lauter und lauter. Der Gesang der Nachtigallen verschmilzt mit dem Zischen und Pfeifen des Eisens, das geschliffen wird. Genau an dieser Stelle wird der Text des Liedes Gamzats wiedergegeben.

Ihm liegt die Aufzeichnung aus dem Jahre 1875 zugrunde.

Das Lied wird zitiert, es verhallt und wird ersetzt durch das ‹Schnalzen der Nachtigallen› und das Zischen und zeitweilige Pfeifen des schnell über die Steine gleitenden Eisens.

Chadži-Murat erinnert sich an seine Mutter, an die Wunde, die sie erhalten hatte, an seinen Sohn, und der Faden der Geschehnisse reißt gleichsam ab.

In dem dann folgenden Kapitel wird Marja Dmitrievna der abgeschlagene Kopf Chadži-Murats gezeigt.

Die Frage, ob der Held umkommen wird oder nicht, fehlt also ganz. Er ist bereits umgekommen. Es folgt die Analyse, wie er umgekommen ist, doch wird er vorher von der Frau beweint und dadurch erhöht.

Es wird erzählt, wie Chadži-Murat floh, wie er eingekreist wurde, wie die Nachtigallen sangen, wie er sich an das Lied über Gamzat erinnerte.

Der Kampf steigert sich. Es wird erzählt, wie Chadži-Murats Leibwächter umkommen. Chadži-Murat selber geht heldenhaft zugrunde. Davor erinnert er sich, bereits tödlich verwundet, pointiert an seine Feinde und Freunde. Doch er kämpft weiter. Schließlich fällt er: «Rot sprudelte das Blut aus den Schlagadern des Halses und schwarz aus dem Kopf und tränkte das Gras.»

Eine gleichsam naturalistische Großaufnahme.

Die Feinde beugen sich über Chadži-Murat wie über ein getötetes Tier. Aber da kehrt das Thema der Kunst, das Thema des Ruhmes wieder: «Die Nachtigallen, die während der Schießerei verstummt waren, fingen von neuem an zu schlagen, zuerst eine in der Nähe und dann andere weiter weg.»

Es folgt die Rückkehr zum Rahmenthema.

«Genau an diesen Tod erinnerte mich auch die zertretene Klette mitten auf dem umgepflügten Feld.»

Zwischen zwei Tyrannen, zwischen Nikolaj I. und Schamil, steht Chadži-Murat allein auf dem sorgfältig umgepflügten Feld.

Der Gesang der Nachtigallen erinnert an die Worte über den Tod des Tapferen.

Der Aufbau der späteren Werke Tolstojs ist unendlich komplizierter als der Aufbau seiner ‹Sevastopoler Erzählungen› und gar ‹Anna Kareninas›. Tolstoj ging, die Erfahrung der Čechovschen Prosa in sich aufnehmend, dazu über, Gegenstände und Töne in ihrer Gegensätzlichkeit zu zeigen, um dann den Zusammenstoß ihrer Bedeutungen vorzuführen. Diese Kompliziertheit wird durch die Kraft der Schlußfolgerungen verschlungen, die der emotional unterworfene Leser selber zieht.

Alles Überflüssige ist entfernt, die Sache ist wie eine leichte Konstruktion, wie eine Geige, aus der alles entfernt ist, was nicht klingt. Sie

ist von einer geregelten, organisierten, konstruierten Inspiration erfüllt.
Die sinngemäße Lösung ist Tolstojs Notiz:
«So muß es sein. So muß es sein.»

Wie wir unsere Zeitgenossen verstehen

Ich erinnere mich an die Voraufführung der ‹Donbas-Symphonie› von Dziga Vertov. Nachdem ich diesen Film gehört und gesehen hatte, ging ich auf die Straße hinaus, aber nicht in die Richtung, in die ich hätte gehen sollen: ich war betäubt. Es verstrichen zwanzig Jahre. Rein zufällig sah ich mir diesen Film noch einmal an. Er war mir nun verständlicher geworden. Erstens hatte sich die Projektionsmethode verändert; man hatte begonnen, den Ton anders aufzuzeichnen. Zweitens hatte sich meine Kunsterfahrung geändert. Ich sah mehr und drang tiefer in das vor, was ein anderer Künstler im voraus erraten hatte.
Das bedeutet aber nicht, daß jede Sache, die unverständlich scheint, unbedingt verständlich werden und unbedingt akzeptiert werden wird. Es bedeutet, daß man, wenn man etwas nicht versteht, das Problem nicht für bereits gelöst ansehen darf.
Nichtsdestoweniger muß man bemüht sein, so zu arbeiten, daß man sofort verstanden wird, wenngleich dies selten vorkommt. Ein talentierter Coupletsänger sang in einem Vaudeville zu Lebzeiten Puškins folgendes Couplet:
> «Auch Puškin ist uns lästig,
> Auch Puškin hat man satt,
> Auch sein Vers ist nicht klangreich,
> Auch sein Geist wurde platt.»

Wäre Puškin im Saal gewesen, hätte er sich natürlich geärgert. Aber er verstand, seinen Ärger zu überwinden.
Er sprach so:
> «Obidy ne strašajas', ne trebuja venca,
> Chvalu i klevetu priemli ravnodušno.
> I ne osporivaj glupca.»

> («Beleidigung nicht fürchtend, nicht fordernd einen Kranz,
> Ruhm und Verleumdung nimm mit Gleichmut auf.
> Und streite nicht mit einem Dummkopf.»)

Das ist die Haltung eines Genies.

Jetzt wollen wir ein wenig über das Alter sprechen, danach werden wir uns auf die Jugend besinnen, die unentbehrlich ist, wie das Licht, das man braucht, um einen Film zu drehen und klare, deutliche Bilder zu erhalten.

In der Filmkunst gibt es den traurigen Terminus ‹verschwindendes Objekt›. Ich will ihn mit einem Beispiel erläutern: Wenn man Schnee filmen will, kommt man gewöhnlich zu spät.

Das ist ganz verständlich: im Winter ist es dunkel, und im Frühjahr schmilzt der Schnee. Die Dreharbeiten müssen in eine Zeit fallen, in der zwar das Frühjahr schon angebrochen ist, aber der Schnee immer noch liegt, sonst ist die herrliche Schnee-Atmosphäre hin.

Wir mußten öfter Schnee auf Lastwagen herbeischaffen.

Ich bin 78 Jahre alt. Ich bin gelassen und weiß, daß ich wie der kürzlich von uns gegangene Lev Vladimirovič Kulešov – und er war jünger als ich –, daß wir alle verschwindende Objekte sind. Doch alles geht weiter. Es gibt die Sonne, es gibt den Schnee. Man muß aufnehmen, solange man noch aufschreiben kann. Natürlich irrt man sich. Alles, was den Charakter von Memoiren hat, ist voll von Irrtümern, weil Erinnerungen vom Standpunkt des Memoirenschreibers aus geschrieben werden, und wie vorsichtig er auch sein mag – und ich bin unvorsichtig –, so irrt er sich dennoch. Als Puškin einmal über Memoiren sprach, beklagte er sich darüber, daß die Hand, wenn man schreibt, manchmal im vollen Lauf unruhig wird, und daß das, was man niederschreibt, ein anderer in aller Ruhe liest.

Ich will von der Jugend schreiben, von der Kühnheit.

Heute bevorzugt man in den Forschungsinstituten manchmal die ‹Träumer›, veranstaltet Sitzungen, in denen man sagen kann, was man will, und in denen man verschiedene Möglichkeiten erwägt.

Dann wird ausgewählt und überprüft.

Irgendwo, vielleicht bei Strabo oder Herodot, wird von den Skythen berichtet, daß sie, wenn sie große Entscheidungen zu treffen hatten, das erste Mal die Angelegenheit bei einem Festgelage als Betrunkene erörterten und eine Entscheidung fällten; dann wurden sie nüchtern und erörterten dieselbe Variante bei klarem Kopf und faßten erneut einen Entschluß. Wenn die Entscheidung in beiden Fällen übereinstimmte, so war sie richtig.

Wir waren in den zwanziger Jahren berauscht und wurden nicht sofort wieder nüchtern. Wir waren selbstbewußt wie ein Vogel, der gerade erst fliegen gelernt hat und noch nicht weiß, daß auch Flügel ermüden. Wir waren jung, doch eine nüchterne Überprüfung hat vieles zurückgelassen.

Ejzenštejn – der Theoretiker, der Regisseur und Leiter der Theaterabteilung des Proletkult – war alles in allem zweiundzwanzig Jahre alt.

Das ist ein schönes Alter. Majakovskij schrieb irgendwann einmal: «Ich gehe als schöner, zweiundzwanzigjähriger . . .»

Sergej Jutkevič war auf der Konferenz von 1935 dreißig. Er war 1921 nach Moskau gekommen, um zu studieren, er war ein origineller Graphiker, trat in den LEF ein und hielt sich keineswegs für einen kleinen Jungen. Damals war er sechzehn Jahre alt gewesen. Einige Jahre später erzählte er mir, daß er eine Geschichte schreiben wolle: ‹Der LEF von unter dem Tisch›. Er war so jung, daß man in seiner Gegenwart viel Geschäftliches sprach, man tat sich keinen Zwang an.

Doch nun ist er nicht mehr jung, aber erfahren, und jenes Kapitel hat er nicht in sein Buch aufgenommen.

Sergej Jutkevič schreibt interessant über seine ersten Begegnungen mit Ejzenštejn.

Die Inspiration ist jung im Alter und weise in der Jugend.

Inmitten der Jugend hielt sich ein Akademiemitglied auf, ein Mann, der nicht nur bei uns sehr berühmt war; ich kannte ihn schon als Junge.

Er kam zu uns ins Haus der Kunst in Petrograd, an der Ecke des Nevskij und der Mojka; er arbeitete bei dem Akademiemitglied Ioffe. Er war jung und verliebt.

In einem Institut, für das man noch nicht einmal das Blech für ein Dienststellenschild gefunden hatte, arbeitete er zusammen mit ihr, die er liebte.

Das Schild wurde aber doch noch geschrieben: nach einem Jahr fand man an einem Haus ein altes Firmenschild einer Schlachterei oder einer Bäckerei, man hatte es umgedreht und auf die andere Seite, nachdem man es grundiert hatte, den Namen des Instituts geschrieben.

Es war Nachtdienst. Die beiden Verliebten, selbstvergessen wie Romeo und Julia, saßen beieinander. Davor hatten sie sich das erste Mal geküßt, und nun warteten sie auf ein Wunder: sie sahen das Unglaubliche in der Welt der Atome, das, was später die Jahrzehnte deutlich machten: sie wagten zu sehen, daß der Prozeß nicht so abläuft, wie es von den Älteren aufgezeichnet worden war. Die Augen der Verliebten waren geöffnet, wie die der Propheten. Sie hatten ein junges Glück – ihr eigenes und für alle notwendiges.

Man muß an sich glauben. Man muß diesen Glauben, an was es auch immer sei, bewahren, und am besten ist es sogar, nicht zu wissen, daß es ein Glaube ist – zu meinen, daß man lebt, wie alle. Alle müssen atmen, alle müssen eine Inspiration haben, wenn sie die Geschichte und die Zukunft einatmen. In dem Wort ‹Inspiration› lebt noch die veränderte Vorstellung vom ‹Atmen› weiter, und atmen tun alle.

Jutkevič und Ejzenštejn waren einander in dem bekannten GVYRM begegnet. In der Aufnahmekommission saßen Valerij Bebutov und der kleinwüchsige Mongole Valerij Inkižinov, der später in der Rolle des

Nachfahren des Čingiz-Chan in dem gleichnamigen Film von Pudov-kin berühmt geworden war.

Die Aufnahme erfolgte nach dem Alphabet. Ejzenštejn und Jutkevič fanden sich unversehens nebeneinander.*

Zunächst examinierte man sie: Man stellte ihnen Fragen und ließ sie eine *Mise en scène* machen zu «Sechs verfolgen einen».

Ejzenštejn zeichnete mit Kreide einen Pavillon mit sechs Türen an die Tafel; mit schnellen Linien stellte er die komplizierte und verschieden-gestaltige *Mise en scène* dar, die an die Arbeit eines Zauberkünstlers erinnerte, der aus verschiedenen Türen in verschiedenen Gestalten erscheint.

Jutkevič sagte, daß es vielleicht in der Mejerchold-Inszenierung des ‹Revisor› einen Abglanz dieser Lösung gab, in der die Beamten durch verschiedene Türen hereinkamen und sie alle Chlestakov Schmiergel-der gaben.

Die Aufgabe war hier umgekehrt; das Bühnenbild war nützlich.

Bei Ejzenštejn erscheint ein und derselbe Mensch in den Türen – notwendig ist Chlestakov, weil er der Revisor ist.

Hier ist selbst die Verfolgung umgekehrt. Die Beamten umschmeicheln einen einzigen Menschen, da sie glauben, daß er sie verfolgt und daß sie in der Falle sitzen.

Eine Darstellung besteht oft in der Umkehr des ‹Vorherigen›.

Wenn wir zu arbeiten beginnen, dann schließen wir uns der kyberneti-schen Maschine der Arbeit der gesamten Menschheit an, wir bestehlen niemanden.

Künstler und Erfinder nutzen beide die Erfahrung der Menschheit, sie können auch in einer Gruppe arbeiten, aber jeder einzelne Mensch in dieser Gruppe nutzt die gemeinsame Arbeit der Menschheit. Er arbeitet und wählt dabei das Angedeutete aus, ohne es aber zu erfüllen.

Doch ich fürchte, mich weit vom Thema zu entfernen.

Der Zweiundzwanzigjährige und der Sechzehnjährige schlossen Freundschaft. Sie machten gemeinsame Aufführungen, arbeiteten bei N. M. Foregger.

Sie parodierten die Begeisterung Nemirovič-Dančenkos für die Ope-rette.

Beide waren Theaterkünstler.

Beide wurden Regisseure. Sie trafen sich in einem Café, das den Namen *SOPO* trug.

Das Café war ein Keller in der Tverskaja-Straße, gegenüber dem heuti-

---

* Da die Anfangsbuchstaben ihrer Namen am Schluß des russischen Alphabets unmittelbar hintereinander stehen (die drei letzten Buchstaben sind: e, ju, ja). (Anm. d. Ü.)

gen Telegrafenamt.

SOPO (Sojuz Poetov) bedeutete Dichterverband.

Dort fanden auch Vorträge statt.

Dort pflegte in der Folgezeit auch Jurij Oleša gerne zu sitzen – er wohnte im Haus nebenan, dessen einziger Ausgang durch die Durchfahrt des Künstlerischen Theaters führte.

Es gab eine Zeit, in der alles hinausging oder es schien, als ginge alles hinaus. Es schien, als ende jede Arbeit mit einer Entdeckung.

Einst sagten die vom Erfindergeist Stanislavskijs überanstrengten Menschen, daß für Stanislavskij ein Theaterstück nur ein Vorwand für eine Repetition sei. Das ist unwahr, da Stanislavskij nach dem wahren Zusammenhang einer Aufführung suchte.

Aber sowohl Stanislavskij als auch Mejerchold liebten unerwartete Lösungen, sie liebten es, die Szenen abzuwägen, die Helden abzuwandeln und die *Mises en scène* mit neuem Sinn zu füllen.

Sowohl die Erwachsenen als auch die Kinder empfinden in der Kunst und in der Zerstreuung Begeisterung und Schrecken.

Junge Menschen arbeiteten in Moskau, sie arbeiteten in Petrograd. In der Nähe des Volkshauses fuhren sie auf den amerikanischen Bergen spazieren, die man im Westen russische Berge nannte.

Das sind Berge mit Gleisen. Auf den Gleisen fahren spezielle Wagen auf und ab. Die amerikanischen Berge lagen in Petrograd an der Neva, am Ende des damaligen Aleksandr-Parks, bei der Peter-und-Paul-Festung. Gewöhnlich fuhr hier die Jugend.

Auf und ab, auf und ab.

Die Menschen schrien auf, als sie die steil abfallenden Kurven der Hänge hinabfuhren. Ich habe diese Schreie gehört, als ich bei Gorkij auf dem Kronveskij-Prospekt war.

Das Fenster von Gorkijs Zimmer ging auf die Neva hinaus. Vom Fenster aus sah man durch die Bäume des Parkes hindurch die Spitze der Admiralität und das Schiffchen, das inmitten ruhiger Wolken irgendwohin fuhr. Das goldene Schiffchen, von dem Architekten Zacharov in die ewig schöne Höhe emporgehoben.

Und unten arbeitete die Fabrik des Gekreisches, die Menschen schrien fröhlich.

Die Schreie schwollen durch den Mechanismus der Fahrt an.

Sergej Jutkevič erzählte in der stillen Wohnung Ejzenštejns in der Taurischen Straße Sergej Michajlovič von dieser Attraktion, und Sergej Michajlovič sagte ihm nach Jutkevičs eigenen Worten:

«Und können wir nicht unsere Arbeit eine ‹szenische Attraktion› nennen? Denn auch wir wollen unsere Zuschauer fast mit derselben physischen Gewalt aufrütteln, mit der diese Attraktion aufrüttelt.»

Und auf dem Umschlag des ‹*Strumpfbandes der Colombine*› (dies war eine Parodie, an der die beiden Sergejs gerade arbeiteten) erschien die Aufschrift: «Entdeckung der szenischen Attraktion Sergej Ejzenštejns und Sergej Jutkevičs.»

In der Folgezeit verwandte Ejzenštejn diesen Terminus in seiner berühmten ‹Montage der Attraktionen›.

Diese Menschen wollten den Zuschauersaal erobern, wollten den Zuschauersaal beweglich machen, wollten den Zuschauer in seinem Sessel dem Schauspieler auf der Bühne unterwerfen.

Es ist durchaus möglich, daß in jenem Petrograder Sommer auch die Idee der Attraktionen geboren wurde. Damals gab es nichts Unmögliches.

Ich kannte Jutkevič noch vom alten Petrograd her. Flecken grüner Gärten, die noch nicht vom Rauch der Fabriken rußig waren, die blaue, saubere Neva und die schweigsamen Häuser in den leeren Straßen, kleine Gemüsegärten in den Lücken zwischen den Häusern und an den Wänden Plakate über Tanzveranstaltungen, die einmal von einer Fabrik, einmal von der Baltflot organisiert wurden.

Mein Freund Lev Petrovič Jakubinskij, der bald Professor geworden war, ein sehr akademischer Mensch, las in jener Zeit auf Torpedobooten über die Theorie des Verses und erklärte den Menschen, was Bloks Zeile «Und die Federn des Straußes schaukeln geknickt in meinem Gehirn» bedeutete. Vor ihm saßen kräftige, ausgesuchte Menschen in gestreiften Matrosentrikots, sie saßen da, die kräftigen Hände in den Schoß gelegt, und dachten, warum wohl die Federn im Gehirn schaukeln. Sie gaben zu, daß auch das sein konnte.

Sie bemerkten, daß die Wörter ‹Trauer› und ‹Straußen› irgendwie harmonisch klangen. Sie selber hatten auf dem Lande Schnadahüpfel gedichtet.

Sergej Jutkevič erzählt fast im Scherz, aber vielleicht auch im Ernst in seinem Buch ‹Kontrapunkt eines Regisseurs› davon, wie er mit Sergej Michajlovič die Welt aufteilte.

Er bekam Petrograd, und Ejzenštejn sollte in Moskau regieren.

Einen solchen Fall hatte es schon einmal auf der Welt gegeben. Der römische Papst teilte die Welt nach dem Meridian – die eine Hälfte der Welt gab er Spanien, die andere Portugal, damit sie sich nicht zankten. Aber es ging nicht ums Teilen.

Die Jugend rüttelte an den Brettern der Bühne, so wie man eine Jacke schüttelt, aus der man den Staub ausklopft.

Dann kam die Zeit des Webens und Nähens.

Wie man ein Thema sucht

Sergej Michajlovič wußte, daß Schwierigkeiten keineswegs Zufall sind: ein Filmregisseur denkt oft erst dann nach, wenn er schon einen fertig gedrehten Filmstreifen in Händen hat.

Dies muß man vermeiden, aber ein Regisseur, der neue Wege geht, und das besonders in einer Zeit des Übergangs vom Stummfilm zum Tonfilm, kann nur schwer ein Risiko vermeiden.

Schwer ist es auch, die Arbeit eines Regisseurs zu beginnen.

Ejzenštejn hat berichtet, wie die Proben seiner Regisseursarbeit in der Žitnaja-Straße (er kam vom Theater dorthin) verliefen. Er hatte zwei Proben vorgeführt, doch ohne Erfolg. Er erinnert sich:

«Inmitten der Fauna der Kinematographie gibt es eben auch solch ein Vögelchen wie den ‹Sturmvogel im Wasserglas›. Eine gewisse Zurückhaltung auch hier an den Tag zu legen, kann nicht schaden.

Andererseits, Abbrüche oder Mißerfolge sind nicht so sehr Folge eines allgemeinen Analphabetentums, sondern resultieren aus dem Fehlen eines eigenen Ausdrucks, der als Ersatz für ein bereits verschmähtes allgemeingültiges Ausdrucksalphabet noch nicht vorhanden ist» (Bd. V, S. 220).

Seinen damaligen Mißerfolg erklärt er so:

«Erst fünf Jahre später, nach dem Versuch der beiden nachfolgenden Filme, wurde der embryonale Grundstein dieser Verfahren deutlich in der These formuliert, daß über den Inhalten der Aufeinanderfolge innerhalb der Einstellungen noch eine weitere Kette von Inhalten entstehen könne, die aus dem Zusammenstoß der einzelnen Teile untereinander entstehen und gleichsam noch eine gewisse zweite Ebene höherer geistiger und emotionaler Sinngebungen einführen» (Bd. V, S. 220-221).

Diese für Ejzenštejn wichtige Aussage stammt aus dem Jahre 1932; sie kennzeichnet die Schwierigkeiten des Weges, zu ferneren gedanklichen Gegenüberstellungen überzugehen.

Das Sujet ist oft zugeschnitten auf eine ‹fernere Handlung›, auf die Wechselbeziehung entfernter, gleichsam nicht direkt miteinander verbundener Teile.

Es spielten sich Ereignisse ab, manchmal wechselten die Helden, und was unbemerkt in einem bestimmten Teil vorbereitet worden war, im voraus verknüpft mit einem vorbereiteten Signal, belebt sich dann als Uminterpretiertes, Vollendetes, Enträtseltes.

Im ‹Streik› werden die einzelnen Episoden dadurch gelöst, daß das Alltägliche sich in Tragisches verwandelt.

Der ‹Panzerkreuzer Potemkin› hat seine eigene Lösung – die Revolution ist zerschlagen, aber nicht vernichtet.

Aber viele Versuche waren nicht bis zu einer solchen Lösung zu Ende geführt worden, enthielten keine sujetmäßig-entscheidende Sinngebung, keine fernere Handlung.

Der Regisseur braucht ein Drehbuch, nicht nur die Überlegenheit gegenüber der Einstellung und die Beherrschung des visuellen Materials, nicht nur die Wechselbeziehung des visuellen Bildes mit dem Wort und mit dem Spiel des Schauspielers. Er braucht die Konstruktion von Konflikten in ihrer Entwicklung.

Keine einzige Erfindung wird ohne Streitgespräche gemacht. Ein Film soll auch eine Erfindung sein, man muß eine Übereinstimmung über etwas noch nie Geschaffenes erzielen.

So leben wir, wir brauchen Menschen, Licht, Leinwand, Samt, das Verkehrswesen, Furnierholz, die Sonne, einen guten Direktor, einen genialen Kameramann. Wir brauchen Doubles.

Die Griechen haben Troja belagert. Heute wissen wir, daß Troja viele Male gebrannt hat.

Ich spreche von der ‹Ilias›. Über die Belagerung, die in ihr dargestellt ist, hat Pasternak geschrieben:

«Sie glauben nicht, sie glauben, die Feuer brennen heiß,
Doch unterdessen kommt zur Welt ein Epos!»

Doch sehen wir uns das Ende der ‹Ilias› an: Troja ist noch nicht eingenommen, und Achilles ist noch nicht von dem Pfeil des Paris getroffen.

Die Geschichte des Trojanischen Krieges wird in der ‹Odyssee› zu Ende erzählt.

Aber zwischen der ‹Odyssee› und der ‹Ilias› ist viel Zeit vergangen: in der ‹Odyssee› hat bereits das Eisen den Vorrang.

Sergej Michajlovič war auf der Suche nach einem Thema; das Thema mußte er mit sich selber und mit der Fabrik in Übereinstimmung bringen.

Er war der von allen Filmschaffenden anerkannte Führer. Man nannte ihn den ‹Alten› und erkannte ihn als Lehrmeister an.

Doch wie sollte man die Stimme der Zeit mit seinem eigenen Schicksal in Einklang, wie die Zeit in sich selber zum Ausdruck bringen?

Ejzenštejn hat einmal gesagt, daß er so viele Pläne habe, daß sie gleichsam real existierten, gleichsam in Form von Werkbänden; sie nähmen in der Atmosphäre einen Raum ein und verschwänden nicht, weil sie noch nicht verwirklicht seien.

Ejzenštejn war nach seiner Ankunft in Moskau ganz von Plänen für die noch nicht verwirklichte Epopöe über Mexiko erfüllt. Er versuchte, sein Vorhaben in einem monumentalen Film über ‹Moskau in der Zeit› zu verwirklichen: Die einzelnen Etappen in der Geschichte Moskaus sollten, einander gegenübergestellt, einen Film mit neuem Sujet ergeben. Das Drehbuch war noch nicht begonnen; dann machte Ejzenštejn eine jähe Kehrtwendung und versuchte, einen ‹Sujet›-Film zu schaffen – und das war die ‹Bežin-Wiese›. Der Film wurde gedreht, noch einmal gedreht und ging verloren. Auf ihn werde ich noch eingehender zu sprechen kommen.

Ejzenštejn machte den ‹Aleksandr Nevskij›. Der Film wurde ein Erfolg. Damals kam Ejzenštejn auf seine Idee zurück, eine Epopöe aus historischen Teilen zu schaffen. Nach einem Drehbuch von Pavlenko wollte er den Film ‹Der Große Fergana-Kanal› drehen.

Im Juni 1939 machten sich Ejzenštejn und E. Tissé an die Materialsammlung: Sie fuhren nach Taškent, Samarkand, Buchara, sahen eine Welt der alten Kunst, erfüllten sich mit Zeit und Raum und wollten zeigen, wie unsere Zeit die Aufgaben löst, die für die Vergangenheit unlösbar waren.

Sie sahen die Barchane, auf denen die gekrümmten, kräftigen und spröden Stämme des Saxaul lagen. Sie sahen die weiten Ebenen der Takyre, die Schüsseln glichen, welche unter dem Druck der Jahrhunderte geborsten sind.

Hier gab es Wasser, eine große Kultur und Dichtung; hier war Musik und ein Notensystem entstanden.

Hier gab es Städte, die in ihrer Entwicklung den Westen überflügelten. Heute waren nur noch der salzige Lehmboden der Takyre und Sandmassen übriggeblieben.

Die Dreharbeiten wurden unterbrochen. Man wollte, nachdem Tamerlan herausgenommen worden war, den Aufbau verändern.

Tamerlan hatte durch die Zerstörung des Bewässerungssystems die sehr alte Kultur zerschlagen.

Man kann aus der Geschichte nicht die Geschichte herausnehmen.

Eine andere Sujetkonstruktion haben Pavlenko und Ejzenštejn nicht gefunden.

Das Drehbuch wurde unterbrochen.

Die gewaltige Kultur, die Jugend, der Arbeitshunger, der Auftrag der Zeit, all das zusammen erlegte Sergej Michajlovič eine tragische Rolle auf und erlaubte ihm nicht, die Arbeit abzubrechen.

Im Westen heißt es oft, die Kinematographie sei nicht auf dem Weg Ejzenštejns weitergegangen.

Das ist zum Teil richtig, aber im Westen kannte man Ejzenštejn auf Grund seiner Artikel, seiner Reden und seines Films ‹Panzerkreuzer Potemkin›.

Der Film ‹Oktober› konnte schon wegen seines Themas kein breites Filmpublikum erreichen. Er ging an Frankreich vorüber, wurde kurze Zeit in Deutschland gezeigt. In Amerika kannten ihn die Filmschaffenden – es kannte ihn zum Beispiel Chaplin. Den ‹Oktober› lernte man im Westen erst vor einigen Jahren kennen. Die ‹Bežin-Wiese› gelangte in Fotografien vor drei oder vier Jahren auf die Leinwände der Welt. ‹Ivan der Schreckliche› (die zweite Serie) kam fünfzehn Jahre nach seiner Fertigstellung in die Kinos.

Die ‹Bežin-Wiese› basiert auf dem Schicksal einer einzigen Familie, auf dem Zusammenstoß der Generationen. Aber dieser Film greift den für alle Generationen so alten wie nahen Konflikt auf, so daß er gleichzeitig monumental ist.

Die Idee dieses Films, seine künstlerische Bedeutung sind bereits in den Filmaufnahmen, im Ton der Einstellungen, im Ton der sinngemäßen Gegenüberstellungen der in malerischer und bildhafter Hinsicht sorgfältig ausgearbeiteten Darstellung zu erkennen.

Das Material dieses Films wurde der Produktionsleitung unmontiert vorgeführt, ohne die Doubletten auszusondern. In dieser Form hatte niemand die künstlerische Bedeutung dieses Werkes erkennen können.

Die Sowjetunion muß der Welt helfen, von einem Künstler zu erfahren, der von der Revolution hervorgebracht wurde und der ihr gedient hat. Ich hoffe nicht, diese Arbeit allein leisten zu müssen.

Der ‹Aleksandr Nevskij› und ‹Ivan der Schreckliche› sind thematisch mit der Vorahnung eines großen Krieges verknüpft.

Dieser Krieg griff in die Geschichte einer jeden Familie in der Sowjetunion ein und zog eine Grenze in der Geschichte der Menschheit.

Wenn in diesen Filmen sowohl Unvollendetes als auch eine unrichtige Darstellung der Geschichte enthalten sind, so findet sich hier dennoch eine genaue Zeichnung der Vorahnungen.

Sie sind der Wind vor dem Gewitter.

Wenn ich von ihnen erzähle, so muß ich von der Geschichte sprechen, um in den Arbeiten des großen Meisters das Zeitliche von dem zu trennen, was ewig bleiben wird.

Ich werde nicht die gesamte letzte Periode im Leben Ejzenštejns erfassen können. Das ist die Aufgabe vieler Menschen, vieler Untersuchungen.

Ich bin in diesem Buch eher ein Memoirenschreiber, doch ich bin ein Memoirenschreiber und Theoretiker zugleich.

‹Bežin-Wiese›

Im Jahre 1907 kamen am 29. Juli, nach der alten Zeitrechnung, tausend Kinder – Mädchen und Jungen – zu Lev Tolstoj nach Jasnaja Poljana. Sie waren in Gruppen mit verschiedenfarbigen Fähnchen eingeteilt, damit man nicht durcheinanderkam und die Kinderschar leichter zählen konnte.

Die Polizei hatte im voraus darum gebeten, die Farbe Rot aus den Fähnchen zu entfernen.

Die Kinder trugen kleine Tüten mit Brot bei sich, weil es nicht möglich war, den unvermutet eintreffenden tausend Kindern etwas zu essen zu geben.

Tolstoj war der Besucher müde geworden: wen hatte er nicht alles gesehen. Doch er erkannte, daß dieser Besuch der wichtigste, der lustigste sein werde.

Er ging zu den Kindern hinaus; grau, blaß: er war sehr bewegt; er ging mit den Kindern spazieren; dann badete er mit ihnen. Er konnte bis ins Alter sehr gut schwimmen. Eines der Kinder fragte Tolstoj:

«Lev Nikolaevič, wie alt sind Sie eigentlich?»

Er antwortete:

«Schrecklich alt – neunundsiebzig.»

Die Kinder besahen sich etwas genauer die Mütze Lev Nikolaevičs – eine weiße selbstgemachte Mütze aus Leinen. Die Jungen fragten, ob man sie zusammenlegen und in die Tasche stecken könne, ohne sie zu zerknittern.

Man konnte es.

Lev Nikolaevič schlug vor, zu den Birken zu laufen. Er selber lief nicht, aber wahrscheinlich hätte er es gern getan.

Als die Kinder wieder weggefahren waren, sagte der Alte zu seiner Frau:

«Die russischen Kinder sind Adler.»

«Wie schade», erwiderte Sofja Andreevna, «daß sie alle später Revolutionäre und Expropriateure werden.»

Sie war klug und hatte auf ihre Weise recht.

Diese Generation machte die Revolution.

Lev Nikolaevič lächelte über die Worte seiner Frau. Er wußte: «Die soziale Revolution ist nicht das, was sein kann – sie ist das, was nicht nicht sein kann.»

Er wußte, daß unsere Burschen Adler sind.

Turgenev hat in der ‹Bežin-Wiese› von Jungen erzählt: Sie sitzen an einem Lagerfeuer, sie erzählen sich gegenseitig kleine Geschichten, sie passen auf die Pferde auf.

Die Pferde atmen in der Dunkelheit, sie scheuen. Ein Junge geht in die Dunkelheit hinaus und sieht nach, ob nicht ein Wolf da sei. Er hat nicht einmal eine Rute dabei: er weiß – wenn er schreit, dann kommen die Kameraden herbeigelaufen. Vielleicht dachte er auch nichts . . . nun, ein Wolf ist eben ein Wolf, warum sollte man sich vor einem Wolf fürchten?

Zu dem Thema ‹Bežin-Wiese› hat mein alter Freund, der heute bereits verstorbene Aleksandr Georgievič Ržeševskij, das Drehbuch geschrieben.

Er wurde 1903 geboren und ist vor einigen Jahren gestorben.

Seine Arbeit im Filmwesen hatte er als Schauspieler begonnen: er spielte in verschiedenen Filmen als Double mit, er übernahm die Risiken. Einmal hatte man ihn eingestellt, damit er sich in die Strömung des Volchov-Kraftwerkes stürzte.

Zufällig war Jurij Tynjanov dabei, er riet Aleksandr davon ab.

Dieser antwortete: «Wenn ich nun schon einmal gekommen bin, so wäre es unpassend und unprofessionell, meine Aufgabe nicht zu erfüllen.»

Dann warf man einen Kiefernbalken ins Wasser.

Er tauchte unter und erschien zerspalten wie eine Tanne wieder an der Wasseroberfläche.

Jurij Tynjanov nahm den Schauspieler mit.

Ržeševskij war ein furchtloser Mensch. Ein Tigerbändiger hat einmal erzählt, daß Ržeševskij wegen einer Wette zum Scherz in einen Tigerkäfig gegangen war; nicht etwa, um dort nur ein Weilchen zu sitzen, sondern um mit den Tieren zu arbeiten.

Ein Tiger erhob sich, legte ihm seine Pranken auf die Schultern. Aleksandr schlug dem Tier gleichsam im Scherz eins übers Ohr, der Tiger nahm unzufrieden seine Pranken weg, weil derjenige, der kämpft, offensichtlich stärker ist.

Der Tiger erkannte den Dresseur im Double.

So war A. Ržeševskij: kühn, emotional.

Er war dazu geboren, mit einem Fallschirm zu springen oder Versuchsflieger zu werden. Er kam zum Film, um etwas zu riskieren.

Damals wurden Drehbücher so geschrieben: Zuerst gab es ein Libretto, in dem stand, was vor sich gehen soll, was die Menschen erleben werden. Danach wurde das Drehbuch geschrieben. Darin wurde angegeben, mit welchen Mitteln und welchen Handlungen der Zustand des Helden dargestellt, wiedergegeben wird.

Das war die schwierige und damals neue Arbeit, mit der sich Ržeševskij beschäftigte.

Das Schreiben von Drehbüchern war damals eine leichte und gleichzeitig eine riskante Beschäftigung: springen kann man, heil wiederauftauchen ist schwieriger.

Es wurden Schablonen für die Unterteilung der Handlungen in einzelne Momente ausgearbeitet, ebenso Hinweise für die Motivierung der Veränderung des Aufnahmepunktes. All das war schon langweilig und im Grunde genommen nicht notwendig für einen Regisseur. Erfolge kamen selten vor. Die Schablonen wurden leicht realisiert.

In einem Drehbuch wurden die einzelnen Einstellungen, die einzelnen Momente in kurzen Sätzen beschrieben und sogar mit Nummern versehen: die Verben wurden traditionell an das Ende gesetzt, die Nummern an den Anfang.

Sergej Michajlovič sagte über diese Methode, ein Drehbuch zu verfassen, daß die Nummern der Einstellungen den Schildchen ähnlich sehen, die man in der Leichenhalle den Verstorbenen um den großen Zeh band, damit man sie nicht verwechselte: man muß wissen, wer wen beweinen soll.

Deshalb gefiel ihm auch die emotionale Deklamation Ržeševskijs. Das Drehbuch von Vsevolod Višnevskij hatte ihn auch eine Zeitlang gefesselt.

Ržeševskijs erstes Drehbuch wurde 1930 von dem Regisseur Željabužskij realisiert.

Das Drehbuch trug den Titel ‹Die Stadt darf nicht betreten werden›. In der Hauptrolle spielte L. Leonidov: der Film war gut gelungen.

Aleksandr Ržeševskij besaß die Fähigkeit eines Rezitators. Das heißt nicht, daß er nicht auch die Fähigkeit eines Drehbuchautors besaß: nein, er kommentierte gleichsam mit seiner Stimme den Zweck, den die Schaffung einer Einstellung hatte.

Er gab beim Vorlesen nicht nur den Inhalt des Drehbuches wieder, sondern auch den Eindruck, den der Zuschauer beim Betrachten des Films haben sollte.

Der nächste Film wurde 1932 von Vsevolod Pudovkin nach seinem Drehbuch ‹Ein einfacher Fall› realisiert. Vsevolod begeisterte sich außerordentlich für dieses Drehbuch. Er drehte dazu einen eigenen gegenstandslosen Prolog, der den Frühling darstellte, was als Aufgesang unbegreiflich schön war.

Das Drehbuch war wie eine Rede oder, genauer gesagt, wie eine Predigt aufgebaut.

Der Film hatte keinen Erfolg; es gab noch weitere Mißerfolge.

Im Jahre 1936 begann Ejzenštejn nach A. Ržeševskijs Drehbuch ‹Bezin – Wiese› einen Film zu drehen.

Bei uns sprach man eine Zeitlang von Ržeševskij als von einem nichtprofessionellen Menschen. Aber wir wissen, daß das von Ržeševskij gemeinsam mit Kac geschriebene Schauspiel ‹Oleko Dundič› einige Dutzende von Jahren gespielt wurde. Er war zweifellos ein begabter

Mensch. Es kann nicht sein, daß eine ganze Reihe begabter und sehr erfahrener Regisseure, die sich ihr Material selber auswählten, sich derart geirrt haben sollten. Aber hier hatten sich mehrere Dinge überschnitten.

Der Beginn des Tonfilms.

Denn was der Ton war, wie man mit ihm arbeiten sollte, wie er den Aufbau eines Sujets veränderte, wie er in das Spiel des Schauspielers einging, der an das Schweigen gewöhnt war, wußte niemand.

Dies war ein Wendepunkt in der Kinematographie.

Vergessen wir nicht, daß der Stummfilm ein Film mit Zwischentiteln war. Das bedeutet, die erste Schwierigkeit, auf die Ržeševskij stieß, war das Verhältnis der Darstellung zum Wort.

Das Wort führte er nicht nur als dialogische Rede der Helden ein, er schrieb das Drehbuch in pathetischer Form, in Musikform. Damals schon hatte ich einen Aufsatz gegen ihn mit dem Titel ‹Nehmt euch in acht vor der Musik› geschrieben.

Er war begabt und seiner Zeit voraus.

Es gibt Epochen, in denen begabte Menschen scheitern; sie scheitern, weil sie gleichsam als erste etwas entdeckt haben, etwas zum Ausdruck gebracht haben. Sie sind die Führer jener Schiffe, die nicht bis zu den fernen Ufern hingelangen, doch die eine Spur hinter sich zurücklassen, auch wenn es die Spur in einem Lied oder in einer Zeitungsnotiz ist.

Sie sind eine Hoffnung der Kunst und eine Gefahr.

In der amerikanischen Kinematographie ist die Arbeit aufgeteilt: die Künstler sagen ‹ja›, die Produzenten ‹nein›. Und das ‹Nein› ist stärker.

Aber irgendwann hat Marx einmal über die Arbeitsteilung gesagt, daß sie einem gespaltenen Menschen gleiche, dem Durchhauen seines Körpers. Man kann die einzelnen Stadien der Arbeit aufteilen, aber wenn man sie aufteilt, indem man sie ohne Wissen des Menschen in Stücke bricht, ohne den arbeitenden Menschen mitzubeteiligen, so bedeutet das, den Menschen vom Leben abzutrennen, ihn über viele Stunden vom Atmen auszuschließen.

Ržeševskijs Drehbuch ‹Bežin-Wiese› war scharfsinnig, nicht tiefgehend, sehr begabt und schwierig zu vollenden. Man kann ein Buch kaufen, ein Bild, eine Skulptur, weil das Werk vollendet, weil es geschrieben ist, man sieht es – das Risiko seines Entstehens ist nicht mehr zu sehen.

Ein Filmkunstwerk wird in quasi ausgesäter Form gekauft. Es ist ein von der Erde verdecktes Korn für eine neue Ernte – es ist unbekannt, was wachsen wird.

Das Drehbuch, seine Konflikte, seine Peripetien und Kollisionen der Ideen – das alles ist nicht enträtselt. Auf Grund ein und desselben Drehbuches kann man einander sehr unähnliche Filme drehen; im schlimmsten, aber leichten Fall wird eine Schablone entstehen, ein Ersatz.

Sergej Michajlovič begann einen Film über folgendes Thema zu drehen: ein Vater tötet seinen Sohn.

Über das Thema des Mordes in der Familie sind viele Tragödien und Romane geschrieben worden. Klytämnestra tötete ihren Mann Agamemnon. Agamemnons Sohn Orest tötete seine Mutter. Agamemnon opferte seine Tochter Iphigenie, weil die Götter der griechischen Flotte keinen Wind geschickt hatten. Allerdings milderte die Überlieferung das Opfer ab: das Mädchen wurde von den Göttern entführt und fand sich auf Tauris wieder – auf unserer Krim, wurde zu einer Priesterin und brachte menschliche Opfer dar.

Abraham wollte Isaak opfern. Von diesem Fall, der ziemlich glücklich endete, wissen alle. In späterer Zeit rüsteten sich die Thebaner zum Kampf gegen die Spartaner – die Lakedämonier. Plutarch berichtet, daß Pelopidas, der Heerführer der Thebaner, einen Traum gehabt hat, in dem die Götter forderten, ihnen für Sünden, die Vorfahren genau an dieser Stelle begangen hatten, ein blondes Mädchen zu opfern. Dies geschah in einer Zeit, die uns verhältnismäßig nahe ist. Es entstand Verwirrung im Lager. Man erinnerte sich, daß Agamemnon seine Tochter geopfert hatte; man sagte, dies sei ein hellseherischer Traum, und das Opfer müsse gebracht werden.

Während die Heerführer noch mitten im Wortwechsel waren und selbst Pelopidas sich in höchster Verwirrung befand, stürmte eine junge Stute, die aus der Pferdeherde ausgebrochen war, durch das Lager und blieb vor Pelopidas stehen. Alle blickten aufmerksam auf die helle Farbe ihres Fells, auf ihre feurig-rote Mähne, ihre Schnelligkeit, ihr Ungestüm und Wiehern. Der Weissager begriff, was dies bedeutete, und rief, an Pelopidas gewendet, aus:

«Da hast du dein Opfer, du wunderlicher Mensch. Wir brauchen auf kein anderes Opfer zu warten. Nimm dieses, das dir Gott schickt.»

So wurde das Menschenopfer durch ein Tieropfer ersetzt, das für die damalige Zeit annehmbar war – man schlachtete die Stute.

Solche dunklen Träume beunruhigen die Menschheit und bleiben als Erschütterungen in ihrem Gedächtnis zurück.

Taras Bulba tötete in Gogols Erzählung seinen Sohn für den Verrat am Vaterland. Das ist auch ein Opfer.

In seiner ‹Reiterarmee› erzählt Babel, daß die Söhne aus Rache ihren Vater töten, weil dieser ihren Bruder getötet hatte.

In Dickens' Roman ‹Leben und Abenteuer Nicholas Nicklebys› führt der Bösewicht Ralph, der mit dem Verwandten des Romanhelden verfeindet ist, seinen eigenen unerkannten Sohn Smike in den Tod. Als Ralph sein Verbrechen erkennt, läuft er davon und erhängt sich auf dem

Dachboden, über der Luke, an der Stelle, «die vor vierzehn Jahren so oft den Blick seines armen verschollenen kleinen Sohnes auf sich gezogen hatte».

In Dickens' Roman ‹Leben und Abenteuer Martin Chuzzlewits› versucht der Sohn den Vater zu vergiften.

Unsere Jugend liest ‹Die Stechfliege› von Vojnič. Darin hatte ein sündhafter katholischer Priester einen Sohn. Der Vater wurde Kardinal, sein verschollener Sohn wurde revolutionärer Schriftsteller. Der Kardinal erfuhr vom Schicksal seines Sohnes, nachdem dieser bereits zum Tode verurteilt worden war.

Später ließ er während des Gottesdienstes den Kelch mit dem Abendmahl zu Boden fallen, wobei er sagte, daß niemand an die Leiden Gottvaters gedacht habe, als Jesus gekreuzigt wurde.

Über das gleiche schreckliche Thema hatte Ržeševskij sein Drehbuch geschrieben. Es ist die Geschichte von Pavlik Morozov, einem Pionier, der sich gegen seinen Vater stellte und von ihm getötet wurde. Bei uns im Gebiet Kalinin hat vor relativ kurzer Zeit ein Sektierer seinen Sohn erstochen. Er war zu dem Schluß gekommen, daß die Menschheit untergehe und Gott offensichtlich – er glaubte an Gott – von neuem ein Menschenopfer fordere. Seine Frau war der gleichen Überzeugung. Sie hatten darüber beraten, welches ihrer Kinder sie töten sollten. Sie töteten das Kind, das sie am meisten liebten.

Eine solche blutige Geschichte wählte Ržeševskij in einer schweren Zeit, als die menschliche Psychologie erschüttert wurde.

In dem Drehbuch geschah alles auf dem Hintergrund der von Turgenev beschriebenen russischen Natur, der nächtlichen Gespräche der fröhlichen, guten russischen Kinder.

Der Film verwendet bis zum Schluß das Drehbuch, doch dann wuchs der Film über das Drehbuch hinaus.

Ržeševskij entdeckte neue Wege: Er stellte den Vater nicht als Kulaken dar, sondern als einen Podkulačnik, der in eine Brandstiftung verwickelt ist. Er zeigte, daß der Sohn die Kulaken rettet, als man an ihnen Lynchjustiz üben will. Doch dann stirbt er von der Hand seines Vaters.

Ich war ein Freund des Regisseurs, doch dachte ich über vieles nicht so, wie er dachte; ich war mit dem Drehbuch nicht einverstanden, und ich glaube, obgleich wir immer in von der Vergangenheit geschaffenen Strukturen denken, daß das größte Glück die ursprüngliche Berührung mit der Wirklichkeit ist. Ein solches Glück war für Ejzenštejn der ‹Panzerkreuzer Potemkin›. Er schuf damit eine allen verständliche, nicht anzuzweifelnde Wahrheit.

In ‹Das Alte und das Neue›, in der Geschichte der Kleinbäuerin Lapkina, die zu guter Letzt Erfolg in ihrem Leben hat, weil sie die Furcht der Frau vor dem Mann überwand und zum Führer der Männer wurde, hat

Sergej Michajlovič ebenfalls das Leben unmittelbar berührt.

In der ‹Bežin-Wiese› berühren zwei Mythen einander.

Die Feinde haben sich in einer Kirche versteckt. Die Bauern demolieren die Kirche. Ein kräftiger Bauer versetzte den Pfosten der heiligen Pforte einen Stoß und brachte sie zum Einstürzen – wie Samson es mit den Säulen des Tempels der Philister tat.

Der Film ist in hohem Maße mythologisch. In ihm war der Atem des Lebens, die Schönheit der Kirche, die man zerstörte, der Schmerz des Vaters, der Schmerz und der Triumph des Sohnes.

Der Film rief viele Meinungsverschiedenheiten hervor, dennoch ist er ein großes Kunstwerk.

Wenn wir alle immer recht hätten, so hieße das, daß wir alle genial und immer glücklich wären. Die Wege der Kunst sind Wege des Gewissens.

Denn heute sind wir nicht damit einverstanden, daß die Engel im ‹Faust› Gretchen retten, ohne sie aus dem Gefängnis entfliehen zu lassen. Sie soll hingerichtet werden; man soll ihr den Kopf abschlagen; das Blut dieser vom Teufel und einem reichen Zauberer verführten blondköpfigen Frau soll vergossen werden. Das ist üblich. Doch das Übliche scheint das Gesetz des Teufels zu sein.

Der Aufsatz, den Sergej Michajlovič anläßlich des Verbotes dieses Films geschrieben hat, trägt den Titel ‹Die Fehler der Bežin-Wiese›. Darin wird nicht von den versuchten Korrekturen an dem Film gesprochen. An diesen Korrekturen war auch Babel beteiligt. Vieles war getan worden.

Ausgezeichnet sind die Dialoge.

Schwächer sind die wahrheitsgetreuen, aber gezwungen erscheinenden und oft verwandten Konflikte.

Die Dreharbeiten nach dem neuen Drehbuch wurden ebenfalls unterbrochen.

Ejzenštejns auf einem schrecklichen Konflikt begründeter Film war menschlich.

In ihm gab es den Schmerz, verursacht durch den Zusammenstoß der Generationen, und den Glauben an eine menschliche Lösung.

Der Film war wunderbar. Er war dazu verurteilt, nicht gesehen zu werden.

Ich rief damals Ejzenštejn an. Wir plauderten selten miteinander.

Er sagte mir:

«Das Schrecklichste daran ist, daß ich es überleben werde.»

Man kritisierte den Film lange Zeit, man nahm ihn sich vor, wie es damals hieß. Aber es kritisierten ihn nicht alle. Die Regisseure schwiegen.

Sergej Michajlovič analysierte ihn. Der Film kam nicht heraus. Es heißt, die Schachtel mit der Filmrolle sei auf dem Potylicha versteckt gewesen.

Während der Bombardierung Moskaus sei dort ein Geschoß einge-schlagen und habe den Film vernichtet. Pera Ataševa und die Monta-geure hatten aber einige Einstellungen abgeschnitten und dadurch Teile des Films gerettet.

Aus diesen übriggebliebenen Schnittresten des Positivs ist später ein Film montiert worden.

Heute kennen ihn alle. Man veranstaltet Vorführungen der übriggeblie-benen Einstellungen.

Er erinnert nicht an ein Buch mit Illustrationen. Viel eher ähnelt er freskenbemalten Mauern.

Dieser Film bewegt sich stoßweise weiter. Ich habe ihn etliche Male gesehen.

Er ist für uns heute annehmbar.

Wir sind nicht empört, wir erschrecken nicht. Wir haben den Krieg erlebt, haben viele Fehler, viele Eingeständnisse erfahren. Wir begreifen die Anmut der auf der Leinwand gezeigten Kinder, das Verbrechen und die Verzweiflung des Vaters, die Verwüstung der Kirche und das Zer-brechen der Herzen.

Der Film braucht heute nicht unbedingt gezeigt zu werden. Es ist seltsam, vom Recht auf einen Fehler zu sprechen; Fehler sind teuer, aber das Suchen ist oft noch teurer. Das hatten damals nur wenige verstanden.

Sergej Michajlovič wurde 1940 zum künstlerischen Leiter des Studios ‹Mosfilm› ernannt.

Der ‹Aleksandr Nevskij› war bereits gedreht, das Drehbuch ‹Ivan der Schreckliche› bereits geschrieben. In dem Zimmer des Leiters von ‹Mos-film› wechselten die Regisseure sich ab, er sprach mit ihnen, an einem kleinen, runden Tisch sitzend – einen Schreibtisch gab es in diesem Zimmer nicht. Hier verkehrte auch Esfir Šub. Folgendes schrieb sie in ihrem Buch:

«Eines, was mich bekümmerte, war die an der Wand unter Glas hän-gende Fotografie, die einen Augenblick aus der Arbeit an der ‹Bežin-Wiese› wiedergab: Ejzenštejn, der aufmerksam einem die Rolle Pavliks spielenden Schüler etwas erklärt, und ein begeisterter Junge.

Dies war bereits nach dem großen Erfolg des ‹Aleksandr Nevskij›, und die ‹Bežin-Wiese› war immer noch nicht vergessen . . .

Als Ejzenštejn einmal mit einem Regisseur aus seinem Zimmer ging, nahm ich diese Fotografie von der Wand und verschwand, ohne auf seine Rückkehr zu warten.»

Sergej Michajlovič entdeckte dann diese Fotografie in Šubs Wohnung wieder und schrieb folgende Worte darauf: «Diese Fotografie wurde mir aus meinem Arbeitszimmer in Potylicha stibitzt. Ich bin darüber gerührt und sehr froh.»[25]

Ich glaube, daß er über diese Aufmerksamkeit mehr verlegen als erfreut war.

Was wir als Fehler bezeichnen und anerkennen, vergeht nicht. Der Herbst ist für den Baum und für die mehrjährigen Blumen kein Unglück. Es ist der Beginn der Arbeit für den kommenden Frühling. Der Winter ist die Fortsetzung des Lebens.

Esfir Šub war eine gescheite Frau, ein guter Meister. Sie hat einen klugen Film über den Sturz der Romanov-Dynastie gemacht. Aber wenn sie große Kräfte gehabt hätte, dann wäre sie ein Bulldozer geworden, der das Alte beseitigt, um das Neue aufzubauen, der das Alte als fehlerhaft verwirft. Aber weder die Basiliuskathedrale noch die Kremlmauern, noch die Architektur des alten Mexiko, noch die Gotik, noch die russischen Holzkirchen, noch Chaplin sind ein Fehler. Sie sind das Wachstum des Menschen. Und vielleicht birgt der Mensch gerade in seiner Kindheit die meisten Keime des Neuen in sich, mehr Zukunft, mehr Auseinandersetzungen. Und die Kindheit geht nicht vorüber, sie kehrt in einer anderen Generation wieder, wird mit neuem Sinn erfüllt. Sowohl die Reise durch Mexiko als auch die ‹Bežin-Wiese› sind heute noch lebendig, auch wenn Ejzenštejn schon lange verstorben ist. Er starb als Fünfzigjähriger.

‹Aleksandr Nevskij›

Den Film ‹Aleksandr Nevskij›, der im Jahre 1938, nach Ejzenštejns Rückkehr aus Mexiko und nach der ‹Bežin-Wiese›, gedreht worden war, haben viele für einen Kompromiß gehalten und in ihrer Verwunderung über die Historizität des Themas dem Film sogar den Vorwurf der Opernhaftigkeit gemacht. Das Leben eines Menschen wird in den Matrizen der Kunst festgehalten, die Vergangenheit existiert weiter, wie eine strukturelle Gegebenheit, die sich in einen neuen Lebensabschnitt einfügen kann.

Es gab vor Zeiten einmal einen persischen Kaiser – ich habe übrigens die genaue ethnographische Zugehörigkeit des Kaisers und den Namen seines Reiches vergessen. Er rief Wahrsager zu sich und fragte sie:

«Welch ein Schicksal erwartet mich?»

Ein ungeschickter und unvorsichtiger Wahrsager antwortete:

«Weh dir, Kaiser, du wirst allein bleiben, die Menschen, die dich umgeben, werden sterben, du wirst niemanden haben, mit dem du offenherzig sprechen kannst.»

Der Kaiser konnte schnelle Entschlüsse fassen; er befahl, dem Wahrsager den Kopf abzuschlagen. Gleichzeitig rief er den nächsten zu sich.

«Du wirst glücklich sein, Kaiser», sagte der Wahrsager ruhig, da er bereits von der Enthauptung des anderen wußte, «du wirst lange leben und deine Zeitgenossen überleben.»

Der zweite Wahrsager erhielt eine Belohnung.

Was nun aber den Kaiser betrifft, so konnte er tatsächlich glücklich leben; er sonnte sich lange in der Sonne, wobei er wie ein Greis sogar im Sommer Filzstiefel trug.

Ich glaube, daß die Skythen Filzstiefel kannten, auch die Perser kannten sie. Filzstiefel trugen bei uns in Rußland im Sommer die Alten, wenn sie vor dem Haus saßen. Vielleicht setzen sie irgendeine Tradition fort.

Ich lebe schon lange, ich bin noch nicht dazu gekommen, mir Filzstiefel zu kaufen. Doch ich muß die Erinnerung an Freunde auffrischen, denen ich keine Briefe mehr schreiben kann. Das Glück der Schriftsteller und Künstler ist, daß unsere Freunde nicht verschwinden, sondern mit uns leben und uns oft in der Erinnerung der Menschen überleben.

Wenn im Herbst die Kraniche in den Süden ziehen, so fällt es den jungen Vögeln natürlich schwer, zum erstenmal den weiten Weg zurückzulegen. Doch die alten Vögel bringen mit ihren starken Flügeln die Luft in schaukelnde Bewegung, die jungen fallen in ihren Rhythmus ein, und die Schwingungen der Luft helfen ihnen beim Fliegen. Sie fliegen in einem einheitlichen Schwarm. «Oh, ihr Kraniche! . . .» beginnen viele persische Gedichte. Der Kranich ist in der persischen Dichtung ein Symbol des Aufbruchs, des Abschieds – mit der Hoffnung auf Wiederkehr. Die schwingende Luft bleibt noch eine Weile, sie wird nicht sofort aufgezehrt. Wir fliegen im Rhythmus der Geschichte, getragen von der großen Schaukelbewegung, in die man sich mit neuem Verständnis einfügen kann. Wir verstehen den Wechsel der Strukturen. Wir werden uns damit zufriedengeben.

In der Geschichte kleidet sich, wie Hegel sagte – und Menschen in Filzstiefeln zitieren gern –, in der Geschichte kleidet sich die Notwendigkeit in das Gewand des Zufälligen. Was unerwartet, ‹plötzlich›, angebrochen zu sein scheint, geschieht nicht mit uns, sondern geschieht in dem großen Schwarm der menschlichen Bewußtseinsstufen, in der großen Erschütterung des gemeinsamen Milieus, in der Veränderung der Wechselbeziehungen, die aus Altem in dem Neuen entstanden sind, wobei die Wege weit sind und länger werden, was die Kraniche nicht wissen.

Sergej Michajlovičs Großmutter starb auf der Freitreppe des Aleksandr-Nevskij-Klosters. Sergej Michajlovič wuchs in der Taurischen Straße auf, gar nicht so weit vom Kloster entfernt. Der silberne Krebs auf dem Grab Aleksandr Nevskijs, auf irgendeinem Stück Erde oder einem Knochen, der eine Spur des Helden sichtbar werden läßt – dieses triumphale Silber glänzte über dem Anfang des Lebens Sergej Michajlovičs. Zu Beginn des Ersten Weltkriegs, der den jungen Studenten aus seinem gewohnten Leben herausriß, sein Schicksal beschleunigte und ihn wie einen Stein aus der Schleuder an die Front warf, zu Beginn dieses Kriegs fuhr der Junge über die alten Flüsse des Alten Rußland, vorbei an alten Kirchen, die am Wasser standen, dem Jungen begegneten und ihn begleiteten.

Als Ejzenštejn den Film ‹Aleksandr Nevskij› drehte, kehrte er in seine Heimat zurück.

Die Gebäude wachsen mit den Jahren in die Erde hinein. Die Leningrader Palais erscheinen durch Erdanhäufungen an ihrem Fuß gleichsam verkürzt, und wenn man das Menšikov-Palais in seiner ganzen Größe hätte sehen wollen, so hätte man darum herum einen breiten Graben ausheben müssen.

Die Domkirche in Riga, jene Kirche, die Sergej noch als Realschüler kannte, steht in einem tiefen Graben, als ob sie aus einem Grab hervorschaue, und blickt aus der Vergangenheit in die Gegenwart.

Die Ritter, die im ‹Aleksandr Nevskij› zu sehen waren und inmitten ihrer eisernen Reihen halbbewaffneter Diener dahinjagten, diese Ritter kamen aus Richtung Riga.

In der Biographie des jungen Regisseurs lebten beide kriegführenden Parteien.

Nicht weit von Pskov entfernt liegt auf sandigen Hügeln, auf den Resten einer Moräne, inmitten von Seen und Kiefernwäldern das Grab Puškins. Es liegt an der Grenze des Alten Rußland, und neben ihm sind die Ruinen einer verschwundenen alten Festung. Ohne davon zu wissen oder daran zu denken, erwähnte Ejzenštejn in seinem ersten Aufsatz über Aleksandr Nevskij Puškin und verknüpfte ihn mit dem Namen Aleksandr Nevskijs durch das Buch von Išimova, ein Kinderbuch, das Puškin am Tage vor seinem Duell gelesen hatte, woraufhin der kräftige Mann der Schriftstellerin einen zärtlichen Brief schrieb, in dem er sie zu weiterer Arbeit ermunterte. Der Gedanke an die Geschichte hat den Dichter nicht verlassen.

Es näherte sich der Krieg, ein neuer Krieg in alten Grenzen. Sergej Michajlovič hatte in seiner Jugend die Schlachtfelder der Vergangenheit, die noch nicht vermoderten Gebeine der Kämpfer und die noch nicht zugeschütteten Schützengräben gesehen, er sollte vor dem Krieg mit Deutschland zu den alten Grenzen, zu dem alten Streit zurückkehren, er sollte einen Film über Aleksandr Nevskij drehen.

Das Drehbuch schrieb P. Pavlenko.

An Petr Pavlenko denkt man heute wenig. Er war ein begabter Mensch, hatte viel gesehen, kannte den Osten und den Westen, da er in der

Handelsvertretung gearbeitet hat, hatte die Semantik der alten Teppiche kennengelernt, kannte den Kaukasus, schrieb lange an der Geschichte Schamils, ohne sie zu Ende zu schreiben.

Die Charaktere der Nationen ändern sich. Die Nationen lernen voneinander, wenn sie aufeinandertreffen, und sie tauschen ihre Erfahrungen aus. Aber die Geschichte ist schrecklich.

In den Büchern von Plano-Carpini, der die Mongolei im 13. Jahrhundert bereist hat, war davon die Rede, daß die Mongolen untereinander einfach und treu, aber Fremden gegenüber hochmütig und grausam seien. Sie äßen alles, was man zerkauen könne, heißt es weiter; die einzige Sünde sei, Pilze zu essen und Feuer mit einem Messer zu berühren. Alles übrige galt, wenn nicht ausdrücklich Mongolen beteiligt waren, als außerhalb jeder Moral. Sie erschütterten die Welt, wobei sie die Reiche voneinander trennten, sie vertrieben die Völker von ihren alten Plätzen, schichteten ein Volk auf das andere, als läsen sie Bücher, deren Seiten man umschlägt; sie wurden immer mehr wie eine Lawine, unterdrückten den Kaukasus, zertraten Chorezm, kamen nach Rußland, schlugen die Russen an der Kalka und veranstalteten Festgelage, wobei sie Bretter über die gefangengenommenen Heerführer legten, und der Vorfahre Puškins wurde «wie eine Mücke von den schweren Hintern der Tataren zerdrückt».

Aleksandr Nevskij herrschte als Fürst in Velikij Novgorod, in einer schriftkundigen Stadt, die mit der ganzen Welt Handel trieb, in einer freien Stadt. Als Wappen hatte sie die Darstellung von Stufen und einen schräg an die Stufen gelehnten langen Stab, der Thron selber aber wurde von niemandem eingenommen.

Die Fürsten waren hier nur Gäste und Heerführer. Eine Zeitlang sitzen sie auf dem Thron und ziehen dann wieder davon.

Ich sprach viel mit Ejzenštejn und mit Pavlenko über Novgorod, über die Tataren. Ich schrieb damals gerade mein Buch ‹Marco Polo› und kannte diese Zeit verhältnismäßig gut. Im Rücken griffen die Schweden Novgorod und Pskov an, an der Seite griffen die Deutschen an. An der Neva kämpfte Aleksandr Nevskij gegen die Schweden. Seine Brüder waren die Karelen, und einer der Obleute aus dem Lande der Ižora, Pelgusij, offensichtlich ein gebürtiger Karele, der den christlichen Namen Filipp trug, schrieb die Einzelheiten dieses Kampfes und die Namen der Getöteten auf.

Dieser Pelgusij, ein eifriger Christ – er fastete mittwochs und freitags –, war der erste russische Kriegsberichterstatter.

Mit den mongolischen Tataren Krieg zu führen, war unmöglich. Ferngeschosse waren noch nicht erfunden, und selbst Papierdrachen waren ein Wunder. Mit Papierflügeln flog der Feind Dobrynjas, der Drache Gorynyč; vielleicht war dieser Drache ein Verwandter der chinesischen

Papierdrachen. Wie sollte man mit einem Feind kämpfen, zu dem man Jahre und Monate durch Städte und Steppen reiten mußte? Wo sollte man diesen Feind finden, wenn er über die ganze Welt verstreut war, eine Menge fremder Hauptstädte besaß, wo es Türken, Georgier, Deutsche, Franzosen, Iranier und Alanen in den Truppen gab?

Man mußte sich gegen die Schweden und die Deutschen verteidigen und die Tataren erdulden.

Rußland war stark. Die Kirche von Perejaslavl, die in Aleksandr Nevskijs Fürstentum an einem See stand, war, wie an ihren Mauern verzeichnet ist, in wenigen Monaten aufgebaut worden; die Kirche des Heiligen Kyrill, die große Kirche in Kiev, wurde in zwei Jahren erbaut und steht seitdem ohne Risse da, man hatte nur einen Stützpfeiler bauen müssen, weil ein Teil des Fundamentes über die Höhlen der Kievo-Pečerskaja-Lavra hinausreicht, die vielleicht gegraben worden sind, als es nicht nur noch kein Christentum gab, sondern auch an den Stellen, an denen heute Pyramiden stehen, einfach nur Sand lag. Es war ein großes, mächtiges Land mit einer großen Malerei, mit großen Verkehrswegen. Ilja Muromec ritt nicht nur nach Černigov, sondern er legte auch Knüppeldämme durch die Sümpfe. Man baute Häuser mit Glas. Die Menschen badeten nicht nur in hölzernen, sondern manchmal in steinernen Badehäusern (in Kiev!), und sie kannten die Herstellung von Emaille. All das war zerstampft worden.

Aber man mußte dem Volk das Feuer für die glühenden Kohlen der Inspiration lassen, die Erinnerung an die Verkehrswege, die handwerklichen Kenntnisse eines großen, freudigen Landes. Und Aleksandr Nevskij war es, der in der Nähe des Dorfes Michajlovskoe, gar nicht so weit von Novgorod und von Pskov entfernt, gegen die Ritter am Peipussee kämpfen sollte.

So wundern wir uns nicht darüber, daß zwei Jahre vor dem großen Krieg der große Regisseur daran ging, hierüber einen Film zu drehen. Die Vergangenheit erlischt nicht, man muß sie zu Ende denken, man muß in ihr die Zukunft zu erkennen verstehen.

Von dieser großen Schlacht ist wenig übriggeblieben. Man fischte einige Stiefel, zwei, drei Kettenhemden aus dem Wasser; man fand den Voronij-Stein, in dessen Nähe die Schlacht stattgefunden hatte; es sind Aufzeichnungen in deutschen Chroniken erhalten geblieben, auch einige wortkarge russische Berichte; doch alles hat sich verändert. Die alten Novgoroder Kirchen und die Kirchen Pskovs, vor denen einst die Plätze mit zerkleinerten Tierknochen gepflastert waren, und vor dem Pogankin-Haus in Pskov war der Platz sogar mit Pferdezähnen gepflastert – all das wurde nicht zerstört, sondern war nur tiefer in die Erde eingedrungen; im Innern hatte man die Fußböden erhöht und die unteren Hälften der Fenster zugemauert.

Als Mitarbeiter hatte Sergej Michajlovič den Künstler Konstantin Eliseev; er war ein Freund aus dem Bürgerkrieg, ein Mitkämpfer bei der Roten Armee. Eliseev war bekannt als Karikaturist des *Krokodil*. Er hatte den schweigsamen Eduard Tissé, den großen Filmkameramann, der das Malerische der Übergänge vom Weiß über das Graue bis zum Schwarzen begriffen hatte. Er hatte die Schauspieler N. Ochlopkov, D. Orlov, einen ausgezeichneten Kenner der russischen Sprache, den vortrefflichen N. Čerkasov, dessen Double bei den Filmaufnahmen zu Pferd der spätere Kriegsheld Dovator war. Er hatte die Filmfabrik, sie steht auch heute noch an genau derselben Stelle, an dem Fluß Setun, der kaum noch zu sehen ist; rings um sie herum lagen Felder; im Frühjahr blühten hier noch die Kirschgärten und wuchsen Apfelbäume; hier befanden sich einst die Gärten der Zaren, und hierher brachte man seit Hunderten von Jahren den Mist aus Moskau. Unlängst drehte man in ihnen ‹Krieg und Frieden› und zeigte den Saal der Adelsversammlung, wie er vielleicht durch ein unwahrscheinliches Vergrößerungsglas ausgesehen hätte. Wunderschön, aber teuer. Man hatte noch zusätzliche Kristallteile an den Kronleuchtern angebracht.

Die Schlacht auf dem vereisten Peipussee fand natürlich im April auf dem Eis statt. Das Eis war danach mit Blut besudelt. Winterszenen sind bei Dreharbeiten sehr schwierig – der Winter ist eine dunkle Jahreszeit. Man beschloß, den Winter zu machen. Man schuf ihn ohne Eiszapfen, ohne Dampf, ohne schneebedeckte Bäume. Aus der Arbeit wurde kein Winter, sondern eine Schlacht. Man holzte den Kirschgarten ab, rodete die Wurzeln aus, pflügte und asphaltierte das riesige Feld.

Danach bedeckte man es mit Kreide, der Naphtalin beigemengt war. Man kleidete das russische Heer und das teutonische Heer ein und begann mit den Dreharbeiten.

Es war notwendig, die Helden aus dem Novgoroder Widerstand hervorzuheben. Pavlenko hatte sich einen patriotischen Krieger ausgedacht, der neu geschmiedete Panzerhemden an das Heer austeilt; er selber behält das kürzeste, das keiner genommen hatte.

Man legte im Hof einen großen Teich an; über den Teich spannte man eine Brücke. Aber da der Teich den Volchov darstellen sollte und der Volchov ein großer, breiter Fluß ist, stellte man die Brücke schräg auf. Auf der Volchovbrücke kämpften nach altem Novgoroder Brauch die Menschen miteinander, wenn sie sich über etwas in der Veče nicht einigen konnten. Der Sieger warf den Unterlegenen in den Fluß, und auf diese Weise wurde Einigkeit hergestellt.

Dies war ein alter slawischer Brauch. Es gab ihn nicht nur bei den Slawen, sondern auch bei den Venetern, einem Volk, das sowohl mit den Slawen als auch mit den Litauern, den Letten und den Preußen verwandt war. Die Veneter hatten einstmals in der Gegend Gdingens,

Stettins und in Venetien, an der Adria, gelebt.

Die Veneter also kämpften ebenfalls bei Zwistigkeiten auf den hohen Brücken ihrer Stadt.

Die Helden des ausgezeichneten Films von Ejzenštejn trafen auf der Brücke aufeinander, kämpften auf ihr, und Orlov wurde ins Wasser geworfen. Die Szenen waren schön, aber sie wurden nicht in den Film aufgenommen. Sie blieben nur in Ejzenštejns Aufzeichnungen und in meinem Gedächtnis erhalten. Wie das gekommen ist, will ich erzählen.

Ein einfaches Drehbuch zu schreiben, ist schwieriger als ein kompliziertes. Die Filmkunst ist eine langwierige, echte Sache. Eine Schlacht ist bei uns im Film fast real, nur gibt es keine Getöteten. In einem historischen Film aus einfachen Begebenheiten, nur vom Sujet her, Spannung zu erreichen, ohne eine Liebesintrige hinzuzufügen, ist sehr schwierig. Es mußte die Geschichte eines Schlachtplanes geschaffen werden.

Die Deutschen kämpften mit der Schlachtordnung eines Schweines: Die Ritter bildeten ein Dreieck, in dessen Mitte marschierte das Fußvolk. Diese eiserne Masse, gut ausgebildet, drückte das Fußvolk zusammen, schnitt es ab. In der Nähe jedes einzelnen Ritterspeers waren etwa fünfzehn Fußsoldaten, die die Niederwerfung vollendeten. Und der Ritter selbst war fast unverwundbar, wir kennen das aus Puškins ‹Szenen aus der Ritterzeit›. Man konnte einen Ritter zu Boden werfen, man konnte ihn aber nicht töten, weil er rundherum in geschmiedetem Eisen steckte. Man konnte ihn wie eine Nuß knacken, wie eine Maschine auseinanderschrauben, doch dazu braucht man Zeit, und Zeit hat man im Krieg nur wenig.

Sergej Michajlovič berichtet in seinen Aufzeichnungen, wie die Idee entstand, das teutonische Heer in die Zange zu nehmen und den Durchbruch in eine Umzingelung zu verwandeln. Zuerst sollte dargestellt werden, wie man einen Holzscheit zerspaltet und wie die Axt in dem Holzscheit steckenbleibt; aber dann erinnerte man sich an ein vertrautes, scherzhaftes Märchen (Märchen dieser Art hatte Afanasev als Einzelausgaben mit einem Vermerk veröffentlicht, als seien sie vom Valaamsko-Preobraženskij-Kloster herausgegeben worden): hier belegte der Hase den Fuchs mit verschiedenen Schimpfworten, doch als dieser ihm nachsetzte, konnte der Hase zwischen zwei dicht beieinanderstehenden Birken entkommen, der Fuchs jedoch blieb zwischen den Birken stecken, und der Hase beleidigte ihn mächtig. Dieses Märchen erzählt Orlov vortrefflich auf der Leinwand. Ich hatte das Buch mit diesem Märchen Sergej Michajlovič geschenkt; er hatte mir als Antwort darauf eine sehr detaillierte Zeichnung geschenkt, aus der hervorging, wie und was mit dem Fuchs geschah. Das Märchen ist schön.

Was war an dem Film bemerkenswert? Die Einfachheit des Aufbaus, die Klarheit und der Gedanke, daß der Widerstand des Volkes gegen die Technik möglich ist, daß das Volk sogar angesichts eines plötzlichen Angriffs siegen kann. Der Film ist optimistisch, in ihm war vieles richtig vermutet.

Sergej Michajlovič sagte einmal, das Wichtigste an einem Film-Kostüm sei die Kopfbedeckung, weil sie in der Großaufnahme ein Drittel der Einstellung ausmache und alles charakterisiere. Die Ritterhelme hatten verschiedenartige Spitzen: Federn, Kämme, Tierköpfe. Sergej Michajlovič stellte eine solche Spitze in Form einer erhobenen Hand dar, und wenn der Teutone seinen Helm abnahm und in der Hand hielt, dann ergab dies einen faschistischen Gruß.

Der Film ist ganz mit umsichtigem Prunk und mit strenger Historizität gemacht worden.

Das russische Heer sah wenig repräsentativ aus. Es war unordentlich gekleidet. Der wichtigste Bestandteil des Heeres waren Schlitten, auf deren Kufen Fischer mit ihren Hakenstöcken standen. Sieht man die alten deutschen Kriegsbücher von Delbrück durch (Engels lobte seine Bücher), dann erfährt man, daß lange Lanzen mit Haken und lange Streitaxtknüttel die Waffen der Städter und Bauern gegen die Ritter waren; sie mußten die Ritter von den Pferden ziehen. An eine solche Waffe erinnerte noch die Hellebarde, die bei uns später die Polizeiposten trugen. Die Hellebarde ist nicht so sehr eine Axt, sondern eher ein Haken.

Die Schlacht wurde von Ejzenštejn unter den Klängen der großen Musik von Prokofev gedreht. Herrlich die Erwartung des Schlages. Die sich nähernden eisernen Keile der Ritter werden immer drohender; die Musik macht sie immer hörbarer.

Und dann die Pausen der Erwartung. Danach machen die Fischer ihre Hakenstöcke zurecht.

Der Rachen des Heeres, der den feindlichen Keil verschlang, war prophetisch geöffnet: ein gutes Vorzeichen für die ‹Kessel›.

Ein Film mit friedlichen Kirchen und Leichen, die man auf Schlitten befördert; in den Händen der Leichen Kerzen, der Film eines gewissenhaften und sehr blutigen Krieges. Er wird zu Unrecht etwas snobistisch unter die besten Filme Ejzenštejns eingereiht. Es ist ein patriotischer Film. Der Mensch kann, was seine eigene Person betrifft, bescheiden sein, aber in bezug auf sein Volk hat er das Recht auf Stolz.

Die Kinder haben schon lange vor dem Krieg die Schlacht auf dem Peipussee gespielt. Und die Panzer Guderians, die uns angriffen, kamen nicht vollkommen unerwartet.

Bei der Arbeit an diesem Film schloß Sergej Michajlovič Freundschaft mit dem großen Komponisten Prokofev. Das Genie Prokofev bestimmt heute das Musikdenken der Welt. Er, wie auch Šostakovič, liebte den Film, liebte eine Darstellung, die man montieren konnte; er liebte es, in der Musik eine Intonation des Gefühls zu entdecken. Ein anderer großer Mensch und großer Kenner der Seele hat einmal gesagt, daß die Musik die Stenographie der Gefühle sei.

Einige Worte zum Abschluß.

Wenn umfangreiche Dreharbeiten im Gange sind, gibt es keine Müdigkeit. Der Film wird aufgespult, geklebt, in Schachteln gelegt, die Schachteln stapeln sich zu Säulen. Der Regisseur schläft genau daneben. So etwas kam vor. Und wenn er nach Hause ging, träumte er von den Zusammenstößen der einzelnen Teile und den Zusammenstößen der musikalischen Reihe mit der visuellen. Und außerdem war dies der erste Tonfilm für Ejzenštejn.

Er war eingeschlafen. In der Nacht rief man ihn im Auftrage Stalins an und verlangte, daß man den Film schicke. Noch in der Nacht wurde der Film hingeschickt und vorgeführt. Alles war gut. Nur die Szene auf der Brücke kam nicht durch. Und so wurde sie niemals in den Film aufgenommen. Daß sie existiert hatte, kann ich mit einem Hinweis auf das Drehbuch beweisen, das im sechsten Band der ‹Ausgewählten Werke› S. M. Ejzenštejns abgedruckt ist. Doch hinsichtlich der logischen Abfolge des Drehbuches ist es interessant, daß kein einziger Kritiker und kein einziger Zuschauer das Fehlen dieser Szene bemerkt hat, in der als Helden der Krieger mit dem Ringpanzer, Buslaj und andere Novgoroder auftreten. Der musikalisch-sinngemäße Schwung des Films war so stark, daß der Zuschauer über diesen Bruch hinwegflog. Die Aufmerksamkeit des Zuschauers flog wie ein Skispringer von der Sprungschanze.

Aber dennoch muß man dieses Stück wieder in den Film aufnehmen.

Wenn man ein Drehbuch schreibt, ereignen sich diverse Mißgeschicke. Der Film wächst bei den Dreharbeiten, die Einstellungen verwandeln sich in selbständige Sujets.

Der wesentlichste Wert des Films ‹Aleksandr Nevskij› liegt in der Klarheit seines Aufbaus: da ist die Gegenüberstellung zweier Massen, der Schicksale zweier Völker: desjenigen der Ritter, der Angreifer, die in ein fremdes Land eindringen, und des Schicksals der Menschen, die ihr Land verteidigen.

Die Schlacht auf dem Peipussee ist das eigentliche Zentrum dieses Films.

Das persönliche Schicksal Buslajs und Gavrilas, das Schicksal Olgas und Vasilisas und die Hochzeiten – sie alle sind zweitrangig.

Von dem Material, das wir sahen, hatte Ejzenštejn 200 Meter für überflüssig gehalten. 200 Meter waren nicht geeignet, die Klarheit des Kampfes zu entfalten; sie gingen zu sehr ins Detail.

Daher ist der Film zwar verkürzt, gleichzeitig aber verlängert worden.

Über das Drehbuch zu ‹Ivan der Schreckliche›

Sergej Michajlovič Ejzenštejn hatte noch nie ein sorgfältiger geschriebenes Drehbuch gehabt als das zu ‹Ivan der Schreckliche›. Dies ist eine widerspruchsvolle, umstrittene und sorgfältige Arbeit. Das Drehbuch umfaßt im Druck mehr als zweihundert Seiten, es besteht aus drei Serien. Ejzenštejn hat für sein eigenes Verständnis des Films sehr komplizierte, offene und mit Mitarbeitern abgesprochene Anmerkungen in das Drehbuch hineingeschrieben. Mir scheint, daß eine solche Analyse, die nur für den Regisseur selbst galt, zum erstenmal Stanislavskij gemacht hat.

Ejzenštejn hatte dieses Verfahren von Mejerchold übernommen.

Über jeden Helden ist vermerkt, was er tut, welches seine Funktion im Sujet sein wird, wie die Gestalt sich entfaltet, welches Ziel eine Episode für den Helden hat, wie sich in ihr die Charakteristik, die Figur verändert und welches der innere Gehalt einer Szene ist. In dieser Weise sind viele Seiten vollgeschrieben.

Das alles ist ausgewähltes, erarbeitetes Material.

Das Drehbuch ist eine Arbeit mit einem klaren Entwurf, einer Motivierung und einer Lösung der Konflikte, und dennoch spiegelt dieses Drehbuch nicht Ejzenštejns Rückkehr zu einer traditionellen Dramaturgie wider.

Ich will nicht sagen, daß die Dramaturgie eines Shakespeare, eines Čechov vorüber sei. Ich will nur betonen, daß die Dramaturgie eines historischen Drehbuchs in unserer Zeit, in der Zeit des Entstehens einer neuen kinematographischen Kunst, einer neuen Meisterung historischen Materials, nicht die alten Muster wiederholen kann, selbst wenn sie es tun wollte.

Allerdings gibt es in diesem Drehbuch Züge eines alten Lieblingsschemas, sie existieren gleichsam rudimentär, zusätzlich. Und dieses Schema ist gerade deshalb nicht notwendig, weil es den handelnden Personen falsche Motivierungen verleiht.

In seiner ersten Ehe war Ivan weder durch Mißerfolge noch durch Verbrechen belastet. Anastasija Romanovna gebar ihm zwei Kinder – Dmitrij und Ivan. Zweimal erkrankte ihr Vater Ivan Vasilevič, und zweimal wollten die Bojaren nicht den Eid auf seinen Sohn schwören; sie fürchteten, daß das ‹Wickelkind›, wie man damals sagte, der Gruppe der Romanovs ein Übergewicht geben würde und daß dies eine Umwälzung in der Bojarenherrschaft bedeutete.

Neben Ivan Vasilevič war da noch sein Vetter Vladimir Andreevič Starickij. Sowohl sein Vater als auch er selber waren schon mehrere Male in Ungnade gefallen: nach den Vorstellungen des feudalen Rußland hatte Vladimir Andreevič ein Anrecht auf den Thron. Ivan stand nicht nur Angst um seine Familie aus, sondern auch um seine dynastische Linie, um die Ordnung der Nachfolge und sogar um das Leben seines Kindes (die abgelehnten Thronprätendenten starben gewöhnlich im Gefängnis).

Vladimir Andreevič wollte den Eid nicht leisten, aber er legte ihn schließlich doch ab. Das war während der Krankheit Ivans, als man auf den Namen Dmitrijs schwören sollte. Vladimir Andreevič schwor den Eid, besiegelte ihn jedoch nicht. Seine Mutter, Efrosinja Starickaja, hatte das Siegel nicht bereitgehalten.

Der Kampf brach offen aus; er fand nicht nur unter den Nachkommen Kalitas statt, dahinter stand der Kampf der alten Feudalordnung gegen die sich bereits verfestigende Alleinherrschaft.

Efrosinja Starickaja, jene Gestalt, die in dem Film vortrefflich von der Birman gespielt wurde, hatte im Jahre 1570 dem Troicko-Sergievskij-Kloster eine Plaščanica, eine gestickte Darstellung Christi im Grabe, geschenkt. Auf dieser Plaščanica hatte Erfrosinja auf der rechten Borte die Worte gestickt: «Dieser Vozduch ... (‹Vozduchi› nannte man leichte Tücher) ... wurde auf Geheiß des rechtgläubigen Herrn und Fürsten Vladimir Andreevič, des Enkels des Großfürsten Ivan Vasilevič, des Urenkels des Großfürsten Vasilij Vasilevič Temnyj, angefertigt.» Dieselbe Aufschrift findet sich auch auf einer Plaščanica aus dem Jahre 1554, die dem Kirillo-Belozerskij-Kloster gespendet worden war. Dort heißt es in der gestickten Borten-Aufschrift, daß sie auf Geheiß des rechtgläubigen Fürsten Vladimir Andreevič, des Enkels des Großfürsten Ivan Vasilevič angefertigt worden sei.

Vladimir Starickij war ebenso wie Ivan ein Enkel Ivans III.

Efrosinja Starickaja vergaß sozusagen nicht, den Anspruch ihres Sohnes auf den Thron aufrechtzuerhalten.

Der Eid auf den Namen Dmitrij wurde geleistet. Im Drehbuch wird der Eid indirekt dadurch motiviert, daß der Fürst Andrej Kurbskij in Anastasija Romanovna verliebt ist. Es entsteht eine Anspielung auf eine mögliche Liebesintrige, genauer gesagt darauf, daß Kurbskij damit rechnet, während der Regentschaft der Anastasija unter ihr zum eigentlichen Herrscher zu werden, genauso wie unter Elena Glinskaja der eigentliche Herrscher der schöne Bojar Telepnev-Obolenskij gewesen war.

Diese Linie war im Drehbuch enthalten, aber sie war gewissermaßen gar nicht nötig; ob es nun eine Liebesintrige gibt oder nicht, der Kampf um die Macht ist hier sowieso unausweichlich. Wenn die Liebesintrige in diesem Kampf verwendet wird, dann muß sie auch zum Ausdruck gebracht werden, sie wird aber nur als Anspielung dargestellt. Diese Anspielung verändert den Charakter der Anastasija, weil der Streit um das Recht auf den Thron am Bett des kranken Ivan stattfindet und zwei Mütter sich streiten – Efrosinja und Anastasija. Wozu also die Anspielung, daß die Liebe Andrej Kurbskijs und sein künftiger Vorteil entscheidende Bedeutung haben?

Das Drehbuch enthält eine konventionelle Darstellung der handelnden Figuren. Wir begreifen, daß man unmöglich den Kampf der Kräfte ganz in ein Kunstwerk aufnehmen kann. Doch wenn man diese Kräfte darstellt, darf man sie nicht verändern oder uminterpretieren, weil man dann den Gang der Geschichte verfälscht, Ursache und Wirkung miteinander verwechselt.

Wer war Vladimir Andreevič? Vladimir Andreevič war ein mittelmäßiger, auf jeden Fall kein großer Mensch, der von Angst geplagt war, die ihn sogar zu Denunziation trieb. Aber er war bereits bei Kazan ein ausgereifter Heerführer.

Der Regisseur Sergej Michajlovič Ejzenštejn verfügte über umfangreiche historische Kenntnisse und über Erfahrung in der Drehbucharbeit, doch stand er der Vielfalt seiner Kenntnisse manchmal mit Indolenz gegenüber. Natürlich können die Reste alter Strukturen in einem Kunstwerk uminterpretiert werden, und sie werden dann anders wirken. Aber das Schicksal Vladimir Andreevičs ist im Drehbuch das eines Zitats. Die Gestalt ist konventionell dargestellt, unkonventionell ist der Untergang Vladimirs. Als der Zar die Pläne der Bojaren durchschaut hat, setzt er Starickij auf den Thron, kleidet ihn in die Zarengewänder und setzt ihm die Zarenkrone auf den Kopf. Vladimir Andreevič ist – die Mittelmäßigkeit seines Verstandes ist der Grund – damit zufrieden. Aber er hat vergessen, und Ivan erinnert sich daran, daß man ein Attentat auf den Zaren vorbereitet, daß in den Korridoren ein Mensch mit einem Messer steht; die Korridore sind dunkel, und der Mensch in den Gewändern des Zaren wird getötet werden.

Sergej Michajlovič erzählte mir einmal, daß er die Sujetkonstruktion Victor Hugos verwandt habe. Diese Art der Konstruktion kennen wir am besten aus der Oper ‹Rigoletto›. Der König hatte die Tochter des Hofnarren verführt. Der Hofnarr beschloß, den König zu töten. Doch die Geliebte des Königs – die Tochter des Hofnarren – zieht sich die Kleider des Königs über. Der Hofnarr will den König töten, doch tötet er die Tochter. Das ist ein alter Ablauf. Schon Aristoteles hat gesagt, daß der Geist der Tragödie nicht darin bestehe, daß der Feind den Feind tötet, sondern darin, daß der Freund den Freund tötet. Efrosinja freut sich, als sie im Durchgang einen Menschen im Zarengewand mit dem Gesicht nach unten liegen sieht, später erfährt sie, daß ihr Sohn getötet worden ist. Er wurde auf ihren Wunsch hin getötet. Man zieht Vladimir die Gewänder des Zaren an, die Opričniki tanzen in mit Goldschnüren gegürteten Kaftanen um ihn herum. Dieses ganze Stück ist farbig, aber nicht nur farbig. Die Farbe wird vom Widerschein der Mauern beleuchtet. Das ist die höchste Farbkonstruktion im farbenblinden malerischen Film. Der Tanz der Opričniki, sein merkwürdiger Rhythmus, sein Charakter, der etwas an die Sekte der Geißler erinnert, zieht die Aufmerksamkeit des Zuschauers mehr auf sich als der falsche Zar auf dem Thron. Es verdoppelt sich die historische Wahrnehmung. Basmanov tanzt, wobei er sich einen Frauenkopf auf die Schulter legt – er ist sowohl Mann als auch Frau.

Alles ist möglich, und wir wissen nichts über das Tun und Treiben Basmanovs, obgleich er von allen der Päderastie beschuldigt wurde. Machen wir den Vorbehalt – die Tatsache, daß er ein Halsband trug, und die Tatsache, daß man ihm einen Sarafan geschenkt hat, sind keine zusätzlichen Beweise.

Der Sarafan war auch Männerkleidung, und Halsbänder trugen auch Männer, weil die Kragen der Bojarengewänder niedrig geschnitten waren. Aber wenn wir schon auf diese Verhältnisse zu sprechen kommen, dann muß man sehr genau sein, weil Basmanov im Drehbuch gleichsam eine Art Echo auf Anastasija Romanovna ist.

In seinen mit Zeichnungen versehenen Anmerkungen schreibt der Autor selbst: «Fedka stört. Die Arbeit an der Linie nicht beendet.» An anderer Stelle heißt es: «Der stutzerhaft gekleidete Fedka ‹scharwenzelt› hier nicht nur in der Szene herum, sondern auch . . . in der Dramaturgie.» Und weiter: «. . . in irgend etwas erinnert er an Anastasija.» Der Autor schreibt: «Die letzten abschließenden Arbeiten an Fedor, Fedor ist ein Ersatz für Anastasija» (Bd. VI, S. 503, 512, 513).

Ivan und seine Leute sind bei weitem keine Gerechten. Aber die Sujetentwicklung ist erschwert, und dem Zuschauer fällt es nicht leicht, sich über die Schuldlosigkeit und die Schuldhaftigkeit der Helden klarzuwerden.

Indes, Sergej Michajlovič und seine Helfer und die Mitarbeiter, die spielten und die Dekorationen und Masken vorbereiteten, und die vielen Ratgeber logen nicht. Die Szene der falschen Krönung, der falschen Thronbesteigung – all das hat es gegeben. Ivan war selber ein Bachar* und Dramaturg und liebte das Schreckliche. Es gab Fedorov – einen der wichtigsten Bojaren. Er hatte den Rang des Stallmeisters inne (und das war ein hoher Stand), er war einer der reichsten Menschen seiner Zeit. Sein Stammgut von Beloe Ozero zählte mehr als 120 Dörfer, die über ein Gebiet von 100 Quadratkilometer verstreut waren.[26]

Warum Ivan Fedorov beschuldigte, wissen wir nicht. Über Fedorov schrieb man, daß er die Gewohnheit hatte, gerechte Urteile zu fällen;

* Bachar' Märchenerzähler. Drei blinde Bachari erzählten dem Zaren abends der Reihe nach Märchen. (Anm. d. Ü.)

doch dieses Urteil hatte der Abenteurer Staden geschrieben.

Nach der Rückkehr Fedorovs aus dem Livland-Feldzug rief ihn Ivan der Schreckliche eines Tages zu sich aufs Schloß und zwang ihn, den Zarenthron einzunehmen. Daraufhin wandte er sich dem Bojaren zu und sagte:

«Da hast du, was du suchtest, wonach du trachtetest, um Großfürst von Moskau zu werden und meinen Platz einzunehmen.»

Danach erdolchte der Zar eigenhändig Fedorov. Viele seiner Diener und Bauern mußten sterben.

Auf diese Weise sind, wie wir sehen, in der Szene mit Vladimir Andreevič Starickij widersprüchliche Teile verwandt worden. Das war nicht ausgedacht; es ist keine Kombination von Erfindungen, sondern eine erfundene Kombination von Möglichkeiten.

Vladimir Starickij selbst wurde vergiftet. Danach richtete man den Giftmörder hin.

Ich bin kein Historiker, ich bin Schriftsteller, und ich will nicht den Ahnungslosen spielen; obwohl ich viel gelesen habe, will ich nicht prahlen; da ich meine Sachen unordentlich um mich herum ausbreite, bin ich gewohnt, weit verstreute Tatsachen einander gegenüberzustellen.

Wer waren diese Opričniki, aus denen sich die Opričnina zusammensetzte? Waren es Menschen, wenn nicht gerade aus dem Volke, so doch aus anderen Schichten der herrschenden Klasse? Dieser Gedanke ist viele Male ausgesprochen und wieder bestritten worden.

Nehmen wir die Basmanovs. Die Basmanovs gehören zum Geschlecht der Pleščeevs. Die Pleščeevs führten ihr Geschlecht auf den Aristokraten Fedor Djakota zurück, der im 14. Jahrhundert aus Černigov nach Moskau gekommen und ein Bojar bei dem Großfürsten Semen Gordyj gewesen war. Einer der Nachfahren Djakotas war Statthalter in Kostroma, hatte den Beinamen Pleščej erhalten und war ein Bojar. Bojaren sind die Pleščeevs schon zu Zeiten Zar Vasilij Temnyjs gewesen; ein sehr aristokratisches Geschlecht.

Aristokratische Bojaren gab es in den Reihen der Opričnina nicht wenige. Sogar Staden sprach davon, daß «die Fürsten und Bojaren, die in die Opričnina aufgenommen wurden, sich nach Stufen aufteilten, nicht nach Reichtum, sondern nach dem Geschlecht»[27].

Zu der Opričnina gehörten Fürsten wie die Barjatinskijs, die Barbašins, Vjazemskijs, Zasekins, Odoevskijs, Rostovskijs, Pronskijs, Teljatevskijs, Trubeckojs, Chvorostinins, Ščerbatovs und viele Angehörige Altmoskauer Bojarenfamilien: die Buturlins, Voroncovs, Godunovs, Kolyčevs, Saltykovs, Jurevs, Jakovlevs.

Die Opričnina ist eine eigentümliche Phase des Feudalismus. Der Kampf der Zaren fand mit der Unterstützung der einen Feudalherren gegen die anderen Feudalherren statt. Der Schreckliche selber handelte bei der Gründung seiner Opričnina und der Abteilung seines Teilfürstentums als Feudalherr, doch als einer, der das Recht hat, über andere zu verfügen.

Das Neue wird im Alten geboren, aber darin lag auf keinen Fall eine Erleichterung der Lage des Volkes oder des Bauernstandes.

Was waren die Resultate der Opričnina? Vor allem wollen wir die geographischen und chronologischen Grenzen bestimmen. Sie wurde im Jahre 1565 erwähnt, wenn auch nicht gegründet, und im Jahre 1572 aufgelöst oder weiterhin nicht mehr erwähnt; sieben Jahre – das ist nicht wenig, gemessen an den Resultaten, an der Zerstörung des Landes, an der Erinnerung, die an diese Opričnina geknüpft ist.

Über die Einnahme von Kazan

Die Stadt Kazan liegt an der Wolga, am Fluß Kazanka. Von hier führt der Weg sowohl ans Kaspische Meer als auch nach Sibirien. Hier stand der Feind in allernächster Nähe.

Ivan der Schreckliche war nicht so, wie ihn die Altgläubigen in Erinnerung hatten, aber die Nähe des Feindes spürte er sehr wohl.

Ivan war, wie er selber in seinem Sendschreiben an Kurbskij sagt, in einem Bott mit kleiner Bewachung nach Kazan gefahren – er beklagt sich gleichsam gegenüber seinem ehemaligen Freund über die Unnatürlichkeit seiner Ankunft in Kazan. In der ‹Carstvennaja Kniga›, im Buch der Zaren, dessen ursprünglicher Text siebzehn Jahre später durch Ergänzungen erweitert wurde, ist Ivan der Schreckliche vor Kazan nicht als Krieger, Heerführer oder Urheber eines Plans dargestellt worden; er selber ist unverkennbar der Urheber dieses Dokumentes.

Der Zar kämpft nicht, er betet; die Ereignisse entwickeln sich entsprechend eines Gebets. Jedem Stadium der Andacht entspricht ein Stadium des Kampfes.

Nicht der Zar führte den Kampf, sondern Michail Vorotynskij.

Doch Gott kommt dem Volk durch die Stimme des Zaren zu Hilfe. Das ist eine sehr alte Vorstellung, die auf noch ältere Zeiten als die des Byzantinischen Reiches zurückgeht. Die Zaren pflanzten Bäume, damit das Land fruchtbar werde. Der Zar lebte mit Frauen auch nur deshalb zusammen, damit das Land fruchtbringend sei. Der Zar ist der erste Priester, der Zar ist der erste Bevollmächtigte des Volkes im

Gespräch mit Gott, er ist der Erbauer von Gotteshäusern; er ist derjenige, der Gott am meisten Freude macht.

Der Zar ist ein Freund Gottes. Der russische Zar betete. Die Schlacht war schwer. Den Heerführern gingen die Reserven aus. Sie mußten den Zaren um seine persönliche Bewachung bitten. Diesen beschützten mehr als zwanzigtausend Mann. Ein Teil der Bewachung wurde abgezogen – er führte den entscheidenden Schlag. Danach zog der Zar in das eingenommene Kazan ein; der Chan von Kazan ergab sich.

Die Krieger – die Kazaner Tataren – kamen auf das Schlachtfeld, um zu kämpfen, um den Todeskelch zu trinken.

Der russische Chronist berichtet voller Hochachtung und in aller Deutlichkeit von ihrer Heldentat.

Der ältere Basmanov-Pleščeev, Aleksej Danilyč, einer der Begründer der späteren Opričnina, war damals auch vor Kazan, jedoch nicht auf seinen Mauern. Hilfe nahte für Kazan. Basmanov, der sich in seiner zufälligen Stellung verschanzt hatte, schlug diese Kriegsmacht zurück. Er war ein Mensch, von dem man als Krieger voll Hochachtung sprechen kann. Er ist auch derselbe, der sich bei einem Tatarenangriff mit seinen zufällig zusammengewürfelten Leuten in der zerstörten, im Stich gelassenen Festung von Rjazan verschanzt hatte und die Tataren zurückschlug. Das geschah im Jahre 1564. Aleksej Danilovič Basmanov kämpfte von der anderen Seite der Mauern her gegen den Devlet-Chan.

Was aber ist über die Rolle des Schrecklichen selbst als Krieger zu sagen? Tapfer war er nicht. Wenn man ihn danach beurteilt, daß er sich aus der Schlacht bei Moskau zurückzog, war er ein Feigling, und dennoch war er ein kühner Mensch. Er machte sich zu großen Unternehmungen auf und brachte Menschen auf die Beine, wobei er nicht immer seine und die Möglichkeiten des Landes richtig einschätzte. Er verstand sich darauf, Verhandlungen zu führen, Forderungen zu stellen, abzuwarten, Entscheidungen zu ändern. Aber Standhaftigkeit in schweren Augenblicken und vollkommene Einsicht in eine Situation besaß er nicht, und von hochmütigen Spötteleien in diplomatischen Schriftstücken verfiel er in eine allerdings ebenso diplomatische Demut. Er unterschätzte die Möglichkeit, das Volk selber könne dem Feind Widerstand leisten. Angesichts der Erfolge Stefan Batorys kalkulierte der verwirrte Ivan nicht die Hartnäckigkeit des kriegerischen Widerstandes der Bürger von Pskov ein – einer Stadt, die in Ungnade gefallen war, einer Stadt, die Handel trieb – und schickte sich schon an, weiter zurückzuweichen, als nötig war. Die Tatareneinfälle, die Reiter-Überfälle der Litauer durchbohrten das russische Land wie mit einer Lanze. Doch das Land, an die Einfälle gewöhnt, blieb standhaft; es war das Land Fomas und Eremas, die die Tataren verließen und untergetaucht waren, um Bäume zu fällen, sie begannen die russische Geschichte des

Landes, sie bauten Gotteshäuser und Wohnhäuser und eine neue, für die damalige Zeit nicht geringe Industrie; und die es verstanden, Kanonen zu gießen, ohne sich damit zu brüsten.

Michail Vorotynskij schlug den Devlet-Chan, den Krim-Feldherrn, der die Nogaier mit sich führte, fünfzig Werst von Moskau entfernt dank seiner geschickten Operationen und der Widerstandsfähigkeit seiner Männer. Wenn etwas über den letzten Krieg zu sagen wäre, so muß festgestellt werden, daß die Faschisten mit einem schnellen und kurzen Krieg gerechnet hatten und daß sie Waffen für einen schnellen Krieg besaßen: Granatwerfer, Maschinenpistolen, Panzer, die schwarzen Pferden glichen – durchschlagende Waffen.

Was spielte das Heer Hitlers? Es verlor die Schlacht unmittelbar vor Moskau. Es verlor deshalb, weil das russische Heer nicht daran glaubte, daß es geschlagen sei, und sich nicht für zerschlagen hielt. Und der Widersacher hatte in diesem Augenblick nicht genügend Kraft für einen neuen Schlag.

Ich verstoße hier gegen die Chronologie, um zu zeigen, daß die Tat Ivans des Schrecklichen kein Modell für jenen Krieg ist, den man vor dreißig Jahren auf russischem Boden geführt hat. Der Schreckliche hätte einen solchen Krieg verloren. Das Volk, von der Partei geführt, hat ihn gewonnen.

Ejzenštejns Film zeigte am Ende, daß nicht Grausamkeit den Ausgang eines Krieges entscheidet und daß nicht die Opričniki das erste organisierte russische Heer gewesen sind. Das Heer, das ein Gehalt empfängt, sich aus Kesseln, also aus Feldküchen ernährt, Uniformen trägt und Artillerie mit sich führt, ist erst später entstanden. Das waren nicht die Strelitzen und natürlich auch nicht die Opričniki, das war das Heer des Kozma Minin, der den ersten Entwurf für ein ständiges Feldheer gemacht hatte.

In dem Film wird Ivan der Schreckliche ikonenhaft dargestellt, als das Haupt der ‹Streitbaren Kirche›.

Die erste Serie war in historischer Hinsicht oft an den Haaren herbeigezogen, doch wurde in ihr von geschickter Hand die Gestalt eines großen Menschen mit seinen Zweifeln, mit dem Schmerz und dem Zwang zu Entscheidungen beschrieben und gezeichnet.

Über den Roten Platz.
Hier ist die Rede von der Jugend des Zaren

Um das Jahr 1941, zu der Zeit, als man dem Meister den Vorschlag machte, ein Drehbuch über Ivan den Schrecklichen zu schreiben, war das Thema Ivans des Schrecklichen, das Thema des Verrats, des Terrors, der Hinrichtung und der großen Anstrengung des Landes, höchst aktuell.

Das Wort ‹aktuell› gibt nur in geringem Maße die Entzündbarkeit des Themas wieder.

In der Jugend Ivans des Schrecklichen brannte Moskau nieder; das Volk erhob sich gegen die Glinskijs. Die Glinskijs sind Verwandte Ivans des Schrecklichen aus der Linie seiner Mutter; diese angesehenen, sehr reichen Bojaren stammten ursprünglich aus Litauen. Wie sehr sie noch auf ihre litauische Lebensart Anspruch erhoben, kann man daran erkennen, daß einer aus dem Geschlecht der Glinskijs, der Fürst Michail Lvovič, während seines Aufenthaltes in Litauen zusammen mit seinem Bruder einen Aufruhr anzettelte und die Stadt Minsk belagerte.

Die Einnahme von Minsk war ihm nicht geglückt, wohl aber die von Mozel. Die Glinskijs schlossen mit den Gesandten von Moskau, der Moldau und der Krim Verträge ab und handelten damit wie regierende Herren. Das war im Jahre 1508. Glinskij begab sich nach Moskau, wo er gnädig aufgenommen wurde. Das Geschlecht der Glinskijs wurde auch in Moskau mächtig.

Während des Moskauer Brandes erhoben sich die Menschen gegen die Glinskijs. Die Glinskijs sollten, wie man sagte, den Menschen die Herzen herausgeschnitten, sie in Wasser gelegt und mit diesem Wasser die Holzhäuser besprizt haben, wovon die Häuser in Brand geraten seien.

Der Grund für den Aufstand war vermutlich die Unterdrückung der Menschen durch die starke Bojarengruppe der Glinskijs; hinzu kam der Kampf, den andere Bojaren gegen die Glinskijs führten.

Ich schreibe deshalb darüber, weil für Ivan den Schrecklichen die Abreise, die Flucht nach Litauen eine reale, typische Handlungsweise war. Seine Mutter stammte aus einem litauischen Geschlecht und aus einem russischen Stamm.

In Litauen gab es viele Russen; sogar die Gerichtsverfahren wurden hier in russischer Sprache oder in Latein geführt.

Aber was war eigentlich Moskau selbst, wie war der Durchschnittsmoskauer und was war das für eine Stadt, in der der junge Ivan Vasilevič sich selber krönte und den Titel des Zaren annahm?

Die Stadt Moskau war damals größer als London, größer als Paris. Im

Kitaj-Gorod gab es nach den Worten Maskevičs (Anfang des 17. Jahrhunderts) vierzigtausend Läden. In Moskau gab es mehr als tausend Kirchen. Fast alle Gotteshäuser waren aus Holz. Von Moskau aus flossen in alle Richtungen Flüsse. Es war der neue Verkehrsweg vom Westen nach dem Osten, weil der alte Verkehrsweg von den Türken, die Konstantinopel erobert hatten, versperrt worden war.

Es gab in dieser Stadt den hohen Kreml mit seinen Mauern, die nach dem Muster von Mailand gebaut waren.

Der Kreml lag wie das Herz im Brustkorb zwischen zwei Flüssen, der Moskva und der Neglinnaja, die damals ziemlich breit war. An den hohen, steinernen Kreml schloß sich der Kitaj-Gorod mit seinen erdnahen, neumodischen Mauern an, die sich für das Schießen aus den unteren Festungsräumen eigneten.

Die Stelle, die heute als Roter Platz berühmt ist, hieß damals Požar. Diese Seite war nicht durch einen Fluß, sondern nur durch einen Graben geschützt; es war die Seite, von der ein fremdes Heer im Sturm in die Stadt einfallen konnte. Daher wurde sie auch die ‹Sturmseite› genannt. Bei Gefahr äscherte man die hölzernen Handelsläden vor der Kremlmauer ein, damit sich der Feind, wenn er die Kitaj-Gorod-Mauer durchbrach, nicht in den Trümmern der Gebäude verstecken konnte.

Die Stadt war reich und wuchs schnell. Es lebten Menschen in ihr, die viel vermochten. Wenn beim Bau der Uspenskij-Kathedrale die Gewölbe einstürzten, so nicht deshalb, weil die russischen Baumeister keine Gewölbe hätten bauen können, sondern weil sie sich dieses Mal gewisse Freiheiten erlauben wollten – sie wollten die Gewölbe auf neue Art ausführen; die Arbeit endete mit einer Katastrophe.

Genau an diesem unserem Roten Platz wurde nach der Einnahme Kazans zur Erinnerung an den Sieg die Vasilij-Blažennyj-Kathedrale errichtet.

Es bauten sie entweder zwei Architekten – Barma und Postnik, oder ein Architekt – Barma, mit dem Beinamen Postnik. Der Bau wurde nach dem Vorbild der russischen Holzkirchen ausgeführt. Es sind gleichsam zusammengerückte hohe Türme. Wobei jeder Turm seine eigene Spitze hat. Ein Jahr stand das Gotteshaus in Holz da. Dann wurde es in Stein vollendet.

Wer war Vasilij Blažennyj? Ein Narr ‹in Christo›, ein Moskauer Schuster. Als er Geselle war, kam ein Kunde zu seinem Herrn und bestellte Stiefel, die nicht abgenutzt werden könnten. Als Vasilij diesen Auftrag hörte, lachte er auf.

Der Kunde war beleidigt. Der Herr schlug Vasilij: der Kunde starb am darauffolgenden Tag.

Der Schuster war ein Prophet: er hatte gesehen, daß der Kunde die Stiefel nicht lange tragen würde.

Diese alte Geschichte hat Lev Tolstoj in einer Volkserzählung mit dem Titel ›*Wovon lebt der Mensch?*‹ dargestellt.

Der Geselle Vasilij wurde für einen Wahrsager gehalten. Er spielte den Narren ‹in Christo›, ging im Winter barfuß und machte interessante Prophezeiungen. Als er gestorben war, kam Zar Ivan, der Vasilij für einen Propheten der menschlichen Herzen und Gedanken hielt, gemeinsam mit Zarin Anastasija zur Beerdigung. Der Zar selber trug mit seinen Bojaren den Sarg.

Das Gotteshaus, neben dem Vasilij begraben wurde, erhielt den Namen Vasilij-Blažennyj-Kathedrale. Dann wurde zu Ehren dieses Propheten eine Vorhalle zu diesem Gotteshaus hinzugebaut.

Die Kathedrale ist wunderschön.

Sergej Michajlovič Ejzenštejn zeigte mir einmal die Vasilij-Blažennyj-Kathedrale von der Kremlmauer aus. Von der Mauer aus erscheint das Gotteshaus logisch. Nicht nur schmuck ist es, sondern auch einfach, wie eine Blume. Zu seinen Füßen war eine Batterie eingegraben, die eine über die Moskva geschlagene schwimmende Brücke nach Serpuchov hin, zu den Steppen hin, verteidigte; es ist die Richtung, aus der die Tataren eingefallen waren.

Moskau war das Zentrum des Handel treibenden Volks, des Hofs und der Kirchen. Die Stadt war der Mittelpunkt der russischen Kultur.

Warum behandele ich so lange das Thema ‹*Ivan der Schreckliche*›?

Der Zar war ein Mensch hoher Kultur, damaliger Kultur. Er hatte viel gelesen, zitierte gern und baute gern; er verstand sich aufs Bauen. Er war ein Mensch mit großen Plänen und strebte gleichzeitig sowohl nach der Ostsee, einem Meer, das sehr wichtig war, als auch nach dem Kaspischen Meer, das ebenfalls sehr notwendig war, nach dem Schwarzen Meer und dem fernen Sibirien. Der alte Epiška in Tolstojs Erzählung ‹*Die Kosaken*› erzählt eine Legende, nach der Ivan der Schreckliche gewissermaßen selbst am Terek gewesen sei und den damals nach ihrem eigenen Willen lebenden Kosaken eine Rechtsordnung gegeben habe. Die Kosaken waren ganz alt, ihre Bärte verbargen ihre Dolche, und sie waren mutige Menschen. Der Zar sprach mit ihnen wie mit großen Kriegern. Sprach mit ihnen und machte sich auf den Weg nach Hause, nach ‹seinem Sibirien›.

Für Ivan den Schrecklichen waren die russischen Flüsse wie abgehackte Hände – alle großen Flüsse endeten in fremden Ländern.

Er wollte die Schultern recken, die Hände gebrauchen können und atmen.

Er war ein großer Mensch; er lebte, ohne es selber zu wissen, von der Kultur des Volkes, von den Gedanken des Volkes.

Tolstoj schrieb 1870 bei der Lektüre der Solovevschen Geschichte, daß die Geschichte eine Liste von Verbrechen zu sein scheine: Menschen werden die Köpfe abgeschlagen, Russen heulen mit Russen, den Gesandten schenkt man Zobel – wer aber hat denn diese Zobel gefangen, wer hat dieses ganze Land ernährt?

«4. April. Ich lese Solovevs Geschichte. Nach dieser Geschichte herrschte im vorpetrinischen Rußland nur die Häßlichkeit: Grausamkeit, Raub, Schuldeneintreibung, Roheit, Dummheit, Handlungsunvermögen. Die Regierung begann zu korrigieren. – Und diese Regierung ist bis in unsere Zeit so abstoßend geblieben. Liest man diese Geschichte, dann kommt man unwillkürlich zu dem Schluß, daß sich die Geschichte Rußlands durch eine Reihe von Häßlichkeiten erfüllt hat.

Wie aber hat eine solche Reihe von Häßlichkeiten dieses große, einheitliche Reich hervorgebracht?

Die Entwicklung beweist, daß nicht die Regierungen unsere Geschichte hervorgebracht haben.

Bei der Lektüre dessen, was man über Raub, Schuldeneintreibung, Krieg, Zerstörung liest (denn nur davon ist in der Geschichte die Rede), kommt man unwillkürlich zu der Frage: Was wurde geraubt und zerstört? Und von dieser Frage zu der anderen: Wer hat das hervorgebracht, was zerstört wurde? Wer ernährte dieses ganze Volk und wie? Wer machte Brokatstoffe, Tücher, Kleider, Steine, mit denen Zaren und Bojaren prunkten? Wer fing die Schwarzfüchse und Zobel, mit denen man die Gesandten beschenkte, wer förderte Gold und Eisen, wer züchtete Pferde, Stiere, Hammel, wer baute die Häuser, Paläste, Kirchen, wer beförderte die Waren? Wer erzog und gebar diese Menschen einer gemeinsamen Herkunft? Wer beschützte das religiöse Heiligtum, die Volksdichtung, wer schuf, was Bogdan Chmelnickij Rußland, und nicht der Türkei und Polen, übergab?

Das Volk lebt, und bei allen Tätigkeiten des Volkslebens sind Menschen unvermeidlich, die zerstören, rauben, ein üppiges Leben führen und den Herrn spielen. Das sind die unredlichen Regenten, die sich von allem Menschlichen lossagen müssen.»[28]

Damals faszinierte Tolstoj der Gedanke an das Kosakentum. Er sagte, das Kosakentum habe das russische Land geschaffen. Die Kosaken hatten Azov eingenommen, setzten sich dort fest und verteidigten sich gegen die Türken.

Sie kamen auf die Krim und nach Sibirien.

Ivan der Schreckliche hielt sich nicht nur für einen Selbstherrscher, er hielt sich auch für den Wortführer ganz Rußlands, der für alle denken und überhaupt alles entscheiden müsse. Ein Teil seiner Entscheidungen entsprach der Notwendigkeit, dem Willen des Volkes, weil er der geometrische Punkt war, in dem sich der Wille, das Bemühen des Volkes kreuzten, doch war er nicht nur ein schrecklicher, sondern auch ein großer Zar, und das Wort ‹schrecklich› war damals ein gewöhnliches Wort. Den Jaroslaver Fürsten Vasilij Davydovič nannte man ebenfalls den Schrecklichen. Und er war ein relativ unbedeutender Grundbesitzer.

Das Leben Ivans des Schrecklichen hatte die Bedeutung des Wortes ‹schrecklich› verändert und ihm die Vorstellung ‹schreckerregend›, ‹wütend›, ‹drohend› verliehen. Davor war das Epitheton ‹schrecklich› auf viele russische und westliche Herrscher angewandt worden.

Über Ivan Vasilevič, den Großfürsten, der historisch schuldig geworden ist, weil er die Aufgaben nicht einzuschränken verstand, dem es nicht gelang, die Feinde zu entzweien – sie zogen in geschlossenen Reihen gegen ihn –, schrieb man in der Vorkriegszeit sehr viel und lobend.

Doch seien wir nicht taub gegenüber der Stimme Ivan Vasilevičs. Die Zeit hat sich an ihm gebrochen. Er mußte stöhnen. Spielen wir das ‹Double›, sprechen wir noch einmal über den Zarensohn Dmitrij und über sein Schicksal.

Der Zar ritt mit Frau und Kind auf Wallfahrt. Der Schreckliche ist ein ruheloser Mensch, der nirgends einen Platz für sich findet. In dem riesigen Reich fühlte er sich eingesperrt wie in einem Käfig. Er eilte hin und her, suchte sich in fernen Klöstern eine Zuflucht, in anderen Zeiten betete er in den Klöstern und beruhigte sich. Als er wegreiste, ließ der über eine große Autorität verfügende Maksim Grek, der Athosmönch, ein gelehrter Mann, ein halber Einsiedler, den Schrecklichen wissen, daß er Dmitrij nicht auf die Reise mitnehmen solle. Der Zar hörte nicht auf den Mönch. Auf der Šeksna ertrank das Kleinkind, als man es von einem Boot auf ein anderes reichte. Man sagte, daß der große Mönch Maksim Grek das Unglück Ivans des Schrecklichen vorausgeahnt habe. Aber vielleicht war er nicht ein Hellseher, sondern ein Mensch, der das Unglück kannte und es abwenden wollte.

Das Unglück strich um das Haus Ivans des Schrecklichen. Der Zar war mächtig und trotzdem schutzlos. Er baute Mauern um sich auf, ging in die entlegensten Klöster.

Er suchte sich die Menschen seiner Umgebung aus; seine Leute forschten die Anwärter vorher aus. Ausgesucht wurden ein Koch, ein Kvasbauer, ein Wächter, Bojaren und Leibwächter – und der Zar mußte vorher wissen, welche Menschen sie waren, mit wem sie Umgang hatten. Aber die neuen und fremden Menschen, die man vom Kaukasus herbeigeholt hatte, und die Deutschen, die in Kriegsgefangenschaft geraten waren, lernten einander kennen und konnten zu neuen Verschwörern werden; neue und alte Menschen fürchtete Ivan der Schreckliche.

Die Ehefrauen starben bei ihm im Hause. Ein Mann hatte das Recht, dreimal zu heiraten. Auf die Bitte Ivans des Schrecklichen wurde ihm eine vierte Ehe erlaubt. Für die letzte, die vierte Ehe wurde keine Hochzeitsfeier mehr veranstaltet, sondern ein Gebet, ein Segen gesprochen. Die Zarinnen starben.

Man konnte niemandem vertrauen; es gab keine Opričnina, deren man vollkommen sicher sein konnte.

Nun wollen wir uns wieder dem Roten Platz zuwenden. Er ist sozusagen von der Zeit und der Inspiration montiert, und er ist wunderschön. Der Rote Platz ist berühmt wegen des Leninmausoleums, der Kremlmauern, der Vasilij-Blažennyj-Kathedrale, des Minin- und Požarskij-Denkmals.

In den Jahren, in denen Ejzenštejn über Ivan den Schrecklichen arbeitete, rühmte man Ivan wegen seiner Organisation des Staatshandels, wegen der Eroberung Kazans, der Einnahme Polocks, des Kampfes um das Baltikum. Zwar lebte er in Moskau, aber er liebte die Stadt nicht; er konnte sich hier nicht einleben, so daß er die Opričnina ins Leben rief. Hier sind die Worte, die Nikolaj Čerkasov, der Ivan den Schrecklichen gespielt hatte, bei einer Sitzung über Ivan im Kreml gehört und aufgezeichnet hatte; Stalin, der an der Sitzung teilgenommen hatte, unterhielt sich hauptsächlich mit ihm, ohne sich direkt an Ejzenštejn zu wenden.

N. K. Čerkasov schrieb in seinen ‹Aufzeichnungen eines sowjetischen Schauspielers› über den Film ‹Ivan der Schreckliche›, das Drehbuch kritisierend:

«Während der Dreharbeiten ... wurden die Fehler noch deutlicher durch die historisch falsche Wiedergabe des progressiven Heeres der Opričniki und durch die Entstellung der Gestalt Ivans IV. selbst, der als unentschlossener, charakterschwacher, willenloser Mensch dargestellt wurde.»[29]

Ivan Vasilevič – ein Moskauer

Ivan wurde in Moskau geboren und wurde im Kreml begraben; doch jenseits der Kremlmauer hatte er auf einem Hügel den Opričnyj Dvor errichtet – einen abgesonderten, mit Mauern umgebenen Hof. Hierher zog er sich gleichsam als ein Verbannter zurück. Darüber schreibt ein provinzieller Chronist im Jahre 1564: «... der Hohe Herr und Zar ... schuf bei sich zu Moskau eine Oprišnina, verließ die Kremlstadt, seinen Hof, ging, um dort zu wohnen, über die Neglinnaja zur Vozdviženskaja-Straße hinüber, zum Arbat, zum Hof des Fürsten Michajlovskoj

Temrjukovič, und der Herrscher geruhte an diesem Hofe sich Zarengemächer zu bauen und eine Mauer zu errichten, ganz Neues hinzustellen. Desgleichen befahl er auch in der Aleksandr-Sloboda eine Burg und einen Zarenhof zu errichten, und seinen Fürsten und Bojaren und Edelleuten befahl er, in der Sloboda Höfe und Häuser zu errichten, und der Großfürst Ivan Vasilevič begann mit allen seinen Bojaren in der Sloboda zu wohnen, und nach Moskau pflegte er mit seinen Bojaren nur für eine gewisse Zeit zu kommen, wie es ihm gefiel.»[30]

Der Hof war geräumig, geschmückt und befestigt. Hier war auch die erste Grundlage der Opričnina oder Oprišnina. Der Hof brannte im Jahre 1571 nieder, als Devlet-Giräi ganz Moskau einäscherte.

Seitdem ist dieser Hof nicht wieder aufgebaut worden. Heute steht an derselben Stelle die Leninbibliothek.

Der Zar zog vom Kreml nur über die Straße um, aber dem alten Moskau und der Opričnina kam dieser Umzug teuer zu stehen.

Der Zar hoffte auf ein neues Opričnina-Heer.

Im Jahre 1571 greift der Krim-Chan Devlet-Giräi Moskau an. Er kommt mit seiner Nogaier-Horde. Mit Truppen, die im Kaukasus ausgehoben wurden. Er kommt mit einer großen Streitmacht. Die russischen Streitkräfte machten wie immer an der Okalinie halt. An der Spitze der Opričnina und der Landesregimenter, die gewöhnlich an der Oka und in den alten Städten jenseits der Oka Stellung bezogen hatten, stand der Fürst Čerkasskij.

Die Opričnina-Regimenter erschienen nicht in voller Stärke. Das kam daher, weil der in Verwirrung geratene Zar seine Regimenter im Stich gelassen und sich in Jaroslavl versteckt hatte.

Devlet rückte nach Moskau vor. Es war eine sommerliche, heiße und trockene Zeit. Der Wind wehte in Richtung Moskau. Devlet zündete die Stadt von ihrem einen Ende aus an.

Die Moskauer Häuser waren wohl durch Gärten und Gemüsefelder voneinander getrennt, doch waren sie durch Holzpflaster miteinander verbunden. Die Dächer waren aus Holz und mit einer Schicht Rasenplatten abgedeckt.

Die Kirchen läuteten Sturm, und dieses Sturmgeläut verstummte immer mehr, weil erst eine, dann die zweite und schließlich die dritte Kirche abbrannte. Immer weniger läutete es, immer mehr toste die Feuersbrunst.

Die Menschen liefen am Neglinnaja-Fluß zusammen und ertranken darin.

Sie liefen zum Kitaj-Gorod, zum Kreml, drängten hinein und wurden an den Toren haufenweise zu Tode gedrückt.

Der Brand rückte näher heran. Die Glocken läuteten immer weniger.

Die Menschen erstickten in den Kellern.

Dann erreichte die Feuersbrunst die Pušečnaja-Straße, hier waren auch die Pulvermühlen.

Sie explodierten. Die Feuersbrunst erfaßte die oberen Teile der alten Kremlkirchen.

Als lange Zeit danach der Zar zurückkehrte, schien es in ganz Moskau nicht einmal mehr eine Stange zu geben, an die man sein Pferd hätte anbinden können. Die Stadt Moskau gab es nicht mehr.

Die Leichen wurden in die Moskva geworfen und mit langen Stangen weggestoßen – das Wasser konnte sie in anderthalb Monaten nicht fortschwemmen.

Devlet-Chan trieb eine große Menge Kriegsgefangener zum Verkauf aus Moskau heraus und sandte dem Zaren Ivan einen beleidigenden Brief.

Im darauffolgenden Jahr kamen erneut die Krimtataren. Der Zar war mit dem gesamten Staatsvermögen nach Novgorod aufgebrochen, was vernünftig war – man darf dem Feind nicht alle Schätze überlassen. Insgesamt füllte das Vermögen 450 schwere Fuhrwerke.

Er hatte die Landbojaren unter die Führung Michail Vorotynskijs gestellt. Vorotynskij traf gemeinsam mit Chvorostin weit hinter der Oka auf die Tataren, nachdem er Wanderburgen*, hölzerne Befestigungen, errichtet hatte. Die Tataren drangen bis zu den Wanderburgen vor, versuchten sie zu zertrümmern und anzuzünden. Von oben schlug man ihnen die Hände ab. Und im selben Augenblick wurde unerwartet aus dem Wald eine gewaltige Salve von der gesamten Moskauer Artillerie abgefeuert (die russische Artillerie war auch damals furchteinflößend).

Devlet-Chan flüchtete. Und der große Murza Divai geriet in Gefangenschaft. Einige Tausend Krieger verließen das Heer, das gegen Rußland gezogen war, es bereits geteilt und neue Befehlshaber für das erneut eroberte Land bestimmt hatte.

Michail Vorotynskij ließ der Zar im Jahre 1573 hinrichten.

---

* Guljaj-gorod: Kleines, bewegliches Festungswerk, ein Belagerungsturm auf Schlitten oder Rollen, mit Schießscharten, aus denen die Geschütze hervorragten (Anm. d. Ü.)

Beginn einer Analyse des Drehbuches

Das Drehbuch zu ‹Ivan der Schreckliche› enthielt zwei Serien. Verfaßt wurde es von Ejzenštejn mit großem Eifer und Begeisterung. Es begann mit Liedern zu der Musik von Prokofev. Es ist ein großes Kunstwerk.

Nicht alles Große ist richtig, nicht alle großen Menschen sind gute Menschen, und nicht alles an falschen Dingen ist falsch.

Zuallererst wurde in der Vorbemerkung eine Charakteristik der Epoche gegeben:

«In jenem Jahrhundert, in dem in Europa Karl V. und Philipp II., Katharina von Medici und Herzog Alba, Heinrich VIII. und Maria die Blutige, die Scheiterhaufen der Inquisition und die Bartholomäusnacht herrschten, bestieg den Thron der Moskauer Großfürsten jener, der als erster Zar Selbstherrscher von ganz Rußland wurde, Zar Ivan Vasilevič der Schreckliche» (Bd. VI, S. 204).

Es war eine schreckliche Zeit; sie ging nicht so bald vorüber. In Dikkens' ‹Geschichte aus zwei Städten›, deren Handlung am Ende des 18. Jahrhunderts spielt, findet eine Gerichtssitzung statt. Ein Mensch wird der Spionage angeklagt. Was aber sollte man mit dem Schuldigen tun, wenn er für schuldig erkannt wird? Dem Publikum wird erklärt, was mit ihm geschehen werde:

«Er wird aus der Zelle geschleift und aufgehängt, doch nicht ganz; dann wird er aus der Zelle herausgeholt, und dann beginnt man, ihn zu zerstückeln – er aber muß zusehen und leiden; dann wird ihm der Bauch aufgeschlitzt, alle Eingeweide werden herausgenommen und vor seinen Augen verbrannt, und gleich danach hackt man ihm den Kopf ab und haut den Rumpf in vier Teile. So lautet das Urteil.»

Was im 17. Jahrhundert in Moskau geschah, tat sich in England hundert Jahre hindurch in noch komplizierterer Weise und mit größerer Erfindungsgabe. Daran müssen wir denken.

Wie beginnt Ejzenštejn seine Epopöe? Er zeigt das Kind Ivan schreckerfüllt, mager. Ivan sitzt in vollem großfürstlichem Ornat auf dem Thron. Mit einer Frechheit, die selbst dem Knaben verständlich ist, zanken sich die Bojaren vor ihm und verkaufen die Interessen des Reiches. Die Amme tröstet den Jungen mit Liedern. Dann kommt der Fürst Šujskij. Šujskij und Belskij setzen den Streit fort. Šujskij setzt sich auf einen Stuhl, legt einen Fuß auf das Bett der Mutter Ivans, beschimpft den Jungen, und seine Mutter holt zum Schlag nach ihm aus. Und plötzlich schreit Ivan: «Ergreift ihn!» Stille. Die Bojaren weichen zur Tür zurück. Ivan sieht, daß an der Tür Hundepfleger stehen. Dann sagt er ruhig: «Ergreift ihn.» Man packt Šujskij. Nach einer Weile verkündet einer der Hundepfleger ängstlich, daß sie den Bojaren erwürgt haben.

Der unterdrückte Knabe – das ist das Thema der autobiographischen Notizen Ejzenštejns. Er selbst hat sich als einen David Copperfield empfunden. Und diese Szene ist gewissermaßen ein Traum, das Wunschbild eines Unterdrückten:

«So hätte ich gehandelt, wenn ich Zar gewesen wäre . . .»

Šujskij wurde tatsächlich von Hundepflegern erdrosselt, und seinen Kopf warf man auf die Straße. Aber ganz so hat es sich nicht abgespielt. Er wurde von seinen eigenen Rivalen, den Bojaren, erdrosselt.

Einiges über die Opričniki

Ivan konnte, wie sehr er es auch gewollt hätte, das Bojarentum nicht abschaffen, er mußte auswählen, und er wählte unter den Gruppen des Bojarenstandes aus.

Die Opričnina kann man nicht für revolutionär halten; es ist unhistorisch, ihren Ursprung in den Volksmassen zu suchen.

Die Edelleute und Bojaren, die in die Opričnina aufgenommen wurden, handelten ebenso wie die Landbojaren; sie nahmen ihren Nachbarn die Leibeigenen weg und vermehrten dadurch ihre Reichtümer. Unter diesem Kampf litten vor allem die Leibeigenen, die immer mehr zu Sklaven wurden. Die Opričnina schaffte die Feudalaristokratie nicht ab. Sie ging über viele sehr bedeutende Fürstenfamilien hinweg: über die Belskijs, die Šujskijs, die Romanovs. Natürlich gab es Verschiebungen in der herrschenden sozialen Gruppe. Ich will hier ein deutliches Beispiel anführen:

Herberstein hinterließ uns in der Beschreibung seiner Reise nach Moskowien eine Darstellung von Reitern – von Edelleuten um die Mitte des 15. Jahrhunderts. Die Edelleute reiten auf Pferden, im Sattel haben sie die Haltung der Tataren – mit gebogenen Knien, und nicht die der Ritter – mit gestreckten Knien.

Über den Rüstungen und Helmen tragen sie Tegeljai, abgesteppte Kaftane; die Kaftane haben hochstehende Kragen, die, soweit man an der Zeichnung erkennen kann, innen mit Pelz besetzt sind.

Das Tragen von hochstehenden Kragen erwies sich im Nahkampf als notwendig, da trotz des Schutzes, den das Panzerhemd dem Hals des Kämpfers bot, die Wucht der Säbel den Reiter dennoch töten oder ihm Verwundungen beibringen konnte.

Der hohe Kragen war für den Hals ein weicher Schutz, der die Heftigkeit des Schlages milderte.

In Friedenszeiten trugen die Bojaren, unter ihnen auch die Opričniki, zur Zeit Ivans des Schrecklichen ausgeschnittene Kragen; manchmal hängten sie sich einen Halsschmuck um.

Als man ‹Zar Fedor Ioannovič› im MChAT aufführte, hatten die Künstler Zweifel. Aber die Zuschauer erinnerten sich an die Zeichnungen der späteren Bojarenduma.

Die Bojarenduma am Ende des 17. Jahrhunderts saß bei ihren Versammlungen in Pelzen mit Stehkragen da. Die Pelze wurden oft aus der Staatskasse des Zaren zur Verfügung gestellt und später wieder abgegeben, wobei überprüft wurde, ob sie auch nicht beschädigt waren.

Das Kampfkleid eines mittleren Kommandeurs für den Nahkampf wurde zur Hoftracht. Der Bojarenstand zerfiel und wurde zu einem Stand von Edelleuten. Der hohe Stehkragen wurde zum Zeichen des Höflingsranges; er war keine Kriegskleidung mehr, weil die Armee sich notgedrungen anders ausrüstete und zu den Feuerwaffen überging.

Ein sozialer Wandel war vor sich gegangen.

A. S. Puškin stammte nicht von jenen Puškins her, die ‹mit den Zaren kämpften›, sondern er ist ein Nachkomme einer jüngeren Linie der Puškins, die ebenfalls von Bauern besiedelte Ländereien besaßen, recht große Ländereien, aber hohe Ränge hatten sie nicht inne; in der Bojarenduma hatten sie keinen Sitz, und in einen höheren Rang als den des Truchseß waren sie nicht aufgestiegen.

Ein Dramatiker verleiht seinen Helden oft nach seinem eigenen Willen oder nach dem Willen des Zufalls einen neuen Sinn. Falstaff – der Held Shakespeares – war ein tapferer Ritter; die Erinnerung an ihn stand im Widerspruch zu dem damaligen Verständnis des Hofes der Königin Elisabeth und vielleicht sogar zu der Meinung der Stadt London.

Sergej Michajlovič war in seinen ersten Artikeln über Ivan den Schrecklichen der Meinung, daß der Schreckliche, ebenso wie Falstaff, verleumdet werde; er war der Ansicht, daß die Opričnina progressiv gewesen sei und dem Zaren geholfen habe, die Feudalherren zu besiegen. Zum Begleiter des Zaren wählte der Drehbuchautor und Regisseur Maljuta Skuratov.

Ich hatte Gelegenheit, hierüber mit Ejzenštejn zu sprechen, den ich über die Details seines Drehbuchs ausfragte, und mit vielem war ich nicht einverstanden.

Ich kann dieses Gespräch nicht mehr genau rekonstruieren, ich hatte es damals nicht veröffentlicht; ich werde das Problem Maljuta in zwei Teile zerlegen: Maljutas Erscheinen und Maljutas Tod.

Ejzenštejn begann in diesem Drehbuch mit der Montage effektvoll geschriebener, doch in ihrem Aufbau traditioneller Szenen zu arbeiten. Man darf dies nicht für einen Fehler halten. Hierbei gab es auch Erfolge. Tolstoj hat nicht nur Volksbücher geschrieben, sondern auch am Volksbilderbogen gelernt.

Wie das Volk im Drehbuch dargestellt ist, und wie Maljuta im Drehbuch und in der Geschichte erscheint

Im Drehbuch ist das Volk am besten in der Szene dargestellt, in der die Moskauer kommen, um den Zaren zu bitten, auf den Thron zurückzukehren und ihnen nicht zu zürnen.

Auf einem im Schnee sich schlängelnden Pfad zieht die Menschenmenge wie ein schwarzes Band dahin.

Der Zar blickt von oben auf das Volk hinab. Der Zar wird im Profil und im Vordergrund gezeigt. Das Volk wird entfernt in der Landschaft gezeigt.

Es wird erzählt, wie einmal ein Zar – manchmal wird dies sogar über Ivan den Schrecklichen gesagt – befohlen habe, jedem Krieger vor der Schlacht ein Geldstück zuzuwerfen und es ihm nach der Schlacht wieder abzunehmen.

An der Zahl der Geldstücke, die übrigblieben, konnte er erkennen, wie viele Männer er im Kampf verloren hatte.

Bei Sergej Michajlovič werden in ‹Ivan dem Schrecklichen› die Meisterkrieger mit zwei Namen vorgestellt – Foma und Erema.

Das sind die Helden eines volkstümlichen Scherzliedes: «Erema und Foma setzten sich in ein Boot ohne Boden . . .»

Jede weitere Zeile spielt mit einem Synonym. Das Schicksal der Menschen ist gleich, aber der verbale Ausdruck ihres Schicksals ist verschieden. Und im allgemeinen sind beide Pechvögel.

Die Wahl Fomas und Eremas als Namen der Kriegstechniker scheint mir überstürzt und nachlässig, obgleich sie den Szenen des Sturmangriffs auf Kazan eine zusätzliche Tönung gibt.

Erema und Foma unterbrechen den epischen Ton durch eine Erzählung von Pechvögeln.

Foma und Erema haben ihren Platz im Kriegshandwerk; sie schmieden Lanzen und Säbel, sie helfen den Kanonengießern.

Zuvor wird das Volk in seinem Aufstand gegen die Glinskijs gezeigt.

Ausgiebig bedient sich Ejzenštejn des Mittels, die Einzelteile umzustel-

345

len. Vor dem Kazaner Feldzug überreicht der Gesandte der Tataren Ivan ein Messer mit den Worten: «Der große Chan sendet ein Messer. Russischer Zar, lade keine Schande auf dich, russischer Zar, mache dir selber ein Ende.»

Die Übersendung eines Messers ist authentisch. Prahlerisch ließ Devlet-Chan dem Zaren dieses Messer überreichen, nachdem er im Jahre 1571 Moskau bis auf das letzte verkohlte Holzstück niedergebrannt hatte.

Im Drehbuch wird der Spott des Siegers in die Prahlerei des künftigen Verlierers umgewandelt. In der Kunst ist dies erlaubt, um so mehr, als Devlet zu guter Letzt besiegt worden ist.

Das Volk wird durch Grigorij, den späteren Maljuta Skuratov, und von Foma und Erema dargestellt.

Grigorij Maljuta ist ein für eine überzeugende Darstellung schwieriger Held.

Im Drehbuch erscheint Grigorij Lukjanyč Maljuta Skuratov inmitten des Volkes, der rebellierenden Moskauer. Danach wird er immer größer.

In Kazan erscheint Maljuta zu Füßen Ivans des Schrecklichen direkt aus der Erde. Motiviert ist diese Metapher dadurch, daß Maljuta Skuratov ein Mensch ist, den Rußlands Boden selbst geschaffen hat; er ist ein Mensch aus Heimaterde.

Dies ist der Sinn der Metapher.

Hier ist ein gewisser Wandel eingetreten.

Die erste Nennung Maljuta Skuratovs, sozusagen sein Autogramm, finden wir in der Beschreibung des Straffeldzuges Ivans gegen Velikij Novgorod:

Im Synodikon von Spaso-Priluck lesen wir: «Nach Maljutas Nachrichten sind tausendvierhundertneunzig rechtgläubige Christen umgekommen, davon fünfzehn aus Arkebusen, ihre Namen, Herr, weißt Du selbst.»[31]

Auf diese Weise taucht Maljuta vor uns bereits als Führer in einer Sache auf, die sogar den Zaren Ivan in Schrecken versetzte. Ivan der Schreckliche selber bestrafte viele Menschen, die an den Repressivmaßnahmen gegen die Novgoroder im Jahre 1570 teilgenommen hatten.

Doch in Ejzenštejns Film wird uns Maljuta als treuer Hund Ivans des Schrecklichen und als Beschützer seines Sohnes gezeigt.

Er hält das Kleinkind Dmitrij auf den Armen, während die Bojaren darüber streiten, ob man vor diesem kleinen Kind den Eid leisten oder den geistesschwachen Vladimir Andreevič auf den Thron setzen solle.

Ivan der Schreckliche mußte um seinen Sohn bangen. Einen solchen Streit hatte es schon einmal im 15. Jahrhundert gegeben, als der Enkel des Großfürsten Vasilij Vasilevič übriggeblieben war. Der Vater Dmitrijs, Ivan Molodoj, war gestorben; die einen sagten, man solle vor dem älteren Sohn des älteren Sohnes des Großfürsten den Treueid ablegen. Die anderen, man solle vor dem Sohn des Großfürsten den Eid leisten. Es endete damit, daß Dmitrij zunächst als Erbe anerkannt, doch dann als Gekrönter ins Gefängnis geworfen wurde.

Im Jahre 1502 sprach man ihm den Titel des Großfürsten ab, und es war verboten, ihn in den Ektenien zu erwähnen.

Im Jahre 1509 wurde er in Ketten in ein festes Gefängnis gesperrt, wo er ‹im Elend›, wie der Chronist sagt, starb.

Dmitrij, dem Sohn Ivans des Schrecklichen, drohte in der Tat ein grausames Schicksal. Aber Maljuta war mit dem Säugling auf den Armen zu sehen – das ist ein sehr heftiger Bruch mit der Geschichte.

Als ich Gelegenheit hatte, mit Ejzenštejn über Maljuta zu sprechen, sagte er ärgerlich, daß man die Geschichte immer aus Filmen kennenlerne. Irgendwann werde das Haus der ‹Mutter und Maljutas› auftauchen. Gestützt auf die Nähe der Worte Maljuta und ‹maljutka› (Kleinkind), parodierte Ejzenštejn den Ausdruck ‹Haus der Mutter und des Kleinkindes›. Nebenbei gesagt fand dieses Gespräch an der Moskva vor dem Gebäude des ehemaligen ‹Findelhauses› statt.

Maljutas Untergang

Maljutas Untergang ist in dem Film historisch zuverlässiger dargestellt als sein Erscheinen.

Maljuta war ein weitsichtiger Mensch. Eine seiner Töchter verheiratete er mit Boris Godunov, die andere mit einem Verwandten Vasilij Šujskis.

Auf diese Weise wurde der nichtaristokratische Adlige zum Verwandten der beiden Herrschaftshäuser und zum Vater der Zarin.

Als Ivan die Opričnina liquidierte und streng verbot, sie zu erwähnen oder dieses Wort auch nur auszusprechen, begriff Maljuta, daß der Tod auch ihm bevorstand.

Er war militärisch nicht ausgebildet, das heißt nach heutigen Verhältnissen: er hatte nicht einmal eine Militärschule besucht, aber er nahm an einem Angriff gegen die Mauern eines Schlosses teil und kam dabei ums Leben.

Dies ist der Tod eines klugen und auf seine Art tapferen Menschen.

Sergej Michajlovič verknüpfte diesen Tod mit einem kinematographischen Gemeinplatz, der immer Eindruck auf den Zuschauer macht.

Man sieht eine Lunte brennen, gleich wird es eine Explosion geben, Menschen kämpfen neben der Lunte. Im letzten Augenblick kommt gewöhnlich noch rechtzeitig Hilfe, und die Explosion findet nicht statt. Bei Ejzenštejn wird dieses so wiedergegeben:

«Schloß Weißenstein im Morgengrauen.»

Im Innern des Schlosses bereitet von Oldenbok die Sprengung der Befestigung vor.

«Maljuta fliegt von Schild zu Schild. Er führt eine Streitmacht an. Im Kellergewölbe hört man plötzlich ein verzweifeltes Stöhnen: der Gesandte hatte den Tod erkannt, er hat sich in Todesangst auf Oldenbok gestürzt und reckt sich zur Lunte hin – er will das Feuer ersticken. Oldenbok hält den Deutschen mit eiserner Hand. Er läßt ihn nicht an die Lunte heran.

Das Feuer eilt an der Lunte entlang.

Maljuta erscheint auf der Bildfläche.»

Die darauffolgende tragische Szene erzählt die Geschichte weiter:

«Die dritte Explosion – die letzte – ertönt.

Der Turm fliegt in die Luft.

Seine Steine und Balken stürzen auf Maljuta nieder.

Das Zarenbanner wallt unerschütterlich golden im Staub auf.

Leidenschaftlich kommandiert Ivan.

Mit seinen Streitkräften eilt er Maljuta zu Hilfe.

Mit übermenschlicher Kraft
hält Maljuta das Gewölbe.

Mit der freien Hand streckt er das Banner vor.

Er ruft nach der Ablösung.

Der Zar eilt mit den Streitkräften herbei.

Schwer rutscht die Mauer auf Maljuta.

Maljuta hält die Mauer mit einer Hand.

Mit der anderen streckt er das Banner vor . . .

Die Mauer rutscht. Sie senkt sich.

Maljuta hält die Mauer mit einer Hand.

Mit den Füßen, den Knien stützt er sich ab.

Das Banner reicht er Volynec» (Bd. VI, S. 414–416).

Ich will die Zitate nicht endlos weiterführen. Ich will nur sagen, daß man den totgequetschten Maljuta zum Meer trägt, zur Ostsee, der Ivan so tragisch zustrebte.

Woher ist dies genommen?

Dies hat Ejzenštejn, der an dem erprobten Material einer Sujetattraktion arbeiten wollte, bewußt von Dumas übernommen. Dumas hat in seinen ‹Drei Musketieren› den einfältigen Hünen Porthos, den komischen Liebhaber der Frau eines geizigen Notars, dargestellt. Die Dame macht ihrem Geliebten gern Geschenke, doch sind es schlechte Dinge, die sie schenkt. Das demütigt Porthos in den Augen der Musketiere. Doch da stirbt der Notar. Porthos ist ein reicher Mann geworden. Nun träumt er von einem Titel. Aramis, der das Haupt der Jesuiten und das Haupt der Verschwörung gegen den König geworden ist, kommt zu ihm. All das geschieht in dem Roman ‹zehn Jahre später›. Die Verschwörung ist gescheitert. Man erwartet den Arrest. Porthos flieht durch eine Höhle, doch es kommt zu einer verfrühten Explosion.

Das Kapitel trägt den Titel «Tod eines Titanen». Nach dem Verlauf des Romans ist Porthos, der Halbgott, der naive Held, schon notwendig. Das Gewölbe des Höhlenganges stürzt auf Porthos herab.

Ich zitiere:

«Porthos spürte, wie die in Teile zerrissene Erde unter seinen Füßen zittert. Er streckte seine mächtigen Arme nach rechts und links aus, um die auf ihn herabstürzenden Felsen zu halten. Gigantische Blöcke drückten gegen seine Handflächen; er bog seinen Kopf nieder, und ein dritter Granitblock senkte sich auf seine Schultern herab.

Für einen Augenblick gaben Porthos' Arme unter dem unermeßlich schweren Gewicht nach; doch dieser Herkules nahm alle seine Kräfte zusammen, und die Mauern dieses Gefängnisses, das schon bereit war, ihn zu verschlingen, rückten ganz langsam auseinander und ließen ihn sich gerade aufrichten. Er wurde inmitten der mächtigen Granitblöcke sichtbar, gleich einem Dämon des uranfänglichen Chaos. Doch während er die Blöcke, die von den Seiten her gegen ihn drückten, auseinanderschob, verlor der auf seinen Schultern liegende Monolith eben dadurch seinen Ruhepunkt. Diese Last drückte ihn nieder und zwang ihn auf die Knie. Die Blöcke, die sich auf beiden Seiten befanden und für kurze Zeit unter der unmenschlichen Anspannung seines Körpers auseinandergedrückt worden waren, begannen von neuem zusammenzurücken und verbanden ihr Gewicht mit dem Gewicht des riesigen Monolithen, der auch allein schon vollkommen ausgereicht hätte, zehn Menschen zu erdrücken.»

Maljuta kommt wie ein Titan um, aber auch wie der Held eines Feuilletonromans, wie der Held einer Sujetattraktion. Er geht zugrunde und reißt sich aus der Situation heraus, in der ihn die Geschichte kennt. Ich muß hinzufügen, daß die Ritter tatsächlich das Schloß sprengten.

Krieg

Es war Krieg zwischen Frankreich, England und Deutschland. Zunächst nannte man ihn lustig, komisch. Dann brach ein Land nach dem anderen zusammen. Die Deutschen rückten sehr schnell vor.

Wir versuchten, den Zusammenstoß hinauszuzögern. Die Faschisten vergrößerten ihr Operationsgelände.

Im Sommer kam der Krieg. Der Krieg kommt oft, wenn das Getreide zu reifen beginnt; man greift an, um den Feind zu schwächen, indem man seine Ernte an sich reißt.

Man bombardierte Moskau.

Auf dem Dachboden eines hohen Hauses in der Lavrušinskij-Gasse, gegenüber der Tretjakov-Galerie, taten Schriftsteller, auf Brandbomben wartend, mit Holzschaufeln ihren Dienst.

Die Bomben erwiesen sich als keineswegs schrecklich, man konnte sie mit den Händen aufnehmen und wegwerfen.

Eine Bombe flog an den Beinen Boris Pasternaks vorbei, durchschlug drei Betondecken und explodierte unter der leeren Wohnung Paustovskijs.

Die Detonation hob den Fußboden in die Höhe. Und auf dem Fußboden stand ein schwerer Schrank.

Es war Morgen, als man in Paustovskijs Wohnung kam. Man öffnete die Tür. Die Sonne schien. Das ganze Zimmer lag in Trümmern. Der Käfig mit dem Kanarienvogel war zerbrochen, von der Sonne beschienen. Auf dem zerbrochenen Käfig saß in dem Sonnenstrahl der goldene Vogel und sang ein fröhliches Lied; er sang zu Ende und fiel tot um. Er hatte in dem Lied nicht den Tod bemerkt, sondern aus alter Gewohnheit gesungen – gewohnt, bei Sonnenaufgang zu singen.

Uns traf der Krieg unerwartet und mit Betrug.

Noch einige Worte über Chaplin

England verstand sich besser als Frankreich auf den Ärmelkanal.

Amerika versteht sich besser auf den Ozean.

Amerika trieb Handel und wartete vorsichtig darauf, was weiter geschehen würde.

Der Komiker Chaplin, einer der ersten Weitsichtigen, begann, Amerika zu warnen, er sah gewissermaßen Pearl Harbor voraus. Er hielt in San

Francisco vor dem Komitee für Rußlandhilfe eine Rede. Er sprach davon, daß zur Zeit nur die Russen allein kämpften. Er hatte bereits Hitler in seinem Film ‹Der große Diktator› gespielt; er verstand den Helden, den er gespielt hatte, und kannte die Tiefe seines Atems.

Die Reden bei dieser Versammlung waren zurückhaltend. Man sprach davon, daß die Russen natürlich unsere Verbündeten sein könnten, daß sie aber im großen und ganzen zufällige Bekannte seien.

Zu dieser Versammlung waren friedliebende Menschen gekommen, um Chaplin zu sehen. In der schrecklichen Montage vor dem Krieg war Chaplin die Hauptattraktion der Versammlung gewesen.

Er hielt eine Rede. Gekleidet war er in einen Smoking. Er war ungewöhnlich elegant. Und das war schon eine Attraktion. Er war gewissermaßen ganz und gar nicht Chaplin, daher begrüßte man ihn mit Beifallsklatschen.

Als der Applaus verstummt war, sagte Chaplin ein Wort: «Genossen!» Die Versammlung brach in Gelächter aus. Als sich das Lachen gelegt hatte, wiederholte Chaplin: «Genau das habe ich sagen wollen – Genossen!» Man lachte nicht mehr. Der Saal war verdutzt. Chaplin sagte: «Ich nehme an, daß heute auch viele Russen hier in diesem Saal anwesend sind, und da ich weiß, wie in diesem Augenblick Ihre Landsleute kämpfen und sterben, sehe ich es als eine große Ehre für mich an, Sie Genossen zu nennen.»

Viele erhoben sich von ihren Plätzen.

Chaplin sagte: «Ich bin kein Kommunist, ich bin ein Mensch, und ich glaube, ich weiß, wie menschliche Wesen fühlen und denken. Kommunisten sind nicht anders als andere Menschen; sie leiden ebenso wie wir, und sie sterben ebenso, wie wir alle sterben. Die kommunistische Mutter ist eine ebensolche Mutter wie jede andere.»*

Er sprach vierzig Minuten lang. Diese vierzig Minuten kosteten ihn viel.

Die Vögel fliegen und peilen dabei ihren Weg mit uns unbekannten Mitteln an. Sie fliegen in alten Bahnen und vollziehen manchmal die Windungen nicht vorhandener Ufer nach. Sie fliegen zu ihren alten Nestern. Große Menschen besitzen die Eigenschaft, sich richtig und in überraschender Weise zu orientieren, und sie führen daher seltsame Reden.

Chaplin verlor seine fremde Heimat, er mußte Amerika verlassen, weil Amerika aufgehört hatte, ihn anzuerkennen, er begann, traurige Filme über die neuen Zeiten zu drehen. Er reiste unter günstigen Bedingungen, mit Geld, nach England, das ihn ebensowenig anerkannte. Dann

* Dt. Übersetzung zit. nach Charles Chaplin: ‹Die Geschichten meines Lebens›, a. a. O., S. 382 (Anm. d. Ü.)

fuhr er in das Land des klassischen Exils – die Schweiz. So lebt in einem Raum zwischen den Staaten, in einem glücklichen Vakuum, Charlie Chaplin, der uns auch mit seinem Alter bald in Erstaunen zu setzen beginnt: ob er nicht unsterblich ist? Um ihn herum ist eine große Schar kleiner Kinder, sie sind aber wahrscheinlich schon groß geworden, während ich an sie denke. Er hatte sogar die Zeit, noch mehrere Filme über reiche Leute, über deren fröhliches Leben zu drehen, und wunderte sich, daß diese Filme keinen Erfolg hatten.

Dieser große Mensch erwähnt in seinem Buch Ejzenštejn. Er beneidete Sergej Michajlovič, da er glaubte, daß Generationen kultivierter und gebildeter Vorfahren hinter ihm stünden. Ganz so war es nicht. Ejzenštejn blickte auf drei, vier Generationen Intellektueller zurück – das ist nicht so viel. Chaplin ist der Sohn eines Schauspielers und einer Schauspielerin. Doch Chaplin sagt über Ejzenštejn und seine Arbeit:

«Ejzenštejns Film ‹Ivan der Schreckliche›, den ich erst nach dem Zweiten Weltkrieg gesehen habe, war der Gipfel aller historischen Filme. Ejzenštejn behandelte die Geschichte auf dichterische Weise, und das ist die beste Art, sie zu behandeln. Wenn ich daran denke, wie sehr sogar Ereignisse der jüngsten Vergangenheit verzerrt werden, dann wird Geschichte als solche für mich sehr fragwürdig. Eine dichterische Interpretation dagegen gibt ein allgemeines Bild der Epoche. In einem Kunstwerk gibt es mehr gültige Tatsachen und Einzelheiten als in einem Geschichtsbuch.»*

Mit diesen Worten beenden wir den Bericht über den zweiten Helden dieses Buches – Charlie Chaplin, den armen Knaben, den jungen Schauspieler, der die Rolle des Armen mit der Melone gespielt hat, der dann der einzige Mensch mit Melone geworden war, da alle Welt bereits weiche Hüte trug. Er verläßt unser Buch, der große Mensch, Charlie Chaplin, Bürger der Schweiz, eines Landes, das drei oder vier Sprachen spricht. In den Fabriken der Schweiz sprechen die Gastarbeiter, die keine Bürger dieses Landes sind, wahrscheinlich alle Sprachen Europas. Lebe wohl, Charlie – lange sollst du leben!

COKS

Die ausgedehnte Gebirgskette von Tien-schan ist, wie es heißt, infolge einer Zusammenziehung von Schichten entstanden, die sich zu Falten aufgetürmt haben.

* Zit. nach: ebenda, S. 301 (Anm. d. Ü.)

Die Falten sind in Bögen nach einer Seite gerichtet; sie werden von Granitmassiven unterbrochen, die durch junge Gesteinsarten hindurchgestoßen sind.

Am Hang der steilen Falten des Alatau-Gebirges – eines Teils des Tien-schan – liegt schön und steil eine Stadt.

Mir scheint, sie ist die grünste Stadt in unserem Land.

Die Bewässerungskanäle, die schnell durch die Straßen Alma-Atas fließen, sind geschwätzig.

Am Ende der Gebirgsfalten liegt die durch nichts bemerkenswerte Schlucht Kaskelen. Die Schlucht ist isoliert und sonnenüberflutet; in ihr stellten Ejzenštejn und Špinel ihre Kazan-Dekorationen auf. Die Dekorationen der ganzen Welt werden aus Furnierholz gemacht. Diese Dekorationen dagegen wurden aus Grasmatten und grobem Gewebe gebaut.

Der bewegliche Verstand Sergej Michajlovičs schmückte die Dekorationen der Festung Kazan mit Flaggen, mit Bannern.

Ihre Falten bewegten sich schnell im Wind.

Die sich bewegenden Falten der Flaggen verleihen der Dekoration ihre Tiefe, geben ihr Realität.

Durch diesen Stoff scheint die Dekoration tatsächlich wie aus Stein.

Hier zimmerte der große Maskenbildner V. V. Gorjunov eigenhändig einen Balagan* zusammen, stellte einen Stuhl auf diesen Balagan und befestigte selber an diesem Stuhl eine Kopfstütze für die Schauspieler.

Diese Stütze unterschied sich von den Stützen der alten Fotoateliers dadurch, daß die von Gorjunov geschaffenen Masken für Filmaufnahmen beweglich waren.

Gorjunov schminkt nicht – er macht ein Skulpturengesicht, er fängt den Schwung der Schnurrbärte ein, er begreift den Fluß der Haare in ihrer Beziehung zur Form des Schädels, zur Bewegung des Gesichts des Schauspielers.

Vor der Begegnung mit der Leinwand, auf der alles in Bewegung gefilmt werden wird, schläft N. K. Čerkasov in dem Sessel.

Čerkasov hat ein langes Leben gelebt.

Er erzählte einmal, daß seine erste Rolle die einer Wasserpflanze gewesen sei. Sich windend, habe er in einer Pantomime die Bewegungen der Wasserpflanze wiedergegeben. Er war vor seiner Zeit beim Film auf einer Estrade aufgetreten und hatte den dänischen Komiker Pat imitiert.

Bevor er ernsthaft den Don Quichotte in G. Kozincevs Film spielte, fuhr er in irgendeiner exzentrischen Inszenierung im Harnisch des Don

---

* Balagan: hier Jahrmarktsbude, Schaubude (Anm. d. Ü.)

Quichotte auf einem Fahrrad.

Die Schauspieler, Regisseure und Künstler unserer Kunst sind durch den Exzentrismus hindurchgegangen.

An der Exzentrik der FEKS* haben auch der hervorragende Schriftsteller Jurij Tynjanov und der Kenner der griechischen Tragödie und der Komödien des Aristophanes, Adrian Piotrovskij, teilgenommen.

Der junge Čerkasov hatte einen Alten gespielt, den Professor Poležaev; der Professor eilte die Universitätstreppe mit greisenhafter Schnelligkeit hinauf. Die kräftigen, dünnen Beine waren mit sich plusternden Hosen umhüllt. Čerkasov verstand, in der Jugend das Alter zu spielen und die Jugend dennoch nicht zu verbergen.

Er verstand es, den Schatten Paganels so wiedererstehen zu lassen, wie wir Paganel, den kühnen Geographen, bei der Lektüre der unvergessenen Bücher Jules Vernes in unserer Jugend kennengelernt haben.

Er war Aleksandr Nevskij und Gorkij.

Wer war er eigentlich nicht gewesen?

Der Weg des Exzentrismus, sofern er mit Inspiration vollendet wird, mannigfaltig und voll theatralischer Bewegung, ist ein ernsthafter Weg.

Čerkasov war aus Novosibirsk nach Alma-Ata gekommen.

Ich weiß nicht, wer er in Novosibirsk gewesen ist; in Alma-Ata war er Ivan der Schreckliche.

Er schlief auf dem Stuhl, man schminkte ihn.

Er war dem Schrecklichen nicht ähnlich, doch er konnte ihn spielen.

Ivan der Schreckliche war nach dem Bericht des Prinzen Daniel von Buchau, der sich zweimal in den Jahren 1567 und 1578 in Moskowien aufhielt, von großer Gestalt; er hatte einen kraftvollen und ziemlich dicken Körper; seine großen Augen waren beständig in Bewegung, beobachteten fortwährend und waren nie ruhig. Er hatte einen roten Bart, der dicht und lang war; der geschorene Kopf mit den dichten Borsten war fast schön. Im Zorn war er gleichsam wahnsinnig.[32]

Der Zar war von den Ereignissen beschwert, ermüdet von dem Schauspiel des Laufs der Zeit.

Die Zeit drängte sich zusammen, erhob sich wie die Falten eines Gebirges und wurde von Ausbrüchen durchstoßen.

Ivan der Schreckliche gleicht nicht dem zornigen Alten mit langem Stab, wie ihn Antokolskij in seiner Skulptur dargestellt hat.

Ivan der Schreckliche ist noch nicht enträtselt und noch nicht durchschaut.

Während eines Disputs in der Kirchenversammlung, die ‹Stoglav› genannt wurde, erörterte man die Frage, wie Jesus zu malen sei: sollte er

---

* FEKS: Fabrik des exzentrischen Schauspielers, 1922 gegründetes Schauspielerkollektiv (Anm. d. Ü.)

von würdevollem Äußeren sein, oder sollte sein Tod qualvoll und voll Leiden sein wie der Tod eines jeden Gekreuzigten.

Man stritt sich über diese Frage.

Ivan der Schreckliche sagte:

«Wem es gegeben ist, der sollte malen, und wem nicht – für den gibt es viele andere Berufe.»

Denjenigen, die den Film ‹Ivan der Schreckliche›. gemacht haben, ‹war es gegeben› Gegeben war es ihnen in vollem Maße. Sie empfingen ihre Inspiration wie eine Last. Unter dieser Last fanden sie noch Zeit, sich miteinander zu unterhalten, im Gedanken an das Heute und das Morgen.

Im Gedanken an die Hoffnung.

Čerkasov veränderte sich in dem Maße, wie sich Ejzenštejns Erkenntnis Ivan Vasilevičs veränderte. Es veränderte sich die große Schauspielerin Serafima Birman, die Antagonistin des Schrecklichen, ein Mensch von gleicher Art, von gleichem Atem wie er.

Sie kämpften miteinander um die Krone, kämpften unerbittlich und verfolgten dabei verschiedene Ziele.

Im Film ist, wenn er gut ist, fast alles Wahrheit, nur sterben in ihm die Menschen nicht tatsächlich; der Brokat, der Samt, das Fell, das Tuch aber sind ganz wirklich; wirklich gesehen, von den Künstlern befühlt.

Nach Alma-Ata kam auch Ja. I. Rajzman – ein großer Schneider, ein Mensch, der die nicht unbedeutende Kultur des alten Moskau, des theatralischen und des volkstümlichen Moskau, in sich aufgenommen hat. Aus dem Gedächtnis konnte er kluge Worte wiedergeben.

«Korovin hat mir gesagt», teilte Rajzman mit, «daß ein Kunstwerk niemals bis ins letzte vollendet sein soll.»

Repin hat das grandiose Gemälde ‹Die Versammlung des Staatsrats› gemalt.

Darin ähneln die Menschen einem Schwarm alter, stellenweise vergoldeter, hellfarbiger Vögel.

Sie sitzen vor uns da, sowohl im Profil als auch zu drei Vierteln abgewandt; manchmal sehen wir sie von hinten, als hätten wir sie überrascht.

Sie sind nicht vollendet, sie sind das zu Stein gewordene Flimmern der Zeit.

Sie werden davongehen, vorübergehen, beseitigt werden.

In dem Unvollendeten der realistischen Zeichnung steckt Realität.

Rajzman schnitt zu, arbeitete um, dachte um.

Ejzenštejn hatte mehr als zweitausend Skizzen für diesen Film gezeichnet. Er hatte Rajzman eine Skizze zu den Kostümen Grigorij Maljutas gegeben. Rajzman widersprach ihm mit den Worten:

«Sergej Michajlovič, Sie verstehen Ihren Schneider nicht ganz. Man

muß erkennen, wie er ist, erraten, wie er sein will: entscheiden, daß man
aus ihm so etwas machen kann, daß er in Verwunderung gerät und sich
freut. In jenen Zeiten nähte man, wie Sie wissen, leichte, ziemlich
schmale und gebogene Birkenbrettchen in die Schultern der Kaftane
ein.
Ich werde ihre Länge um zwei Fingerbreit ergänzen – und die Taille
wird enger sein. Žarov ist ein wunderbarer Schauspieler – das wird ihm
wahrscheinlich gut stehen. Sie werden sehen, daß jener Henker mit
meinem Schnitt zufrieden gewesen wäre; dieses Kostüm, das Sie gezeichnet haben, hätte Maljuta gar nicht angezogen, und im Atelier hätte
es mit ihm Unannehmlichkeiten gegeben!»
Jakov Ilič Rajzman erkrankte in Alma-Ata an Tuberkulose; er hatte
sich in einem riesigen neuen Gebäude eine Erkältung zugezogen, in
einem Gebäude, an dem sich ein Schild mit der Aufschrift COKS
befand, das heißt Central'naja ob-edinennaja kinostudija (Zentrales
Vereinigtes Filmstudio).
Welch ein Wort! Besser als jeder beliebige Spitzname.
Dort drehte der große Kameramann Andrej Moskvin.
Moskvin hatte lange Zeit mit der FEKS gearbeitet und begriffen, daß
Schwarz und Grau auch Farben sind.
Er verstand es, im ‹Don Quichotte› nach den Zeichnungen Altmans das
herzogliche Schloß so zu filmen, daß man in der schwarzen Farbe den
farbigen Samt erkannte.
Eduard Tissé war ein Kameramann, der die Natur begriff, die Bewe-
gung des Wassers, den Schatten des Baumes, den Nebel und den Men-
schen in der Natur. Andrej Moskvin verbrachte die Jahre in einem
Pavillon und träumte von der Farbe.
Genauso wie Beethoven in den letzten Jahren seines tauben Lebens
seine eigene Musik hörte, konnte Moskvin schlecht sehen; das Ufer des
Auges gilt für die Farbe, für das Farbige und nicht für den farbigen
Film.
Er träumte von farbigen Schatten, von den Reflexen der Mauern, die der
Farbe ihre Tiefe verleihen und den Menschen im weiten Raum ansie-
deln.
Regisseur und Kameramann waren glücklich, in Alma-Ata in dem
Gebäude mit dem prächtigen Namen COKS zusammenzuarbeiten.
Dieses Wort gleicht dem Klang eines großen Gefäßes, das zerbricht.
Viele Schicksale sind im COKS in der Hungerzeit des Großen Krieges
zerbrochen. Ich erinnere mich an viele, schreibe aber nur über zwei.
Vor Erschöpfung starb der Künstler Vsevolod Voinov. Er war es, dem
Ejzenštejn seine eiligen, tragischen Zeichnungen gebracht hatte. Der
Künstler hatte ganze Tage und Nächte über alten Büchern gesessen, die
alten Kleider studiert und Kostümskizzen gemacht, wobei er Wahrheit

und Erdichtetes ausglich. Seine Skizzen, denen Ejzenštejn zugestimmt hatte, gingen dann an Ja. I. Rajzman. Voinov starb im Jahre 1942, noch vor Beginn der Dreharbeiten, daher kam sein Name auch nicht mit in den Vorspann. Wir wollen an dieser Stelle seiner gedenken.

In der Zeit des COKS wurde die Gesundheit Boris Svešnikovs, des zweiten Regisseurs von ‹Ivan der Schreckliche›, über die Maßen beansprucht. Ich erinnere mich von anderen Filmen her an ihn als einen energischen, intelligenten, bescheidenen Menschen.

Der Zuschauer kennt die zweiten Regisseure nicht, die Kritiker schreiben über die leitenden Regisseure. Der zweite Regisseur ist verpflichtet, talentiert und unauffällig zu sein. Auf seinen Schultern lastet die nicht leichte Aufgabe der Vorbereitung der Dreharbeiten.

Ejzenštejn vertraute Boris grenzenlos. Die Kollegen liebten ihn, ordneten sich ihm unter, nannten ihn einen genialen Organisator. Der Name Boris Svešnikovs sollte in der bemerkenswerten Liste der Ejzenštejnschen Garde seinen Platz innehaben, in einer Reihe mit den potemkinschen ‹Eisernen Fünf›.

Mit dieser Erinnerung soll dem Kinematographen nicht der Vorwurf der Vergeßlichkeit gemacht werden. Ich verneige mich vor den unbekannten Mitstreitern der großen Künstler, vor denen, deren Namen der Zuschauer im Vorspann liest, ohne sie sich zu merken.

Der COKS zerbrach nicht, er wurde in der Geschichte des Films zu einem Lehrstück der Selbstaufopferung.

Puškin sagt in seinem Gedicht über das dichterische Schaffen:

«Alte Bekannte, Früchte meines Träumens . . .»

Die Flecken der Ideen, die stenographischen Aufzeichnungen über Eindrücke, Aufzeichnungen, die selbst dem Dichter nicht klar sind – sie beleben sich, werden zu Matrosen auf dem vom Künstlerwillen geschaffenen Schiff, der Riese setzt sich in Bewegung, und der Künstler fragt sich selber nach dem Weg:

«Doch horch! – die Matrosen stürzen plötzlich los, sie klettern
Auf und ab – die Segel bläh'n sich, windgefüllt,
Der Riese rührt sich und zerteilt die Wellen . . .
. . . Er fährt. Doch wohin geht die Reise? . . .»

In der Filmkunst sind die ‹Matrosen› Menschen, lebendige Menschen, auf neue Art gesehen, verwandelte Menschen.

Das Chaos der menschlichen Existenzen, das Gemisch der genetischen Eigenschaften wird in seine Bestandteile zerlegt, so als ob es auf Karteikarten geschrieben würde.

So suchte Valja Kuznecova für Ejzenštejn in dem dichtbevölkerten Alma-Ata Bojaren, Tataren, Strelitzen, Ritter, Gesandte aus Livland. Sie fand sie wie die Scherben eines weggeworfenen Gefäßes. Der Regisseur lernte die Menschen kennen, sah in ihnen alte Bekannte und erkannte sie als solche, indem er sie zu Reihen zusammenfügte und etwas Neues erfand.

So werden Filme gemacht.

Ich erinnere mich an das einem ärmlichen Treibhaus ähnelnde Atelier der Ersten Filmfabrik in der Žitnaja, an die Spiegelwände des ehemaligen, in das Filmatelier des ‹Mežrabpom› umgestalteten *Jar*, an die riesigen Ateliers von Potylicha, in denen sich ein Luftschiff hätte verirren können. An die gewundenen Korridore von Potylicha und die gekrümmten Korridore des Gorkij-Studios.

In die Kinematographie kann man leicht hineinkommen, doch es ist schwer, wieder herauszukommen; sie verändert sich selbst. Veränderungen in der Kunst sind qualvoll.

In der Filmkunst blüht die wahre Freundschaft.

Die Menschen wachsen so, wie im Wald die Bäume wachsen und sich in ihrem Wachstum einander anpassen.

So wuchs Ejzenštejn zusammen mit Aleksandrov, mit den ‹Eisernen Fünf›, mit dem großen kongenialen Prokofev, mit seinen Schauspielern.

A. Moskvin hatte gewissermaßen sein ganzes Leben lang auf Ejzenštejn gewartet.

Sie woben gemeinsam das Gewebe des Films *‹Ivan der Schreckliche›*.

Als Ejzenštejn starb, kam Moskvin aus Leningrad. Der Kameramann stand schweigend an dem breiten Bett, auf dem mit zurückgeworfenem, vertrautem Gesicht und undramatisch der Leichnam in dem vertrauten Anzug lag.

Moskvin schwieg lange, dann sagte er leise:

«Ich möchte dich bitten, mir eine Sache zu schenken.»

«Nimm, was du willst», sagte die Ataševa.

«Schenk mir Sergej Michajlovičs Hut, den schwarzen, wattierten.»

Er ging mit diesem Hut davon; er verfügte als letzten Willen, ihm diesen Hut mit ins Grab zu legen.

Das Filmatelier ist ein Ort ungewöhnlicher Menschen, die sich die Kraft ihrer gegenseitigen Anhänglichkeit nicht eingestehen.

Als Ejzenštejn starb, verarmte das Leben.

Auch A. Moskvin ist schon gestorben.

Viele Filmschaffenden haben sich auf dem Friedhof zur Ruhe gelegt.

Doch die Kunst der Kinematographie wankt nicht.

Sie ist fest mit ihren tiefreichenden Wurzeln verbunden.

Der Schreckliche in Alma-Ata

Sergej Ejzenštejn verließ den ‹Mosfilm› und fuhr mit einer sehr kleinen Gruppe und dem Drehbuch von Moskau nach dem Osten.

Die Stadt Alma-Ata hieß früher Vernyj. Sergej Michajlovič lernte diese Stadt in der Zeit kennen, als sie mit ihren Häusern immer höher die Abhänge des Tien-schan hinaufkletterte. Die Abhänge steigen in grünen etagenartigen Hügeln auf und enden im Schnee.

Unten fließt in den Bewässerungskanälen schnell das Wasser durch die Stadt.

Wie grüne Säulen sind die Pappeln in den Hang eingerammt, an dem eine Straße entlangführt.

Die Stadt hat sich in die Ufer des kleinen Flüßchens Almaatinka eingegraben.

Sie liegt in einer Region von Erdbeben und Hochwassern.

Die Pappeln ragen mit ihrem Grün in den sehr blauen, aus allen Kräften blauen Himmel.

Im Winter fällt bisweilen Schnee auf Alma-Ata, der Schnee senkt sich ganz langsam auf die Bäume herab.

Plötzlich hört man, wie ein schwergewordener Zweig abbricht und das gelbe Fleisch des Stammes bloßlegt. Schnee und Gebirgssonne, heiße Sonne.

Alma-Ata ist auf abfallenden Hängen gebaut.

Die Filmfabrik hatte sich im besten Haus der Stadt eingerichtet, im Haus der Kultur.

Es stellte sich heraus, daß es kein Furnierholz zum Bau des Fundus gab – keine Bretter, aus denen man die Dekorationen macht. Man entdeckte, daß in Kazachstan große Sträucher wuchsen. Sie heißen Čiy. Man flicht daraus Matten und legt sie unter große Filzstücke auf den Fußboden. Als man die Dekorationen für ‹Ivan den Schrecklichen› zu bauen begann, wurden Matten aus Čiy gegen Balken geschlagen und dann mit Stuck beworfen.

Vladimir Lugovskoj war gekommen, um Ejzenštejn zu helfen; er schrieb Verse über ihn und nannte Alma-Ata die Stadt der Träume.

Die Stadt war von Menschen überflutet. Sie wohnten überall: sie stellten Trennwände auf, wohnten in Kellern und in den Fundamenten nicht fertig gebauter Häuser.

Kommt man nachts vor die Stadt in die Steppe hinaus, so sieht man, wie weit der Sternenhimmel ist; noch nie habe ich einen so hohen, unendlichen, offenbar bis zur Erde herunterreichenden Himmel gesehen. Es scheint, als ob die Ränder des Himmels unter den Rand der Erde gesteckt sind, wie ein Laken unter eine Matratze. Die Sterne liegen im Gras.

Dieses Land war ein unbekanntes Land. Wilde Barsois, dünn, als hätte man sie zwischen den Blättern riesiger Bücher getrocknet, jagen Džejranherden. Daneben – die Eisenbahn, Telegrafenpfähle, und auf diesen saßen Adler, weil es in diesem unermeßlichen Land sonst nichts gibt, auf das sich Vögel setzen könnten.

Es war ein ödes Land, ein schreckliches Land.

Im Radio war die Rede vom Rückzug. Die Deutschen rückten heran.

Sergej Michajlovič verließ Moskau nur sehr ungern. Dort hatte er sein ganzes schöpferisches Leben verbracht. Im Hof der Filmfabrik waren die Filmschachteln mit der ‹Bežin-Wiese› verborgen, er hoffte die ganze Zeit, daß sie auferstehen und aus der Erde hervorkommen würden, er glaubte an den Triumph des Guten nach dem Sieg.

Er arbeitete, zeichnete, schminkte, filmte, las und dachte nach.

Über die Farbe und über die Bedeutung der Farbe

Aber damals war er in die Epoche Ivans vertieft, und je mehr er sich in sie vertiefte, desto mehr begriff er Ivan und desto mehr entfernte er sich, ohne bewußt Abstand zu nehmen, von dem Drehbuch, das bereits geschrieben war.

Am Rande Alma-Atas liegt der Zoologische Garten. Dorthin pflegte Ejzenštejn zu gehen. In den Tieren erblickte er seine Freunde und die Menschen seiner Zeit und der Zeit Ivans des Schrecklichen.

«Die Steppenadler mit ihren zerzausten Kopffedern gleichen der Tante meines Gefährten. Der geweihlose Hirsch mit seinen riesigen, feuchten schwarzen Augen gleicht genau meinem Gefährten» (Bd. I, S. 493).

Es wird ein Schneeleopard beschrieben, der in völliger Bewegungslosigkeit seinen Blick unverwandt auf die Menschen gerichtet hält. Der Schneeleopard lebt sein volles Tierleben. Wie wird man ihn beurteilen? Er hat seine starke und weiche Pfote zwischen die Stäbe des Käfigs hindurchgesteckt. Er ist ein Schneetiger, ein Raubtier, das bei Verfolgungsjagden in die Gletscher flieht.

Sergej Michajlovič schreibt:

«Morgen werde ich Miša Kuznecov herschicken, damit er die Augen des Schneeleoparden für seine Rolle des Fedka Basmanov studiert» (Bd. I, S. 494).

Und weiter – die Affen. An den Affen beeindruckten Ejzenštejn die Merkwürdigkeiten ihrer Logik. Man warf einem Affen eine Mohrrübe zu. Er sprang in drei Sätzen hin, ohne den Blick von dem gelben Stück zu wenden. In seinen Gesichtskreis gerät ein weißes Stückchen Papier. Das Weiße ist ein stärkerer Eindruck als das Matt-Rote. Die Mohrrübe ist vergessen. Der Affe eilte zu dem Stückchen Papier. Doch da erblickt er einen Zweig, der sich bewegt. Die Bewegung ist interessanter als die Farbe. Ejzenštejn schreibt:

«Ich springe genauso von einem Gegenstand zum andern, sobald in meinem Gedächtnis unerwartet ein neuer auftaucht.

Aber im Unterschied zu dem Äffchen kehre ich jedoch manchmal zurück zu dem ursprünglichen Gegenstand» (Bd. I, S. 496).

Sergej Michajlovič hat in der Ironie unrecht: daher kann er auch von seiner eigenen Unlogik sprechen, die ebenfalls aus einem Springen von einem Thema zum anderen besteht.

Indem er rasch die Distanzen und Abgründe überwindet, kann er immer zu seinem Thema zurückkehren.

Dieses Thema war für ihn damals auf lange Zeit der noch nicht enträtselte Ivan der Schreckliche; es gab noch ein Thema – die Farbe. Nicht der Farbfilm.

Nachdem die Regisseure den Farbfilm technisch gemeistert hatten, veranstalteten sie in ihren Filmen wahre Ausstellungen von verschiedenfarbigen Textilien.

Sie machten Diwane, auf denen farbige Kissen lagen.

Das ist nicht so schlimm, wenn man Erfahrungen sammeln will; es enthüllt aber nicht das Leben des Menschen, sondern verhüllt es mit Kissen.

Sergej Michajlovič gab sich damals ganz der Farbe hin: er begeisterte sich für ein Buch von Andrej Belyj. Dieses Buch war im Jahre 1934 geschrieben worden. Es trägt den Titel ‹Die Meisterschaft Gogols›.

Belyj – ein großer Meister und Theoretiker – war auf direktem Weg zu diesem Buch gekommen. Er wollte eine Semantik der Farbe, eine sinnvolle Bedeutung der Farbe entdecken. Wir wissen aber, daß die weiße Farbe bei uns gewöhnlich die Farbe der Freude, des Festlichen ist. Es blühen die Apfelbäume; doch weiß ist auch der Rauch.

Esenin sieht das Blühen der Apfelbäume als Rauch. Die Apfelbäume blühen zu einer Zeit, in der noch leichter Morgenfrost möglich ist, man wärmt sie mit Rauch.

Die weiße Farbe ist gewöhnlich nicht die Farbe der Drohung. Doch Sergej Ejzenštejn kleidete das Ritterheer in Weiß.

Die Reihen der Menschen in weißem Harnisch galoppieren auf dem weißen Eis gegen die grauen, unansehnlichen Schlitten, gegen die Schafspelze der russischen Krieger. ‹Aleksandr Nevskij› war ein großer Film, dort waren im Kampf die einzelnen Menschen zu unterscheiden.

Die schwarze Farbe wird von uns für gewöhnlich als die Farbe der

Trauer aufgefaßt. Aber das Schwarz eines Herrenanzugs der alten Zeit war eine elegante Farbe, die Farbe des Fracks.

In seinen ‹Toten Seelen› beschreibt Gogol einen Ball als Schwarm schwarzer Fliegen, die sich auf weißem, gerade zerstoßenem Zucker niederlassen. Das Weiße sind die Damen in ihren eleganten Kleidern, das Schwarze die Männer in ihren Fräcken.

Die Semantik der Farbe ist sehr kompliziert, weil sie von der Montage abhängt, von der sinngemäßen Phrase, von dem, wie in einem gegebenen Augenblick die Farbe aufgefaßt wird.

Belyj war der Meinung, daß in den ‹Abenden auf dem Vorwerke bei Dikanka› insgesamt nur 3,5 Prozent gelber Farbe waren, in ‹Taras Bulba› 8,5 Prozent, im ersten Band der ‹Toten Seelen› 10,3 Prozent, im zweiten 12,9. Doch kann man die Farbe addieren, indem man sie aus einer Szene aussondert? Kann man das Gelb eines reifenden Feldes oder das Gelb des Goldes mit dem Gelb des Wachses, mit dem Gelb eines kranken Gesichtes addieren?!

Man kann die gelbe Farbe in den Gedichten Esenins begreifen, wenn man sich erinnert, daß der Dichter selber goldköpfig war. Er sagte: «. . . mein goldener Kopf». Er erinnert sich in seinen Gedichten, wie die Krankenschwestern im Krankenhaus das Gold seines Kopfes bedauerten.

In seinen Gesprächen färbte er die Erinnerungen an Amerika ironisch mit der Farbe der Hotelteppiche und Liftkabinen.

Die ausgewählte und in ein Kunstwerk eingegangene Farbe ist eine sinngemäße Farbe, eine oft ironisch sinngemäße Farbe; ebensooft ist sie auch drohend und unerwartet entlarvend.

Ejzenštejn hat in seinem Film ein wunderschönes Stück gedreht.

Ein Drehbuch ist nur einer der Wege zum Film. Es ist die Aufzeichnung einer möglichen Entdeckung. Es ist noch keine Konstruktion, obgleich ihm bereits zweitausend Zeichnungen beigefügt sind.

Ivan Vasileič wird die letzte Ölung gegeben. Auf sein Haupt legt man das schwere aufgeschlagene Evangelium – es soll durch die Berührung seine wunderwirksame Kraft übertragen. Über seinem Haupt sieht man ein Auge des Schrecklichen, es beobachtet, was vor sich geht.

Das Auge des Schrecklichen ist in das Dreieck des aufgeschlagenen Buches eingezeichnet – so pflegte man in den Kirchen das allsehende Auge darzustellen.

Es ist das Auge des Verdachts, der Furcht – es wird zum Auge Maljutas.

Ejzenštejn denkt und bekräftigt seinen Gedanken durch graphische und farbliche Aussagen, die sich nach einem eigenartigen System entwickeln. Und darin liegt Ejzenštejns Stärke.

Gleichzeitig will er eine traditionelle Intrige einführen.

‹Ivan der Schreckliche› ist kein Farbfilm. Doch ein Stück davon ist farbig. Das ist die große farbliche Verwirklichung der Idee des Regisseurs.

Der Zar läßt Vladimir Starickij zu sich kommen, bewirten und einkleiden. Der Zar weiß, daß ein Attentat gegen ihn geplant ist, daß unbekannte Menschen in den dunklen Gängen des Schlosses warten und daß sie den Zaren mit einem Messer töten sollen. Er weiß, wer die Verschwörung anführt. Es ist Efrosinja Starickaja. Er setzt ihren Sohn auf den Thron, kleidet ihn in die Zaren-Gewänder. Er läßt Getränke reichen; ringsum tanzen die Opričniki.

Diese Stelle wurde bei Ejzenštejn ausgearbeitet. Er schrieb in seinem Artikel ‹Die farbliche Ausarbeitung der Szene «Das Gelage in der Aleksandr-Sloboda» aus dem Film «Ivan der Schreckliche» (post-analytische Arbeit)›:

«Der Prozeß ist wie folgt.

Eine große Zahl sujetgemäß-thematischer Situationen.

Eine große Zahl trauriger farbartiger Empfindungen.

Eine große Zahl konkreter Farbdetails, die in natürlicher Weise mit der entsprechenden Szene verbunden sind.

Der Prozeß geht an allen Enden gleichzeitig vor sich.

Wahrscheinlich wird die Auswahl der Kerzen von dem Vorgefühl des unheilverkündenden roten Themas diktiert.

Die goldenen Kaftane sind wie eine Ahnung, vielleicht von den schwarzen Priesterröcken verschlungen zu werden usw.

Systematisieren kann man es jedoch so: man sieht die ganze Zusammenstellung der Gegenstände durch, die zu einer Farbskala zusammengefügt wird. (Man entferne rücksichtslos das Buntfarbige, alles, was über die Grenzen der drei, vier Farben hinausgeht. Soweit man im wesentlichen die Gegenstände selber sammelt, liegt in ihnen bereits das *Vorgefühl** einer Bildskala)» (Bd. III, S. 530).

Dies wird lange Zeit geprüft. Jede Farbe wurde sorgfältig gewählt. Vorher war er nach Novgorod gereist, hatte sich die Farbe angesehen, hatte das Buch ‹Die Meisterschaft Gogols› gelesen, mit Belyj gesprochen, über die Farbe im Film nachgedacht. Und hier nun löst er schließlich dieses Thema.

«1941 entsteht der ‹Schreckliche›, der ebenfalls farblich gelöst wird, im Zentrum jedoch ist ‹ein schwarzer Mönch (der Zar mit der Mönchskappe) vor dem Hintergrund einer weißen Wand›, das heißt eine verkürzte schwarz-grau-weiße Farbskala. Im weiteren folgt eine bedeutende Vertiefung in den Bereich der *Faktur*-Skala (Brokat, Pelzwerk, Samt, Tuch) – dank Moskvins erstaunlicher Beherrschung des fotografischen Timbres hat man das machen können.

---

* Hier verwendet Ejzenštejn das deutsche Wort.

Aber ... der ‹Ivan› erhielt in der Situation und im Sujet ein neues bildliches Moment seines durchgehenden Themas, und zwar an der Stelle, die aufblühen und farbig erglänzen konnte, und deshalb ...
Die Szene der Ermordung Vladimir Andreevičs.
NB. By the way – im vorliegenden Fall – as opposed* zum ‹Al[eksandr] Nevskij› – war dies *nicht die erste* in der Phantasie entstandene Episode, sondern die *allerletzte* der stützenden (grundlegenden) Episoden. Das Unheilverkündende wird hier durch das *Schwarze* wiedergegeben (durch die schwarzen Gewänder der ‹klösterlichen› Opričnina). NB. NB. Ganz gleich auch wozu!
Die Unerbittlichkeit des Heranrückens der schwarzen Farbe, das hier bereits deutlich und bewußt *farbig* aufgefaßt wird.
Und in der Tanzepisode davor ‹verschlangen› die schwarzen Mönchskutten das Gold der Kaftane.
À noter**: vor Livland glitten die Kutten jäh (as opposed*** zum langsamen Tempo dieser Szene) vom Gold der Kaftane herab, und blitzend fuhren die Säbel empor: das Thema des schicksalhaften Schwarz wurde vom Blitzen des Silbers der Säbel und des goldenen Brokats der Kaftane bezwungen (nach der Szene der Ermordung Fedors)» (Bd. III, S. 572).
Was aber kommt dabei heraus?
Die Opričniki tanzen um Vladimir Andreevič, den Scheinzaren, herum. Die Farbe ist gedämpft. Ivan der Schreckliche putzte sich gern heraus, putzte auch andere gern heraus. Die Opričniki ritten auf schwarzen Pferden, banden Hundeköpfe an das Sattelzeug, banden einen Besen oder – nach anderen Erzählungen – Köcher an, aus denen die Pfeile so herausragten, daß sie an Besen erinnerten. Die Opričniki zogen ihre Kaftane über Zobelpelze und verdeckten all dies mit Mönchskleidern: die Opričniki hatten Augen, wie sie der Schneeleopard hat, sie konnten anderen Furcht einflößen, waren selbst aber von Furcht erfüllt.
Da singt Fedka Basmanov, der Sohn eines aristokratischen Vaters, eines alten Opričnik, eines reichen alten Kriegers, eines eigensinnigen Menschen. Sie alle waren Menschen, getrieben von der Furcht, der Furcht des Zaren und der Möglichkeit, alles ungestraft machen zu können, sie hatten zwei Seelen und sogar zwei Köpfe, wie Fedka Basmanov.
In den Kleidern der Opričniki kamen die Litauer in die Stadt Izborsk – diese Einkleidung war nötig, um einen Opričnik kontrollieren zu können, wenn man ihn zur Rechenschaft zog. Die alte Stadt mit ihren hohen Mauern, eine Stadt, die noch an die Zeit des Rjurik erinnerte, war ihnen wie ein überreifer Apfel in die Hände gefallen! Man mußte sie

* Im Original englisch.
** Im Original französisch.
*** Im Original englisch

ihnen danach wieder entreißen. Die Tänze der Opričniki sind schreckliche Tänze. Man folgte in allem dem sanktionierten Drehbuch; die Farben waren so gewählt worden, wie wir sie von den Fresken des Spas-Neredica her kennen, einschließlich der himmelblauen Lasur des Kobalts, die in den Wandmalereien des Feofan Grek, und der Sepia, die in alten Kirchen verwendet wurden.

Was dachte und was wußte der Schöpfer des Films selbst über Ivan den Schrecklichen? Er wollte ihn vollkommen verstehen, er dachte daran, daß es möglich wäre, die Masken zu verändern. Er dachte an die Gestalten Dostoevskijs, die gleichsam vom unnatürlichen Licht der Elektrizität beleuchtet sind – wie sich ein Kritiker der damaligen Zeit, Majkov, über sie äußerte, da das elektrische Licht damals noch geheimnisvoll war. K. Brjullov hatte auch eine Elektrisiermaschine, um in ihren Entladungen das Kolorit des Untergangs Pompejis zu erkennen.

Dostoevskijs Meinung über Ivan den Schrecklichen

Ejzenštejn schrieb:

«Und erst Shakespeare im 16. Jahrhundert und noch mehr Dostoevskij im 19. Jahrhundert entwickelte die Tragödie aus dem Stadium zusammengesetzter gegensätzlicher Hälften zu einer vollkommenen Einheit der Gegensätzlichkeiten von handelnden Personen, wodurch eine unübertroffene Dynamik ihrer inneren Spannung erreicht wird, die psychologischen Ausbrüche der Verschiebungen von der Anbetung zur Vernichtung des Angebeteten, vom Haß zur Liebe, von der Demut zur Bestialität und jene ‹göttliche Verzückung›, in der die ganze Tiefe ihres Pathos sich enthüllt» (Bd. III, S. 137).

Was aber dachte Dostoevskij selber über Ivan den Schrecklichen?

In seinem dritten Notizbuch stellte er im Februar 1866 Überlegungen über Svidrigajlov an, nicht über jenen Svidrigajlov, den er dann beschrieben hat, sondern über dessen Vorstufe, den Antagonisten Raskolnikovs.

«Leidenschaftliche und stürmische Ausbrüche; ein Auf- und Abbrodeln, es ist schwer, sich selber zu ertragen (starke Natur, unaufhaltsame, bis zum Gefühl der Wollust reichende Ausbrüche der Lüge [Ivan der Schreckliche], viele Gemeinheiten und dunkle Taten . . .» Er schrieb weiter: «Keinerlei Kälte und Enttäuschung, nichts von Byron in Gang Gesetztes. Ein unermeßlicher und unstillbarer Durst nach Genüssen. Ein unlöschbarer Lebensdurst. Eine Vielgestalt von Genüssen und befriedigten Wünschen. Das vollkommene Bewußtsein und die Analyse eines jeden Genusses, ohne die Furcht, daß der Genuß davon

365

schwächer werden könnte, weil das Genießen auf dem Bedürfnis der Natur selbst, des Körperbaus beruht . . . Kriminelle Genüsse an der Grenze der Verletzung aller Gesetze. Mystische Genüsse (an der Angst in der Nacht). Genuß durch Reue, im Kloster etwa (dem furchtbaren Fasten und dem Gebet) . . . Genüsse durch Bildung (dazu muß man studieren). Genüsse durch gute Taten.»[33]

Genau dieser Mensch war Zar, und zwar ein Zar nicht allein für sich selber. Er hatte sich große Aufgaben gestellt, nicht erfüllbare Aufgaben, er wollte Kriege führen, die erst nach 200 Jahren beendet wurden.

Er glaubte und hatte Angst und konnte auf dem Marktplatz reumütig sein und mit dem Volk sprechen. Er sprach:

«Man kann vergangenes Böses nicht wiedergutmachen; ich kann Euch nur vor ähnlichen Unterdrückungen und Beraubungen retten. Vergeßt, was nicht ist und nicht sein wird! Laßt ab von Haß und Feindschaft. Vereinigen wir uns in christlicher Liebe. Von nun an bin ich Euer Richter und Verteidiger!» – so sprach er vom Lobnoe Mesto * herab zu den versammelten Vertretern der Landesversammlung.

Sergej Michajlovič sah in ihm einen Menschen, für den die Worte der Psalmen Realität waren, einen Menschen mit gewaltiger Körperlichkeit und gewaltigem Lebensdurst. Gleichzeitig fehlte ihm selbst die einfache Tapferkeit des Kriegers; der Verteidiger Ivans des Schrecklichen, R. Ju. Vipper, erinnerte daran, wie «der König (Stefan Batory) sich über die Feigheit Ivans IV. lustig machte und den Zaren zu einem persönlichen Duell herausforderte»[34].

Ivan der Schreckliche ist aber auf seine Art doch kühn: er verließ Moskau und ritt in die Aleksandr-Sloboda; er glaubte, daß das handeltreibende Moskau ihm folgen werde. So geschah es auch. Hinter ihm standen die Handeltreibenden, die Kaufmannschaft, diejenigen, die man das ‹gemeine Volk› nannte. Sie folgten ihm. Der Schreckliche kehrte bis zur Unkenntlichkeit gealtert nach Moskau zurück. Er war an diesem seinem Sieg zerbrochen.

Alle Zweifel des Schrecklichen, seine Ironie, seine Unentschlossenheit und seine Arglist waren in der Tanzszene der Opričniki dargestellt worden. Sie tanzten und legten dabei ihre Hände auf die Schultern.

Vladimir Starickij wird durch die dunklen Gänge gehen, und man wird ihm das Ivan dem Schrecklichen zugedachte Messer zwischen die Rippen stoßen. Und die Mutter wird den Sohn beklagen, dem sie selber den Mörder entgegengeschickt hatte. Ihn hatte man statt des Zaren getötet.

---

* Lobnoe Mesto: Schädelstätte, ein runder, tribünenartig erhöhter Platz in Moskau, vor der Vasilij-Blažennyj-Kathedrale, umschlossen von einer steinernen Balustrade. Von hier sprachen die Zaren zum Volk, und hier wurden ihre Verordnungen bekanntgegeben. (Anm. d. Ü.)

Genau diese Szene hatte Sergej Michajlovič vorbereitet und gefilmt. Wußte er, wie man diesen Film aufnehmen würde? Wahrscheinlich wußte er es. Das ist wirklich sehr unmittelbar und kühn gemacht. Er zeigte den Schrecklichen so, wie er ihn erkannt hatte. Und der Film wurde natürlich verboten. Stalin sagte, daß der Schreckliche im Recht war, daß er nur sein Werk nicht zu Ende geführt habe – es hätten noch einige Bojarengeschlechter mehr ausgerottet werden müssen, dann hätte es auch keine Zeit der Wirren gegeben.

Die Bojarengeschlechter waren aristokratisch, aber ersetzbar; sie kämpften auch darum, einander zu ersetzen. Der Feudalismus ist ein System und nicht eine Verschwörung.

Es wurde ein sehr ernster Streit ausgetragen.

Nach zwölf Jahren erst lief der Film in den Kinos an. Dies ist ein einmaliger Fall in der Geschichte der Kinematographie – der Film war nicht veraltet.

Ejzenštejn hat den zweiten Teil ‹Ivans des Schrecklichen› nicht auf der Leinwand gesehen.

Sergej Michajlovič hat danach keine Filme mehr gedreht. Er dachte und sprach nur noch. Er wurde Lehrer junger Filmregisseure.

Die Kinematographie ist nicht nur ihm gefolgt. Doch das, was er gedacht hat, ist geblieben.

Die Kunst besitzt eine merkwürdige Eigenschaft – sie überwindet die Zeit. Die Leistungen der Wissenschaft, die durch Jahrhunderte von uns getrennt sind, werden als Entwürfe, als Vermutungen aufgefaßt; sie ziehen sich aus unserem Leben zurück und werden zu Forschungsmaterialien.

Die Leistungen der Kunst, die Volkslieder, das Poem ‹Gilgamesch›, die ‹Ilias›, die griechischen Tragödien, Shakespeare, Puškin, Gogol sind auch heute noch lebendig. Womit läßt sich die Unsterblichkeit der Kunst erklären? Sind doch die Dramen Shakespeares für das königliche Theater geschrieben worden und trugen die Schauspieler die Lakaienlivreen der Lords. Diese Kostüme schützten sie vor der Verachtung, die man seinerzeit den Schauspielern entgegenbrachte.

Molière ist ein Diener des französischen Königs.

Womit also läßt sich die Unsterblichkeit der Kunst erklären? Die Unsterblichkeit Gogols, die Unsterblichkeit Dostoevskijs, der ging, sich mit Pobedonoscev zu unterhalten, und ihn als führende Persönlichkeit anhörte, ihn dann aber in seinem Buch vom ‹Großinquisitor› beschrieb. Die Menschen untersuchen und vergleichen die Tatsachen, gelangen durch langes Nachdenken zum Wesen einer Erscheinung, dringen durch das Äußere und den Schein bis zur Wahrheit vor. Die zweite Serie ‹Ivans des Schrecklichen› war, wie mir scheint, unbrauchbar geworden unter dem starken Einfluß des farbigen Stückes, in dem das Gelage in der Aleksandr-Sloboda gezeigt wird. Durch seine Tönung kehrte dieses Stück, wenngleich es nicht sehr umfangreich ist, die Bewertungen des Themas um und veränderte die Lösung des Ganzen. Der Zar selbst ist darin drohend, hinterlistig und nicht hysterisch. Viele Jahre seiner Arbeit widmete Ejzenštejn der Frage des Rhythmus und des Metrums im Film, viele Arbeiten widmete er dem ‹goldenen Schnitt› im Sujetaufbau eines Films, das heißt der Wechselbeziehung der Einzelteile untereinander, einer ähnlichen Wechselbeziehung wie zwischen Länge und Höhe in der Architektur. Sergej Michajlovič war der Ansicht, daß eine solche Wechselbeziehung auch zwischen den einzelnen Szenen von Dramen, Tragödien und Filmen existiere.

Doch wo liegt das Maß der Maße?

«. . . Ein absolutes Maß für die Länge eines Stückes gibt es nicht – vieles hängt vom innerszenischen Inhalt ab. Ob ein Stück in Großaufnahme oder in der Totalen gemacht ist, oder ob es in der Montage ein drittes Mal auftaucht – all dies hat Einfluß auf die Bestimmung der Länge. Eine einheitliche Norm für die Länge gibt es nicht. Bedeutet das, wir müssen die innere ‹Masse› eines Stückes mit der Dauer seiner Betrachtung multiplizieren? Doch das ist bereits eine rein ‹physikalische› Methode. Und wozu soll man dies tun, wenn man es empfinden kann? Man muß in sich ein Gefühl für den Rhythmus entwickeln. Dann werden auch die genauen Gesetzmäßigkeiten für die Länge eines Films entstehen» (Bd. III, S. 594–595).

Dieses Stück habe ich aus der Vorlesung ‹*Über die Musik und die Farbe in «Ivan dem Schrecklichen»*› zitiert.

Folglich haben nicht nur der Rhythmus, sondern auch die ‹Bedeutung› eines Stückes Einfluß auf die Einschätzung der Länge, auf den ‹goldenen Schnitt›.

Ejzenštejn hat während der Dreharbeiten den Sinn des Films anders interpretiert.

Wir zählen prosaisch auf: vier Bäume und fünf Steine, wobei wir von der genauen, gegenständlichen besonderen Bedeutung des Steines, eben dieses Steines und eben dieses Baumes absehen. Doch man braucht in der metrischen Bewegung eines Films nicht die drei Palmen und die Eiche eines Lermontov-Gedichtes zusammenzuzählen, die in einem Lied von Merzljakov besungen wird: «Es steht rauschend eine mächtige Eiche in drohender Höhe . . .» Zusammengenommen sind es nicht vier Bäume – es sind verschiedenartige Bäume, von verschiedenartigem emotionalem Gewicht.

Farbe, Ton und ihre Wechselbeziehungen – all das wird durch die Sujetkorrelation einer Szene bestimmt. Das Wort ‹Sujet› begreifen wir hier in seinem ursprünglichen Sinn – als Gegenstand. Der ‹Kulešov-Effekt› ist die Definition der Montage, die Kulešov geschaffen hat, einer

Montage, nach der in verschiedenen Wechselbeziehungen ein und das-
selbe Stück anders klingt und anderes bedeutet. Diese bedeutendste
Beobachtung jenes Theoretikers hat Sergej Michajlovič mit seinen
Worten bestätigt.

Und deshalb kann ich das Schicksal dieses Landes, das Schicksal unserer
Kinder, unserer bei Rückzug und Angriff überwältigten Felder, Gräber
und Flüsse, das Schicksal der Städte nicht von dem Schicksal der Kunst,
vom Schicksal Ejzenštejns trennen.

Seien wir genau: Die Flucht vor den sinngemäßen Beziehungen – die
ursprüngliche Algebraisierung, die ursprüngliche Bezeichnung ohne
eine Bewertung der sinngemäßen Bedeutung eines gegebenen Stückes
oder gar einer gegebenen Betonung, einer gegebenen Anordnung einer
Zeile im Text, eines gegebenen Reimes ohne Rücksicht darauf, was
dieser Reim aus dem zuvor Gesagten wieder aufnimmt – all das ist
Zerstörung der Struktur.

In dieser Eile liegt die Hast der Menschen, die keine großen Kämpfe für
die Kunst zu führen vermögen.

Über Puškin

Es wiederholt sich der Zyklus der Jahreszeiten. Es wiederholen sich die
Winde. Sich verändernd wiederholen sich die Generationen der Tiere
und des Menschen: sie wiederholen sich und verändern sich in ihren
Gegenüberstellungen, sie wiederholen sich, wie sich die Stockwerke
des Babylonischen Turms wiederholten, der nicht nach dem Himmel
strebte, sondern selber sein eigener Himmel war.

Es wiederholt sich der Regisseur. Es wiederholt sich der Schriftsteller.
Denn er lebt sowohl von der Welt als auch von sich selber, von sich
selber in der Welt, wobei er sich in der Welt bereichert und sich selber
umwertet.

Je länger Sergej Michajlovič Ejzenštejn lebte, desto häufiger nannte er
den Namen Puškins.

Er begegnete Puškin auf dem Wege zu sich selbst, auf dem Wege zum
Herzen. Denn die Bildung, die Erkenntnis und das Leben des Menschen – das ist das Ziel des allgemeinmenschlichen Lebens.

Ich war einmal im Januar 1937 in dem Dorfe Michajlovskoe.

Die Bauern veranstalteten auf dem Eis des Sees eine Maskerade. 33
Recken schritten mit Djadka Černomor übers Eis; in einem langen,
weiten, noch über ihren Bauernpelz gezogenen Kleid kam Tatjana

Larina daher, eine sehr schöne Bäuerin, die so hochgewachsen war, daß sie nicht einmal dick wirkte. In einer Kibitka fuhr der bärtige Pugačev mit Maša Grineva, ein blaues Band quer über dem Bauernpelz. Sein Bart war nicht angeklebt, sondern echt; im Pskovschen sind die Bauern bärtig. Hinter Pugačev zog eine Trojka nicht eine Tačanka*, sondern einen Schlitten, auf dem neben dem Maschinengewehr Čapaev und Petka sitzen.

Ich fragte:

«Wieso ist denn Čapaev dabei?»

Man antwortete mir:

«Er gehört zu uns. Er war Pugačev sehr nützlich.»

Das Alte fährt mit uns; es fährt mit uns und lebt: Pugačev, Peter, der ergraute Čapaev, Sergej Ejzenštejn.

Das Vergangene begreifen wir nicht sofort.

In dem Dorf Michajlovskoe ist der alte Wald nicht abgeholzt worden, obgleich ringsum alles kahl ist. Im Dorf stehen noch Kiefern, neben deren Wurzeln Autos wie Kinderwagen aussehen.

Die Achtung vor dem Dichter hat den Wald bewahrt.

Sehr oft fragt man im Westen, wie wir, von unserer Zeit zur Arbeit aufgefordert, leben. Man sagt uns: Ihr seid engagiert.

Engagement – das ist die Einladung, in eine Truppe einzutreten, um eine bestimmte Rolle zu spielen. Engagement – das ist die Einladung, das Heft mit der Rolle in die Hände zu nehmen, die Rolle zu lernen und zu sprechen.

Doch wir sind nicht Gäste der Zeit und nicht ihre Tagelöhner. Wir sind die Frucht unserer Zeit, wir sind von ihr zur Welt gebracht worden, und wir werden die Zukunft schaffen. Wir sind der Marmor der Zeit: sie schafft die Skulpturen.

Puškin sagte einmal, daß er keine andere Geschichte wolle als die, die ihn geschaffen habe, obgleich er komplizierte Beziehungen zu seiner Zeit gehabt hat.

Er schrieb. Er hinterließ Handschriften. Und dann verwirklichte sich sein Werk in den Stimmen des ganzen Landes.

Schwerer hat es ein Bildhauer, ein Architekt. Michelangelo vollendete viele seiner Pläne nicht, so grandios waren sie. Aber er schuf die Kunst der Zukunft mit seinen großen Entwürfen.

Ein Filmregisseur hat es am schwersten. Er hat nur Drehbücher, auch wenn er sie selber geschrieben hat. Doch mit den Jahren erfährt der Mensch, was ein Plan ist, und er lernt, ein geplantes Vorhaben nicht zu zerstören, sondern das Vorhaben weiterzuentwickeln. Er ist auf dem

* Tačanka: Fuhrwerk mit leichtem Wagenkasten, auf dem im Krieg ein Maschinengewehr aufgestellt wurde. (Anm. d. Ü.)

Weg zur Einfachheit, weg vom Barock und hin zu einer neuen kristallenen Klarheit, die in ihrer Bewegung so verständlich ist, daß sie sinngemäße Auslassungen zuläßt, weil die Geometrie nicht redselig ist. Sowohl die Natur als auch unsere Welt haben wahrscheinlich nicht sehr viele Gesetze, die wir in ihrer Einfachheit noch nicht begriffen haben. Jahre vergingen.

Zuerst wollte Ejzenštejn den Aufbau der Strophen Puškins, den Aufbau des Erscheinens der Helden und der Art, sie nahezubringen, verstehen und unmittelbar auf den Film übertragen. Er wollte montagemäßig die Ordnung der Wörter eines Kunstwerkes verstehen. Aber das Wort und die Bewegung stehen in einem komplizierten Verhältnis zueinander. Auch ein Wald besteht nicht allein aus Bäumen, sondern auch aus Gras, Moosarten, Wind und Regen, und aus einem Erdboden, der in Jahrtausenden entstanden ist.

Die Welt ist mit dem Verstand erfaßbar, doch sie ist in ihrer montagemäßigen Zergliederung und Zusammenfügung von neuem erfaßbar.

Ejzenštejn dachte über Puškin nach, über seinen ‹Boris Godunov› und schrieb das Drehbuch ‹Die Liebe des Dichters›. Ihm kam der Gedanke an den Schrecklichen in den Sinn.

Wenn ein Gewebe gewoben wird, so laufen die Fäden unter anderen Fäden entlang und kommen nicht sogleich wieder hervor; sie wiederholen sich, und das nennt man dann Webstoff. Und das Gewebe des Lebens ist noch komplizierter, weil es lebendig, beweglich ist.

Und Ejzenštejn traf auf ein Thema Tynjanovs.

Tynjanov hatte im Jahre 1939 in der Zeitschrift *Literaturnyj Sovremennik* den Artikel ‹Namenlose Liebe› abgedruckt.

Puškin hatte einmal für sich eine Liste der Namen von Frauen zusammengestellt, die er geliebt hat. Einen Namen hatte er weggelassen und dafür nur den Anfangsbuchstaben ‹K› gesetzt.

Lösungen des Rätsels wurden vorgeschlagen, eine Erklärung fand man nicht. Geršenzon meinte, es sei der geheimgehaltene Name der Fürstin Marija Golicyna. Ščeglov schlug die Version vor, es sei Marija Raevskaja, die später die Frau des Dekabristen Volkonskij geworden und ihrem Mann in die Zwangsarbeit gefolgt war. Jurij Nikolaevič Tynjanov kam zu dem Schluß, ‹K› sei Ekaterina Andreevna Karamzina, die Frau des großen Historikers, die Schwester des Fürsten Vjazemskij, gewesen.

Es ist allgemein bekannt, daß Puškin ihr schon als Knabe einen Liebesbrief geschrieben hat. Diesen Brief hatte man herumgezeigt, und Puškin hatte im Arbeitszimmer Karamzins geweint, als er in ihrer, in Ekaterina Andreevnas Gegenwart gerügt worden war. Es wurde erzählt, die Sessellehne sei von den Tränen des Jünglings naß geworden.

Tynjanov hatte alle Einzelheiten über das große Geheimnis dieser Liebe gesammelt. Sie vergeht nicht durch das Erwachsenwerden.

An die Adresse dieses verheimlichten Namens schrieb Puškin: «Ich bin Dein wie ehemals.»

Solche Anreden an eine verflossene Liebe gibt es bei ihm viele.

Die große und verborgene Liebe lebt in der Dichtung. Aleksandr Blok notierte im Dezember 1906: «Jedes Gedicht ist ein Schleier, der über den Spitzen weniger Worte ausgebreitet ist. Diese Worte leuchten wie Sterne. Ihretwegen existiert ein Gedicht.»[35]

Dies ist ein immerwährender Gedanke. Er wiederholt ihn im ‹Haus der Künste›, auf einer Versammlung des OPOJAZ*.

Dichtung – das ist das Errichten, die Offenbarung des Hohen in der Zeit selbst. An ihren großen Wendepunkten.

In unserem eigenen Leben, in den umsonst aufgegebenen und nicht verwirklichten Wünschen.

Das verstohlene Leben, die verheimlichte Liebe, die verheimlichten Gedanken eines gewöhnlichen Menschen, der in einem gewöhnlichen Anzug über den wunderschönen, doch ungewöhnlichen Nevskij-Prospekt geht, der gewöhnlich reimt, gewöhnlich bei Schnee stirbt, das Leben dieses Dichters ist in die Höhen eines ungewöhnlichen Verständnisses der Dichtung erhoben. Er liebt auch nicht so, wie andere lieben. Viele Male hat man Tynjanov widersprochen.

Die Puškinisten führen gewöhnlich solche Gespräche – ich werde sie deshalb nicht rügen, ich beneide sie oft darum, aber dennoch sprechen sie mehr übereinander als über Puškin, denn sie alle zusammen haben mehr geschrieben als Puškin und sind einander verständlicher als er – der Dichter.

Die große Liebe und die merkwürdige Suche nach einer anderen Liebe, die Suche nach dem Gewöhnlichen, die Suche nach der Prosa, die Suche nach einem Platz inmitten des Alltäglichen – das ist die Tragödie Puškins.

Mit seinem Werk ‹Ivan der Schreckliche› wollte Ejzenštejn wie Puškin zu sich selber zurückkehren, zu seiner Seele, zu seiner Zeit. Er wollte zu dem ganzen, inspirierten, begreifbaren Menschen Puškin zurückkehren, dessen Namen Blok in seiner Rede als fröhlich bezeichnete, zu dem Menschen, den Gogol als den Menschen des zukünftigen Rußland bezeichnete.

An den hohen Bergen, die der Tien-schan abschließt, an den schnellen Flüssen, in dem Schnee und der brennenden Gebirgssonne schrieb Ejzenštejn Tynjanov einen Brief, den er nicht abschickte, da Tynjanov gestorben war. In diesem Brief breitete er gleichsam seine Biographie aus. Er schrieb über die Vergangenheit und über die Menschen, deren Wege sich mit seinem Weg gekreuzt hatten und die dann weit wegge-

---

* Gesellschaft zum Studium der poetischen Sprache (Anm. d. Ü.)

gangen waren. Die Begegnungen der Menschen gehen auch an Wegkreuzungen vor sich.

Ejzenštejn schrieb über die Farbe im Film. Er schrieb einem Toten, da er nichts vom Tod des Schriftstellers wußte. Natürlich gebe ich den Brief in gekürzter Fassung wieder:

«Das Petersburg der letzten Periode mit seinem Farbspektrum, das nach und nach von der Dunkelheit verschlungen wird. In der dunklen Einstellung nur ein oder zwei Farbflecken. Das grüne Tuch eines Spieltisches, die gelben Kerzen der nächtlichen Empfänge der Golicyna (war es ein Verbrechen, von der hellblauen Farbe ihres Sarafans abzuweichen?). So habe ich in irgendwelchen vorläufigen Skizzen die farbliche Verwirklichung des Themas der ‹Pest›, des ‹Schwarzen Todes›, gezeichnet, der eine nach der anderen die blühenden Farben irgendeines erdachten Italien (oder England) verschlingt. Und schließlich die abschließenden *blanc et noir* des Schlusses. Und der volle Ton des Endes mit dem Sarg, der in die Nacht hinausgeschleppt wird.»

Dies geschah in der Nacht. Der Leichnam wurde in der Nacht aus der Kirche des Marstallbezirks geraubt. Der Mond stand über Petersburg. Hinter dem Sarg kam der erschütterte Žukovskij heraus.

Ich zitiere weiter:

«Jetzt mühe ich mich, in die ‹menschliche› Perspektive meines Ivans des Schrecklichen das Leitmotiv der Alleinherrschaft als tragische Notwendigkeit der Gleichzeitigkeit von Alleinherrschaft und Einsamkeit einzuführen. Allein als der Einzige, und allein als der von allen Verlassene: der Einsame. Sie verstehen selber, daß man bemüht ist, mir in allererster Linie gerade dies sowohl im Drehbuch als auch im Film zu unterdrücken!

Daß der Held meines Films nichts mit allen möglichen Liebhaber-Puškins zu tun haben sollte, sondern Puškin *avant tout* selbst sein soll, war von Anfang an klar.

Aber – *mon Dieu!* – man finde erst einmal in diesem Ozean der Abenteuer einen Pfad für die kompositionelle Fahrrinne! . . .

Und da weist mir eine freundschaftliche Hand den Weg zu Ihrer ‹Namenlosen Liebe›.

Dies ist natürlich das Thema! Der Schlüssel zu allem (und durchaus nicht nur der szenarisch-kompositionelle Schlüssel!).

Und mit einemmal habe ich alles vor Augen, was ich brauche.»

Unerwartete Überleitungen zu Chaplin.

«Die sentimentale Biographie Chaplins, mit dem wir uns ziemlich eng befreundet haben, ist genauso.

Das ist die Liebe zu immer ein und derselben Marion Davies (nicht zu verwechseln mit Bette Davis), die ‹einem anderen gegeben› war, Randolph Hearst (dem Zeitungsmenschen), und das sogar ohne Beachtung

der formal-kirchlichen Traditionen und administrativen Zeremonien.
Hearst ist derselbe strafende *Vater Imago* wie Karamzin, nur in weitaus
schrecklicheren und lärmenderen Formen; er quetschte Chaplin bei
einem feurigen Liebesabenteuer während eines Chaplin-‹Rezidivs› mit
Marion Davies fast zu Tode . . .

In jedem Fall ist es komisch: Randolph Hearst und Karamzin, die
Karamzina und Marion. Puškin – Chaplin.»[36]

Der Mensch ist bestrebt, den Vergleich mit Puškin seiner eigenen Zeit
näher zu bringen. Aber Chaplin ist – im Vergleich mit Puškin – die
Selbsterhaltung selbst. Er konnte im Stummfilm nicht selbst sprechen.
Er konnte sich im Tonfilm bemitleiden, aber nicht alles über seine Zeit
aussprechen.

Und von neuem kommt Ejzenštejn auf seine Epoche zurück, auf jene
Epoche, die ihn im fernen Alma-Ata erfaßt hatte.

«Nebenbei bemerkt, gibt es wenigstens Hinweise, die vermuten lassen,
was Puškin in seinem ‹Kurbskij›, dessen Name, soweit ich verstehe, in
seinen dramatischen Vorhaben aufgeführt wird, zu schreiben beabsichtigte? Und wenn es keine Angaben gibt, kann man dann vielleicht
mutmaßend erraten, was dies sein mag? Eine Fortsetzung der Linie des
Usurpators? Ein Tadel? Eine Verurteilung? Mitleid? Lobpreisung?»

Nun, Liebesgeschichten, Geschichten des Herzens werden am besten
in aufrichtigen Versen verheimlicht. In Aufsätzen sind sie schwer auszusprechen und in Biographien schwer zu beschreiben.

Was hat Ejzenštejn in seinem Brief geschrieben?

Er schrieb von seiner eigenen geheimgehaltenen, gescheiterten Liebe,
die so oft in seinem Leben neue Formen angenommen hatte. Tynjanov
erzählte mir viel über die Karamzina. Er erzählte zusammenhanglos.
Die Mutter hatte Puškin nicht geliebt. Die Karamzina war, als Puškin
sie kennenlernte, noch jung. Dann wurde sie die unerreichbare Liebe
und das Bild der Mutter, einer Mutter, die nicht fern, nicht unaufmerksam und nicht ironisch war.

Puškin hatte der Karamzina einen Brief geschrieben und ihr mitgeteilt,
daß er Natalja Gončarova heiraten werde. Die Karamzina antwortete
ihm betrübt mit einem bekümmert rührenden Brief.

Als Puškin im Sterben lag, bat er, die Karamzina zu rufen. Sie kam und
bekreuzigte ihn von weitem. Er sagte zu ihr: «Kommen Sie näher.»

Man kann Menschen, die schon längst aus dem Telefonbuch gestrichen
worden sind, keine Briefe schreiben.

Wir leben schon nicht mehr komplett. Und dennoch haben wir uns
noch nicht getrennt.

Ejzenštejns letzte Wohnung

Sergej Michajlovič kannte seine Wohnung. Das Echo der leeren Zimmer. Er kannte die Welt seiner Einsamkeit.

Er war einsam, obgleich er die ganze Zeit unter Menschen gelebt hatte. Man liebte ihn, nannte ihn nicht nur den ‹Alten›, sondern hielt ihn auch für den Ältesten.

In der Filmfabrik bauten die Arbeiter für Sergej Michajlovič die Dekorationen immer doppelt so schnell auf wie für die anderen.

Das läßt sich auch damit erklären, daß er stets eine reale Skizze für die Dekoration lieferte, und damit, daß man ihn sehr mochte.

Doch zu Hause war er einsam. Er war freundlich, doch ließ er niemanden besonders an sich heran.

Selten begann er von sich aus ein Gespräch.

Seine Wohnung lag neben der Filmfabrik in Potylicha. Sie war fast leer; durchsichtig wie ein unter ein Mikroskop gelegtes Präparat und ebenso deutlich.

Damals blickten einige der Fenster in Richtung Moskau, die anderen auf das Moskauer Land: dorthin, wo Hunderte von Jahren hindurch Apfelbäume und Kirschbäume geblüht hatten und wo dann die Schlacht auf dem Peipussee gefilmt worden war.

In dieser Wohnung sind die Linoleumfußböden sehr hell, fast weiß. An den Wänden stehen weiße Stellagen mit Büchern.

Auf den Brettern Bücher mit sauberen Lesezeichen; man sieht gleich, daß sie säuberlich nach bestimmten Themen geordnet sind.

Sie sind die Samen nicht zu Ende geschriebener Drehbücher und die Spuren nicht verwirklichter Filme.

Die Wohnung ist voll von den deutlichen, traurigen Geistern des Unrealisierten.

Die Bücher stehen da – sie sind, wie Majakovskij gesagt hat, bereit zum Tod und zum unsterblichen Ruhm.

Sie sind die Regimenter vor dem Angriff.

Doch ein Regisseur, der nicht in der Filmfabrik arbeitet, ist ein Mensch ohne Hände.

An den Wänden seltsame Dinge. Da hängt ein Autograph Vidocqs, des berühmten französischen Detektivs, er war in der Vergangenheit das Haupt einer Bande gewesen.

Er war der französische Vanka Kain, er hat über seine eigenen Abenteuer geschrieben.

An einer anderen Wand ein runder Barockrahmen; darin wechseln die Bilder: manchmal hängen darin Soldatenpostkarten – solche, die man im Westen Postkarten zum Anpinnen nennt –, nackte Mädchen, schöne

Gärten mit Schwänen.

Das gleicht einer Parodie auf Bilder.

Manchmal steckt Sergej statt der Postkarten die Hälfte eines großen Globus in den Rahmen.

Asien blickt mit gewölbtem, buntem Auge, das von einem goldenen entzündeten Lid eingerahmt ist, ins Zimmer.

Im Schlafzimmer ein großes, breites Bett, ein Gelegenheitskauf, mit metallenem Drahtnetz, auf dem eine dünne Matratze liegt. In den Ecken hängen unter der Zimmerdecke hölzerne Engel – Cupidos mit blaßblauen Flügeln und rosigen, in den letzten 150 Jahren grau gewordenen Gesichtern.

In den Zimmerecken geschnitzte Apostel – große, magere, hölzerne, stille, angemalte.

An einer Wand das vergrößerte Foto eines traurigen, sehr ausdrucksvollen Negers.

Eines einsamen Negers.

Das Telefon klingelt selten.

Ejzenštejn arbeitete an der Geschichte des sowjetischen Films; die Handschrift ist erhalten geblieben.

Tante Paša, die seit langem bei Ejzenštejn beschäftigt war, räumte die Zimmer auf und kochte das sehr fette und schwere Essen.

Sie hatte ihre eigenen ewigen kulinarischen Regeln. Ejzenštejn konnte das Essen nicht ummontieren.

Unter Ejzenštejn wohnte der Kritiker Ilja Vajsfeld mit seiner Familie.

Ejzenštejn hatte neben dem Heizkörper einen Schraubenschlüssel liegen. Es war abgemacht, daß, wenn Sergej Michajlovič wieder eine Herzattacke haben würde, er oder Tante Paša mit dem Schraubenschlüssel gegen die Dampfheizung schlagen sollte. Es würde dann jemand kommen.

In der Nacht vom 10. auf den 11. Februar erdröhnten die Heizungsrohre. Man eilte nach oben. Man klopfte, doch es war zu spät.

Sergej Michajlovič hatte nicht den ersten Infarkt gehabt.

Er hatte ein schwaches Herz mit einer nicht zugewachsenen Öffnung zwischen der linken und der rechten Herzkammer. Kinder mit einem solchen Herzen nennt man ‹blausüchtig›. Sergej Michajlovič hat mit einem solchen Herzen fünfzig Jahre lang gelebt. Heute ist dieses angeborene Unglück durch eine einfache Operation zu beheben.

Auf dem Tisch mit den aufgeschlagenen Büchern lag eine Seite des letzten Manuskripts von Ejzenštejn. Er schrieb an einer aktuellen Untersuchung. Eine Zeile auf diesem Blatt bricht ab und geht in die Notiz über:

«Hier hatte ich einen Herzkrampf. Das ist seine Spur in der Schrift.»

Unten auf der Seite stehen Worte, die man nicht schreiben würde, wenn man nicht den Tod vor Augen hätte.

Da stehen die Worte: «Meine Mutter ist die Heimat.»

Man erzählte mir damals, daß das Radio noch eingeschaltet gewesen sei. Er hatte irgend etwas gehört und dabei geschrieben, um die Krankheit und die Einsamkeit zu überwinden.

Der vorletzte Infarkt traf ihn, als er auf einer freundschaftlichen Abendgesellschaft fröhlich mit der Mareckaja tanzte: wie in seiner Jugend.

Auf dem Tisch lagen die Manuskripte über Puškins Liebe.

Ejzenštejn schrieb über Puškin, über Gogol, über die Farbe.

Es ist sehr schwer, vielleicht unmöglich, über die Nutzlosigkeit und Vorzeitigkeit des Todes zu schreiben. Solange man schreibt, scheint es, als lebe der Mensch noch, als atme er im Kummer.

Ja, er schrieb auf den letzten Blättern:

«Meine Mutter ist die Heimat.»

Er brachte ihr nicht nur das Wort und eine Kette durch Bewegung zusammengefügter Zeichnungen, er brachte ihr eine Idee, eine neue Vorstellung vom Leben, neue Wege, die an den alten ausgetretenen vorbeigehen und weiterführen als diese.

Er kannte die russische Kunst, Architektur, Malerei, Dichtung, er ahnte die zukünftige Architektur voraus, er kannte die Malerei Frankreichs, Spaniens, er erneuerte im Bewußtsein der Menschheit die Kunst Mexikos und verbreitete das Vokabular des künstlerischen Denkens über das ganze Festland.

In Mexiko, das von Wüsten zerrieben und mit Fabriken vollgestopft ist, die Ausländern gehören, hat Ejzenštejn in den Profilen der Menschen, in den Bräuchen und in der Architektur die Unsterblichkeit einer unbekannten Kultur gezeigt.

Er hatte nicht die Sklerose kennengelernt, sein Gehirn war frisch geblieben. Er konnte noch viel schreiben, filmen, diskutieren und in vier Sprachen lesen, mit den neuen Worten des sowjetischen Films sprechen.

Er hatte das Archiv des großen eifersüchtigen Tyrannen, der ihn abgelehnt hatte, seines Lehrers, des ewig geliebten Vsevolod Mejerchold, aufbewahrt.

Er selber war ein großer Lehrer, ein treuer Schüler und ein treuer Freund der Kunstschaffenden.

Den Sarg bedeckte man mit einem alten Goldtuch, das Sergej Michajlovič selber entdeckt und gekauft hatte. Der Leichnam wurde zusammen mit diesem Tuch eingeäschert: die Asche war mit Gold vermischt.

Als Ejzenštejn gestorben war, fanden sich keine Feinde ein. Alle erinnern sich gern mit Liebe an große Tote.

Wissen die Menschen, daß die Wege zu den Großen nicht auf ihren

Spuren führen?

Klassiker verneinen die nahe Zukunft. Sie sind Menschen des Übermorgen.

Die Stelle, an der sich die letzte Wohnung Ejzenštejns befand, ist heute eine Straße: das Haus ist abgerissen worden.

Ein Museum hat die Bücher und Manuskripte aufbewahrt.

Sergej Michajlovič pflegte seine Papiere nicht wegzuwerfen, er hat es verstanden, sie in Ordnung zu halten.

Die Wege, die Sergej Michajlovič gegangen ist, sind schwer, sie werden aber nicht von Gras überwuchert werden.

Seine Tat – die Fähigkeit, in Widersprüchen zu denken, die Beziehung der Menschen zu den Dingen zu vermenschlichen, die Indolenz gegen die Wahrnehmung zu überwinden, die Welt reinzuwaschen – ist lebendig.

Lebendig ist seine Tat.

Sergej hat uns die Augen geöffnet für das Ungewöhnliche des Gewöhnlichen und das Ewige des Vergangenen.

Ich will den Leser nicht überanstrengen und beende dieses schwierige Buch über Sergej Ejzenštejn.

Sein Leben kann man weder vollkommen ablehnen, noch kann man es vollkommen akzeptieren. Er hatte weder erwartet noch gewollt, daß man mit ihm einverstanden wäre. Er wollte nur, daß man mit ihm nachdachte.

Er wurde nicht müde, sich selber zu erklären.

Er ging und sprach in einer Menge, die ihn nicht genau verstand, die ihn aber verstehen wird.

Er starb in der Nacht des 10. Februar 1948.

Der Faulbeerbaum

Der Faulbeerbaum wächst überall in unserem Land – vom Weißen bis zum Schwarzen Meer.

Der Faulbeerbaum wächst gern an den Ufern kleiner Flüßchen, er liebt den Wald – das Dickicht. Er blüht zu Beginn des Frühlings mit langen weißen, bisweilen fast rosafarbenen Büscheln. Der Faulbeerbaum blüht zu Beginn des Frühlings. Es heißt, daß es in dieser Zeit noch friert: wenn die Eiche Knospen treibt, friert es auch noch, der Frühling kommt bei uns immer mit Unterbrechungen.

Im Garten von Jasnaja Poljana sind noch Teile des alten Zaseka erhalten geblieben.

Es gibt hier auch noch regelmäßige Alleen, die strahlenförmig an einem Punkt zusammenkommen – dort spielte früher ein Orchester, damals, als Lev Nikolaevič Tolstojs Mutter und sein Großvater, Fürst Volkonskij, wie es sich gehörte, spazierengingen –, der Garten wuchs später, wie er wollte, oft holzte man ihn an verschiedenen Stellen ab und gestaltete ihn um.

An der Stelle, an der man das zum Abbruch verkaufte alte Haus Volkonskijs abgerissen hatte, waren Bäume gewachsen. Es war ein Dickicht entstanden.

Lev Nikolaevič war ein geschäftiger Hausherr; eines Tages hatte er bemerkt, daß ein Faulbeerbaum auf dem Weg gewachsen war und einen Nußstrauch überwuchert hatte.

Dieser Faulbeerbaum wuchs nicht als Strauch, sondern als Baum von, wie Lev Nikolaevič notiert hatte, etwa vier Sažen Höhe. Er war krausköpfig, gabelförmig und von wohlriechenden hellen Blüten übersät.

Noch weit von ihm entfernt konnte man seinen Duft riechen.

Man befahl, den Faulbeerbaum abzuholzen.

Ein Arbeiter fing an, mit der Axt zu hauen. Der Hausherr kam hinzu und sah, daß man den Faulbeerbaum auf dem Weg abholzte.

Der Saft gluckste nur so unter der Axt und floß in die Kerbe nach, und der Faulbeerbaum erzitterte mit den Trauben seiner Blüten.

Offenbar ist es Schicksal, dachte Tolstoj, und begann zusammen mit dem Bauern zu hauen.

Jede Arbeit ist fröhlich – fröhlich ist auch das Abholzen.

Der Hausherr vergaß den Faulbeerbaum und seine Blüten. Er dachte nur noch daran, ihn so schnell wie möglich abzuholzen.

Tolstoj geriet außer Atem, legte die Axt beiseite, stemmte sich mit dem Bauern gegen den Baum – der Baum war so dick, daß man den Stamm mit zwei Händen umfassen mußte.

Sie bewegten ihn hin und her, die Blätter des Baumes fingen an zu zittern, Tautropfen fielen herab: die weißen, wohlriechenden Blütenblätter rieselten nieder.

Noch einmal stemmten sie sich dagegen.

Es schien, als schrie jemand in dem Baum auf.

Dort, im Innern des Baumes, schien etwas aufzuweinen.

Es fing in der Mitte an zu krachen; der Baum fiel zu Boden. Er riß an der angehauenen Kerbe auseinander und blieb, mit Ästen und Blüten ins Gras stoßend, liegen; Blätter und Blüten zitterten eine Zeitlang.

«Schade», sagte der Bauer.

Tolstoj tat es auch leid.

Jahre vergingen. Man säuberte erneut den zugewachsenen Weg. Man holzte die wilde Rose und eine Weide ab. Sie hatten sich auf einen Faulbeerbaum gestützt.

Der große und dicke Faulbeerbaum war unter einer Linde aufgewachsen. Man holzte ihn mit Leichtigkeit, genau an der Wurzel, ab: die Wurzel war verfault.

Man wollte den Faulbeerbaum zur Seite schleppen, er war aber wie festgeklebt, und man überlegte, wo er wohl hängengeblieben ist.

Ein Arbeiter fand eine andere Wurzel auf dem Weg: der Faulbeerbaum hatte gespürt, daß er nicht unter der Linde leben konnte und hatte sich mit einem Zweig an der Erde festgeklammert und den Zweig in eine Wurzel verwandelt. Die alte Wurzel hatte er aufgegeben.

Damals begriff Tolstoj, wie jener, der erste Faulbeerbaum, auf dem Weg gewachsen war.

Schön blüht der Faulbeerbaum, schön duftet er im Frühling, und man holzt ihn ab, ohne seinen Wert zu kennen. Doch der Baum, der blühende, lebendige Baum wechselt von einem Ort zum andern über.

Die Erzählung, die ich hier gekürzt nacherzählt habe, trägt bei Tolstoj den Titel ‹Wie Bäume gehen› und findet sich in seinem Lesebuch für Kinder.

Wie ein Faulbeerbaum blühte Sergej Michajlovič Ejzenštejn bei uns in Moskau, in Potylicha, an der alten Stelle, wo einstmals Kirschgärten blühten, wo man einstmals bemüht war, Filme zu drehen, wo man die Schlacht Aleksandr Nevskijs gegen die Deutschen gefilmt hatte, wo N. Ochlopkov, N. Čerkasov und D. Orlov in den Filmen mitspielten. Wie ein Faulbeerbaum blühte der Künstler, wuchs er so, daß er in der Welt sichtbar war.

Bäume wachsen wie sie wollen.

Führung in Sachen Kunst ist kompliziert: man weiß nicht, was man abholzt, was aus dem Gepflanzten wachsen wird.

So lasse ich Ejzenštejns Arbeit heute Revue passieren, doch ich könnte sie nicht umgestalten – sie ist ihren eigenen Weg gegangen, mit ihren Zweigen in die Erde hineingewachsen, in anderen Filmen verändert wieder emporgewachsen. Sie lebt in unserem ganzen Land vom Weißen bis zum Schwarzen Meer, lebt in Mexiko jenseits des Ozeans, lebt in Ländern, die mit uns im Streit liegen, lebt in Japan und wird, verändert, ewig blühen.

Das Geschaffene verwelkt nicht, es lebt durch sich selbst, wird von neuem durchgesehen. Viele Male auf verschiedene Weise sich selbst mit neuem Sinn füllend und sich nicht wiederholend. Ejzenštejn ist aufgewachsen, hat die Geschichte mit neuem Sinn erfüllt und hat durch die nicht wiederholbare Zeichnung des Gedankens überrascht.

Sergej Ejzenštejn hatte die Filmproduktion aufgegeben, er hatte Bücher geschrieben und eine Generation erzogen.

Er blüht, dagegen ist nichts zu machen.

Er war von kleiner Gestalt, kräftig, hochstirnig, er hatte dünne Augenbrauen, war unermüdlich.

Doch sein Herz war müde geworden.

Er lag da im Sarg. Seine Brust war mit dem Goldtuch bedeckt.

Da lag er im Sarg.

Alle sagten ‹schade›.

Es gibt keine fehlerfreie Kunst, hat Černyševskij einmal gesagt, jeder Schritt des Menschen ist ein hinausgeschobener Sturz.

Wir schreiten dahin, schreiten vorwärts. Es gibt glückliche Menschen, die schreiten lange in einem langen Frühling dahin.

Bienen versammeln sich um ihre Blüten – schöne, einander verstehende, bunte, von Schatten unterbrochene Bienen.

Ihre Körper gleichen bei raschem Hinsehen dem bunten, vom Schild des Malteserkreuzes unterbrochenen Strahl des Projektors.

Wir werden im Gedächtnis bewahren, was bereits erreicht wurde. Die Übermittlung dieses Gedächtnisses, die Verfestigung des Erreichten durch das Gedächtnis unterscheidet den Menschen von anderen, auf verschiedenartige Weise schönen Lebewesen.

Solche Gespräche habe ich mit Sergej Michajlovič geführt, als er noch voller Lebenskraft, überzeugt und traurig-fröhlich war.

Eine meiner Aufzeichnungen über den Faulbeerbaum habe ich vor sehr langer Zeit in dem Buch ‹*Die Suche nach dem Optimismus*› abgedruckt.

Sergej Michajlovič hatte mir damals gesagt:

«Danke.»

Das war im Jahre 1932.

Vieles hatte Ejzenštejn seitdem gemacht.

Der Faulbeerbaum blüht vom Schwarzen bis zum Weißen Meer, und nicht nur in einem Garten.

In jedem Frühling fangen Wälder und Gärten an zu blühen, und in raschem Flug nähen geschäftige Bienen die Blüten zusammen.

Anmerkungen

1 S. M. Ėjzenštejn: ‹Izbrannye proizvedenija v 6-ti tomach› [Ausgewählte Werke in 6 Bänden], Bd. I, Moskau 1964, Verlag «Iskusstvo», S. 236 (Im weiteren wird – wenn nicht anders vermerkt – auf diese Ausgabe im Text selbst unter Angabe des Bandes und der Seitenzahl verwiesen.)

2 V. Ė. Mejerchol'd: ‹Stat'i, pis'ma, reči, besedy, čast' vtoraja› [Aufsätze, Briefe, Reden, Gespräche, Zweiter Teil], «Iskusstvo», 1968, S. 28

3 Diese Notiz ist im Archiv erhalten. Vgl. S. M. Ėjzenštejn, Bd. I, S. 658

4 V. I. Lenin: ‹Polnoe sobranie sočinenij› [Gesammelte Werke], Bd. 41, S. 462

5 V. Ė. Mejerchol'd: ‹Stat'i, pis'ma, reči, besedy, čast' vtoraja›, a. a. O., S. 470

6 V. I. Lenin: ‹Polnoe sobranie sočinenij›, Bd. 54, S. 174. Dieser Vermerk ist auf dem Gutachten N. K. Krupskajas über das Szenarium P. I. Voevodins ‹Vladimir Il'ič Lenin› gemacht worden.

7 A. P. Čechov: ‹Sobranie sočinenij› [Gesammelte Werke], Bd. 14, Moskau 1949, «Chudožestvennaja Literatura», S. 342

7a L. N. Tolstoj: ‹Polnoe sobranie sočinenij› [Gesammelte Werke], Bd. 30, Moskau 1951, Goslitizdlat, S. 18

8 Die Zwerge werden später als fester Bestandteil in die Typage der ‹schwarzen Filme› eingehen.

9 A. S. Puškin: ‹Polnoe sobranie sočinenij v 10-ti tomach› [Gesammelte Werke in 10 Bdn.], Bd. VII, M.–L. 1949, Izd-vo ANSSSR, S. 213–214

10 1880g. Zametki A. Ostrovskogo [1880. Bemerkungen A. Ostrovskijs]. Zitiert nach dem Buch ‹Russkie pisateli o literature› [Russische Schriftsteller über die Literatur] in 3 Bdn., Bd. 2, Leningrad 1939, «Sovetskij Pisatel'», S. 77

11 Gustave Flaubert: ‹Gesammelte Werke in 5 Bänden›, Bd. 5, Moskau, 1956, «Pravda», S. 42

11a Ebenda, S. 123–124

11b Ebenda, S. 497

12 Sammelband ‹Bronenosec Potemkin› [Panzerkreuzer Potemkin], Moskau 1969, «Iskusstvo», S. 52. (Im weiteren wird – wenn nicht anders vermerkt – auf diese Ausgabe im Text unter Angabe des Titels und der Seiten verwiesen.)

13 F. M. Dostoevskij: ‹Sobranie sočinenij v 5-ti tomach› [Gesammelte Werke in 5 Bänden], Bd. 4, Moskau 1956, «Goslitizdat», S. 102

14 Ėsfir' Šub: ‹Krupnym planom› [In Großaufnahme], Moskau 1959, «Iskusstvo», S. 125

15 Ebenda, S. 128

16 ‹Za bol'šoe kinoiskusstvo› [Für eine große Filmkunst], Moskau 1935, «Kinofotoizdat», S. 8–9

17 Ebenda, S. 113

18 L. N. Tolstoj: ‹Polnoe sobranie sočinenij› [Gesammelte Werke], Bd. 30, S. 163

19 Ebenda, S. 171

20 Ebenda, S. 31

21 Ebenda, S. 125

22 Vgl. A. B. Gol'denvejzer: ‹Vblizi Tolstogo (Zapiski za pjatnadcat' let)› [In

Tolstojs Nähe (Aufzeichnungen über fünfzehn Jahre)], Bd. I, Moskau 1922, S. 2, 25, 146 u. a. «Alle Bemerkungen über die Kompliziertheit der Werke Chopins nahm Tolstoj mit einem Lächeln auf.» Siehe ebenda, S. 157, 192, 218, 223–229, 240, 242–247 usw.

23 Vgl. L. N. Tolstoj: ‹Polnoe sobranie sočinenij›, Bd. 35, S. 585
24 Ebenda
25 Ėsfir' Šub: ‹Krupnym planom›, a. a. O., S. 137
26 Vgl. A. I. Kopan'ev: ‹Istorija zemlevladenija Belozerskogo kraja XV–XVI vv.› [Die Geschichte des Landbesitzes im Land von Beloe Ozero im 15.–16. Jh.], M.-L. 1951, S. 927
27 Zit. nach S. V. Veselovskij: ‹Opričnina Ivana Groznogo› [Die Opričnina Ivans des Schrecklichen], Moskau, 1964, «Mysl», S. 345
28 L. N. Tolstoj: ‹Polnoe sobranie sočinenij v 90 tomach›, a. a. O., Bd. 48–49, S. 124
29 N. Čerkasov: ‹Zapiski sovetskogo aktera› [Aufzeichnungen eines sowjetischen Schauspielers], Moskau 1953, «Iskusstvo», S. 138
30 S. B. Veselovskij: ‹Issledovanie po istorii opričniny› [Untersuchung zur Geschichte der Opričnina], Moskau, Izd-vo ANSSSR, S. 41
31 Zit. nach A. A. Zimina: ‹Opričnina Ivana Groznogo› [Die Opričnina Ivans des Schrecklichen], S. 405–406
32 Zit. nach S. B. Veselovskij: ‹Issledovanie po istorii opričniny›, S. 49
33 F. M. Dostoevskij: ‹Prestuplenie i nakazanie› [Schuld und Sühne], Moskau 1970, «Nauka», S. 551–552
34 R. Ju. Vipper: ‹Ivan Groznyj› [Ivan der Schreckliche], Gosizdat UzSSR, 1942, S. 161
35 Aleksandr Blok: ‹Zapisnye knižki. 1901–1920 god› [Notizbücher. 1901–1920], Moskau 1965, Vlg. «Chudožestvennaja Literatura», S. 84
36 Zitiert nach dem Sammelband ‹Tynjanov›. Serie ‹Žizn' zamečatel'nych ljudej›, Moskau 1966, Vlg. «Molodaja Gvardija», S. 177–178

‹Streik›, 1924

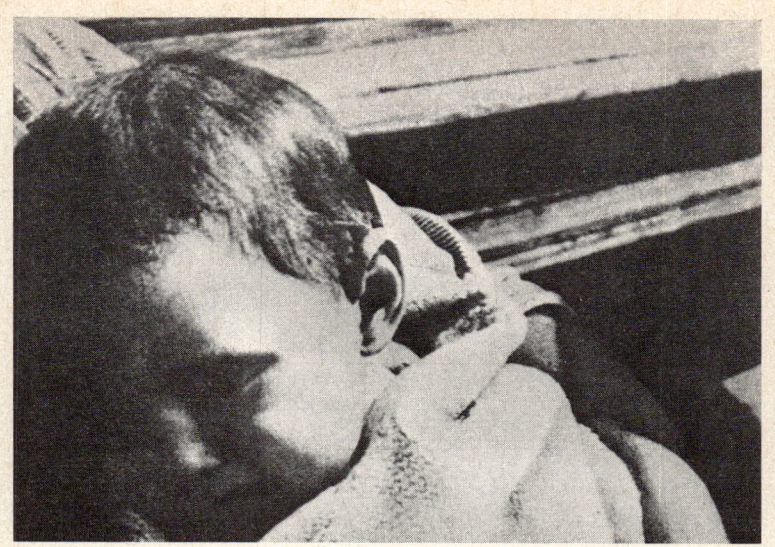

‹Panzerkreuzer Potemkin›, 1925

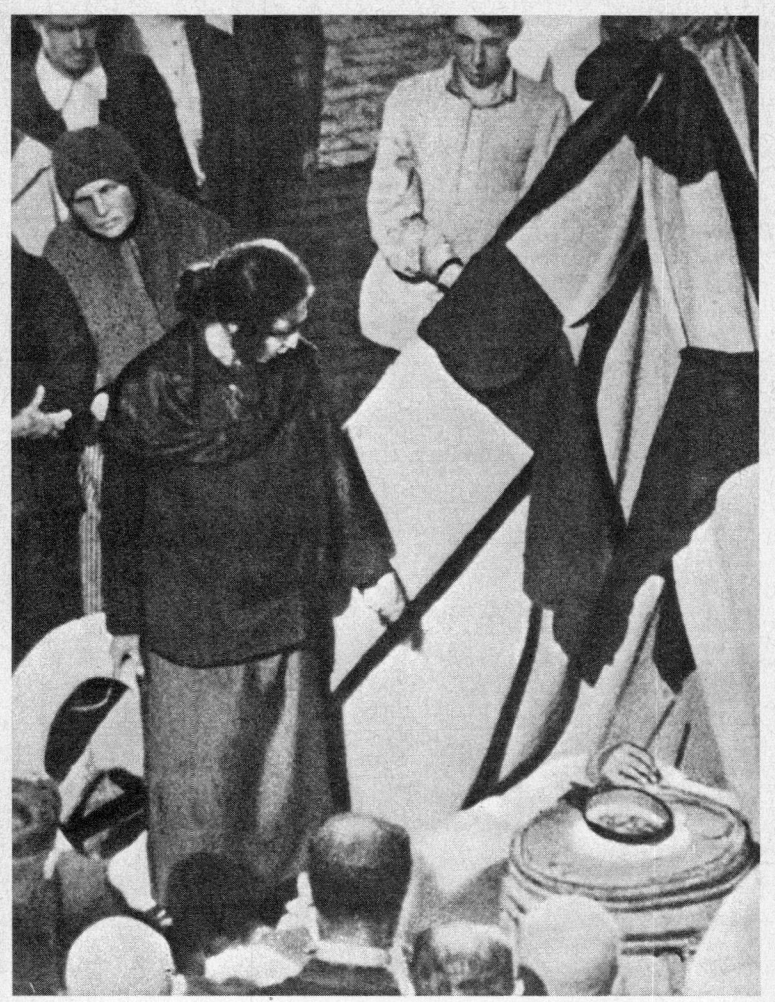

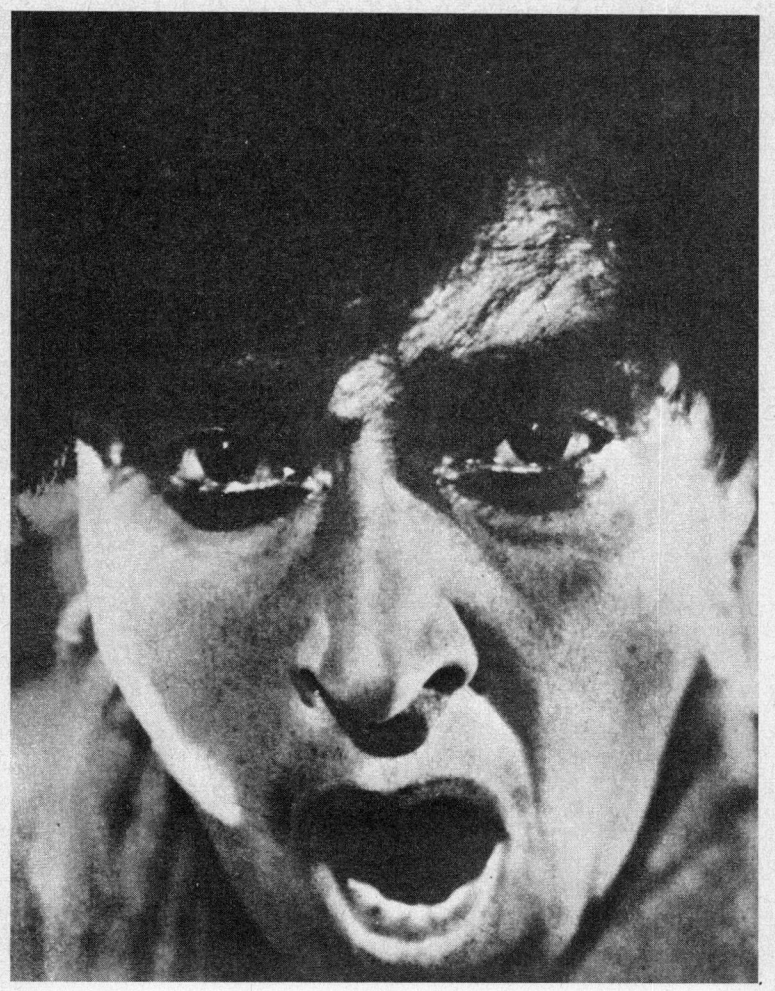

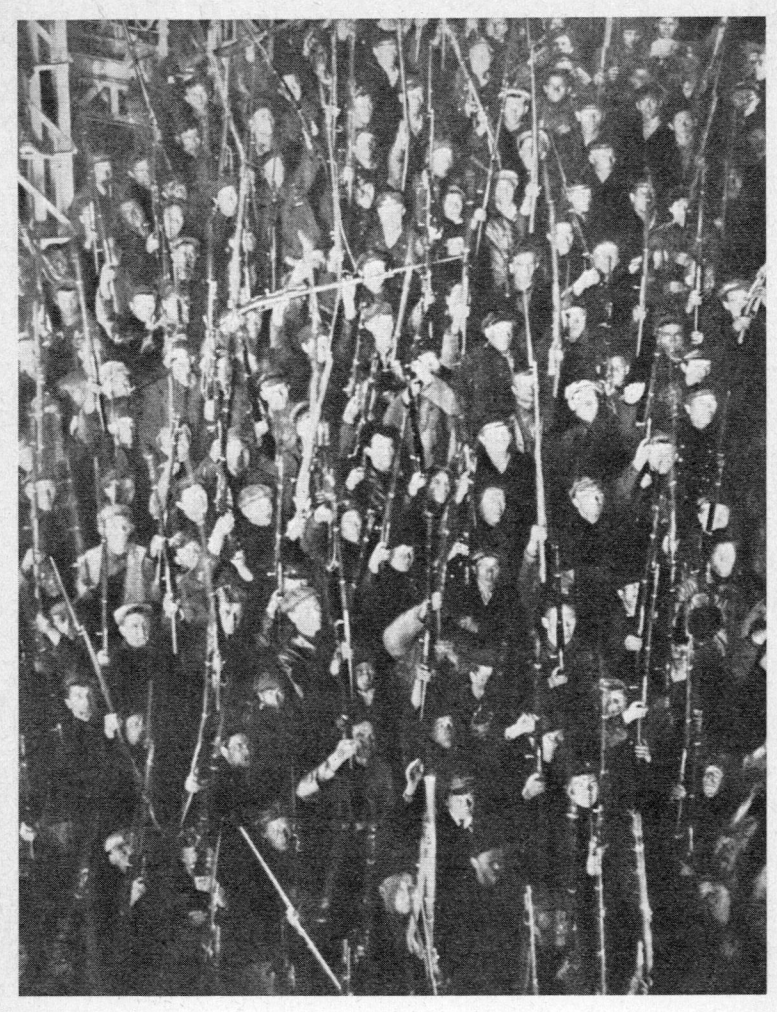

‹Oktober›, 1927

‹Das Alte und das Neue›, 1928
(Der Film hieß erst: ‹Die Generallinie›

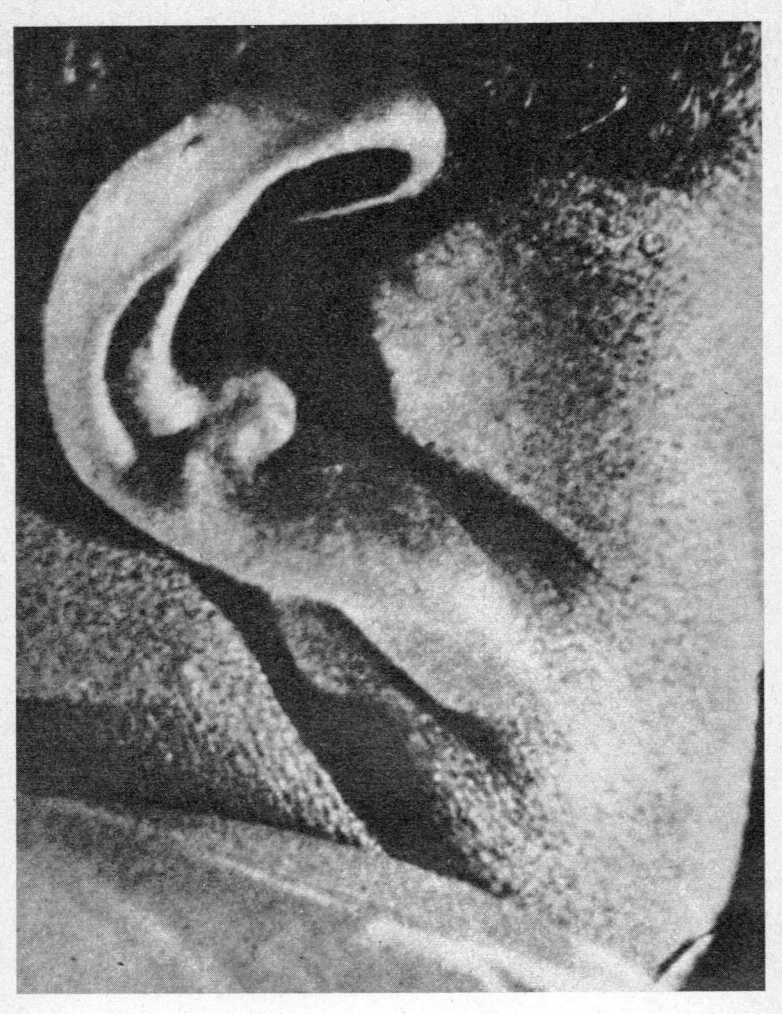

‹Es lebe Mexiko!›, 1930

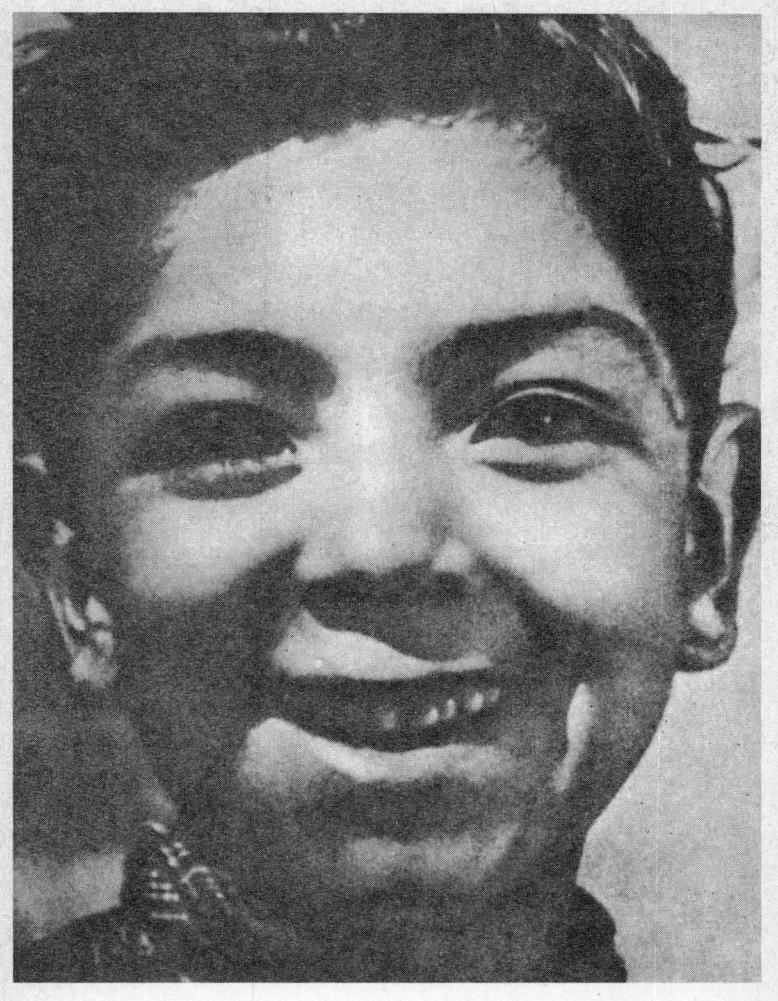

‹Die Bežin-Wiese› 1936

‹Aleksandr Nevskij›, 1938

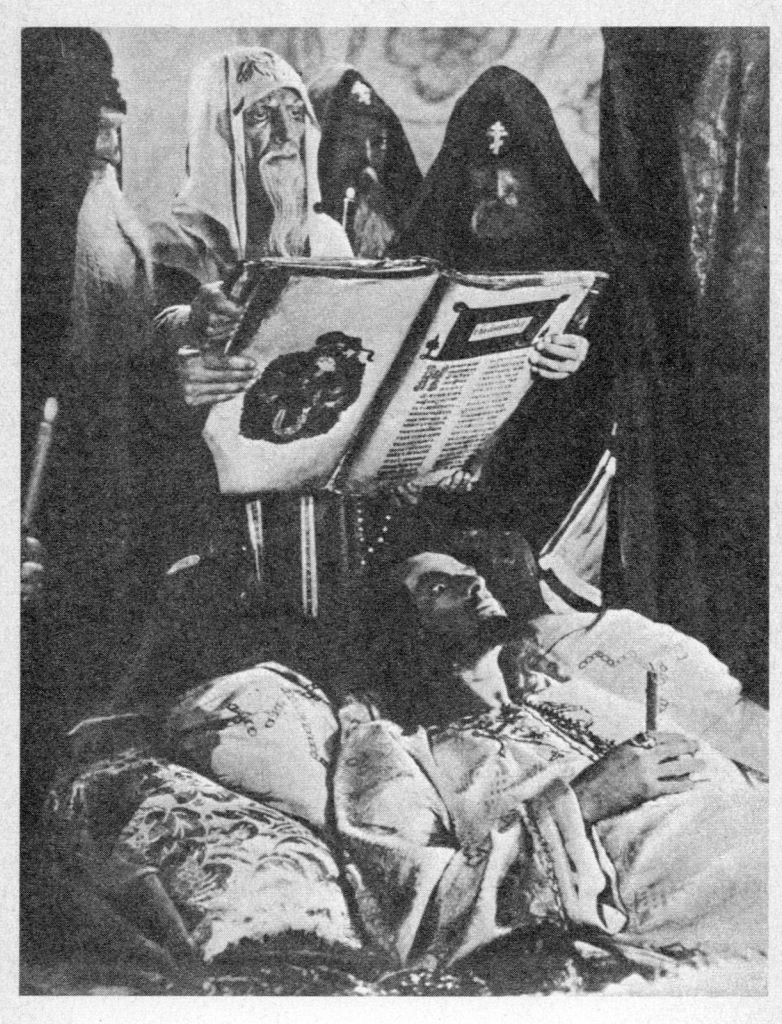

‹Ivan der Schreckliche›, 1943–46